Martin Hecht

Lieber Jakob

MARTIN HECHT

Lieber Jakob

Brief an meinen Sohn
über das Leben und Sterben
seiner Mutter

Deutsche Verlags-Anstalt

Aus Liebe entsteht Trauer,
aus Trauer entsteht Liebe

Lieber Jakob,

was ich auf diesen Seiten festhalten will, hat eigentlich im März 2005 begonnen. Aber lange Zeit wollte ich nicht, dass diese traurige Geschichte überhaupt stattfindet, dass sie allzu großen Raum in unserem Leben einnimmt. Dennoch, jetzt im Oktober 2007, ist die Zeit gekommen, dies alles für Dich aufzuschreiben. Denn die Tage, in denen wir die Erkrankung Deiner Mutter vor die Tür schicken konnten, sind vorbei. Es sind Sätze aus einer Zeit, in der wir mit dem Rücken zur Wand stehen. Es sind Sätze, dafür gedacht, Dir irgendwann später einmal zu erklären, was damals geschah, als Du noch keine sechs Jahre alt warst und nicht alles begreifen konntest.

Deine Mutter hat Krebs. Schlimmer noch, sie hat vielleicht wieder Krebs. Es gab eine kurze Zeit, da dachten wir tatsächlich, wir wären ihn los. Deshalb glaubte ich auch lange, dass es nicht nötig sei, diese Geschichte für Dich festzuhalten. Heute ist das anders. Seit ein paar Tagen ist die Krankheit zurückgekehrt, und wie jetzt alles wird, ist völlig offen.

Montag, den 29. Oktober 2007. Während ich diese Zeilen schreibe, ist Deine Mama bei einer vorstationären Untersuchung im Krankenhaus. Nächste Woche soll sie wieder operiert werden. Du weißt im Moment noch nichts davon. Vor ein paar Wochen hat sie unter der Achsel zum ersten Mal Verhärtungen in den Lymphknoten gespürt, und die Ärzte wollen nun klären, ob das Metastasen sind, ob der Brustkrebs weitergewandert und weitergewuchert ist. Deswegen muss man die Lymphknoten herausnehmen.

Aber unser unbeschwertes Leben endete schon vor zweieinhalb Jahren. Deine Mutter hatte irgendwann einen Knoten in ihrer Brust getastet und nicht lange danach einen positiven Befund erhalten. Jedes Jahr war sie bei der Früherkennungsuntersuchung gewesen, es hatte nichts genutzt. Sie hat viel durchmachen müssen in diesem vermaledeiten Jahr 2005. Eigentlich alles, was einer Frau bei Brustkrebs zustoßen kann.

Im April 2005, einen Tag vor ihrem zweiundvierzigsten Geburtstag, bekam sie die erste Infusion einer Chemotherapie. Ein paar Tage danach sind wir nach Andalusien in den Urlaub geflogen. Ich sehe sie noch heute im Parador von Cadiz vor dem Spiegel im Bad unseres Hotelzimmers stehen, in den Händen ganze Büschel ihrer rotbraunen Locken, die sich von der Kopfhaut lösten. Es war warm, hell, Hotel mit Meerblick, durch das offene Fenster war die Brandung des Atlantiks zu hören. Ein paar Tage später waren wir dann in unserem geliebten Sevilla. In der Calle Laraña ging ein starker Wind – sie hatte die wenigen Haare, die ihr noch geblieben waren, unter einem roten Tuch versteckt und große Sorge, dass auch die ihr vom Kopf geblasen würden, noch bevor wir wieder zu Hause wären.

Zurück in Mainz bekam sie weiterhin alle drei Wochen Infusionen. Fast ein halbes Jahr lang. Man hatte die Brust nicht gleich entfernt. »Neoadjuvant« nennt man diese Vorgehensweise im Medizinerjargon. So konnte man genau sehen, ob die Chemotherapie anschlug oder nicht, ob und wie der Tumor reagierte, ob er gleich blieb, sich verkleinerte oder gar verschwand. Nach jeder Chemotherapie saß Deine Mama eine Woche lang im Bett und erbrach sich von morgens bis abends. In der zweiten Woche kämpfte sie sich zurück in den Alltag, ging wieder arbeiten, in der dritten war meistens die alte Lebendigkeit wieder in ihr. Am 11. Oktober 2005 wurde sie operiert. Der Knoten hatte auf die Chemotherapie kaum angesprochen. Er war nicht wie bei anderen Frauen geschrumpft, er war, nahezu unverändert, immer noch da. Als sie aus der Narkose aufwachte, wusste sie es sofort: Ihre linke Brust war entfernt worden. Noch schlimmer: Bei der Operation hatte sich herausgestellt, dass auch ein paar Lymphknoten befallen waren.

Eine Strahlentherapie folgte bis in den Januar 2006. Fünf oder sechs Wochen lang wurde die Stelle, an der früher einmal die Brust war, täglich mit Röntgenstrahlen behandelt. Ein dreiviertel Jahr nach der Entdeckung des Krebsgeschwürs war die Therapie beendet. In einem Sprechzimmer des Krankenhauses überreichte ihr ein Arzt zum Abschied ihre individuelle Lebensdauerprognose. Ich war dabei. Eine dünn gekritzelte Kurve, die ein altersschwacher Nadeldrucker ausgespuckt hatte und der zu entnehmen war, dass fünf von zehn Frauen mit einem vergleichbaren Schweregrad und Krankheitsverlauf die nächsten fünf, nur zwei davon die nächsten zehn Jahre überleben würden.

Uns hat die Prognose nie wirklich interessiert. Und so hat sich Deine Mama wieder ganz gut erholt. Erinnerst Du Dich noch an ihren ersten Reha-Aufenthalt im Allgäu in diesem eiskalten Winter? Als Du und ich sie nach vier Wochen, die wir zu Hause ohne sie verbringen mussten, in Scheidegg in der Paracelsus-Klinik abgeholt haben – und wir bei langen Wanderungen durch den Schnee gestapft sind? Wie wir den kleinen Schneehügel hinter der Klinik mit dem Schlitten runtergefahren sind, während sie irgendwelche Therapien absolvierte? Und wie Deine Mama gestrahlt hat, wie optimistisch sie wieder war, welch glückliche Tage wir trotz alledem dort verbrachten? Das weißt Du sicher noch. Danach ging sie bald wieder arbeiten, und wir haben eine Zeit erlebt, in der der Krebs langsam, aber sicher irgendwie kleiner, unbedeutender, weniger bedrohlich wurde, bis sie, bis wir ihn manchmal fast schon vergessen hatten.

Jetzt, im Oktober 2007, ist die Bedrohung zurückgekehrt. Ich habe Angst. Manchmal fast mehr als Deine Mama. Ich bin traurig und ohnmächtig, wütend und dann wieder einfach nur verzweifelt – auch weil ich nur schwer verkraften kann, dass dieser Schicksalsschlag nicht nur Gabi, nicht nur mich, sondern auch Dich trifft, und ich weiß, dass es mir nicht gelingen wird, nicht gelingen kann, all die Sorgen und Ängste, die damit verbunden sind, von Dir, meinem lieben Jakob, fernzuhalten.

Natürlich kriegst Du seither mit, dass irgendetwas nicht stimmt, ohne recht zu wissen, was es ist, auch wenn wir immer versuchen, Dir zumindest so viel zu erklären, wie Du schon verstehen kannst und wie es gut für Dich ist. Es ist wohl für Dich wie auch für mich das diffuse Gefühl einer Bedrohung, die da über uns allen dreien schwebt. Manchmal glaube ich sogar zu erkennen, dass Du irgendwie spürst, dass sie vor allem Deiner Mutter gilt. Sie ist oft unter uns. Mal lastet sie mehr, mal weniger auf uns. Obwohl wir versuchen, so normal wie möglich weiterzuleben, obwohl wir Dir nur das Nötigste mitteilen und alle düsteren Gedanken an eine womöglich schwere Zukunft für uns behalten, vermute ich, dass sie sich längst auch auf Dich übertragen hat. Das tut mir sehr weh, denn ein so lebhaftes, lustiges Kind, wie Du es bist, sollte nicht schon so viel Leid erleben in einem Alter, in dem man Freude am Leben haben soll, um offen auf es zuzugehen und es zu genießen.

Erwachsen zu werden ist wohl immer der schmerzhafte Prozess, sich von einer Sicherheit zu befreien, die uns unsere Eltern vorgegaukelt haben, obwohl es sie nie gegeben hat. Dass sie immer nur eine Illusion war, ist dabei völlig egal. Wer einem Kind diese Sicherheit nimmt, setzt es Ängsten aus, für die es noch nicht gewappnet ist. Das wollen Deine Mama und ich nicht. Aber steht es in unserer Macht? Tatsächlich kommt es mir so vor, als ob Du in letzter Zeit ein paar Ängste mehr durchlebst, als dies andere Kinder in Deinem Alter tun. Vielleicht bilde ich mir das ja auch nur ein, weil ich genauer hinschaue, weil ich selber feinfühliger geworden bin – oder, noch schlimmer, weil ich meine Ängste in Dich hinein projiziere? Du fürchtest Dich vor Hexen, Monstern oder Einbrechern. Mir scheint, ein wenig häufiger als früher. Seit geraumer Zeit willst Du vor allem eines: unter allen Umständen vermeiden, auch nur ein paar Sekunden allein zu sein. Wenn Du auf dem Klo hockst, müssen wir durch die Tür laut mit Dir reden, damit Du nicht das Gefühl hast, es sei keiner in Deiner Nähe. Wenn ich mir abends mal ein Bier im Kioskädchen nebenan hole, während Gabi in ihrer Yogastunde ist, willst Du neuerdings mit runtergehen, obwohl Du schon hundertmal zuvor die fünf Minuten mit Deinen Playmobil-Piraten spielend überbrückt hast, bis ich wieder die Treppen hochkam.

Allein schlafen willst Du schon lange nicht mehr. Das hast Du aber, ehrlich gesagt, auch früher nur selten getan. Am liebsten ist es Dir, mit Deiner Mama im gleichen Bett einzuschlummern. Zur Not tut es auch der Papa. Vielleicht spürst Du instinktiv, dass es gerade das ist, was uns droht: allein gelassen zu werden. Ich, Dein Papa, ich habe Angst, dass unsere liebe Gabi von uns gehen muss, dass sie stirbt, dass sie uns verlassen könnte – für immer.

Ich wollte Dir das alles ersparen und kann es nicht ganz. Ich will aber auf jeden Fall, egal, wie diese Geschichte ausgeht, dass Du später einmal die Gewissheit haben kannst, wie sehr wir uns, wie sehr Deine Mama, wie sehr wir Dich geliebt haben – und es Dir nicht von Leuten erzählen lassen musst, die es gar nicht wissen können. Vielleicht hilft Dir dieses Tagebuch dabei, Dich später einmal an eine Zeit zu erinnern, in der nicht nur eine schlimme Krankheit Deine Mutter bedrohte, sondern in der auch unendlich viel Liebe zwischen uns dreien war. Davon will ich schreiben. Du sollst wissen, wie es war, und Du sollst verstehen können, wie alles kam. Und die Liebe zu Dir, die aus diesen Zeilen strömt, soll Dir auch in Deinem späteren Leben bewahrt bleiben – denn inmitten noch des größten Schmerzes zu wissen, dass man einst von seinen Eltern so sehr geliebt wurde wie nichts auf der Welt, ist doch mehr, als eines Tages nur stumm begreifen zu müssen, was man als Kind nie begreifen konnte.

»Der Befund bestätigt, was wir schon befürchtet haben.« Damit begann alles. Diesen Satz sprach der operierende Oberarzt am 23. März 2005 in dem kleinen Behandlungszimmer der Frauenklinik – nach einer vorausgegangenen Wartezeit von circa fünfzig Minuten. Und das, obwohl alle noch bis zur Biopsie davon gesprochen hatten, dass die Gewebeentnahme nur deshalb gemacht werde, »um einen Verdacht auszuschließen«. Dass etwas Derartiges von vorneherein offenbar »befürchtet« wurde, erfuhren wir erst im Nachhinein, als feststand, dass Gabi Krebs hat. Und jetzt? Zweieinhalb Jahre später, im Oktober 2007, geht jetzt wieder alles von vorne los?

Weil ich mich wappnen will für alles, was auf uns zukommt, mache ich seit längerem eine Psychotherapie. Wenn der Name meiner Therapeutin mal fällt und Du wissen willst, wer das ist, sage ich Dir immer: »Das ist meine Ärztin.« Deine Mama hat Krebs – und ich gehe zur Psychotherapeutin. So ist das bei uns. Ich will meine Ängste bekämpfen, will ruhiger werden, will vermeiden, panisch zu reagieren, will einfach den Kopf nicht verlieren, das Richtige tun, akzeptieren lernen. Ich will aber auch ganz konkret einen Teil meiner Angst in den Griff bekommen, der gar nichts mit Gabis Erkrankung zu tun hat, sondern den ich als Erbe einer Zeit mit mir herumtrage, die lange her ist, aber in mir bis heute überwintert hat. Der pragmatische Grundgedanke, der dahintersteckt: Habe ich meine eigenen Lebensprobleme besser im Griff, habe ich mehr Raum, mehr Energie für Gabi, für Dich, für uns alle. Hoffentlich geht die Rechnung auf.

Ich fühle mich oft überfordert, so überfordert, wie man sich eben fühlt, wenn die Frau, die man liebt, in Lebensgefahr ist. Es ist eigenartig, aber oft kommt es mir so vor, als hätte ich größere Angst oder wäre viel mutloser und trauriger, als es Deine Mama ist. Sie sagt dann immer: »So bist du mir keine Hilfe! Ich brauche jemanden, an dem ich mich hochziehen kann, keinen, dem es noch schlechter geht als mir selbst!« Mein größter Wunsch ist, dass diese Sorgen und Ängste nicht allzu sehr auf Dich überspringen, lieber Jakob. Denn ich will, dass Du ein glückliches Kind bist und bleibst. Deswegen sage ich Dir jeden Abend vor dem Einschlafen »Sei glöcklich, du gutes Kend!«, wie es in den *Buddenbrooks* so schön heißt. Vielleicht auch ein wenig so, als würdest Du dieses Glück noch ein bisschen mehr brauchen als andere Kinder.

Von Anfang an wollten wir Dich nicht durch unsere Gefühlsschwankungen verunsichern, sondern Dir unseren Kummer vom Hals halten, das haben wir auch gut hingekriegt. Damals vor zweieinhalb Jahren, im März 2005, als der Krebs kam, haben wir Dir – Du warst drei Jahre alt – gesagt, die Mama sei krank und müsse ins Krankenhaus, damit die Ärzte sie wieder gesund machen. Und wir dachten ja auch, als die Wunde heilte und wir uns an die Mama mit nur einer Brust gewöhnt hatten, sie wäre jetzt wieder gesund.

Ich glaube, Dir fiel erst viele Monate nach der Amputation beim Kampfkuscheln im Bett irgendwann einmal – und dann auch nur nebenbei – auf, dass Deine Mama nur noch eine Brust hat. Du hast damals gefragt, warum das so sei. Wir haben Dir gesagt, dass Deine Mama nur eine Brust hat, weil die andere krank war und man sie entfernen musste – und das hat Dir gereicht. Gestört hat Dich das nie, so wenig wie damals ihre Glatze während der Chemotherapie. Ich weiß gar nicht, ob Du das überhaupt noch wahrgenommen hast. Ach, ihre Perücke! Wir haben sogar manchmal damit herumgealbert. Du hast Dich als Mädchen verkleidet und bist ab und zu ins Wohnzimmer gekommen und hast gekichert. Wir haben gekichert. Ja, wir haben es sogar geschafft, manchmal über den Krebs zu lachen. Lachen aus Verzweiflung und aus Lebensfreude.

Nun werden wir Dir bald wieder erzählen müssen, dass Deine Mama ins Krankenhaus muss. Aber erst, wenn wir aus Paris zurück sind. Nach Paris fahren wir am Freitag. Wieder einmal. Weil ich am Montag dreiundvierzig Jahre alt werde und Deine Eltern ihre Geburtstage nach alter Sitte immer in irgendeiner europäischen Großstadt gefeiert haben – egal, ob in Lissabon, Sevilla, Barcelona, Rom, Wien oder eben Paris. Wir wollten die Reise nicht absagen, nachdem wir erfahren hatten, dass Gabi erneut operiert werden muss. Und das war richtig so.

Jetzt gleich – und zwar in wenigen Minuten – fahren wir aber erst einmal zum Schwimmkurs. Vom Kindergarten aus, wo Du im Augenblick noch bist. Heute Morgen hast Du Dich sehr gefreut, dass es heute zum Schwimmen geht, auch wenn Du Dich immer bei mir versicherst, ob Du zur Not auch eine Schwimmnudel als Hilfe unter die Arme klemmen dürftest. »Na, klar«, sage ich dann, »wir wollen doch nicht, dass du ersäufst!« Und nehme Dich in den Arm: »Du musst doch keine Angst haben!« Ausgerechnet ich sage das. Ich, der ich die Hosen gestrichen voll habe.

Am Wochenende haben wir mit Dir den schönen Spielfilm *Wer früher stirbt, ist länger tot* angeschaut, eigentlich eine Komödie, für die Du noch ein bisschen zu klein bist. Aber auf der DVD stand »ab sechs Jahren«. Bei dem Jungen Sebastian, der darin die Hauptrolle spielt und dessen Mama im Film schon bei seiner Geburt gestorben ist, habe ich an Dich denken müssen. Hoffentlich, so habe ich gebetet, wird Dir das erspart bleiben. Ich denke immer, ich kann viel ertragen, aber die Vorstellung, dass Du Deine Mama verlieren könntest, tut mir weh. Den Schmerz, den Du fühlen könntest, wenn sie nicht mehr da wäre, ich fühlte ihn am eigenen Leib.

Als Autor, als Publizist, der ich bin, lieber Jakob, habe ich wohl mein halbes Leben lang danach gesucht, was ich mitzuteilen habe, was meine Lebensthemen sind. Ich habe mich über vielerlei ausgelassen, über gesellschaftliche Themen, Politik, Psychologie. Aber nie war mir etwas so wichtig wie dieser Brief an Dich. Durch Gabis Krebs habe ich erkannt, dass ich als jemand, der mit dem Talent gesegnet ist, das, was er fühlt und denkt, besser ausdrücken zu können als andere, die Pflicht habe, dieses Schicksal, das wir durchleben, in Worte zu fassen. Zum ersten Mal fühle ich ohne jeden Zweifel, dass etwas so bedeutungsvoll ist, dass ich es formulieren *muss*. Denn ich möchte, dass Dir, lieber Jakob, dadurch immer etwas von der Zeit zu dritt bleiben soll, die so sehr bedroht ist.

Vielleicht sind diese Zeilen einmal etwas, das aus einer vergangenen leidvollen Zeit zu Dir in eine Gegenwart hinüberwinkt, die jetzt noch in weiter Zukunft liegt. Etwas, das Dir dann erklärt, wie manches von dem, was Du bis dahin erlebt haben wirst, ohne es wirklich verstehen zu können, entstand, wie es sich entwickelte und schließlich in jene doch hoffentlich schöne Zeit mündet, in der Du einmal leben wirst. Vielleicht kannst Du so Deine Geschichte besser annehmen, als wenn Dir später einmal das Schicksal Deiner Mutter, Deiner Eltern, Dein eigenes nur wie eine Naturkatastrophe in Erinnerung ist – eine Katastrophe, die irgendwann wie aus dem Nichts kam und einen großen Schmerz in Dein Leben brachte.

Dienstag, den 30. Oktober 2007. Noch zweimal schlafen bis Paris. Ich fahre mit Gabi Richtung ZDF. Heute wird sie ihrem Chef mitteilen, dass sie wegen der bevorstehenden Operation eine Zeit lang ausfallen wird. Das fällt ihr schwer und ist ihr unangenehm, denn eigentlich will sie die Kollegen nicht an ihrer Krankheit teilhaben lassen und muss es nun doch, da es um ihre Arbeit geht.

Du bist schon im Kindergarten. Wie jeden Dienstag besuche ich meine Psychotherapeutin. An einer Bushaltestelle, die wir »Checkpoint Charlie« nennen, steige ich aus, Gabi setzt sich ans Steuer, verabschiedet sich von mir und fährt weiter zum ZDF. Ich gehe noch fünf Minuten zu Fuß. Dienstagmorgen ist immer meine Psychostunde, von der ich nie recht weiß, ob und was sie mir nützt. Manchmal beziehe ich wenigstens eine gewisse Energie, ein wenig Optimismus aus ihr, und kann mich besser auf all das einstellen, was die Woche über auf mich zukommt oder zukommen könnte. Ich weiß nicht, ob das viel oder wenig ist.

Gabi hat in der Nacht nicht gut geträumt. Sie hat mir erzählt, dass sie immer wieder wachgelegen hat. Was die schlechten Nachrichten angeht, so sagt sie, dauert es bei ihr immer etwas länger, bis sie sich voll und ganz klar darüber wird, was diese für sie bedeuten können. Sie hat von einem fiesen Verfolger geträumt, der ihr das Herz herausschneiden wollte und gegen den sie so lange gekämpft hat, bis sie schweißgebadet aufgewacht ist.

Mich erschöpft die Zeit dieser erneuten Bedrohung. Und das hinterlässt Spuren. Auch in meinem Verhältnis zu Dir. Oft bist Du enttäuscht, wenn Du nach dem Kindergarten nach Hause kommst und zu mir sagst: »Komm Papa, wir spielen jetzt Lego!« Denn häufig sage ich dann: »Ich habe gerade keine Lust.« Und ziehe mich lieber in die Küche zurück, fange schon mal an, das Abendessen zu kochen. Ich merke, wie sehr mich das alles anstrengt und wie wenig Kraft noch in mir ist. Manchmal sagst Du zu mir: »Wenn du nicht mit mir spielst, dann komme ich dich später, wenn du mal ein alter Opa bist, nur ganz selten besuchen!« Du hast nämlich genau zugehört, als ich Dir irgendwann einmal von dem Lied »Cats in the Cradle and the Silver Spoon« von Ugly Kid Joe erzählt habe. Das ist eine Popballade über einen Vater und seinen Sohn. Als der Sohn klein ist, hat der Vater nie Zeit für ihn, weil er immer etwas anderes machen muss, meistens arbeiten. Viele Jahre später, als er alt geworden ist, hat er plötzlich unheimlich viel Zeit und wundert sich, dass sein erwachsener Sohn ihn nie sehen möchte. Er wünscht sich nichts mehr, als dass sein Sohn samt Freundin ihn, den alten Herrn, besuchen kommt. Er ruft ihn an und lädt ihn ein. Jetzt aber sagt der Sohn, Daddy, es tut mir leid, ich habe keine Zeit, ich muss arbeiten. Eine Parabel – hinter der sich die Wahrheit verbirgt, dass sich die Intensität der Vater-Sohn-Beziehung tatsächlich später einmal darin widerspiegelt, wie sehr es den Sohn noch zum Vater zieht, wenn er ausgezogen ist. Wer nicht auf sein Kind eingegangen ist, wer es nicht geliebt und angenommen oder wer eben nicht Lego mit ihm gespielt hat, wer zu sehr auf dem Egotrip und wem dieses Verhältnis nicht viel wert war oder wer es schlicht vergeigt hat, zu seinen Kindern ein vertrauensvolles Verhältnis aufzubauen – der wird die Rechnung im Alter bezahlen.

Ich denke, ich bin trotz meiner gelegentlichen Lego-Lustlosigkeit dennoch ein halbwegs passabler Vater. Und ich glaube, dass ich eine gute, liebevolle Beziehung zu Dir habe. Aber vielleicht tue ich bisweilen genau deswegen auch zu viel des Guten. Denn ich fühle mich gleichzeitig schuldig: Ich sehe in Dir oft das arme Kind. Jenes Kind, das schon früh mit einer Last durchs Leben gehen muss: einer Last namens Unsicherheit, ausgelöst durch die bedrohte Gesundheit seiner Mutter. Unter diesen Umständen, denke ich, ist es noch viel wichtiger, mit Dir Lego zu spielen. Und wenn ich es mir dann erlaube, mal keine Lust dazu zu haben, ist mein schlechtes Gewissen noch größer, als es ohnehin schon ist, wenn ich Dir, meinem lieben Sohn, einmal einen Wunsch abschlage. Und manchmal denke ich sogar, vielleicht ist Dir Dein Leben gar keine so große Last, sondern vielmehr dieser labile Vater, der sich so viel Sorgen macht anstatt zu leben. Oder mit Dir Lego zu spielen.

In Zeiten wie diesen, in denen der Krebs viel Raum einnimmt, auch wenn wir ihm so wenig wie möglich schenken, habe ich bisweilen Angst, dass Du zu kurz kommst. Ich weiß nicht, ob ich mir das nur einbilde. Aber ich weiß natürlich, dass vieles besser sein könnte – und der Krebs ist sicher keine Entschuldigung dafür, wenn Dein Papa mal wieder zu träge ist, um mit Dir etwas zu unternehmen. Aber immerhin bist Du schon ganz gut darin, mich bei der Ehre zu packen. Nach zweimal: »Nein, ich spiele nicht mit Dir Playmobil!«, kommt wie automatisch von Dir: »Dann komme ich eben nicht zu Dir, wenn ich erwachsen bin!« Und das macht mich immerhin nachdenklich. Und bringt mich dann doch etwas häufiger dazu, mit Dir Ritterburgen und Schutzwälle zu bauen, hinter denen Du Deine Männchen in Position bringst. Ja, es macht mir meistens sogar ein bisschen Spaß.

Als vor zweieinhalb Jahren der Krebs bei Deiner Mama entdeckt wurde, rannte ich gleich ins Tumorzentrum – gegenüber der Klinik. Ich weiß gar nicht mehr genau, warum. Wahrscheinlich hoffte ich, in den vier Lesesälen, die voll von Literatur zum Thema waren, Informationen über die modernsten Therapien zu finden. Als ob ich den Ärzten nicht zugetraut hätte, auf dem neuesten Stand zu sein. Ich bin nicht viel schlauer geworden. Dafür traf ich am Ende auf einen Psychoonkologen, der dort ebenfalls sein Büro hatte und zufällig gerade seine wöchentliche Sprechstunde abhielt. Ich erzählte ihm von meiner Angst und von meiner Hilflosigkeit und davon, dass ich überhaupt nicht wüsste, wie und ob man ein kleines Kind – wie gesagt, Du warst damals gerade mal drei Jahre alt – mit dieser Krankheit konfrontiert, wie man sie von ihm fernhält und worauf es ankommt, wenn genau die Person lebensgefährlich erkrankt ist, die dieses Kind am meisten braucht, seine Mutter. Ich erinnere mich noch genau, wie der ältere Herr über die Bügelfalten seiner braungrauen Hose strich und mir auf meine Fragen entgegnete, es gebe eben Kinder, die behütet aufwüchsen, und andere, mit denen es das Schicksal nicht so gut meine. Letztere seien wie Pflanzen, die nicht in satten Böden, sondern in steinigem Untergrund wurzelten so wie eine gelbe

Löwenzahnblume, die aus den Asphaltrissen unserer Großstadtstraßen herauswachse – und von der keiner so recht wisse, woher sie ihre Energie beziehe. Dieser Vergleich hat mir sehr wehgetan. Denn ich wollte und will nicht, dass Du so aufwachsen musst. Dir den Krebs vom Hals zu halten, das ist seither meine Aufgabe, nicht vor ihm einzuknicken, sondern weiter an das schöne Leben zu glauben, mit Dir zu lachen und zu blödeln und auf dem Flur Fußball zu spielen, bis die Bodenbretter beben.

Mittwoch, den 31. Oktober 2007. Es ist eigenartig. Wenn Du diese Aufschriebe einmal lesen wirst, kann die Geschichte eine ganz andere Fortsetzung genommen haben als die, die ich so oft befürchte. Sogar ein Happyend, wenigstens ein vorläufiges, ist denkbar. Wenn die Ärzte nächste Woche nach der Operation bei Gabi nur irgendwelche Vernarbungen feststellen, die gar nichts mit Krebs zu tun haben, dann geht bei uns die Sonne wieder auf. Und vielleicht erscheinen all diese Zeilen voller Sorge schon bald düster, überzogen, von einer fremden Art, die man nicht mehr gelten lassen will, weil der Mensch ja dazu neigt, Gedanken wie diese schnell und gerne in die Vergangenheit zu verabschieden, sie einfach zu streichen, zu löschen, wie man fast alles automatisch und sofort löschen möchte, was an Schlechtem ins eigene Leben drängt, wenn es denn überwunden ist. Und doch ahne ich, ahnen wir Schlimmes, vielleicht deswegen, weil wir schon einmal zur »Entwarnung« ins Krankenhaus gingen – und bitter enttäuscht waren, als das krasse Gegenteil das Ergebnis der Untersuchung war. Warum sollte es diesmal anders sein?

Am schwersten ist es, die Ungewissheit zu ertragen. Nicht zu wissen, wie es weitergeht. Sich ausgeliefert zu fühlen. Und doch waren wir beide gestern Abend ganz lustig zusammen, haben ein wenig herumgealbert, eine Partie Tischeishockey gespielt, Du hast selig eine Folge *Michel aus Lönneberga* geglotzt, dann haben wir mit dem kleinen weißblauen Schaumstoffball »Gangfußball« gespielt, wie wir Fußball auf dem Flur nennen. Mein Tor ist die geöffnete

Schlafzimmer-, Deines die geöffnete Wohnzimmertür. Endstand: 30:29 für Dich. Du bist wie Michael Ballack nach einem Torerfolg mit Anlauf auf den Knien wie auf glitschigem Rasen in Richtung einer imaginierten Eckfahne geschlittert und hast die Faust geballt, um zu bejubeln, dass Du Deinen Vater wieder mal so richtig abgeledert hast. Und immer hast Du gerufen: »Ja, heute sind die Bayern wieder in frischer Laune!« Dass sich eine Mannschaft in »frischer Laune« präsentiert, hast Du irgendwann bei der Bundesliga-Berichterstattung am Samstagnachmittag im Radio in unserer Küche gehört – und seither ist das Dein *running gag*, wenn Du während unserer Kickerei das Spielgeschehen lautstark kommentierst. Nein, mit der Angst ist es anders. Sie ist nicht immer unter uns. Aber wenn, dann macht sie sich ohne Vorwarnung breit. Die Angst, die Verzweiflung, sie kommen portionsweise über einen. Manchmal unverhofft, ausgelöst durch irgendeinen Gedanken, der einem plötzlich durch den Kopf schießt.

Gabi ist vorhin wieder zum Sender gefahren. Sie hat viel zu tun, weil sie vorarbeiten muss für die Tage, an denen sie fehlen wird. Ihr Chef hat die Nachricht von ihrer Erkrankung gestern besorgt aufgenommen und ist sogar ein wenig persönlich geworden. Gabi mag ihn nicht besonders. Aber nett fand sie es doch, als er gesagt hat, er habe am Wochenende in einer Kirche eine Kerze für sie angezündet. Und dass er die Sache mit der Gehaltserhöhung unter diesen Umständen nun auch engagierter anginge. Er würde, so sagte er nach der Besprechung in seinem Büro, gleich nachher nochmals mit dem Abteilungsleiter sprechen. Wir haben beide sehr gelacht, als Gabi das erzählt hat. Eine Gehaltserhöhung als Reaktion darauf, dass sie an Krebs erkrankt ist. Passgenauer kann man einer solchen Nachricht nicht begegnen. Aber vielleicht ist das ja seine Art, damit umzugehen.

Ich habe nochmals darüber nachgedacht, was diese Niederschrift für Dich sein soll, lieber Jakob. Als ich vor wenigen Tagen damit anfing, folgte ich einer Art Intuition. Ich habe – so schädlich und sinnlos das auch immer sein mag – einmal wieder die Antwort auf die Frage vorweggenommen, was wird sein. Was wird in ein paar Jahren sein? Was wird sein, wenn Deine Mutter stirbt? Natürlich bin ich dabei dem Gespenst begegnet. Natürlich habe ich mir vorgestellt, was geschehen würde, wenn Deine Mama einmal nicht mehr wäre. Ich habe versucht, mich in Dich hineinzuversetzen. Ich stellte mir vor, dass Dir in Deinem Kindesalter das Vermögen fehlt, ein solches Schicksal anzunehmen, zu bewältigen. Wie solltest Du auch, wenn es schon für einen Erwachsenen vollkommen unbegreiflich ist? Du würdest es als einen Schlag empfinden, hart, brutal, ungerecht. Aber Du hättest nicht die Mittel eines Erwachsenen, mit der Situation umzugehen. Ich habe mir gedacht, wenn ich diese schwere Zeit für Dich festhalte, dann hast Du wenigstens später einmal, wenn Du es voll und ganz verstehen wirst, die Gelegenheit, nachzuvollziehen, wie alles kam.

Donnerstag, den 1. November 2007. Allerheiligen ist nicht in ganz Deutschland Feiertag, und so muss Gabi arbeiten, obwohl bei uns in Mainz, in Rheinland-Pfalz, fast alle frei haben. Wir beide bleiben zu Hause und beschließen gegen Mittag, *Michel aus Lönneberga* zu gucken. Die Folge, in der die Magd einen faulen Zahn hat, den der Dorfschmied am Ende mit der Beißzange ziehen muss. Wir lachen viel. Um 15 Uhr bringe ich Dich zum Piratengeburtstagsfest von Luis. Wieder zu Hause warte ich auf Gabi. Sie kommt, und wir machen noch einen kleinen Spaziergang an der herbstlichen Rheinpromenade entlang. Sie erzählt mir, dass sie ein wenig darunter leide, außer mir niemanden zu haben, der sie während ihrer Krankheit begleitet. Dass ihre Freundschaft zu Sigrid zerbrochen ist, war ein großes Unglück für Deine Mutter. Jetzt muss sie wieder an sie denken. Sigrid hat sich sehr um sie gekümmert damals, als vor zweieinhalb Jahren alles losging. Auch Dir gegenüber, lieber Jakob, hat sie sich sehr liebevoll verhalten. Das Riesenkinoposter vom *Kleinen Eisbär* an der Wand über Deinem Bett, das hat sie Dir geschenkt. Aber leider kamen sich die beiden bald ziemlich in die Quere. Irgendwann hat Deine Mutter den Konflikt offen angesprochen. Aber es hat nichts genützt.

Auf Gabis Vorschlag, über alles zu reden, ist Sigrid nie eingegangen. Jetzt, ein paar Tage vor der Operation, muss Deine Mutter wieder an Sigrid denken und ist sehr nachdenklich und traurig. Ich frage sie, ob Sigrid denn schon weiß, was ihr bevorstehe, sie verneint. »Vielleicht ruft sie Dich ja an, wenn sie es erfährt, vielleicht ändert das ja was!« »Das glaube ich nicht mehr«, sagt Gabi. Sie will auch nicht, was ich ihr anbiete, dass ich mit Sigrid Kontakt aufnehme. Beide sind wir ratlos. Es ist so schade, sich mit jemandem überworfen zu haben, den man eigentlich noch immer mag, zu dem es aber keine Brücke mehr gibt.

Morgen fahren wir drei also nach Paris. Wir waren schon oft in Paris. Weil wir uns dort lebendig fühlen. Paris ist immer ein Fest. Nur einmal, als Du vier Jahre alt warst, da geschah etwas Schlimmes. An einem schönen Tag haben wir Dich im Jardin de Luxembourg für etwa zwanzig Minuten aus den Augen verloren. Eine Szene, die mir in diesen Tagen immer wieder einfällt. Vielleicht erinnerst Du Dich ja noch daran – für mich ist sie eine der schlimmsten Erinnerungen meines Lebens. Sie spielt ausgerechnet an einem jener Orte, die zu meinen Lieblingsplätzen zählen. Es war früher Sommer, der Park erstrahlte in der Junisonne, wir schlenderten im kühlen Schatten unter Bäumen. Trotz der vielen, vielen Menschen, die hier Erholung suchten, herrschte kein rücksichtsloses Gedränge wie draußen vor den Zäunen in den Boulevards und Einkaufsstraßen, sondern eine friedvolle Atmosphäre, die noch verstärkt wurde durch leise Musik, die aus der Ferne von einem Pavillon zu uns durch den Park wehte. Die Menschen, so kam es mir vor, waren einander wohl gesonnen, als sei ihnen klar, dass sie selbst einen Teil zu dieser kostbaren Harmonie beitragen mussten, um sie sich zu bewahren. Du fuhrst ein paar Runden auf dem alten Karussell, das schon Rainer Maria Rilke in einem Gedicht verewigt hat. Du warst stolz, weil Du unter den vielen Pferdchen den einzigen Holzelefanten ergattert hattest, und drehtest fröhlich Runde um Runde und winktest uns zu, wenn Du wieder an unserem Bänkchen vorbeiflogst, von dem aus wir Dir zusahen. Dann aßen wir Eis und wanderten durch den Park, ließen uns auf einer anderen Bank nieder, schlenderten weiter und ließen uns treiben. Dich behielten wir im Blick – Du folgtest uns mit ein paar Metern Abstand, weil Du immer wieder Äste und Stöckchen fandst, sie aufhobst, um sie wie Schwerter durch Deinen Gürtel zu stopfen, bevor Du hinter uns hergehüpft kamst.

Ich weiß es noch genau: Im Hintergrund spielte eine Jazzband *open air* Chick Coreas »Spain« – und auf einmal warst Du weg. Wie vom Erdboden verschluckt. Deine Mama und ich hielten angestrengt Ausschau, versuchten ruhig zu bleiben, rechneten damit, dass Du jeden Moment hinter dem nächsten Baum lachend hervorlugen würdest. Bald drehten wir uns um die eigene Achse, traten ein paar Schritte nach links, nach rechts, nur damit uns kein Baum, keine Litfasssäule, kein Kiosk, kein Hindernis entging, das zwischen uns und unserem lieben Sohn stehen könnte. Aber wir sahen Dich nicht mehr, obwohl nur wenige Sekunden zwischen dem letzten Augenkontakt und Deinem Verschwinden vergangen waren.

Langsam wurden wir panisch. Ich weiß nicht mehr, wie lange wir gesucht haben. Ich raste bald im Dauerlauf durch den Park, sprach wahllos Passanten an, alarmierte Gott und die Welt, entriss einer Jazzsängerin, die in dem Pavillon mittlerweile vor sicher hundert Leuten sang, mitten in ihrem Vortrag einfach das Mikrofon und machte eine Durchsage – und zwar kurz bevor Gabi Dich weinend an der Hand eines Polizisten wiedergefunden hatte, was ich allerdings erst später erfuhr. Ich bin mir sicher, es waren die längsten zwanzig Minuten meines, unseres bisherigen Lebens.

Seit dem Erlebnis im Jardin de Luxembourg weiß ich, wie sich Einsamkeit anfühlt: als wäre man aus einer Verbindung, die einmal innig und voller Glück bestanden hat, unwiederbringlich herausgefallen, als wäre man von Gott, von der Welt verlassen worden. Für andere unauffindbar verloren zu sein, ohne die – momentane oder endgültige – Möglichkeit, wiedergefunden, wiederverbunden zu werden: Das ist das Gefühl tiefer Verzweiflung eines Kindes, »das verlorenging« – im Grunde fühlen sich so aber auch die Eltern, die es suchen, verlassene Geliebte oder trauernde Hinterbliebene nach dem Tod eines engen Angehörigen. Zum Empfinden von Einsamkeit gehört nicht nur die Abwesenheit des anderen, sondern auch der Schmerz der Unabwendbarkeit dieses Zustands der Trennung. Seit diesem Tag in Paris habe ich eine Ahnung davon, wie es sein könnte, wenn Deine Mama einmal nicht mehr da wäre. Und seither weiß ich auch, was Glück bedeutet. Glück bedeutet, in Verbindung zu sein mit sich, mit seinem Tun, aber vor allem mit denen, die man liebt wie nichts auf der Welt.

Freitag, den 2. November 2007. Es ist früher Morgen. In ein paar Stunden fahren wir endlich los. Gabi arbeitet den letzten Tag vor Paris, vor der Operation, vor einer ungewissen Zeit. Ich habe Dich in den Kindergarten gebracht, ihr wollt heute Drachen steigen lassen. Ich packe unsere Reisetasche, höre Radio, bin froh, dass die verdammten Zugführer – anders als angekündigt – nicht übers Wochenende streiken wollen. Ich will hier raus. Raus ins Leben.

Wieder denke ich darüber nach, warum ich das alles für Dich aufschreibe. Ich tue es, weil ich nicht nur Angst um Dich, sondern um uns alle und nicht zuletzt um mich habe. Angst davor, wie es wäre, ohne Gabi zu leben. Aber auch davor, vielleicht bald selbst krank zu werden. Eine Angst, die ich nicht etwa erfunden habe, damit ich neben Gabi im Mittelpunkt stehe oder um mir aus gutem Grund selbst etwas leidtun zu dürfen. Nein, es ist eine Angst, die von Ärzten genährt wurde.

Ich weiß nicht mehr, wann es genau war. Aber irgendwann während Gabis Chemotherapie im Jahr 2005 beschloss ich, tatsächlich aus barem Verantwortungsgefühl Dir gegenüber, mich mehr um meine eigene Gesundheit zu kümmern. Auch damals schon musste ich immer wieder daran denken, was wäre, wenn Gabi sterben würde, was wäre, wenn ich allein mit Dir zurückbliebe und ebenfalls krank würde. Dass Du gar niemanden mehr haben könntest, war so ziemlich die schlimmste Vorstellung, in die ich mich hineinsteigerte – und so beschloss ich, mich selbst einem Gesundheitscheck zu unterziehen. Ich ging zum Urologen und ließ eine Prostatakrebs-Vorsorgeuntersuchung machen. Natürlich erhoffte ich mir davon nichts anderes als Entwarnung und von ihr wiederum Entlastung wenigstens in dieser einen Frage. Ich wollte zumindest für mich Sicherheit für die Zukunft. Es kam aber anders. In meinem Blut wurde ein Laborwert gemessen, den der Arzt bei einem Zweiundvierzigjährigen für zu hoch hielt. Ich bekam Antibiotika, die den Wert drücken sollten für den Fall, dass er lediglich von einer Entzündung herrührte. Doch der Wert blieb, wie er war, ja, er war sogar leicht angestiegen. Am Ende vieler Einzeluntersuchungen, die sich parallel zu Gabis Geschichte über das ganze Jahr 2006 erstreckten, riet der Urologe zu einer Biopsie, also zu einer Gewebeentnahme, die zeigen sollte, ob der erhöhte Blutwert von Krebszellen ausgelöst würde oder nicht. Ich ließ mich in die Uniklinik überweisen, wo der Oberarzt nach der Untersuchung im vergangenen Februar meinte, er würde damit noch ein Jahr warten, ich solle Anfang 2008 wiederkommen. Ich wusste nicht, ob ich erleichtert sein sollte oder nicht. Immerhin hielt er eine Biopsie nicht für absolut geboten. Aber zumindest bis zum Februar nächsten Jahres werde ich nun mit einer weiteren Beunruhigung leben müssen. Ich weiß nicht, aber ich habe mich im Verdacht, dass ich aus einer Art Überidentifizierung mit Deiner Mutter oder via Spiegelneuronen oder was auch immer ihre Krankheit auf mich selber übertrage. Vielleicht verhalte ich mich ja unbewusst so, als ob *wir* Krebs hätten – und nicht allein Deine Mama. Aber egal wie, der Laborwert ist zu hoch. Und das schlägt mir aufs Gemüt. Als ich anfangs zur Vorsorge ging, tat ich das aus dem Wunsch heraus nach mehr Sicherheit, nach mehr Energie, die ich dann für Gabis Kampf aufbringen würde. Am Ende war die Verunsicherung größer als vorher. Ich will raus aus alledem, ich will nach Paris. Mit euch.

Dienstag, den 6. November 2007. Gestern Nacht um halb zwölf sind wir aus Paris zurückgekehrt. Heute ist Gabis Operation. Es ist erst halb acht am Morgen – noch etwas früh, um mit dem Schreiben zu beginnen. Aber ich bin schon lange auf. Du schnarchst im Nebenzimmer, bist etwas erkältet. Gabi ist vorhin um 6.20 Uhr vom Taxi abgeholt worden. Irgendwann heute Morgen soll sie operiert werden. Ich habe die Osterkerze mit dem roten Alpha und Omega vorne drauf angezündet, die wir 2005 beim Gottesdienst in der Osternacht in St. Jodok in Ravensburg bekommen haben – und sitze am Computer. Dir haben wir noch nichts gesagt. Auch wir beide gehen heute zum Arzt. Besser gesagt in Deine zukünftige Grundschule zur ärztlichen Einschulungsuntersuchung für die erste Klasse. Deswegen kannst Du heute etwas länger schlafen. Kindergarten findet für Dich erst am Nachmittag statt.

Gestern war mein Geburtstag. Auch wenn die Bedeutung dieses Anlasses mit steigendem Lebensalter naturgemäß nachlässt – für mich war es vielleicht der schönste meines Lebens. Du hast mir ein tolles Indianerbild gemalt. Papa als Indianerhäuptling, Mama als Häuptlingsfrau, Du als Jungkrieger. Und ein Marterpfahl. Wir drei verkleidet und ausgelassen, wir lachen auf dem Bild und haben Spaß zusammen. Vielleicht tanzen wir gleich um den Marterpfahl. Es hat mich unheimlich gefreut, was für ein Bild Du von uns gezeichnet hast – es hat mir aber auch gezeigt, wie viel ich von meiner Ausgelassenheit und Fröhlichkeit verloren, verlernt, vergessen habe, wie weit weg die Idee gerückt ist, dass wir drei einmal wieder so richtig glücklich sein könnten.

Dennoch, mein Geburtstag in Paris war herrlich. Stahlblauer Himmel über unserer Lieblingsstadt. Zuerst gab es am Morgen gleich nach dem Aufwachen in unserem winzigen Hotelzimmer in der Rue Rampon, ganz in der Nähe der Place de la République im elften Arrondissement, die Bescherung. Das Bild von Dir war der Höhepunkt. Dann sind wir zu dritt unter die Decke geschlüpft und haben eine »Dreier-Umarmung« mit »Dreier-Küsschen« gemacht. Draußen toste der Verkehr. Gabi hat mir gesagt, dass sie mich liebt. Du hast gesagt, dass ich der beste Papa der Welt bin. Was will man mehr. Gabi und ich haben geduscht, und dann sind wir losgezogen. Wir haben wie immer Croissants und *Tartelettes aux framboises* bei

Démoulin am Boulevard Voltaire geholt, bei »Chez Prune« am Canal Saint-Martin einen *Grand Café Crème* genommen. Es folgte ein Schwätzchen mit Omar, dem Inhaber der Bar. Er hat uns zur Feier des Tages einen Champagner ausgegeben. Danach flanierten wir den ganzen Tag durch Paris – landeten am späten Nachmittag bei »Chez Prosper« an der Place de la Nation. »Chez Prosper« – ein Bistrot: Auf den Tag genau vor sieben Jahren waren wir schon einmal an diesem Ort. Seither nicht mehr. Damals wurde ich sechsunddreißig, Dich gab es noch nicht. Deine Mutter und ich haben damals hier zu Mittag gegessen. Wir waren so verliebt und abenteuerlustig, so unsterblich und so glücklich zusammen, dass ich diesen Tag und dieses Essen bei »Chez Prosper« nie vergessen werde – und deswegen jetzt wieder dorthin wollte, an diesem Geburtstag, und sei es nur für ein Getränk. Wieder saßen wir draußen in der Sonne, die diesen kühlen, klaren Novembertag wärmte. Es war rappelvoll, aber wir ergatterten ein schönes Tischchen und tranken noch ein Glas Champagner. Eine halbe Stunde lang habe ich mich so gut wie lange nicht mehr gefühlt. Und ich glaube, Ihr beide Euch auch. Wir haben witzige, ausgelassene Fotos gemacht und ein paar alte Damen vom Nachbartisch gefragt, ob sie uns auch mal knipsen würden.

Irgendwann standen wir wieder am Bahnsteig an der Gare de l'Est. Auf dem Weg kreuzten wir die Rue du Faubourg Saint-Martin. »N'ayez pas peur!«, stand auf einem großen Spruchband über dem Eingang der alten Klosterkirche Saint-Martin. Ein Zeichen für uns. Auf der Rückfahrt im Zug sagte mir Deine Mutter, dass sie ein wenig Angst habe vor der erneuten Operation. Das war vor zwei Jahren anders gewesen. Sie meinte, damals hätte sie ja auch keine Ahnung gehabt, was so ein Eingriff alles mit sich bringt. Diesmal hat sie Angst. Natürlich auch davor, dass mit der Operation alles von vorne beginnt.

Ich selber trage heute am Tag der Operation ein Medaillon um den Hals. Ausgerechnet ich, der ich Kettchenträger immer etwas lächerlich fand. Aber ich hoffe auf eine Kraft, die es ausströmt – oder bin vielleicht einfach nur abergläubisch. Ich denke wieder viel über Sinn und Unsinn von Glauben nach. Über den naiven Glauben und den mehr oder weniger reifen. Und komme zu dem Schluss, dass ich ein Glaubender bin. Ich bin ein durch und durch aufgeklärter Mensch und doch einer, der glauben will. Wenn nicht an den lieben Gott oder eine Konstruktion davon, dann eben an den Glauben selbst. An das Leben, an das Licht. Ich habe ein Zitat von Vaclav Havel gelesen. Es lautet: »Hoffnung ist nicht die Überzeugung, dass etwas gut ausgeht, sondern die Gewissheit, dass etwas Sinn hat, egal, wie es ausgeht.« Fand ich nicht so schlüssig. Was wäre ein Sinn wert, der nicht gleichzeitig ein guter wäre? Ich will mir, bei allem, was geschieht oder geschehen wird, diesen Glauben an das gute Ende bewahren.

Immer wieder fallen mir die drei Prinzipien ein, die mir Gabi damals nach ihrem ersten Reha-Aufenthalt im Februar 2006 in Scheidegg im Allgäu genannt hat, Prinzipien, Maximen, die sie – als Krebskranke! – dort gelernt hat: Dankbarkeit, Zuversicht, Humor. Ich habe mir damals an den Kopf gefasst, als sie mir davon erzählte. Und gedacht: »Auch noch dankbar sein!« Und doch habe ich bald verstanden, dass sie etwas ganz Wichtiges erfahren hatte: Dankbarkeit in ihrer Situation bedeutet, dankbar zu sein für das schöne Leben, für das Zusammensein, für das Glück, das sie, das wir in der vergangenen Zeit erleben durften. Aber es ist unendlich schwer, Dankbarkeit zu empfinden, wenn etwa der operierende Oberarzt Gabi im Vorgespräch zu dieser zweiten Operation auf ihre etwas sarkastische Bemerkung: »Das ist ja wie ein Déjà-vu!« im Stil einer amtlichen Anordnung befiehlt: »Akzeptieren Sie Ihr Schicksal!« Ich war in dem Moment geneigt zu fragen, ob er sich denn so selbstverständlich in sein Schicksal fügen würde, wenn es ihm selber an den Kragen ginge. Und dennoch: Er hatte natürlich recht, es geht um Akzeptanz. Und gleichzeitig um Zuversicht. Ich fühle es mehr, als dass ich es begreife, alles kann nur zu irgendeinem guten Ende führen, wenn ich, wenn wir lernen, das, was mit Deiner Mutter, mit meiner lieben Frau passiert, zu akzeptieren, wenn wir zuversichtlich bleiben – und uns vielleicht am Ende sogar unseren Humor bewahren.

Ich trage also wieder ein Amulett, einen Talisman. Du hast gelacht, als Du ihn irgendwann am Hals Deines Papas entdeckt hast. Er war nämlich nicht immer da – und, wie gesagt, ich bin eigentlich nicht so der Typ, der Kettchen um den Hals trägt. »Warum trägst du so was?«, hast Du mich gefragt. Ich habe gesagt: »Weil es mir, weil es uns Kraft gibt.«

Ich habe diese Kette samt Medaillon schon vor zweieinhalb Jahren während Gabis Chemotherapie getragen. Manchmal habe ich sie mit dem Medaillon berührt, wie um seine Zauberkraft auf sie zu übertragen. Sie hat es voller Ernsthaftigkeit geschehen lassen. Zeitweise habe ich die Silberkette samt Medaillon mit einer Stecknadel über Gabis Seite unseres Doppelbetts gehängt, dorthin, wo schon so viele Deiner großen und kleinen ausgeschnittenen und bemalten Herzen mit der Aufschrift »Gute Besserung!« kleben und inzwischen um ein paar Schutzengel ergänzt worden sind – in Form von Papier, kleinen Basteleien oder eines Schlüsselanhängers, den Gabi von einer Kollegin geschenkt bekommen hat. Dazu das Bild mit dem Pferdchen, ein Geschenk von uns beiden aus der Frühzeit von Gabis Erkrankung. Du erinnerst Dich sicher an diese Stelle über Mamas Bett, die bald wie eine Wand in einer Votivkapelle aussah, geschmückt mit Glücks- und Heilbringern, mit Boten, Kraftspendern und immer neuen Zeugnissen Deiner großen Liebe.

Das Kettchen und das Medaillon. Ist es ein Zeichen von Schwäche und Angst, auf solch einen Hokuspokus zu setzen? Gut möglich. Früher hätte ich mir nie vorstellen können, dass ich zu solchen Glücksbringern ein positives Verhältnis aufbauen könnte. Heute vermittelt mir das Medaillon Zuversicht. Ich habe es von einer Frau geschenkt bekommen, die Isabelle hieß. Du kennst sie nicht, ebenso wenig wie Deine Mama. Du weißt aber doch, dass ich schon ein paarmal Jakobspilger war. Ein paar Jahre bevor der Jakobsweg als Outdoor-Event entdeckt wurde. Ich bin damals durch Spanien gewandert, lieber Jakob, um mich innerlich auf Deine Geburt einzustellen. Das war sozusagen mein mentaler Geburtsvorbereitungskurs.

Ich, der ich mir früher nie hätte vorstellen können, überhaupt einmal einen Sohn zu haben, noch dazu einen so wunderbaren.

Im Frühjahr 2003 – da warst Du schon eineinhalb Jahre alt – war ich ein zweites Mal zu Fuß unterwegs. Zwei Wochen und vierhundert Kilometer durch die Auvergne, durch das Massif Central auf einem der französischen Jakobswege, der Via podiensis. Ich machte Halt in Espaillon, einem Örtchen am Lot gelegen – und steuerte den *Gîte communal* an. Dort habe ich Isabelle kennengelernt und mit ihr zusammen tags darauf die nächste Etappe zurückgelegt. Wie sich herausstellte, war sie Krankenschwester in einer Krebsklinik in Compiègne. Sie war sehr gläubig und hatte einen eigenartig harten und doch freimütigen, fast heiligen Gesichtsausdruck. Sie war es, die mir zwei Tage später, als ich sie in dem Pilgerstädtchen Conques vor der Kathedrale wiedertraf, dieses Medaillon der Madonna von Le Puy-en-Velay schenkte mit der Begründung, ich solle es nach Santiago tragen, sie müsse morgen wieder arbeiten, also am selben Tag noch nach Compiègne zurückkehren, weshalb ihr Jakobsweg einstweilen hier ende. Etwas irritiert nahm ich es an, denn ich kannte Isabelle nicht wirklich gut, bis auf wenige, aber intensive Gespräche war sie eine Fremde. Bis zum heutigen Tag bin ich mir sicher, es muss mit dieser Schenkung etwas Besonderes auf sich gehabt haben. Mir war später oft so, als habe Isabelle mir dieses Amulett deshalb vermacht, weil sie wusste, dass ich es noch einmal würde brauchen können.

Heute, am Tag ihrer zweiten Krebsoperation, denke ich viel an Gabi und bete für sie. Ich will bei ihr sein und kann doch nur abwarten. Ich bin jemand, der immer das Schlimmste befürchtet. So bin ich, so bin ich geworden, spätestens seit dem 23. März 2005 – als der Befund der schlechtmöglichlichste war. Und doch male ich mir manchmal aus, wie erleichtert wir wären, wenn sich bei der Operation herausstellen sollte, dass es sich nur um gutartige Veränderungen an den Lymphknoten handelte. Darf ich, dürfen wir dies nochmals erleben? Aber selbst wenn es anders, schlechter kommt – das Leben ist noch nicht zu Ende.

Dienstag, den 6. November 2007. Zweiter Eintrag. Heute Morgen war ich also mit Dir in der Schule – wegen der ärztlichen Untersuchung für Schulanfänger. Du bist kerngesund. Dann brachte ich Dich in den Kindergarten und bin ins Krankenhaus gefahren.

Ich muss eineinhalb Stunden warten, ehe ich Gabi sehen darf, denn, wie ich höre, ist sie nicht gleich morgens, sondern erst um 12.30 Uhr operiert worden. Ich vertreibe mir die Zeit mit Lesen, Nachdenken, Einkaufen. Ich komme zurück und gehe unruhig auf und ab, warte voller Ungeduld, bis sie aus dem Aufwachraum kommt. Als ich fast schon nicht mehr damit rechne, wird sie von zwei grün gekleideten OP-Männern auf die Station gefahren. Ich springe auf und laufe neben dem Bett her bis in ihr Zimmer, ich spreche mit ihr. Sie ist noch sehr schwach, aber ich erfahre gleich, dass es höchstwahrscheinlich bösartig ist, was ihr unter der Achsel entfernt wurde. Drei bis vier Knoten hat man entdeckt. Bis der genaue pathologische Befund da ist, werde es ein paar Tage dauern, aber alles sehe nach einem sogenannten Lokalrezidiv aus, sagt der operierende Arzt wenig später an ihrem Bett. Also einem Wiederauftreten von Krebszellen in der Nähe der alten operierten Stelle. Und dann – zu meiner Beruhigung gedacht: »Wir konnten das Geschehen radikal sanieren.« Diesen Satz werde ich mein Leben lang nicht vergessen. Ich blicke den Mann fassungslos an. Ärger zieht in mir auf, Wut, Enttäuschung. Der Krebs ist zurück, ich bin schockiert und weine an Gabis Bett, ich halte ihre Hand, versuche sie zu trösten. In Gabis müdem Blick liegt Trauer, sie ist frustriert, aber noch so geschwächt von der Operation, dass sie mehr erschöpft ist als erschüttert von der neuen schlechten Nachricht. Ich verlasse sie, weil sie bald einschläft und weil es Zeit ist, Dich aus dem Kindergarten abzuholen. Außerdem müssen wir zur Klavierlehrerin in die musikalische Früherziehung ins Konservatorium.

Auf dem Nachhauseweg sage ich zu Dir: »Jakob, ich muss Dir etwas sagen. Deine Mama ist nicht zu Hause, sie ist im Krankenhaus.« »Warum?«, willst Du wissen. »Weil sie Aua hat unter dem Arm!«, sage ich. »Sie ist eigentlich nur zu einer Untersuchung ins

Krankenhaus gegangen, aber die Ärzte haben sie gleich dabehalten und operiert.« Du bist nicht sonderlich beeindruckt und sagst nur zweimal: »Arme Mama!« »Morgen gehen wir sie besuchen«, sage ich. »Okay!«, erwiderst Du und fragst gleich, ob Du dann heute Abend Fernsehen schauen kannst. »Klar«, sage ich. Jetzt hockst Du nebenan und guckst *Pippi Langstrumpf in Taka-Tuka-Land.* Ich tippe hier diese Zeilen und bin beim zweiten Bitburger. Bin am Überlegen, ob es noch ein drittes wird.

Mittwoch, den 7. November 2007. Ich glaube, Dir geht es eigentlich ganz gut. Du scheinst in Dir zu ruhen, verhältst Dich wie andere Kinder in Deinem Alter auch, ja, manchmal scheint es mir, als seiest Du trotz unserer großen Last, von der Du ebenfalls einen Teil tragen musst, ausgeglichener, aufgeweckter, offener als Deine gleichaltrigen Freunde. Du zeigst keine Auffälligkeiten, kommst mit Frustrationserlebnissen vergleichsweise gut klar, bist motiviert, wirfst die Flinte nicht gleich ins Korn. Und Du bist ein sehr soziales Kind. Du nimmst Rücksicht auf die Kleineren und gehst sehr liebevoll mit ihnen um. Dass es fair zugeht, ist Dir immer sehr wichtig, denn Du hast einen ausgeprägten Gerechtigkeitssinn. Das hat uns Deine Erzieherin in Deinem Kindergarten schon ein paarmal gesagt.

Nachdem ich Dich zum Kindergarten gebracht habe, fahre ich zum Südwestrundfunk, weil ich wegen meines neuen, eher humoristischen Buches über *Deutsche Unsitten* ein Hörfunkinterview habe. Es folgt die wöchentliche Plauderstunde mit meiner Psychotherapeutin. Wir reden über Schamanismus, über Heilen, darüber, was in der neuen Situation gut für Gabi, aber auch für mich ist. Ich gehe von ihr mit dem Gefühl, eine nette Frau zu kennen – die Stunden bei ihr sind meistens angenehm, und doch zweifle ich einmal mehr, ob sie mir auch eine Hilfe sind, und noch grundsätzlicher: ob sie mir überhaupt eine Hilfe sein können.

Es komme jetzt darauf an, im »Hier und Jetzt« zu leben, sagt sie immer wieder. Auch Gabi hat das in ihrer Reha-Klinik vor knapp zwei Jahren mindestens zweimal täglich zu hören bekommen. Es ist so eine Sache mit dem »Hier und Jetzt«, leichter gesagt als getan. In der Theorie leuchtet mir das ein. In der Praxis ist es schwierig umzusetzen. Im Grunde ist es ein Ratschlag für gesunde Menschen. Wenn man wie Deine Mama an Krebs erkrankt ist, zermartert man sich notgedrungen und fast unwillkürlich das Hirn über die Zukunft, den Verlauf der Krankheit, über jene Frage: »Was wird sein?« Hinzu kommt die allgemeine menschliche Weigerung, nicht vor seiner Zeit sterben zu wollen. Deine Mutter liebt Dich, und sie liebt mich. Sie will nicht gehen. Daraus resultieren Ohnmachtsgefühle, sie wehrt sich gegen ihr Schicksal, ist frustriert. Diese Verfassung muss derjenige berücksichtigen, der einen schwer kranken Menschen zum Leben im »Hier und Jetzt« aufruft. Im »Hier und Jetzt« zu leben, ist in einer solchen Lebenslage sicher das Beste und doch fast unmöglich. Die Ahnung, dass eine schwere Zeit vor einem liegt, verhindert nur zu oft, dass man den Augenblick tatsächlich genießen kann. Und dieses Stochern im Nebel der Zukunft sein zu lassen und schlicht zu leben – das ist eine hohe Kunst. Eine Kunst, die Deine Mutter übrigens viel besser beherrscht als ich. Denn vor allem mir gelang es zuletzt nur selten, die gemeinsame Zeit mit Gabi und Dir einfach zu genießen. Unruhe ist mein Thema. Ich fühle mich immer wieder wie in der Erwartung eines baldigen schweren Kampfes, der es mir nicht erlaubt, gelassen zu sein, so als wenn ich wachsam, auf der Hut sein, Kräfte sammeln müsste für eine große Schlacht. Das Leben im »Hier und Jetzt«, nun, da es mehr denn je darauf ankommt: Ich sehe darin oft nur das alte Problem des Verhältnisses von Theorie und Praxis.

Deine Mutter hat mit mir gestern ein paar Stunden nach der Operation über ein Thema gesprochen, das sie schon lange beschäftigt – aber jetzt, da der Krebs zurückgekehrt ist und ihr Leben neuerlich auf den Kopf stellt, noch mal mehr. Sie wünscht sich sehr, in einem Zustand der Vergebung mit jenen zu sein, mit denen sie im Unfrieden ist. Sie will keine Good-Will-Tour durch ihre Vergangenheit machen und auch nicht irgendwelchen ehemaligen Freunden oder nahen Angehörigen zurufen: »Vertragen wir uns wieder?« Nein, es geht ihr um etwas ganz anderes: Vergeben heißt für sie, im Einklang mit sich selbst zu sein, einen Frieden wiederzufinden, der durch andere, die sie verletzt haben, gestört wurde. Gabi will alles tun, um friedlich, um trotz oder gerade wegen der Krankheit innerlich heil zu werden. Dazu gehört für sie vor allem, dass sie den Groll auf jene loswerden will, die sie irgendwann einmal gekränkt haben – und denen sie, bisher zumindest, nicht verzeihen konnte. Sie will an einen Punkt kommen, an dem sie sich von jenen nagenden, selbstzerstörerischen Gefühlen, hervorgerufen durch inneren Schmerz, befreien kann, Emotionen, die sie bis heute immer wieder einschnüren.

Als ich heute im Krankenhaus ankomme, bin ich viel besser gestimmt als gestern. Das hat auch damit zu tun, dass sich Gabi schon etwas erholt hat. Wie geht es ihr? Sie ist noch immer sehr enttäuscht, aber eher abwartend als geschockt, sie braucht Zeit, die neue Situation zu verarbeiten. Ich gehe für sie einkaufen, und wir unterhalten uns. Über eher Banales. Abends komme ich mit Dir zusammen wieder. Du erschrickst nicht besonders, als Du Deine Mama siehst: Die Kanüle in ihrem Handrücken findest Du zwar etwas »gruselig«, doch sonst erscheint sie Dir nicht viel anders als sonst auch. Wir bleiben nur kurz und machen uns bald wieder auf den Heimweg: Denn morgen ist ja Dein Geburtstag – und den muss ich noch ein wenig vorbereiten.

»Arme Mama!«, hast Du wieder gesagt. Aber ich habe nicht das Gefühl, dass Dich das alles sehr beschäftigt – und darüber bin ich erleichtert. Ich denke, es beruhigt Dich zu sehen, dass es hier viele Ärzte gibt. Das Krankenhaus ist für Dich ein Ort, wo man Kranke wieder gesund macht. So hast Du es ja selber schon erlebt, zum Beispiel, als Du Mittelohrentzündung hattest. Ich glaube nicht, dass Du auch nur einmal darüber nachgedacht hast, dass es Fälle gibt, in denen die Ärzte machtlos sind.

Heute, am Donnerstag, den 8. November 2007, ist Dein Geburtstag. Lieber Jakob, ich habe mir Mühe gegeben, dass der Tag Dir gefällt. Natürlich wäre es schöner, wenn Deine Mama mit uns feiern würde. Aber sie ist noch im Krankenhaus. Und so wecke ich Dich heute Morgen alleine auf und singe Dir »Happy Birthday to you« vor. Dann legen wir Badesalz auf: »Alles Gute zum Geburtstag! Alles Gute wünsch ich Dir!« Sechs Jahre bist Du jetzt alt. Ich messe Dich gleich an unserer fest installierten Messstation im Rahmen der Wohnzimmertür. Und komme auf 121 Zentimeter! Gestern gingen einige Pakete ein, und ich habe das Wohnzimmer geschmückt. Mit Herbstblättern und Luftballons und Luftschlangen. Geschenke von Gabis Schwester, Deiner Tante Irene, von meinen beiden Schwestern, von Gabis Tante Maria aus Dortmund, von meiner Mutter liegen da. Ich habe Dich gefilmt, wie Du in Deinen Päckchen hockst und auspackst: Dinos von Playmobil, einen Bagger aus Lego, ein tolles Zauberbuch und eines über Ritter. Dein Opa ruft uns an und wünscht das Beste. Gestern Abend haben wir noch einen Kuchen für den Kindergarten gebacken. Mit sechs Kerzen bestückt.

Heute feierst Du im Kindergarten. Ich hole Dich ab, wir gehen noch in den Französischkurs und danach wieder zu Deiner Mama. Ich bringe Gabi den Film von heute morgen mit, damit sie sehen kann, wie zufrieden Du mit Deinen Geschenken warst. Sie freut sich sehr, Dich so glücklich zu sehen. Abends koche ich für Dich Dein Lieblingsessen, Spaghetti Pesto. Das hast Du Dir gewünscht. Als wir essen, sagst Du: »Wenn die Mama hier im Pasta-Paradies wäre, dann würde die Schwarte natürlich noch etwas mehr krachen.« (In einem Lied, das ihr im Kindergarten singt, wenn ein Kind Geburtstag hat, heißt es: »Heute wird gefeiert, bis die Schwarte kracht.«) Du hast mal wieder recht, sie würde deutlich vernehmbarer krachen.

Samstag, den 10. November 2007. Gestern Morgen um acht Uhr rief Deine Mama aus dem Krankenhaus an. Wir könnten sie abholen. Wir hatten nicht damit gerechnet, dass sie so bald entlassen würde, und lagen noch im Bett. Ich hatte Dir am Abend zuvor ja noch versprochen, Du dürftest so lange aufbleiben, wie Du willst – es sei Dein Geburtstag, und den Kindergarten am Freitag hatten wir gestrichen. Um zehn Uhr fahren wir in die Klinik. Gabi hat ihre Tasche schon gepackt. Es ist alles wie damals vor zwei Jahren. Deine Mama ist noch etwas wacklig auf den Beinen. Draußen fegt ein kalter, stürmischer Novemberwind durch die Straßen. Sonne am stahlblauen Himmel und dunkle Wolken mit klatschenden Niederschlägen wechseln sich ab, als würden wir irgendwo am Atlantik wohnen und nicht hier in dieser Stadt, in Mainz am Rhein.

Zu Hause sind wir wie befreit, zumindest wir beide, lieber Jakob, sind es. Gabi ist geschafft, sie legt sich hin. Natürlich muss sie sich vorher noch genau anschauen, was Du zum Geburtstag bekommen hast. Wir freuen uns, sie ist nicht mehr ganz so niedergeschlagen. Sie liest, Du spielst, und ich sehe mir auf YouTube hauptsächlich alte Mitschnitte von Georges Brassens an. Ich glaube, ich habe an diesem Tage dreiundzwanzigmal den »Chanson pour l'Auvergnat« gehört und mitgesungen. Und »Au bois de mon cœur il y a une petite fleur«. Gabi singt auch ab und zu mit. Am frühen Abend gehe ich mit Dir noch auf den Laternenumzug Deines Kindergartens. Ich bin etwas wortkarg und habe mich in mich zurückgezogen, singe aber um so lauter mit, wenn es um Licht und Hoffnung geht.

Sonntag, den 11. November 2007, neun Uhr. Ich bin schon aufgestanden, weil ich nicht mehr schlafen kann. Gestern Abend noch kam der Aufprall. Schneller als gedacht. Erst waren wir so erleichtert, als Gabi entlassen wurde, haben uns wieder etwas aufgerichtet, ich habe eingekauft, gekocht, wir haben mit Dir Astrid Lindgrens *Ronja, Räubertochter* gesehen, ein bisschen mit Legos gebaut. Doch gestern Abend, nur einen Tag nachdem sie aus dem Krankenhaus entlassen worden ist, hocken Deine Mama und ich dann vor dem Computer und geben Stichworte wie »axilläres Rezidiv bei Brustkrebs« und »Überlebensrate« oder »Prognose« in die Google-Suchmaschine ein, was wahrscheinlich ein Fehler war. Was wir lesen, ist niederschmetternd. Von Heilung ist nun kaum mehr die Rede, sondern nur noch von Linderung, von der Möglichkeit, Zeit zu gewinnen. Gabi und mich schockt, dass nun jene beiden Worte auftauchen, die fast jeglichen Optimismus zunichtemachen: unheilbar krank.

Wenn man den verfluchten Statistiken glaubt, vor denen wir uns eigentlich hüten wollten, auf die wir dann aber doch heimlich schielen, dann hat Gabi kaum noch eine Chance, länger als fünf, geschweige denn zehn Jahre zu leben. Je mehr ich im Internet recherchiere, umso mehr verschwimmt dieser unerträgliche Medizinerjargon vor meinen Augen, und aus den hunderten von Fremdwörtern meine ich herauszulesen, dass Gabi eigentlich schon längst zu 99,9 Prozent tot sein müsste und wie unwahrscheinlich es ist, dass sie hier überhaupt noch neben mir sitzt. Irgendwann lassen wir es sein, gehen zu Bett.

Wie geht es weiter? Werden wir noch einmal das Glück erleben, wie es ist, wenigstens ein stinknormales Leben zu führen und dabei ab und zu ein bisschen ausgelassen zu sein? Oder liegt das alles bereits hinter uns? Es kommt, wie es kommt. Aber wie kommt es? »Time to live, time to die. Take it easy, baby, take it, as it comes!« Wir haben oft die existenzialistischen Songs der Doors gehört. Früher schon – und ich höre sie in dieser Zeit wieder. Und irgendwie berührt mich die Liedzeile von Georges Brassens über den »Auvergnat« auch deswegen, weil ich das Gefühl habe, er singt von meiner lieben Frau. »Toi Gabrielle, quand tu mourras«, denke ich, wenn ich den Refrain höre, »quand le croc-mort t'emportera, qu'il te conduise à travers ciel, au père éternel.« Wohin auch sonst.

Ich stehe in diesen Tagen manchmal vor meiner großen Bibliothek. Ziehe Bücher raus, stelle sie wieder rein. Auf Kierkegaards *Krankheit zum Tode* bin ich gestoßen. Eine christlich-existenzialphilosophische, und wie mir scheint, unheimlich logisch-konstruierte Betrachtung von Leben und Tod. Die Krankheit zum Tod ist die Verzweiflung, schreibt er. Und erachtet die Verzweiflung als eine Sünde. Nämlich die, sich gegen das von Gott vorgegebene Schicksal zu stemmen, statt das unbegreifliche Hineingesetztsein ins Leben durch Gott bis zum Ende zu akzeptieren, bis wir wieder herausgenommen werden aus diesem rätselhaften Leben. Mich fasziniert das Buch, und es ärgert mich zugleich. Warum ist die natürliche Reaktion des Ichs auf die Todesbedrohung, Verzweiflung – warum ist das Sünde? Kann man, darf man nicht am Sterben verzweifeln und dennoch glauben? Hat nicht auch Jesus am Kreuz gezweifelt, war verzweifelt – und hat doch vertraut? Vater, warum hast Du mich verlassen? Vielleicht ist das intelligent argumentiert, aber eigentlich nur eine moraltheologische Trockenübung. Das interessiert mich gar nicht, merke ich. Ich glaube, dass es viel entscheidender ist, bei allem Kampf um das Leben mit sich im Frieden zu bleiben – und falls man es denn kann, an irgendeinen verborgenen Sinn des Ganzen zu glauben. Das ist wohl die große Kunst – eine Lebenskunst, die höchste in einem Menschenleben.

In dem Film *Die große Stille* über die Grande Chartreuse in den französischen Alpen, der zu meinem bevorzugten Film in diesen Tagen wird – und für Dich zu einer veritablen Horrorvorstellung eines gelungenen Fernsehnachmittags –, sagt eine alter Mönch, der auf seine alten Tage völlig erblindet, in die Kamera: Ja, er sei dem lieben Gott sogar dankbar dafür. Dankbar, dass ihm dieses Schicksal widerfahren ist. Denn was der Herr ihm zustoßen lasse, das sei immer gut. Sagt er vor laufender Kamera. So habe auch sein Erblinden einen Sinn. Ich fand dieses Zitat zuerst etwas beschränkt – aber dann auf einmal von wundervoller Liebe getragen, von einem Gottvertrauen und einer Zuversicht, die auf einer großen Sicherheit beruht. An etwas vollkommen Unsicheres, Unbewiesenes wie an Gott selbst zu glauben, kann Sicherheit schaffen. Das ist die alte, immer gleiche, immer neue Lektion. Wohl dem, der glauben, der vertrauen kann.

Es geht in existenziell bedrohlichen Situationen, wie wir sie gerade erleben, darum, das Vertrauen zu bewahren. Das tiefe Vertrauen, dass am Ende alles einem Guten und Sinnvollen zufließt, was immer es sei, wie immer es aussehen oder sich anfühlen mag, dieses will ich in mir wachsen lassen und es, wo es schon gewachsen ist, mir zu erhalten versuchen. Ob ich das schaffen werde, steht auf einem anderen Blatt, aber ich fühle, dass es darauf ankommt.

Bitter werden will ich nicht. Aber wie schwer wird es sein, diese Haltung zu bewahren, sollte es anders, sollte es noch schlimmer für uns kommen?

Ich spreche mit Gabi über ein anderes Buch, dass wir beide sehr lieben: *Marie Antoinette* von Stefan Zweig. Zweig hat an Marie Antoinette fasziniert, dass sie im Angesicht ihres nahenden Todes von einem »mittleren Charakter« zu einer Persönlichkeit reifte, die eine ungeheure Größe zeigte, eine Entwicklung, die man ihr in ihren frühen Tagen nie zugetraut hätte. Weder ist Gabi Marie Antoinette noch ein grundsätzlich mittlerer Charakter, noch steht fest, dass sie sterben muss. Aber wir unterhalten uns darüber, wie eine Todesgefahr, wie ein schlimmes Schicksal, das sich stufenweise anbahnt und entrollt, jene, die es erleiden müssen, innerlich verändert. Ich weiß nicht genau, ob das eine Leistung nur weniger Begabter oder bei vielen von uns »mittleren Charakteren« zu beobachten ist, so auch bei mir: zunehmende Akzeptanz, die am Anfang gänzlich unmöglich erscheint. Vielleicht ist ja das, was Zweig bei Marie Antoinette beobachtet hat, gar nicht so selten, sondern nur eine Folge ihres Schicksals und eine übliche Art und Weise, ein solches psychisch zu verarbeiten. Und dann denke ich wieder, nein, ganz und gar nicht, es ist etwas ganz und gar Außergewöhnliches. Zum Tode hin wird keineswegs jeder reif. Manche schaffen es ein Leben lang nicht, warum dann in ihren letzten Tagen auf Erden, warum ausgerechnet in der Stunde des Todes? Ich glaube auf jeden Fall, dass man reift, indem man sich seinem Schicksal und den damit verbundenen Ängsten bewusst aussetzt. Und bei jeder erneuten Verdunkelung, darauf kommt es an, gilt es wieder auf Augenhöhe mit dieser Angst zu kommen, um bereit zu sein für das unbekannte Nächste, was die Zukunft bringt – und dabei nie das Licht aus den Augen zu verlieren.

Gabi erzählt mir vom Prinzen von Homburg, der Figur aus Kleists gleichnamigen Drama, die sie schon immer sehr beeindruckt hat. Wie der Prinz nach anfänglicher Krise seine Furcht vor dem Tod im Anblick von dessen Unabwendbarkeit überwindet und ihm am

Tag vor seiner Hinrichtung ruhig und gefasst ins Auge blickt, bereit ist, akzeptiert. Er wird am Ende bekanntlich begnadigt. Ich hoffe sehr, meine Frau auch.

Es ist Morgen. Sonntagmorgen. Am Morgen ist das Leben immer ein wenig leichter als abends, wenn es dunkel wird. Lasst uns den Morgen genießen! Jetzt höre ich, wie ihr beiden langsam aufwacht. Geräusche aus dem Nebenzimmer: Meistens streckt sich Gabi im Bett, gibt ein paar Laute von sich und ruft dann »Maaaaartin!« In diesem Moment hat sie es tatsächlich getan! Also schnell fertig schreiben. Abspeichern, sichern, Computer runterfahren. Rübergehen. »Ich komme gleich!« In wenigen Augenblicken werde ich vorsichtig die Tür öffnen. Deine Mama wird mir ihre Füße unter der Bettdecke entgegenstrecken. Sie wird dabei wie immer wie ein kleines Mädchen lächeln – und nur stumm auf ihre Füße deuten, während sie sich streckt und reckt. So ist das bei uns am Wochenende. Ich muss ihr dann die Füße massieren – und mache das gern. Aber meistens viel zu kurz, wie sie meint. Ich höre jetzt wirklich auf zu schreiben, die Zeit, in der ihr wach seid, verbringe ich lieber mit euch.

Dienstagmorgen, den 13. November 2007. Es novembert. Gestern haben wir einen Spaziergang am Rhein entlang gemacht. Ich habe Gabi gefragt, wie es ihr jetzt gehe. Sie hat nicht mehr viel Hoffnung. Wir haben über das Sterben geredet. Ich bin unsicher, ob diese Diskussionen berechtigt, angesagt oder zum jetzigen Zeitpunkt vollkommen überflüssig sind. Ich weiß nicht, ob es eher ein Zeichen von Reife ist, jetzt darüber zu sprechen, oder vielmehr eines von unreifer Panik.

Gabi sagt wieder, dass sie es nicht verstehen kann, wie sich die meisten jener Mitmenschen verhalten, die sie näher kennen, die man gemeinhin als nahe Verwandte oder Freunde bezeichnet. Sogar ihr Chef hat ihr nach der Operation liebe Grüße und einen Blumenstrauß geschickt. Der überwiegende Rest hüllt sich in Schweigen. Keine Anrufe, keine Post. Ich versuche sie aufzumuntern: »Wenigstens hast du mich, jemanden, der ganz bei dir ist und der immer bei dir bleibt. Wer hat schon so einen Mann!«, sage ich augenzwinkernd zu ihr. Sie lächelt. Hoffentlich denkt sie dasselbe. An diesem Rheinufer von der Mainzer Neustadt bis zum Fischtorplatz, von wo aus man den Dom sieht, und weiter bis zum Winterhafen am Fort Malakoff: Diesen Weg sind wir schon hundertmal gegangen. Wenn es irgendetwas gibt in dieser Stadt, in der wir nun seit fünf Jahren wohnen, etwas, das ich liebe, das wir lieben und uns in schöner Erinnerung bleiben wird, so sind es ganz bestimmt dieser majestätische Fluss und die große Ruhe, die er verströmt.

Zu Hause angekommen, klickt Gabi sich durch Internetseiten über Lastminute-Angebote für Bali, sie will unbedingt in die Wärme, in die Sonne, ans Meer. Ich hole Dich vom Kindergarten ab und bringe Dich in den Schwimmkurs. Einmal die Woche, immer montags, lernst Du mit sechs anderen Kindern schwimmen. Diesmal seid ihr nur zu viert. Die anderen beiden sind krank. Wieder hast Du am Anfang der Stunde Angst, dass Du ohne Schwimmnudel auskommen müsstest, aber ich und die Schwimmlehrerin Meike, wir achten darauf, dass Du nie ohne bist. Vor dem Ertrinken im Schwimmunterricht brauchst Du keine Angst zu haben.

Mittwoch, den 14. November 2007. Seit sieben Uhr sitze ich hier und schreibe alles auf, was mir durch den Kopf geht. Du liegst noch im Bett, Gabi auch, ich konnte mal wieder nicht gut schlafen. Also bin ich raus aus dem Bett und ran an die Tasten.

Der gestrige Dienstag, er wurde am Ende noch völlig unverhofft zum härtesten Tag seit langem. Eigentlich wollten wir, wollte Gabi abwarten, was das Tumor-Board bringt. So nennen die Ärzte ihre wöchentliche Lagebesprechung, bei der sie zusammen und abteilungsübergreifend über die weitere Behandlung ihrer Patienten beratschlagen. Aber es kam anders. Ich war morgens in meiner Psychostunde, danach bei Robert, der mir zeigte, wie mein neues Aufnahmegerät funktioniert, das ich mir für meine Hörfunkreportagen gekauft habe. Gabi war zu Hause geblieben, erholte sich, las. Sie machte ein paar Halsketten fertig, ein Hobby, das sie sich vor kurzem angeeignet und worin sie es schon zu einer beachtlichen Könnerschaft gebracht hat. So sehr, dass sie mittlerweile auch Schmuckstücke für Freundinnen und Kolleginnen herstellt und dank einiger Folgeaufträge gar nicht mehr mit der Produktion nachkommt. Sie sitzt dann da umgeben von ihrem Werkzeug, ihren Zangen und Perlen, fädelt Ketten auf, verknotet Verschlüsse und präsentiert Dir anschließend ihre Meisterwerke. Schon öfters hast Du ihr dabei geholfen – oder sogar selber Perlen aufgezogen. Und warst immer wieder dabei, wenn sie in der Stadt die Steine für ihre Schmuckstücke gekauft hat.

Abends habe ich Dich vom Kindergarten abgeholt, und wir haben endlich den Geburtstagsbagger aus Lego aufgebaut. Danach Fußball auf dem Flur. Du mal wieder Bayern München, ich VfB Stuttgart. Beim Spielstand von 6:5 für den VfB klingelt das Telefon und eine mir unbekannte Frau will Gabi sprechen. Ich reiche ihr das Telefon. Das Gespräch dauert etwa fünf Minuten, während wir weiterspielen – auch wenn ich mit halbem Ohr mithöre. Als Gabi auflegt, teilt sie mir mit versteinertem Gesicht mit, dass das die Klinik war. Die Ergebnisse der Pathologie lägen vor. Es stünde nun endgültig fest, sagt sie, dass es Krebsgewebe war, was man ihr entfernt hat. Mehr noch: Es könne sein, dass der Krebs auch die Rippen oder das Rippenfell erreicht habe – auch eine erneute Überprüfung der Röntgenaufnahme, die routinemäßig vor ein paar Wochen gemacht wurde, habe gezeigt, dass sich an der betreffenden Stelle ein Schatten befinde. Man müsse jetzt eine Computertomografie machen und das »abklären«.

Gabi und ich sind schockiert. Und Du willst nicht verstehen, warum wir nicht weiter Fußball spielen oder wenigstens drüben auf dem großen Futonbett miteinander kämpfen wie die türkischen Ölringer, die wir neulich in einer Fernsehdokumentation gesehen haben. Ich sage, ich könne nicht, weil ich traurig sei, weil wir traurig seien. Ich muss das erst mal verkraften. Diesmal bist Du dabei, als die Nachricht einschlägt. Wir erklären Dir, dass die Mama doch nicht ganz gesund ist und man sie wieder untersuchen müsse. Aber das scheint Dich nicht sehr zu irritieren, denn, das hast Du inzwischen gelernt, dafür gibt es ja ein Krankenhaus. Du tröstest Deine Mutter und sagst zu mir: »Papa, warum guckst du denn so ernst, lach doch wieder!« Aber das schaffe ich erst nach einer Stunde – als ich Dir beim Zubettgehen noch ein ganzes Kapitel aus *König Artus' Tafelrunde* vorlese.

Als Du eingeschlafen bist, unterhalten Gabi und ich uns noch lange im Bett. Wenn das Rippenfell befallen ist, dann sieht alles noch schlimmer aus, viel schlimmer. Hinter dem Rippenfell liegen die Lungen. Ich weiß nicht genau, was für eine Weiterbehandlung man Gabi rät, wenn sich dieser Verdacht bewahrheitet, der mich bisher am meisten getroffen hat. Es ist auf einmal so, als wäre alles zuvor nur eine Übung gewesen, als begänne jetzt der Ernstfall. Gabi sagt mir am Ende unseres Gesprächs, so schnell würde sie nicht aufgeben, ja, sie lacht sogar und zwinkert mir zu, als sie zu mir sagt: »The fight isn't over.« Aber eigentlich ist sie enttäuscht, sehr enttäuscht, und etwas abwesend. Sie weiß gar nicht mehr, wie sie diese neuen schlechten Nachrichten aufnehmen soll. Sie fühlt sich ausgeliefert, hat den Eindruck, nicht mehr das Ruder in Händen zu halten, mit dem sie ihr Schiff steuern kann. Aber sie ist nicht bereit zu sterben, sie will leben, sie hat einen Sohn und einen Mann – und lebt sehr gern. Sie ist frustriert, dass es sie wieder erwischt hat. In den letzten zwei Jahren hat sie so sehr um Heilung gerungen, den Krebs angenommen, viel versucht, um eine Wende herbeizuführen – so viel, dass sie nicht verstehen kann, warum der Krebs dennoch wiedergekommen ist. Wird sie es schaffen, sich auf diese Verschlechterung einzustellen? Oder wird sie daran zerbrechen? Ich habe Angst um Gabi. Wie viel kann sie ertragen? Wie viel können wir ertragen?

Wieder erzählt Gabi mir von ihrem Bedürfnis, Konflikte, die bis heute ungelöst geblieben sind, für sich abzuschließen. Den Streit mit Sigrid. Mit ihren beiden Brüdern, mit denen sie seit einer Erbschaftsangelegenheit tief zerstritten ist, mit ein paar anderen, zu denen die Verbindung nach Auseinandersetzungen abgebrochen ist. Diese innere Unordnung, ihre Verletzungen und auch ihre Arbeitssituation inmitten von einigen Kollegen, die sie als sehr belastend empfindet, der Job, der für sie schon seit längerer Zeit unerträglich geworden ist, der Stress, der dadurch in ihr ausgelöst wurde, dies alles bringt sie immer wieder mit der Rückkehr ihrer Krebserkrankung in Verbindung. Ich höre ihr lange zu, nehme sie in den Arm. Ich habe plötzlich das Bedürfnis, Gabi meine Gefühle offenzulegen, vielleicht weil ich denke, das ist der richtige Moment, vielleicht auch um sie zu stärken. Ich sage ihr, wie ich sie bis heute über alles liebe. Ich sage ihr, wer sie für mich ist. Wie wertvoll die Jahre mit ihr für mich waren. Nächstes Jahr sind es zehn Jahre, dass wir uns kennen. Sie soll wissen, was sie mir bedeutet. Ich habe ihr unendlich viel zu verdanken. Sie hat mir gezeigt, wer ich bin und auch wer ich sein kann. Sie hat mich gelehrt, meinen Panzer, meine Schale abzulegen, die ich mir in meinem alten Leben zugelegt hatte. Sie hat mich lebendig gemacht, durch sie habe ich zu mir selbst zurückgefunden, ich, der ich mich schon verlassen hatte – ohne es zu merken. Ich spreche davon, wie ich an ihrer Seite gereift, wie ich durch sie ein anderer Mensch geworden bin, wie lustig, wie geistreich es an ihrer Seite ist. Wir erinnern uns an gemeinsame Erlebnisse: wie wir in unserem ersten Urlaub in jenem stürmischen Januar 1999 am Strand von Lanzarote hockten, nachdem wir beide damals spontan von unserer Arbeit ausgebüchst waren.

Ich rufe ihr einen Tag in Córdoba ins Gedächtnis, den wir nie vergessen werden. Bei einem nächtlichen Spaziergang durch die Altstadt hatten wir uns spontan ein paar festlich gekleideten einheimischen Frauen und Männern angeschlossen und waren ihnen ohne Einladung einfach in den Patio eines herrschaftlichen Privathauses gefolgt und dort unverhofft Gäste einer fantastischen andalusischen Nacht mit Sevillanas und Flamenco geworden. Wir selbst kamen vom Abendessen und waren so elegant gekleidet, dass die Kellner, die uns bei diesem privaten Anlass immer wieder Sherry nachschenkten, offenbar gar nicht auf die Idee gekommen waren, wir könnten blinde Passagiere ohne Zugangsberechtigung zu dieser wundervollen Soiree sein. Ich erinnere sie an unsere unzähligen Wochenendfahrten zu dritt. Ich habe ihr von meiner Euphorie erzählt, die sich bis heute einstellt, wenn wir zusammen einen Ausflug, eine Reise machen, und wenn es nur zwei Tage sind, irgendwohin, ins Elsass, in den Schwarzwald oder nach Frankfurt zum Einkaufen auf die Zeil. Mit Dir, lieber Jakob, mit Deiner Mutter zusammen etwas zu unternehmen – das macht mir im Leben am meisten Freude. Mir vorzustellen, dass sie gehen könnte, bricht mir nicht nur das Herz, es macht mich auch sehr traurig, wenn ich daran denke, wie Du damit fertig werden würdest. Ein Bub mit sechs Jahren braucht seine Mama, erst recht, wenn er auch noch eine hat, die ihn wie nichts auf der Welt liebhat und sich so sehr freut, ihn zu haben.

Wie lange wird es uns noch gelingen, Dir diesen Schrecken vom Hals zu halten? Diese Frage hat mich die ganze Nacht beschäftigt. Gestern Abend, als Du nicht verstehen konntest, warum wir nicht weitergespielt haben, habe ich mich fast ein wenig gefreut über Dein Unverständnis. Es hat mir gezeigt, dass Du Dich offenbar völlig sicher fühlst. Meine Befürchtung war ja schon so oft, dass Du unterschwellig viel mehr von unserer Angst und Verunsicherung übernommen hast, als gut für Dich wäre. Deine Reaktion hat mir aber gezeigt, dass wir es doch geschafft haben, Dir das Ungeheuer bislang vom Hals zu halten – trotzdem macht es mir das Herz schwer, wenn ich mir vorstelle, dass ich Dir eines Tages diese Sicherheit nehmen muss, dass alles gut ist oder wenigstens gut ausgeht.

Natürlich mache ich mir aber vor allem Sorgen um Gabi. Wie geht ein Mensch mit einer solchen Diagnose um? Woher soll sie jetzt noch Zuversicht nehmen? Wer sagt mir denn, dass nicht schon bald der Moment kommt, in dem sie die Belastung nicht mehr aushält, zusammenbricht vor Schmerz und Verzweiflung? Ich werde es nicht ertragen, nur zusehen zu können, wie sie leidet, wenn sie weiter leiden muss. Es ist richtig und hilft mir doch nicht viel, dass meine Psychologin immer wieder sagt: »Sie müssen jetzt sich selbst stärken!« Den Mann zeige man mir, der sich Gutes tut, während seine Liebste zugrunde geht.

Ich habe große Angst um Deine Mutter in diesen Tagen, aber ich bewundere sie auch. Mit jeder Verschlimmerung ihrer Krankheit ist ihre Liebesfähigkeit, ihre Aufmerksamkeit nicht nur uns beiden, sondern auch ihren Mitmenschen gegenüber noch größer geworden, genauso wie ihre Nachsichtigkeit, ihre Herzlichkeit. Wie sie sich anderen gegenüber verhält, das hatte immer schon menschliche Größe, aber so wundervoll erlebe ich es erst in dieser Zeit: Ich sehe sie im Umgang mit anderen nie genervt, verärgert, sondern immer aufmerksam, ausgeglichen und ausgleichend. Es ist paradox: Aber ich vermute, das ist ein Grund dafür, warum sie selbst so wenig echtes Mitgefühl erntet: Menschen, denen selbst Mitgefühl entgegengebracht wird, kommen selten auf die Idee, ihrerseits Mitgefühl zu zeigen.

Donnerstag, den 15. November 2007. Gabi und ich waren gestern zu Hause. Warten. Warten auf die Computertomografie, die Aufschluss über die Lungen bringen soll. Warten darauf, was das Tumor-Board dazu sagt. Dann die Nachricht: Gabis Fall ist auf nächste Woche verschoben, der CT-Termin findet am Freitag statt. Gabi ist erkältet, fühlt sich nicht besonders. Wir haben wieder über das Sterben geredet – bei einem Spaziergang am Rhein. Es gibt die Angst vor dem Sterben, und es gibt die Angst vor dem Reden über das Sterben. Letztere haben wir nicht mehr. Aber ich merke immer mehr, dass ich gar nicht weiß, was das ist: sterben. Woher auch. Der kalte Rhein, die Luft tun uns gut.

Wir beide, lieber Jakob, waren gestern Abend noch im Kino. Wir wollten der Enttäuschung und Niedergeschlagenheit etwas entgegensetzen. *Ratatouille* hieß der Film. Ein Animationsfilm über Paris, seine Restaurants und über das Essen. Also genau das Richtige für uns. Vor allem für Dich, der Du bei der Frage nach Deinem Berufwunsch zwischen Drei-Sterne-Koch und Restaurantkritiker hin und her schwankst, wenn Du mal vergessen hast, dass Du eigentlich Fußballprofi bei Real Madrid werden willst. Du hast Dich schlapp gelacht. Es war Gabis Idee. Eine gute Idee. Kino ist eine kleine Flucht und eine, die uns in diesem Fall nach Paris in ein Restaurant führt. Wie wunderbar ein Restaurant in Paris ist. Da sind und waren wir am liebsten. Und wollen wieder hin.

Freitag, den 16. November 2007. Gestern war ein rabenschwarzer Tag. Weil uns selbst Tage nach Gabis Operation niemand darüber aufklärt, wie es jetzt weitergeht, und sich Gabis Wunde unterm Arm mit Wundwasser füllt, suchen wir das Krankenhaus auf. Ein sehr zuvorkommender, freundlicher Arzt nimmt sich Gabis an, punktiert die Wunde und interpretiert uns endlich die Befunde, die längst vorliegen: Die Hauptbotschaft ist negativ. Er wiederholt, es sei Krebsgewebe, was bei Gabi entfernt wurde – und der Krebs sei auch durch die Lymphkapsel in umliegendes Gewebe durchgebrochen. Mit anderen Worte: Das Risiko, dass sich Krebszellen über die Blut- oder Lymphbahnen im Körper verteilt haben, ist erheblich gestiegen. Gabi ist deprimiert, ich bin es auch. Immerhin klingelt am Abend ein paarmal das Telefon. Darunter auch Anrufe, über die Gabi sich freut.

Heute, Freitag, ist wieder so ein Schlüsseltag. Wieder warten. Warten auf Entwarnung. Oder auf den nächsten Schock. Heute soll Gabis Lunge mittels einer Computertomografie untersucht werden. Bei Röntgenaufnahmen wurde eine »unklar differenzierte Stelle« entdeckt, wie es im Befund heißt. Jetzt geht es also darum, »abzuklären« – auch so ein Wort, das ich hasse –, was das ist. Wenn sich herausstellt, dass das eine Fernmetastase in der Lunge ist – dann weiß ich nicht, wie wir damit umgehen sollen. All das geschieht, lieber Jakob, während Du Dich auf Deine Geburtstagsparty morgen Nachmittag freust. Noch einmal schlafen, dann feierst Du mit Deinen Freunden und Tante Irene, die extra Deinetwegen aus Karlsruhe anreisen wird. Es ist alles so unendlich schwer zu ertragen. Und doch haben wir uns vorgenommen, Dir ein schönes Geburtstagsfest zu bereiten.

Dienstag, den 20. November 2007. Es ist nicht einfach, das Tagebuch weiterzuführen, wenn Gabi hier ist. Normalerweise geht sie ja arbeiten, und ich bin alleine. Als freiberuflicher Autor, Publizist, Schriftsteller, der zu Hause arbeitet, merke ich, dass es mir schwerer fällt, meine Gedanken niederzuschreiben, wenn Gabi nebenan im Bett sitzt. Auch wenn sie nur liest und Tee trinkt. Auf der anderen Seite ist es wunderschön, sie hier zu haben, oft unterbreche ich meine Arbeit, gehe zu ihr hinüber, setze mich auf die Bettkante, versuche sie aufzumuntern, bin bei ihr. Ich glaube, sie schafft es mittlerweile ganz gut, das Unheil zu ignorieren oder es zumindest nicht allzu nahe an sich herankommen zu lassen und sich stattdessen erst einmal von der Operation zu erholen.

Hinter uns liegen Tage, die alles brachten: neue Unsicherheit, neue Sorgen, aber auch eine gelungene Kindergeburtstagsparty am Samstag – Motto: »Unterwasserwelt«. Ich habe mich als Neptun verkleidet. Nicht ganz bis zu den Knien bin ich im Rheinwasser gestanden, um Dich und Deine Gäste zu erfreuen. Deine Tante Irene verkleidete sich sogar als Meerjungfrau, und ihr Kinder musstet eine Schnitzeljagd absolvieren auf einem Parcours, den ich Stunden zuvor mit klammen Fingern und bunten Kreiden auf die Gehwege unseres Stadtviertels gemalt habe, auf dass ihr am Ende auch die große Schatzkiste am Rhein findet, in der es natürlich Süßigkeiten für alle Kinder gab.

Gestern war wieder Kindergarten, anschließend Schwimmkurs, heute wieder Kindergarten, dann Musikunterricht. Ich müsste ein Hörfunkfeature fertig machen, kann mich aber nicht recht konzentrieren. Gabi wartet noch immer auf die hoffentlich definitive Entwarnung, eine Fernmetastase in der Lunge zu haben, aber die Ärzte sind wieder einmal nicht zu sprechen.

Das Wetter ist trüb, grau in grau. Wir warten. Auf die Ärzte und ihren Vorschlag zur Weiterbehandlung. Ein Tag, eine Zeit wie ein Gemälde von Edward Hopper. Voller Ratlosigkeit, ein wenig depressiv. Gabi ist von der jüngsten Diagnose tief enttäuscht. Dennoch steigert sie sich nicht in irgendwelche bedrohlichen Zukunftsszenarien hinein, schafft es, sich nicht von der Ausweglosigkeit übermannen zu lassen. Sie bleibt gefasst, ruhig, nur manchmal huscht ein Schatten über ihr Gesicht, etwa wenn sie lange ins Leere blickt. Schritt für Schritt nimmt sie an, was auf sie zukommt. Ich glaube, das gelingt ihr deshalb so gut, weil sie, nicht erst seit den Tagen ihrer Erkrankung, eine große innere Stärke hat.

Am Abend blödeln wir beide noch lange herum, kämpfen mit Deinen Holzschwertern. Eigentlich müsstest Du längst im Bett sein. So wie Anton T. aus Deinem Kindergarten, der vorbildlicherweise immer schon um 19.30 Uhr im Tiefschlaf liegt. Bei Dir wird es dagegen schon mal 22.30 Uhr. Manchmal zu unserem Ärger, weil Du ewig brauchst, bis Du bettfertig bist, manchmal weil es so lustig bei uns ist, dass sich keiner daran stört. Bis Du nächstes Jahr in die Schule kommst, müssen wir daran halt noch ein bisschen arbeiten.

Es ist eigenartig. Deine Mama und ich, wir sind enger zusammengerückt, seit der Krebs zurückgekehrt ist, und doch bringt er uns auch auseinander. Er belastet unsere Beziehung, weil er Stress bedeutet, Unruhe, Angst – bezeichnenderweise auch jetzt wieder fast mehr bei mir als bei Gabi –, eine Angst, die bei mir immer wieder in Gereiztheit mündet. Es ist schon etwas dran: In der Krankheit erweisen sich die guten Beziehungen als gut und die schlechten als schlecht. Und doch stimmt der Satz nicht ganz. Denn auch die gute Beziehung Deiner Eltern, lieber Jakob, leidet. Gabi zieht sich neuerdings öfter zurück, kapselt sich ab. Sie braucht Erholung, Zeit, um Mut zu schöpfen, neue Kraft zu sammeln. Sie ist, glaube ich, einfach mehr mit sich selbst beschäftigt als früher. Dadurch hat sie sich von mir, haben wir uns etwas voneinander entfernt, obwohl wir sehr viele Gedanken und Gefühle austauschen, die die Krankheit betreffen. Ich leide unter diesem Rückzug und bin deswegen manchmal etwas ungehalten. Es kann durchaus vorkommen, dass ich sie zwischendurch mal anschnauze, wenn ich nicht recht verstehe, was sie mir vom Bett aus in die Küche zuruft. »Ich kann nicht hexen!«, sage ich dann wie eine genervte Serviererin in einer schlechten Dorfwirtschaft. Ich will sie auffangen, sie stützen und bin am Ende gestresst, verzweifelt, leer.

Es ist paradox, aber unsere neue Lebenslage bewirkt auch Positives. Man glaubt es kaum. Wir beide haben uns verändert, sind am Krebs gereift, ob wir das wollten oder nicht. Gabi ist gelassener geworden, was persönliche oder berufliche Probleme angeht. Sie ist souveräner, besonnener geworden, sie wirft nichts mehr so schnell aus der Bahn. Ich habe lange an meiner Angst gearbeitet, an meiner alten Mutlosigkeit, Lebensangst aus Kindertagen, und an meiner neuen, durch Gabis Krebs ausgelösten. Und sie beide besser in den Griff gekriegt. Ich bin, wenigstens manchmal, gefasster. Auch mein Mut ist gewachsen. Ich übe mich darin, die Situation anzunehmen. Das gelingt manchmal ganz gut, so gut, dass ich überrascht bin. Gabi hat längst begriffen, dass man dieser Erkrankung nicht nur mit einer Reaktionsweise begegnen kann. Kampf ums Leben – das ist wichtig, und dennoch gehört dazu auch, mit sich im Frieden zu sein, indem man die Krankheit akzeptiert. Das muss sich nicht widersprechen. Gabi denkt immer wieder: Sie ist krank, aber große Teile in ihr sind nach wie vor lebendig. Kämpfen heißt, die Lebendigkeit zu verteidigen, Annehmen heißt, die Krankheit und den Platz, den sie einnimmt, nicht mehr zu leugnen.

Freitag, den 23. November 2007. Heute erfährt Deine Mama, was die Ärzte zur weiteren Behandlung vorschlagen, denn sie haben erst heute ihre große Besprechung. Gabi rechnet mit einer erneuten Chemotherapie, der sie schon jetzt mit Grauen entgegensieht. Trotzdem wird der heutige Tag eine Perspektive bringen, egal ob eine gute oder schlechte, immerhin mehr Klarheit, wie es weitergeht.

Ich selber richte mich langsam wieder auf. Bin nicht mehr so panisch, aber von richtig relaxed kann auch keine Rede sein. Ich kann mich nicht mehr daran erinnern, wann ich das zuletzt wirklich war. Obwohl ich viel dafür getan habe, als die Zeit der Unruhe kam. Trotz Psychotherapie, innerer Einkehr, trotz vier Wochen Meditation in der Krypta der Basilika Sainte-Madeleine de Vézelay während meines Burgundstipendiums im letzten September.

Gabi hat sich entschieden. Bis Weihnachten wird sie auf keinen Fall wieder arbeiten gehen, egal welche Therapie sie bekommt. Was danach kommt, will sie abwarten. Es ist das alte Dilemma: Eigentlich will sie weg von ihrer Arbeit, von einem nervenaufreibenden Job inmitten eines Kollegiums, das sie häufig eher an einen Affenkäfig als an ein Team erinnert. Auf der anderen Seite ängstigt sie die Vorstellung, aus dem Arbeitsleben rauszukippen – und manchmal ist die Vision, ganz normal arbeiten gehen zu können, auf einmal wieder etwas, was fast schon wie Glück verheißend oder zumindest beruhigend auf sie wirkt, bedeutet es doch, sie funktioniert noch, nimmt teil an einer Welt, die nichts mit Krebs zu tun hat. Es ist eigenartig an diesem Tag, die Bedrohung verfliegt wieder. Obwohl sich vom Befund her nichts verändert hat.

Nachts dagegen kehrt sie zurück. Ich träume viel. Von Räumen, von Häusern, von Orten, in denen wir wohnen wollten, und solchen, in denen wir nie wohnen werden. Das passt zu unserem Dauerproblem: Seit über drei Jahren schon versuchen wir, aus unserer abgewohnten Vierzimmerwohnung rauszukommen. Gabi leidet unter unserer Wohnsituation viel mehr als ich. Sie findet das Leben in dieser viel zu engen Wohnung unerträglich. So sehr, dass ich mich oft frage, ob sie nicht etwas anderes bedrückt. Ich habe den Eindruck, sie bringt oft den verhassten Außenraum unserer Wohnung mit der Unordnung in ihrem Innenraum, in ihrem Körper, in Verbindung. Wenn ich ihre Lage so interpretiere, widerspricht sie mir gar nicht. »Kann gut sein«, sagt sie dann. Aber deswegen will sie trotzdem raus. Und ich fühle mich schlecht, weil es mir nicht gelingt, ihr den Wunsch nach einem schönen Haus mit Garten zu erfüllen. Wir haben viele Konflikte durchlebt, die sich um eine neue Wohnung, ein neues Haus, ein neues Zuhause, ums Heimischwerden drehten. Deine Mama hat mir immer wieder zu Recht vorgeworfen, ich wolle in dieser Stadt nicht wirklich Wurzeln schlagen, sie hat meine Unfähigkeit kritisiert, mich auf sie einzulassen, hier heimisch zu werden. Das stimmt und stimmt doch nicht ganz. Ich habe oft nach einem Häuschen gesucht, Zeitungen durchstöbert, im Internet recherchiert. Aber ich habe stets nach dem Perfekten gesucht und es, wie immer in solchen Fällen, nicht gefunden. Gabi hat mich immer wieder aufgefordert, nicht nur Anzeigen aufzugeben, sondern Zettel mit Kaufgesuchen in die Briefkästen der Häuser in den von uns bevorzugten Wohngebieten zu werfen, zu klingeln, Leute direkt anzusprechen, aktiv zu werden. Ich habe das getan. Aber nach ihrem

Geschmack nicht engagiert genug, nur halbherzig – und somit drehen sich die Diskussionen immer wieder darum, warum ich nicht mehr tue, um unsere Wohnsituation zu verbessern. Ich fange dann meistens an, mich zu rechtfertigen, zähle auf, was ich alles schon unternommen habe, wenn auch ohne Ergebnis. Am Ende sind wir beide frustriert – und ich schäme mich dafür, dass ich zu blöd bin, meiner geliebten, krebskranken Frau ein schönes Heim mit Garten zu beschaffen, zu bauen – vielleicht für eine nur kurze Zeit, die uns noch zusammen bleibt. Am schlimmsten ist es, wenn am Wochenende das Gegröle betrunkener Spätheimkehrer oft bis um fünf Uhr morgens durch unsere Straße hallt – und uns den Schlaf raubt. Wenn Gabi dann aufstöhnt, dann empfinde ich eine gewisse Mitschuld daran, dass ich meiner Königin kein Schloss, nicht einmal ein Schlösschen errichtet habe.

Trotz ihrer Krankheit ist Gabi nicht verbittert. Nur wenn es um die Wohnung geht und sie wieder einmal sarkastisch bemerkt, dass wir auf der Stelle treten, spricht manchmal Bitterkeit aus ihr. Im »Verhau« leben zu müssen, verbittert sie. »Verhau« nennt sie unsere vollgestopfte Wohnung in diesem nicht sehr feinen Viertel der Stadt – und doch haben viele unserer Besucher immer wieder gesagt, wie schön und geschmackvoll eingerichtet sie unsere Räume fänden. Auch Du, lieber Jakob, fühlst Dich hier sehr wohl. Aber für Deine Mama ist diese Wohnung ein ständiger Quell des Ärgernisses. Sie vermisst vor allem mehr Platz und einen Raum für sich selbst. Für Dich ist es Dein Zuhause – und für mich? Nicht so wichtig. Für mich seid ihr beide mein Zuhause.

In diesem November wirbelt es in uns. Alles in uns ruft nach Ruhe und Erholung. Wenn ich mir vorstelle, was mir jetzt am besten gefiele, dann ist es ein »neoreduktionistisches« Wellness-Designer-Hotel im japanischen Stil mit Sauna, Dampfbad und abends einem guten Mahl mit Blick auf die Berge. Warum fahren wir nicht los? Weil Gabi eine andere Sehnsucht hat. Sie will lieber nach Bali oder nach Sansibar, um am Strand eines exklusiven Boutiquehotels in der heißen Sonne zu sitzen. Mir ist nicht so danach. Aber es versteht sich von selbst, dass ihre Wunschfantasien im Moment Vorrang haben.

Du wirst fragen, warum ich nicht auch dorthin will. Das hat einzig mit dem Fliegen zu tun. Ehrlich. Wenn nur diese blöde Fliegerei nicht wäre, lieber Jakob! Seit der Krebserkrankung Deiner Mama leide ich nämlich unter grässlicher Flugangst. Sie begann, als wir vor zwei Jahren nach Teneriffa flogen. Seither arbeite ich daran, ohne sie wirklich in den Griff zu bekommen. Fliegen ist für mich zusätzlicher Stress. Ich glaube genau zu wissen, dass diese Flugangst anderen Quellen entspringt, und werde ihr doch nicht Herr. Meine Psychotherapeutin hat den schönen Vergleich mit einer großen Angstblase gezogen, die man unter Wasser drückt, auf dass sie an den Seiten aufgeteilt in kleinere oder andere Angstblasen wieder an die Oberfläche ploppt. Ich glaube, so lässt sich das tatsächlich erklären. Meine Angst kommt vom Krebs, der meine geliebte Frau bedroht, und entlädt sich bei mir in der Economy Class. Mein Problem ist: Ich kenne ihren Urgrund, weiß aber trotzdem nicht, wie ich sie abstellen soll.

Samstag, den 24. November 2007. Heute geht's auf den Markt, Steinpilze kaufen. Abends kochen wir Pasta mit Steinpilzen. Du willst unbedingt beim Kleinschneiden der Pilze helfen, aber ich habe Angst, dass Du Dich mit dem scharfen Messer schneidest. Trotzdem bist Du der beste Küchenhelfer der Welt, wenn Du Deine weiße Schürze umbindest und Deine Kochmütze aufsetzt und wir zusammen kochen oder einen Gugelhupf backen. Also lasse ich Dich ein paar Pilze schnippeln, dann gehst Du wieder spielen. Ich werfe mir einmal mehr vor, Dir nicht mehr Aufmerksamkeit zu widmen. Wenn ich koche, dann meist in einer gewissen gewollten Hektik. Es muss schnell gehen, wie in einem Restaurant. Das habe ich mir so angewöhnt. Zusammen mit Dir würde es länger dauern. Aber ich habe heute keine Geduld dafür, mein lieber Sohn. Im Moment wenigstens nicht. Ich bin froh, wenn ich das Pflichtprogramm bewältige.

Meine Kochkunst ist mehr denn je gefragt. Seit Gabis Kräfte schwinden, bin ich der Chefkoch bei uns. Mit wechselnden Erfolgserlebnissen. Weißt Du noch, wie ich mal einen Apfelstrudel gebacken habe? Mit Deiner Hilfe – und am Ende den Zucker vergessen hatte? Wir entdeckten die zweihundert Gramm im Messbecher, als alle anderen Zutaten zu einem Strudel verarbeitet schon im Ofen schwitzten. Tja, alles für die Katz. Oder weißt du noch, wie wir beide einmal Wiener Marillenknödel gemacht haben? Du erinnerst Dich sicher an Deinen Vater in der blauen Schürze aus Südtirol, der am Ende einen Tobsuchtsanfall in der Küche bekam, weil sich beim Formen der Knödel der Teig nicht von seinen Fingern lösen wollte? Weißt Du noch, wie ich in höchster Rage eine Handvoll klebrigen Knödelteigs an die Wand gefeuert habe, dessen Abdruck dort heute noch zu sehen ist? Tja, die Nerven liegen öfters blank in diesen Tagen. Gemeinsames Backen von Vater und Sohn sieht im Kinderfernsehen sicher anders aus. Das hat mir sehr leid getan – und tut mir immer noch leid. Du hast mich damals mit großen Augen unter Deiner Kinderkochmütze angeguckt. Ich habe mich beruhigt und Dir versichert, dass Dein Papa ein »Aussetzerle« hatte – aber jetzt wieder richtig tickt. Der Marillenknödel auf der Raufasertapete: auch er ein Abdruck, ein Ausdruck meiner Verzweiflung.

Sonntag, den 25. November 2007. Wir machen einen Spaziergang über die Eisenbahnbrücke auf die andere Seite des Rheins, die »ebsch Seit'«, wie die Leute hier sagen. Nach Mainz-Kastel. Dort werden wir von einem schrecklich kalten Regen erwischt, der schon nach Schnee und Winter riecht. Damit haben wir nicht gerechnet. Alle drei haben wir keine besonders dicken Jacken dabei und fangen bald an zu frieren. Du radelst tapfer vorneweg, während wir uns schlotternd durch den Sturm kämpfen. Deine Mama und ich reden über den bevorstehenden Urlaub und darüber, dass ich nicht so recht will. Gabi möchte nach Kenia. Sie schwärmt vom Ozean, der Sonne, der Wärme. Ich will nicht fliegen. Ich glaube, sie kann sich nicht recht vorstellen, was mich da lähmt. Und nimmt es nicht ganz ernst. Zu

Recht: Ihr, die tatsächlich vom Tod bedroht ist, muss es eigenartig vorkommen, wenn da einer mit einer vergleichsweise harmlosen Flugangst daherkommt. Und selbst, falls sie mich ernst nimmt, was sie wahrscheinlich sogar tut: Kann ein Mensch in ihrer heillosen Lage nicht erwarten, dass ich, der Gesunde, über meinen Schatten springe, um ihr diesen ersehnten Urlaub möglich zu machen? Das Ganze mündet in den alten Streit über meine Entscheidungsunfähigkeit dem Leben als Ganzem gegenüber, etwas, das ich schon kenne. Ob in den Fragen Hochzeit Ja oder Nein, Kind Ja oder Nein, allgemein die Zukunft betreffend – immer hat Gabi kritisiert, dass ich kein guter Entscheidungstreffer wäre. Und tatsächlich habe ich immer zu lange gebraucht, um mich zu entscheiden, mich von Altem zu lösen und einen Schritt nach vorne zu tun. Der Satz: »Keine Entscheidung ist auch eine Entscheidung, nämlich die schlechteste«, stammt von Deiner Mutter. Der Hintergrund meines Zögerns ist meine alte Ängstlichkeit, mein Schicksalsbegleiter, den ich so gerne loswerden würde, der mir aber unverdrossen die Treue hält. Ich stecke in einem Dilemma. Ich gönne Deiner Mama und Dir, der Du die Idee ganz toll findest, die Reise nach Afrika, und auch ich habe Erholungsbedarf – aber dazu muss ich ins Flugzeug. Was mich stört, ist, dass ich so unter Druck gesetzt werde. Wir krachen uns richtig.

Montag, den 26. November 2007. Das Wochenende ist vorbei. Gabi ist nun bis zum 2. Januar krankgeschrieben. Die Ärzte der Klinik scheinen weiterhin abgetaucht zu sein. Ihr Schweigen bedeutet für uns, dass auch sie ins Stadium der Ratlosigkeit eingetreten sind. Am Freitagabend hat uns der Oberarzt – den wir endlich erreichen, nachdem uns niemand anruft – mitgeteilt, was getan werden kann. Die Ärzte halten eine neue Chemotherapie nicht für sinnvoll. Man will die Hormontherapie, die Gabi seit ihrer ersten Operation in Tablettenform bekommt, umstellen, ihr ein anderes Präparat verabreichen – mehr nicht. Ratlosigkeit macht sich bei uns breit. Aber Ratlosigkeit ist besser als immer neue Hiobsbotschaften. So sind wir fast etwas erleichtert.

Mittwoch, den 28. November 2007. Heute haben wir Kenia gebucht. Am 9. Dezember ist der Abflug nach Mombasa. Wird es unser letzter Urlaub sein? Ich kann diesen Gedanken manchmal nicht verscheuchen, bin mir aber sicher, dass Gabi anders denkt. Meer, Strand, Sonne. Sie freut sich sehr darauf und ärgert sich mit Recht über mich. Bis der Weg frei war, gab es noch ein, zwei heftige Auseinandersetzungen zwischen Deinem flugscheuen Vater und Deiner willensstarken Mutter. Die letzte vor dem Reisebüro. Mir ist mulmig zumute – ich alter Angsthase. Umso mehr bewundere ich Deine Mutter. Wie sie ihr Leben in die Hand nimmt, wie tatkräftig sie ist, sich nicht unterkriegen lässt. Stell Dir vor, lieber Jakob, sie hat sich schon Anfang November, vor ein paar Wochen also, um einen neuen Job beworben. In ihrer Lage! In ein paar Tagen hat sie nun ein Interview mit dem Redaktionsleiter der »3sat kulturzeit« – und ist ganz hoffnungsvoll, dass sie den Job als Schlussredakteurin bekommt. Ich würde mich so freuen für sie. Aber jetzt geht es erst mal ins Herz von Afrika. Ab Frankfurt Airport.

2008

Ende Mai 2008. Über ein halbes Jahr ist vergangen, seit ich zuletzt Tagebuch geführt habe. Lieber Jakob, es ist viel passiert. Wir waren in Kenia. Und es war ein schöner Urlaub. Dir hat es richtig gut gefallen, auch Gabi hat die Zeit genossen, sich entspannt, ich dagegen fand weniger Ruhe, war aber doch froh, mit euch zu sein, wenn ich mir gerade mal keine Sorgen um die Zukunft oder den bevorstehenden Rückflug machte. Wir wohnten in einem schönen Appartement in einer mit Schilf gedeckten Hütte direkt am Indischen Ozean. Es war knallheiß, morgens und abends quakten die Frösche, dass es ein Heidenlärm war, Affen liefen frei herum und klauten alles, was an Essbarem herumlag, wir frühstückten Pfannkuchen mit Ahornsirup, dazu gab es fantastisch aromatische Passionsfrüchte. Wir begegneten freundlichen Menschen. Als *Advanced Open Sea Diver* ging Gabi zweimal am Riff tauchen, wir kauften Dir einen grünen Großwildjäger-Sonnenhut, machten eine richtige Safari, sahen Nilpferde, Elefanten, Zebras, Giraffen, Antilopen. Wir unterhielten uns mit echten Massaikriegern – und Du hast einem eine Kette mit einem geschnitzten Elefanten abgekauft, Deine »Kraftkette«, wie Du sagtest.

Und Du hast sogar einen – wenn auch nur kleinen – Schatz am Strand gefunden! Ein unbekannter Pirat hatte sich kurz vor Abflug per Eilbrief bei Dir gemeldet und den Schatz angekündigt. Wie immer, wenn wir in den Urlaub ans Meer gefahren sind. Ja, tatsächlich hast Du ausnahmslos, wenn wir irgendwo ans Meer gereist sind – auf die Kanaren, nach Spanien, Portugal, Italien, Frankreich oder eben jetzt nach Kenia –, kurz vor der Abreise von einem Piraten Post bekommen mit einer ebensolchen Nachricht! Immer war zu

Beginn des Urlaubs ein Brief von ihm in unserem Briefkasten. Dieser Pirat, der meistens rechts unter den Text sein Konterfei gemalt hat, schickte Dir immer genau dann auf rätselhafte Weise eine Nachricht zu, wenn Du mal wieder drauf und dran warst, ans Meer aufzubrechen. Er wusste immer auch, wohin Deine Reisen gingen. Komisch. Einmal haben wir sogar aus dem Rhein eine Flaschenpost gezogen, da warst Du vier Jahre alt. Drinnen war ein Brief. Wenn Du im Urlaub in Andalusien angekommen seiest, so war zu lesen, solltest Du am Strand des Atlantischen Ozeans nach einem Schatz Ausschau halten. Pfeile, Sterne und andere Symbole würden Dir dort den Weg weisen. »Achte auf die Zeichen!«, stand in altertümlicher Schrift auf der Schatzkarte zu lesen. Tatsächlich fandest Du am Ende an den Stränden unserer Urlaubsorte immer irgendeine Truhe, Holzkiste, einen Schuhkarton, drinnen Figürchen, Perlen, Muscheln, Spielsachen – ein Schatz eben. Auch jetzt wieder. In Kenia.

Kenia war tropisch, und man brauchte häufig eine Abkühlung. Du bist mit uns ausgiebig im Pool unter Palmen herumgeplanscht. In Deiner schwarzen Badehose mit dem aufgenähten Seepferdchen. Erinnerst Du Dich an unsere Fahrten durch Mombasa mit dem Jeep über holprige, mit Schlaglöchern übersäte Straßen? In meinem Kopf läuft noch immer derselbe Film ab, der sich draußen vor dem Fenster unseres Taxis abspielte, das uns nach der Ankunft vom Flughafen zum Hotel am Diani Beach brachte. Der Film einer bettelarmen Großstadt, laut, dreckig, aber voller Menschen, voller Leben. Ärmstes Schwarzafrika und doch unsäglich schöne Bilder. Jambo, jambo, bwana. Habari gani, mzuri sana. Dieser Song in Kisuaheli begleitet uns bis heute. Hakuna matata. Zurück in Mainz haben wir ein schönes Weihnachtsfest gefeiert.

Und Deine Mama hat die Stelle bekommen! Am 1. März wechselte sie als Schlussredakteurin in die Redaktion »3sat kulturzeit«. Deine Mutter macht inmitten ihrer Krankheit eine tolle Erfahrung: Sie hat endlich den Job gefunden, der zu ihr passt und genau ihren Fähigkeiten entspricht. Endlich, so scheint es, hat sie eine Aufgabe gefunden, in der sie aufgeht.

Ihre ersten Wochen im neuen Job hat Gabi gut gemeistert. Schnell haben sie dort ihre Kompetenz, ihre Erfahrung erkannt. Aber sie wurde auch nicht geschont, musste hart arbeiten. Der neue Chef hat sie gleich am zweiten Tag nach Ludwigshafen zu einer tagesaktuellen Reportage geschickt. Ein Wohnhaus mit türkischen Bewohnern war in Brand gesteckt worden, es ging darum, über die Hintergründe der Tat zu berichten. Gabi nimmt die Belastung auf sich, ohne zu murren. Sie hat niemandem erzählt, dass sie an fortgeschrittenem Krebs leidet. Mit gutem Grund fürchtet sie die Situation, dass ihre Arbeitskollegen wissen, was mit ihr los ist. Ihrer Erfahrung nach werten viele Menschen Kranke unbewusst ab. Eine Krebskranke wird gleichgestellt mit jemandem, der nur noch halbe Arbeit leisten kann. Krankheit heißt vor allem Schwäche. Nicht einmal so sehr körperlich. Nein, wer so krank ist, dessen Wort wiegt auf einmal nicht mehr viel, der wird mehr oder weniger wohlmeinend verschont – mit anderen Worten: schon bald von wichtigen Entscheidungen ausgeklammert. Was bleibt, ist allenfalls Rücksicht, aber auch die nutzt sich schnell ab.

Gerade deswegen, lieber Jakob, ist der neue Job in einer neuen Redaktion für Deine Mutter ein Glücksgriff. Sie stößt auf viele freundliche Kollegen, erntet viel Anerkennung. Endlich ist sie da gelandet, wo eine von ihrem Format auch hingehört. In eine Redaktion mit intellektuellem Niveau. Die berufliche Odyssee Deiner Mutter scheint beendet.

Der aktuelle Fernsehjournalismus, lieber Jakob, lass es Dir gesagt sein, wird regiert von einem zutiefst kleinbürgerlichen Milieu. Das muss wissen, wer sich in seine Hallen begibt. Ich glaube nicht, dass sich Gabi damals darüber im Klaren war, als sie sich dafür entschied, fürs Fernsehen zu arbeiten. Lange, viel zu lange musste sie sich in ihrem Berufsleben mit Angehörigen einer Spezies auseinandersetzen, die ihr immer fremd blieben, sich aber oft mit ihr anlegten und versuchten, sie klein zu machen. Schon in ihrer Anfangszeit als Reporterin und Redakteurin stieß sie auf kein sehr wohlwollendes Umfeld. Kein Wunder, sie passte da einfach nicht hin. Wie soll ein Stern leuchten können, habe ich immer zu ihr gesagt, wenn um in herum nur Dunkelheit herrscht? Das alles hilft Dir zu verstehen, warum sie so glücklich war, endlich in einer Stelle gelandet zu sein, in der sie und ihr Können anerkannt werden, in der man ihr den Respekt zollt, den sie verdient, in der man sie endlich wertschätzt, ja, ich glaube, gelegentlich auch schon bewundert.

Noch bevor sie ihren neuen Job angetreten hat, war sie im Februar nochmals im Allgäu, ihr dritter Reha-Aufenthalt zur onkologischen Nachsorge, in der Paracelsus-Klinik in Scheidegg. Gabi ging es danach wieder sehr gut. Der Krebs machte sich nicht weiter bemerkbar, die Hormontherapie scheint ihn bis heute in Schach zu halten. Wir beide sind zu Hause in Mainz geblieben. Diesmal knapp drei Wochen lang. Was haben wir uns gefreut, als wir sie nach der langen Trennung wiedergesehen – und noch ein paar freie Tage im Allgäu drangehängt haben! Du und ich, wir waren Schlitten fahren, während Deine Mama tagsüber ihr Reha-Programm durchlief, abends aßen wir zusammen zünftig im Traditionswirtshaus in der Ortsmitte. Erinnerst Du Dich an das Abschlussfest in Scheidegg mit all den krebskranken Frauen, die Hälfte davon mit Glatze, im »Kässtadl« gegenüber der Klinik? Mit Quetschkommode, alpinen Stimmungshits und Schunkeln? Das war wirklich eine Gaudi, ich glaube, die erste echte Gaudi, die ich je erlebt habe. Nie werde ich vergessen, wie fröhlich diese schwer kranken Frauen waren, wie verzweifelt glücklich – und wie wir mittendrin gesessen sind, laut mitgesungen und mitgeklatscht haben. Auch Gabi war sehr ausgelassen. Es war wie Urlaub. Deine Mama hat sich gut erholt. Scheidegg war wieder einmal ein Aufbruch für sie gewesen, ein Ort, wo sie neue Kraft, Hoffnung geschöpft, zu sich gefunden hat. Allein, nur mit sich, in einer anderen Welt zu sein, hat ihr dabei sehr geholfen. Sie hat mir von guten Gesprächen mit einem Psychologen erzählt, von neuen Ideen, neuen Wegen, die sie gehen will, davon, wie gut es ihr getan hat, in der Natur zu sein, in diesem schönen, friedlichen Voralpenland. Fast etwas wehmütig sind wir von diesem Ort abgereist. Am Ende machten wir noch einen Abstecher nach Bregenz, wo wir Gabis alte Tante Elisabeth besucht haben.

Dann kam Ostern. Wie schon ein paarmal zuvor haben wir die Tage im Landgasthof »Krone« in Freiamt-Mußbach, in der Nähe von Freiburg, verbracht. Du hast im Schwarzwald, wo noch jede Menge Schnee lag, Ostereier gefunden. Und später noch ein paar – auf der Rückreise, in Karlsruhe –, die wir mit Deiner Tante Irene im Schlosspark gesucht haben.

Wir waren viel zu Hause in diesem Frühjahr, haben Zeit miteinander verbracht. Musik gehört. Wie früher haben wir viele Samstag- und Sonntagmorgen vor dem Computer begonnen, Du am liebsten im Schlafanzug auf meinem Schoß sitzend. Wir haben uns Musikvideos auf YouTube angeschaut. Und unsere Lieblingsvideos immer wieder angeklickt. Johnny Cash, Willie Nelson, Waylon Jennings, Kris Kristofferson, die vier »Highway Men« wurden zu Deinen Favoriten. Und Elvis natürlich, den Du vor allem mit »Return to Sender« cool fandest. Dann auf jeden Fall Helge Schneider, der mit den »Firefuckers« »Hey Joe« singt. Du hast Dir gerne einen Mikrofonersatz geholt, Dich neben mich gestellt und mitgesungen. Meistens verkleidet. Das hast Du oft frühmorgens getan, wenn wir noch schliefen. Als Pirat, als Räuber, was auch immer. Und statt »Hey Joe, I heard you shot your old Lady down« hat sich Dein Text mehr nach »Hey Joe. Alli-buli-mu-lawingskou« angehört.

Vielleicht werden Dich diese Lieder später in Deinem Leben an eine eigenartige Zeit der Heiterkeit erinnern. Es waren die Musikvideos, die uns gute Laune machten und deren Songs wir immer wieder lauthals mitsangen. Erinnerst Du Dich an Karaoke zu dritt mit Gabi vor dem Computerbildschirm? Wir sangen mit den Beach Boys »Cotton fields back home«. Oder meinen Ohrwurm vom »Surfer Girl«. Jim Croces »I've got a name«, »Clandestino« von Manu Chao, eines von Gabis Lieblingsliedern, von Jarabe de Palo »La flaca« oder Tom Petty »Yer so bad« und »Saving grace«. Saving grace. Wir hatten den Glauben an die Rettung wiedergefunden.

Vor allem Gabi hatte ihren Glauben wieder gefunden, blühte wieder auf, freute sich am Leben. Am 12. April haben wir ihren fünfundvierzigsten Geburtstag gefeiert. In Paris. Ich hatte den Eindruck, dass sie auch innerlich den Krebs vor die Tür geschickt hatte, ja, wieder ganz normal lebte. Manchmal noch, vor allem wenn sie längere Strecken zu Fuß zurücklegte, schmerzte ihr Arm, ein Schmerz, der seit der letzten Operation von der Achsel ausstrahlte. Abgesehen davon war sie wieder voller Energie, lebensfroh, hatte neuen Mut gefasst. Wir waren in Paris. Im Schwarzwald. Altbewährte Orte, sichere Inseln zogen wir diesmal Neuland vor, vielleicht weil uns trotz aller Freude über die günstige Entwicklung noch die Kraft fehlte, die man braucht, um ganz neue Welten zu erobern.

Anfang Mai waren wir schon wieder reiselustig. Wenn wir unterwegs waren, ging es uns, ging es Gabi immer gut – also wieder wie jedes Jahr ab nach Andalusien, nach Conil de la Frontera. Wie es der Zufall wollte, hatte der unbekannte Pirat direkt in unserer Lieblingsbucht einen Schatz verbuddelt, den Du – rechtzeitig und postalisch vorab informiert – nach konzentrierter Suche gehoben hast. Woher der auch immer wusste, an welchem Strand der Welt Du gerade mit Deinen Eltern Urlaub machtest? Ein Teufel von Pirat. Wieder waren wir in Sevilla und all den anderen Orten, an denen wir uns immer so lebendig fühlten. Das schöne Leben kehrte zurück in diesem Frühling, wenigstens ab und zu und auf jeden Fall so oft, dass wir ganz zuversichtlich waren.

Gabi ist längst wieder optimistisch, und auch mir geht es mittlerweile gut. Das war Anfang des Jahres noch etwas anders gewesen. Im Februar musste ich zu einer neuerlichen Prostatavorsorgeuntersuchung. Als wieder ein zu hoher Laborwert gemessen wurde, war ich ganz unten. Was, wenn jetzt auch noch meine Gesundheit infrage steht? Die Verunsicherung war groß, für Ende März wurde nun doch eine Biopsie in der Uniklinik angesetzt, eine Gewebeentnahme wie damals bei Gabi. Auch das noch! Am anderen Tag erfuhr ich das Ergebnis. Telefonisch. Vom Oberarzt. Seither kann ich mitreden, seither weiß auch ich, wie man sich fühlt, wenn einem das Ergebnis einer Gewebeentnahme mitgeteilt wird, das »bösartig« lauten kann. Ich werde diesen Anruf so schnell nicht vergessen. Ich weiß jetzt aus eigener Erfahrung, wie es ist, wenn man die Nummer des Krankenhauses wählt, wie ewig lange sich die Sekunden anfühlen, die es dauert, bis man von der Sekretärin mit dem Arzt verbunden wird und dieser schließlich den Diagnosebericht aus dem Ordner nestelt, wie sich das Rascheln des Papiers anhört, auf dem der Pathologiebefund draufsteht, wie er Atem holt, bevor er durchgibt, ob man Krebs hat – oder ihm noch einmal entronnen ist. Sie finden bei mir, Gott sei Dank, keine Krebszellen. Als ich höre, dass das Gewebe leicht entzündet ist, freut es mich fast, erklärt es doch, warum der Wert so hoch ist. Nach Wochen zusätzlicher Belastung gibt dieser Befund mir die Sicherheit, nicht der zweite Patient im Haus zu sein. Ich bin erleichtert.

Lieber Jakob, es könnte jetzt so gut werden! Bei Deiner Mutter deutet alles auf eine Wende. Wir sind manchmal so vermessen, an eine glückliche Zukunft zu glauben. Dir geht es großartig, so unser Eindruck. Du erlebst in diesen Wochen Deine letzten Tage im Kindergarten. Sicher wirst Du Dich später noch daran erinnern, wie Du mit Deinen Erzieherinnen Kerstin und Beate zusammen mit fünf anderen Kindern auf die Burg Stahleck am Rhein gefahren bist. Das war das Abschiedsgeschenk Deines Kindergartens für euch großen Kindergartenkinder. Auf dieser Burg gibt es eine Jugendherberge, und Du übernachtetest dort – ohne Deine Eltern. Du warst gut gelaunt in dieser Zeit, denn im Kindergarten warst Du jetzt so etwas wie der Chef der Buben, einer von den »Großen«. Alles bei uns sieht im Moment nach Aufbruch aus. Der Sommer steht vor der Tür. Das Glück ist uns wieder gewogen. Vielleicht bleibt es uns treu.

Dienstag, den 27. Mai 2008. Gabi muss heute zu einem Halbjahrescheck. Du bist im Kindergarten. Mithilfe einer Computertomografie und eines Knochenszintigramms soll überprüft werden, ob der Krebs stillhält oder sich weiter ausgedehnt hat. Wir sind wieder ziemlich angespannt. Gabi verlässt gegen acht Uhr das Haus, sie hat heute frei. Ich bin zu Hause. Stehe am Fenster und warte. Unruhig wie lange nicht. Die Zeit will nicht verrinnen.

Irgendwann gegen zwölf Uhr klingelt mein Mobiltelefon. Gabi ist dran. Wie vereinbart. Sie sagt nicht viel. Nur, dass sie Knochenmetastasen habe. Dann schluchzt sie los. Ich soll ihr entgegenlaufen, sagt sie noch. Ich haste los wie ohne Besinnung, knalle die Wohnungstür hinter mir zu, stürze die Treppen hinunter. Wie Belmondo in Godards *A bout de souffle* renne ich durch die Straßen. Ich sprinte so schnell, dass mir die Lungen schmerzen. Quer durch die Stadt. Um schneller bei Gabi zu sein, laufe ich nicht am Rhein entlang, sondern nehme eine Abkürzung durch die Innenstadt. Dadurch verpasse ich Deine Mama auch noch. Und treffe erst nach einem abermaligen Telefonat vor dem kurfürstlichen Schloss auf sie, völlig außer Atem.

Sie weint nicht mehr. Sie sitzt auf einer Bank direkt am Ufer, auf der wir oft gesessen sind. Auf der Bank, von der aus wir Deine ersten Fahrradkünste beobachtet und Dir applaudiert haben, wenn Du eine schöne Runde nach der anderen gedreht hast, auf der Bank, an der wir manchmal Halt gemacht haben, um uns zu sonnen, wenn wir hier spazieren gingen. Sie blickt aufs Wasser. Schiffe gleiten vorüber. Sie schaut mich kurz an. Sie schweigt und blickt dann ins Nichts. Ich stehe noch immer atemlos vor ihr und starre sie an. Unsere Blicke treffen sich, ohne dass wir ein Wort wechseln. Ich setze mich, nehme sie in meine Arme. In ihrem Blick liegt tiefe Enttäuschung, Resignation, vielleicht etwas Bitterkeit. Denselben Gesichtsausdruck hatte sie damals, als wir an Ostern 2005 nach dem bösartigen Erstbefund nach Ravensburg gefahren sind und kaum angekommen am Rande eines Spielplatzes hockten. Deine Mutter war in sich versunken, beschäftigt mit den Gedanken an eine unsichere Zukunft. Auch jetzt sprechen wir nichts oder nicht sehr viel. Wir erheben uns und gehen am Ufer entlang nach Hause. Sie habe ihre Mitte verloren, sagt sie mir später.

Freitag, den 30. Mai 2008. Zwei Tage später wissen wir dann auch, dass sie Lebermetastasen hat. »Verschiedene Herde.« Das war gestern. Wir suchen das Gespräch mit den Ärzten. Es kann uns jetzt nicht schnell genug gehen, einen Termin im Krankenhaus zu bekommen. Heute, am Freitag, haben wir endlich einen. Wir fahren in die Klinik. Jetzt sei nichts mehr zu »kalkulieren«, sagt einer der leitenden Ärzte der Gynäkologie mit ernstem Gesicht. Die Ärzte wollen wieder eine Chemotherapie ansetzen.

Metastasen! Ich habe nicht geahnt, dass diese Botschaft noch brutaler sein kann als jene, an Krebs erkrankt zu sein. Gibt es denn überhaupt noch Hoffnung? Ich wüsste nicht mehr welche. Dass man Metastasen aufhalten könne bis hin zur Remission, das gebe es auch, sagt uns Dr. Mann, der andere Oberarzt in der Frauenklinik, zu dem Gabi ein sehr vertrauensvolles Verhältnis hat. Er macht uns sogar etwas Mut. Aber wir haben schon so viele Pfeile verschossen gegen den Krebs. Haben wir noch eine Chance? Die Stirn des Arztes liegt in Falten, Schulterzucken. »Tja« ist das Wort der Stunde. Wir reden nicht viel auf dem Weg nach Hause.

Abends bin ich nervös, verunsichert, ungeduldig – und vielleicht nicht ganz so aufmerksam zu Dir wie sonst, wenn Du mir mal wieder Deine klugen Kinderfragen stellst. Obwohl ich mich bemühe. Gabi ist in sich gekehrt, sie hat sich in ihr Schneckenhaus zurückgezogen. Ich glaube, sie hat eine Art Selbstschutz aktiviert, will im Moment nicht über das Thema sprechen, sich nicht mit mir beratschlagen. Sie kann nicht fassen, was in ihrem Körper vor sich geht. Aber sobald sie Dich sieht, geht sie auf Dich zu und strahlt. Du bist eine große Quelle ihrer Lebensfreude, immer, wenn sie Dich sieht, hellen sich ihre Züge auf. Auch in diesen schwersten aller bisherigen Tage ihrer Krankheit. Und es ist eine Freude, Dir zuzuschauen, wie ausgelassen und fröhlich Du bist, wie gut aufgelegt und tatendurstig. Du kannst ja nicht wissen, was los ist, was diese letzte Diagnose für Gabi bedeutet. Ich habe den Eindruck, auch heute ist es uns wieder gelungen, Dir unsere Angst vom Leib zu halten.

Samstag, den 31. Mai 2008. Mit diesen schlimmen Nachrichten im Gepäck fahren wir alle drei auf den Gretenhof. Mit dem gesamten Ex-Kindergarten, der eine Elterninitiative e. V. ist, also mit vielen anderen Eltern, Erziehern und Kindern. Du hattest Dich so darauf gefreut! Wir haben lange gezögert und sind dann doch ins Auto gestiegen. Wir wollen Dir die Freude nicht nehmen. Der Gretenhof liegt irgendwo im Hunsrück. Ein Ferienhof, auf dem Kinder mit ihren Eltern ihre Freizeit verbringen können. Dir gefällt es gut hier. Uns beiden gefällt es hier, weil es Dir gefällt. Manche Eltern nerven etwas, aber das ist normal. Wahrscheinlich sind wir auch angespannter als sonst. Kettcars gibt es hier, einen Fußballplatz, viele Tiere. Du reitest auf einem großen schwarzen Pferd über Feldwege und durch ein Wäldchen. Deine Mama führt es am Zaumzeug. Ich trotte mit einigem Abstand hinterher. Es gibt eine Schnitzeljagd, das übliche Grillfinale.

Sonntag, den 1. Juni 2008. Nach dem Mittagessen verabschieden wir uns vom Gretenhof. Aber wir kommen nicht weit. Auf der Rückfahrt haben wir eine Panne. Plötzlich streikt unser großer, alter schwarzer Mercedes-Kombi, den ich immer unseren »Leichenwagen« nenne. Mitten auf der Landstraße. Ohne jede Vorwarnung gibt er seinen Geist auf. Und so stehen wir an einem immer düster werdenden, gewitterschwangeren Samstagnachmittag im Sommer irgendwo im Hunsrück über zwei Stunden auf der Landstraße, um auf den Abschleppdienst zu warten. So lange, bis es anfängt, infernalisch zu schütten, zu hageln. Wir sitzen stumm im Auto. Es regnet bald so heftig, dass man draußen nichts mehr erkennen kann. Ein grauer, undurchdringbarer Schleier aus Wasser, das über die Fensterscheiben fließt, nimmt uns jede Sicht. Der Regen prasselt aufs Dach nieder. Alles geht schief. Nichts geht mehr. Nicht mal die Karre trägt uns noch. Nichts scheint uns mehr zu gehorchen, wir fühlen uns ausgeliefert – und sind wütend. Du dagegen findest das alles hochspannend, ein echtes Abenteuer! Alle paar Minuten halten vorbeifahrende Autos an. Man fragt uns, ob man uns helfen kann.

Ich lasse jedes Mal die Seitenscheibe runter und schreie durch eine Wand aus dicken, klatschenden Tropfen hindurch: »Nein, danke! Das ist nett von Ihnen, aber wir werden gleich abgeschleppt!« Um zehn Uhr abends sind wir zu Hause. Platt und kaputt.

Du hast an diesem Abend noch Deine Mama gefragt, warum sie so traurig gucken würde, was mit ihr los sei. Wir erzählen Dir, dass die Krankheit wieder da ist. Dass sie jetzt nicht mehr nur in der Brust ist, sondern überall im Körper, aber dass die Ärzte alles tun würden, um Deiner Mama zu helfen. Du hörst genau zu, bist aber nicht sonderlich beunruhigt. Wir sagen Dir nun auch zum ersten Mal, dass Gabi Brustkrebs hat. Erklären Dir, was das ist. »Brust-Krebs« sprichst Du zweimal voller Respekt nach.

Dienstag, den 3. Juni 2008. Du sagst zu mir, vorgestern und heute seien zwei schlimme Sachen passiert. Das eine, dass Mama jetzt Brustkrebs habe – und das andere, dass wir vorhin bei REWE ein neu gekauftes *Tim-und-Struppi*-Heft im Einkaufswagen liegen gelassen und es nicht mehr wiedergefunden haben, als wir den Verlust bemerkt hatten und nochmals in den Supermarkt zurückgerannt waren. Zwei schlimme Sachen. Es ist gut, dass der Krebs für Dich im Augenblick nur etwa so schlimm ist wie ein abhandengekommenes Comicheft, denke ich. Obwohl ich sehr wohl weiß, dass es alles andere als eine Bagatelle für Dich ist, ein *Tim-und-Struppi*-Heft zu verlieren!

Als Du schläfst, erzählt Gabi mir davon, dass sie so gerne leben würde, dass sie Dich heranwachsen sehen will, dass sie Deine Schulzeit und Jugend erleben möchte. Sie ist sehr niedergeschlagen, seit sie weiß, dass sie Metastasen hat, meist nicht sehr gesprächig, ganz in sich. Die Psychotherapeutin, die sie mittlerweile gefunden hat, äußerte den Gedanken, sie habe in der Vergangenheit viel für den lebendigen, gesunden Teil in ihr getan – Yoga, ein noch bewussterer Lebensstil, Reha-Aufenthalte und so weiter –, aber vielleicht zu wenig aktiv gegen den Krebs gekämpft. Kann man das sagen? Ist diese Einschätzung berechtigt? Kann man überhaupt gegen Krebs kämpfen – oder ist das Schwachsinn, Bildzeitungsjargon? Manchmal glaube ich, dass das Schicksal eines Menschen, der an Krebs erkrankt ist, nicht von irgendeinem Kampf abhängt. Dazu kenne ich zu viele Beispiele von »kämpfenden« Menschen, die nicht gesiegt haben. Menschen »besiegen« Krebs nicht deshalb, weil sie genug geleistet haben im Kampf gegen ihn, sondern schlicht, weil sie Glück haben. Und andere unterliegen ihm. Weil sie Pech haben. Und doch ist es richtig zu sagen: Wer nicht kämpft, hat schon verloren. Dieser Ansicht ist auch Gabi.

Deine Mutter ist eine kämpferische Natur und will den Kampf aufnehmen. Sie wie auch ich, wir beide sind davon überzeugt, dass es tatsächlich eine Möglichkeit gibt, selbst auf eine Krankheit wie Krebs einzuwirken. »Heilung« ist ein großes Thema, über das wir oft, und nun wieder, sprechen und mit dem Gabi sich auch beruflich beschäftigen will. Sie denkt schon seit längerem darüber nach, dem ZDF für die Reihe *37 Grad* einen Film zu diesem Thema anzubieten, das Exposee hat sie schon geschrieben. Was ist »Heilung«, was bedeutet es, heil zu werden? Heilung ist für Gabi nicht so sehr ein medizinischer als vielmehr ein innerer seelischer Prozess, eine durch Krankheit entstandene Krise zu überwinden und wieder ganz, wieder eine harmonische Einheit zu werden. In diesem Sinn kann auch eine medizinisch »unheilbar Kranke« heil werden. Kampf kann ein Weg zur Heilung sein, genauso Frieden zu schließen. Gabi will »kämpfen«, obwohl sie das Wort fast nie benutzt. Sie erzählt mir, wie sie neulich in ihrer Psychotherapie ihre Krebszellen als einen riesigen Mottenschwarm visualisiert und sich dazu eine Giftschlange vorgestellt habe, mit der sie die Motten jagte.

An mir scheinen die Tage wie gespenstisch vorbeizuziehen. Ich bin in einer Art Starre. Ich begreife nicht recht, was los ist.

Aber egal, wie dunkel es um Gabi wird, immer findet sie Zeit, um mit Dir fröhlich zu sein. Selbst jetzt. Immer findet sie Stunden, in denen sie nur für Dich da ist. Egal, ob für eine Partie »Lotti Karotti« oder »Kiki Ricky – das total verrückte Eierwurfspiel«. Oder für *Germany's Next Topmodel,* was ihr zu eurer Kultsendung erhoben habt. Einmal die Woche macht ihr euch – pädagogisch sicher nicht ganz korrekt – einen großen Spaß daraus, euch eine Folge anzusehen. Auch jetzt noch. Du kennst alle Kandidatinnen bei Heidi Klum und bist mittlerweile genau informiert über die Ausscheidungskämpfe der Mädels. Du weißt, worauf es ankommt beim Gang auf dem Laufsteg. Ihr amüsiert euch, wenn die Juroren wieder mal alles »sexy« finden – oder aber ein Auftritt zu wenig »sexy« ist. Manchmal darf ich mitgucken. Was lachen wir über das ganze aufgesetzte Gefreue, Geheule, Gezeter der Kandidatinnen, wenn sie entweder ausgemustert wurden oder weiterkamen! »Ich habe leider kein Foto für dich!«, sagt Heidi Klum immer, wenn wieder mal eine Kandidatin rausfliegt. »Ich habe leider kein Foto für dich!« wird zum Dauergag bei uns. Etwa wenn Du mal wieder nicht ordentlich aufgeräumt hast und ich zu Dir sage: »Jakob, ich habe leider kein Foto für dich!«

Lieber Jakob, Du verfügst mit Deinen sechseinhalb Jahren bereits über einen ironischen Blick auf die Welt. Und hast gleichzeitig doch immer, ganz wie wir auch, mit den Mädels mitgefiebert, mitgelitten. Am Wochenende dann spielt ihr, Du und Deine Mama, *Germany's Next Topmodel* mit Deinen Stofftieren nach. Mit Catwalk und Fotovergabe. Oft stehe ich in der Wohnzimmertür, schaue zu, amüsiere mich und versuche doch, euch in eurer Zweisamkeit nicht zu stören. Denn es ist ein Spiel, das Du nur mit Deiner Mama spielen kannst.

Donnerstag, den 5. Juni 2008. Wir sind unruhig, angespannt. Ich mache meine Dokumentation für SWR 2 Kultur über »20 Jahre Ramstein« fertig. Gabi geht weiterhin ganz normal arbeiten. Ab übermorgen haben wir wieder zwei Wochen Urlaub gebucht – eine Auszeit, eine Flucht, was auch immer. Vielleicht geben uns mittlerweile nur noch unsere Reisen das Gefühl eines unbedrohten Lebens. Es scheint, als würden sie den weiteren Krankheitsverlauf wenigstens für vierzehn Tage, die Dauer eines Urlaubs, aufhalten. Und tatsächlich erleben wir es so, dass es uns an unseren Urlaubsorten wie sonst nirgendwo gelingt zu leben, zu genießen, so als gebe es keine Bedrohung, als sei das Leben ein Fest. Unsere Urlaube sind Inseln, manchmal denke ich, kleiner werdende Inseln, umtost von einem gefräßigen Meer, dessen Wasserstand beharrlich steigt. Folgerichtig wollen wir deswegen zuerst in die Höhe, nach Südtirol, in unseren geliebten »Zirmerhof«, ein feines, stilvolles Alpenhotel auf 1600 Metern über dem Meeresspiegel hoch über dem Etschtal gelegen. Dann weiter in die Toskana. Der Brief des unbekannten Piraten mit detaillierter Schatzkarte liegt bereits in unserem Briefkasten, ohne dass Du es weißt.

Gabi sagte gestern beim Spazierengehen am Rhein zu mir: »Vielleicht ist es mein letzter Sommer.« Das hat mir die Tränen in die Augen getrieben. Und es treibt sie mir wieder in die Augen jetzt in diesem Moment, da ich diese Zeilen niederschreibe. Ich habe den Eindruck, Gabis Stimmung ist in diesen Tagen schwankend. Mal lässt sie die grausame Realität an sich heran, mal ist sie wieder etwas hoffnungsvoller und lenkt sich ab. Ich weiß, sie ist noch immer dabei, sich auf dieses nächste Kapitel einzustellen, auf einen ganz neuen Abschnitt ihrer Krankheitsgeschichte, der mit den letzten Befunden begann. Ich selber habe mich immer noch nicht an das neue Wort gewöhnt. Metastasen. Gabi hat nicht mehr Krebs, Gabi hat Metastasen! In den blauen Krebsratgebern, die überall in der Klinik ausliegen, erscheint dieses Wort und die Phase der Krebserkrankung, die es bezeichnet, immer erst auf den allerletzten Seiten. Danach kommen nur noch die Adressen der Selbsthilfegruppen und die der Telefonseelsorge. Nach dem Verweis auf das metastasierte Stadium der Krankheit schweigt die Ärzteschaft. Über Heilungschancen, Möglichkeiten, dem Krebstod zu entrinnen, kein Wort. In diesem Krankheitsstadium wissen selbst die Psychologen nicht mehr recht, was sie einem Patienten Aufbauendes mitteilen können. Metastasen heißt, das Ende ist jetzt in Sicht. Aber Gabi und ich, wir weigern uns, dies zu akzeptieren. Ich versuche, Gabi aufzurichten. Und bin damit zusehends allein. Verwandte, Freunde, Bekannte hören von der schlimmen Nachricht – aber die meisten von ihnen tauchen danach ab, melden sich nicht mehr. So ist es halt, sage ich mir. So sind die Leute halt. Wie es wohl weitergeht? Was ich in ein paar

Monaten hier niederschreiben werde? Ich habe große Angst vor dem Text, der die nächsten Seiten füllen könnte, und wünsche mir nichts mehr als viele, viele Tage mit Deiner lieben Mama, meiner geliebten Frau.

Dienstag, den 5. August 2008. Heute ist Dein erster Schultag. »Bisch uffg'regt?«, frage ich Dich auf gut schwäbisch und in meiner bekannt einfühlsamen Art, bevor wir am Morgen samt Schultüte und Scout-Ranzen mit dem Taxi zu Deiner Schule fahren. »Klar!«, sagst Du. Ich bin es auch. Deine Tante Annemarie, meine jüngere Schwester, ist mit ihrem Lebenspartner und ihren Kindern Mareike und Jonathan aus Rottweil angereist, Gabis Onkel Toni kommt mit seiner Tochter, Gabis Cousine Christine, aus Berlin.

Zuerst findet ein Gottesdienst in der St. Ignaz-Kirche statt. Gabi sieht toll aus. Wie das blühende Leben. Obwohl sie seit Ende Juni wieder eine Chemotherapie durchmacht, merkt man ihr nichts an. Es ist diesmal ein Medikament, das zum Glück keinen Haarausfall mit sich bringt und kaum Nebenwirkungen hat. Deine Mama trägt einen blauen Rock, eine kurze schwarze Wolljacke. Ich beobachte, wie andere Männer den Kopf nach ihr drehen – und freue mich darüber. Die Klassen werden eingeteilt – von einem stark »meenzernden« Rektor, der in der Turnhalle vor vollem Auditorium, bestehend aus Lehrern, Schülern, Eltern, am Mikrofon steht. Als Du aufgerufen wirst, sind wir beide gerade draußen auf der Toilette! Die ganze Halle wartet, bis wir wieder hereinkommen. In geordneten Zweierreihen marschiert ihr mit Deiner Lehrerin ab ins Klassenzimmer zur ersten Schulstunde Deines Lebens. Gegen halb zwölf Uhr ist der erste Schultag vorbei, wir machen Fotos im Schulhof. Dann gehen wir essen. Im »Templer« – einem kleinen, charmanten Restaurant à la française. Wir sitzen draußen, ein strahlender Augusttag. Du durchwühlst Deine Schultüte, die Dir Tante Irene gebastelt hat, und bekommst noch ein paar Geschenke von Deinen Gästen. Es ist alles sehr harmonisch. Die Metastasen sind heute nicht dabei.

Ich sehe zu Gabi hinüber, werfe ihr Handküsschen zu, wir freuen uns über den wundervollen Tag. In den nächsten zwölf oder dreizehn Jahren wirst Du jetzt ein Schüler sein. Ich bin dankbar dafür, dass Deine Mama diesen Tag heute erleben darf.

Montag, den 15. September 2008. Gestern war unser sechster Hochzeitstag. Schon am Samstag nachmittag haben wir Dich in Karlsruhe bei Deiner Tante abgeliefert und sind weiter in den Kaiserstuhl gefahren, um im »Schwarzen Adler« in Oberbergen abzusteigen. Strömender Regen draußen. Das Abendmenü, auf das wir uns so gefreut haben, misslingt. Man platziert uns an einem Zweiertisch im Nebenzimmer, in dem außer uns beiden nur noch eine zwanzigköpfige Reisegruppe unterfränkischer Hobbyweinkenner beisammenhockt, die viel, laut und dummes Zeug durcheinanderreden, so laut, dass wir uns nicht recht abschotten können. Wir protestieren. Es gibt keinen anderen Tisch. Aber tags darauf, an unserem Hochzeitstag, sind die Wolken weg. Bevor wir abreisen, gehen wir in den Kaiserstühler Weinbergen spazieren. Wir blicken hinunter nach Breisach in die Rheinebene. Sitzen im Gras, lassen uns die Sonne ins Gesicht scheinen. Wir verstehen uns gut, lachen, machen Witze. Gabi genießt den Tag, und auch ich bin ausgeglichen, fast ausgelassen. Wieder so ein Tag, an dem es uns gelingt, den Krebs zu vergessen.

Plötzlich fällt mir wieder ein: Nein, niemals in unserer ganzen Zeit war es mir auch nur eine Sekunde langweilig mit Deiner Mutter, lieber Jakob. Es war, es ist immer spannend mit ihr. Und es gibt immer eine Spannung zwischen uns. Fast immer eine gute, positive. Natürlich kracht es auch bei uns. Und wenn, dann meistens richtig. Aber heute ist nur Harmonie. Spannende Harmonie. Wir beschließen, auf der Rückfahrt einen kleinen Umweg über Breisach zu machen. Wir besuchen das Münster. Wieder blicken wir auf die Rheinebene hinab. Blicke von oben eignen sich immer dazu, für sich die Welt zu ordnen. Gabi ist wieder etwas zuversichtlicher. Ich bestärke sie darin. Wir wollen, zusätzlich zur neuen Chemotherapie, auch neue, andere Wege gehen – und reden viel über Homöopathie, Yoga, allgemein über Energien, über innere, noch unerschlossene Kraftquellen, die sie gegen den Krebs nutzen könnte. Abends sind wir wieder in Karlsruhe und holen Dich ab. Und fahren über die Autobahn nach Hause.

Jetzt bist Du wieder in der Schule. Du hast Dich dort ganz gut eingelebt. Auch in der Nachmittagsbetreuung, wo Du nach den Unterrichtsstunden am Morgen zum Mittagessen, Hausaufgabenmachen und Spielen hingehst. Die Leiterin Deiner Gruppe, zu der vielleicht zehn Kinder gehören, ist eine sehr warmherzige, engagierte Erzieherin, unter deren Obhut Du Dich sehr wohl fühlst.

Einmal ganz am Anfang, ich glaube es war am dritten Schultag abends beim Einschlafen, da hast Du mir deutlich gemacht, dass Du eigentlich am nächsten Morgen nicht mehr in die Schule gehen willst, aber ich habe Dir schonend beigebracht, dass das wohl noch ein paar Jahre so weitergehen wird. Du hast es begriffen. Und gehst seither ausgesprochen gerne in die Schule. Du hast auch schon die erste wirklich schwierige Situation überstanden. In der Nachmittagsbetreuung sind Kinder von der ersten bis zur vierten Klasse. Klar, dass die Neuen anfangs neugierig beäugt werden. Beim Zähneputzen nach dem Mittagessen haben Dich neulich zwei Drittklässler in die Zange genommen. Ihre freundliche Botschaft lautete, Du würdest in der nächsten Pause von beiden verprügelt werden. Einfach so, ohne Begründung, wie zur Begrüßung. Du bist sofort zu Deiner Erzieherin gegangen – und hast das gemeldet. Ich war sehr stolz auf Dich, als Du uns beim Abendessen davon erzählt hast. Umgehend wurden die beiden bestraft, sie mussten sich bei Dir entschuldigen. Ja, es wurde sogar von den Erzieherinnen bei Dir nachgefragt, ob die beiden bösen Buben sich auch glaubwürdig entschuldigt hätten. Der Leiterin Deiner Gruppe gleich von dem Vorfall zu erzählen, war sehr mutig. Das hast Du ganz toll gemacht. Seither lassen sie Dich in Ruhe.

Donnerstag, den 9. bis Donnerstag, den 16. Oktober 2008. Wir verbringen einen goldenen Oktober in Oberbayern, im Intercontinental-Hotel in der Nähe von Berchtesgaden. Die Landschaft strahlt, die Luft ist klar. Wir sind auf dem Obersalzberg, gleich gegenüber von Hitlers Sommersitz, den ich als promovierter Politikwissenschaftler und Neuhistoriker mit Prüfungsschwerpunkt »Untergang der Weimarer Republik« natürlich sogleich genauestens inspiziere. Wir haben ein schönes Hotel gebucht. Mit einem tollen Spa-Bereich. Wir fahren zum Kehlsteinhaus hinauf. Gabi ist nicht so gut gestimmt. Sie ist geschwächt, ich mache mir große Sorgen über ihre Erschöpfungszustände. Schon im Juni in Südtirol hatte sie Mühe, mit uns das Weißhorn zu besteigen, und musste viele Pausen einlegen, sich setzen, weil sie keine Kraft, keine Ausdauer mehr hatte. Vor einigen Tagen mussten wir hier eine Bergwanderung abbrechen, weil für Gabi die steilen Zickzackpfade den Berg hinauf zu einer Alm, die wir uns als Wanderziel ausgesucht hatten, zu anstrengend waren. Am nächsten Tag fuhren wir deshalb mit der Seilbahn auf den Jenner.

Wie alle hier machen wir den obligatorischen Schiffsausflug auf dem Königssee, vespern im Biergarten in St. Bartholomä am Watzmann. Wir haben einen richtig deutsch-bayerischen goldenen Herbsturlaub gebucht – und haben durchgehend das, was man Kaiserwetter nennt. Am liebsten schwimmen wir alle zusammen in einem warmen Außenbecken im Spa-Bereich des Hotels, wo man sich von sprudelnden Düsen den Rücken massieren lassen und dabei gleichzeitig das Bergpanorama studieren kann. Du und ich, gleich zweimal besuchen wir beide ein imposantes Raubvogelgehege gleich gegenüber vom Hotel. Tatsächlich hockt da noch immer der greise Originalgeier aus dem Film *Die Geierwally* von 1956 in seinem Käfig, die gedrängten Leiber dicker Uhus gleiten geräuschlos durch die Luft, schnappen Fleischstücke im Flug, die ein Tierpfleger in die Luft wirft. Wir sind fasziniert. Gabi liegt viel in der Sonne, ruht sich aus – und ist sehr beunruhigt.

Seit vier Monaten macht Deine Mama nun schon wieder Chemotherapie. In den letzten zwei, drei Monaten sind ihre Tumormarker zunächst um die Hälfte zurückgegangen. Doch die Hoffnung hat einen Dämpfer erlitten, denn vor vielleicht vierzehn Tagen hat sie plötzlich neue, kleine Knoten getastet, direkt unter der Haut zwischen der Haut und dem Brustkorb, dort, wo früher die Brust war. Letzte Woche hat man ihr wieder Gewebe entnommen, ich weiß gar nicht, wo man da noch etwas entnehmen kann. Wieder ist der Krebs zurück. Nur in der Leber hat er sich nicht weiter ausgebreitet. Zwar hat die Chemotherapie ihn eine Weile in Schach gehalten, aber im Grunde hat sie nicht viel bewirkt. Das alles hat Gabi per Mobiltelefon in diesem Urlaub erfahren. Aber eigentlich ahnte sie es schon vorher. Es hat sie nicht wirklich überrascht, als sie im Hotelzimmer den neuen Befund vernommen hat. Sie versucht, so gut es geht, mit der neuen Bedrohung zu leben, sie nicht übermächtig werden zu lassen. Aber als sich unsere Auszeit hier dem Ende zuneigt, erzählt sie mir, dass sie ihre Zuversicht verloren habe.

Freitag, den 17. Oktober 2008. Gestern Abend sind wir aus dem Urlaub zurückgekommen. Nachher werden wir in die Klinik fahren. An der Stelle, wo früher Gabis linke Brust war, ist alles übersät mit kleinen, stecknadelkopfgroßen Knötchen – die unter der Haut nach außen drücken. Gabi wusste es auch schon ohne die Ärzte, das ist Krebsgewebe. Was können wir jetzt noch tun?

Vorgestern, an unserem letzten Tag in den bayerischen Bergen, hat Gabi mir zum ersten Mal gesagt, dass sie nun Angst vor dem Ende hat. Zuvor sei sie immer zuversichtlich gewesen, aber welchen Grund hätte sie jetzt noch? Mir fiel nichts ein, was ich darauf hätte entgegnen können. Ich habe sie in den Arm genommen, ihre Haare gestreichelt, ihr den Nacken massiert, habe versucht, aufmerksam zu sein. »Warum soll der Verlauf sich nicht stoppen lassen?«, habe ich nach einer Weile zu ihr gesagt. Sie hat nur mit den Schultern gezuckt.

Die Herbstferien dauern an. Du gehst heute in Deinen alten Kindergarten, um den anderen Kindern davon zu erzählen, wie es so in der Schule zugeht, und anschließend zu Deinem Freund Anton V.

Und Du freust Dich schon darauf. Es war ein schöner Urlaub in Bayern und ein trauriger zugleich.

Während Du drüben in Deinem Bett noch schnarchst, bevor ich Dich gleich wecke, geht mir vieles durch den Kopf. Es kann sein, dass Gabi ihren neuen Job, den sie doch so liebt, bald nicht mehr bewältigt. Das befürchtet sie selbst. Sie fürchtet auch, ihre Haare wieder zu verlieren, sollten die Ärzte heute auf eine andere Chemotherapie umstellen, weil die jetzige keine Wirkung zeigt. Aber nicht einmal so sehr der Haare wegen – und Deine Mutter hat wunderschöne dicke, rotbraune Haare – ist sie beunruhigt, sondern deswegen, weil sie genau weiß, dass sie mit einer Perücke das Geheimnis ihrer Krebserkrankung an ihrem Arbeitsplatz nicht mehr wahren können wird.

Als Du gestern nach unserer Rückkehr nach Hause eingeschlafen warst, hat Deine Mama mich lange angeschaut. Sie glaube nicht, hat sie voller Trauer gesagt, dass sie Weihnachten noch erlebe: Sie sagt, sie fühle den Krebs körperlich. Sie ist erschöpft, kommt beim Treppensteigen schnell außer Atem, hat Schmerzen, keinen Appetit mehr. Wir haben Dir gestern Abend von der Verschlechterung ihrer Krankheit erzählt. Und doch nicht die ganze Wahrheit gesagt: Dass es ihr nicht gutgeht, weißt Du wohl irgendwie, aber dass ihr Leben an einem dünnen Faden hängt, das weißt Du nicht. Wie auch. Warum auch. Dir Angst einzujagen, das ist nicht sinnvoll. Und doch müssen, wollen wir offen mit Dir sein, damit Du verstehst, was los ist. Du hast ernst geguckt und dann Deine Mama fest in den Arm genommen.

Jetzt ist es 8.42 Uhr. Das sehe ich auf der Leiste unten rechts auf dem Bildschirm. Es ist Zeit, Dich zu wecken und Dich für einen neuen Tag fertig zu machen.

Freitag, den 24. Oktober 2008. Wir sehen fern. *Kulturzeit.* Ein Beitrag von Gabi läuft, ein Bericht über das Hörbuch *Heute bin ich blond* von Sophie van der Stap, die darin ihre eigene Krebserkrankung verarbeitet. Wohl keiner in ihrer Redaktion hat eine Ahnung davon, warum Gabi sich ausgerechnet für diese Thematik interessiert und diesen Beitrag unbedingt realisieren wollte.

Samstag, den 8. November 2008. Heute bist Du sieben Jahre alt geworden! Hurra! Heute ist auch die Geburtstagsfeier mit Deinen Freunden. Du hast zur Gruselparty geladen. Tante Irene ist wieder aus Karlsruhe gekommen. Wir schmücken die Wohnung. Ich habe übergroße Vogelspinnen und Fledermäuse aus der Dekoabteilung von Galeria Kaufhof geliehen. Mit künstlichen Spinnweben verwandeln wir unsere Wohnung in eine Art Gruselschloss. Heute Morgen waren wir auf dem Bahnhof, um Irene abzuholen. Sie blieb dann mit Dir zu Hause, um mit Dir zu spielen und die zwei, drei Stunden zu überbrücken, bis Deine Gäste kommen – während wir zum Friseur gegangen sind.

Zum Friseur? Ja, zum Friseur. Zu einem Friseur, der auch Perücken für Krebspatienten im Angebot hat. Gabi hat sich eine Perücke ausgesucht und lässt sich heute, am Tag Deines Geburtstags, alle Haare abschneiden. Sie hat die erste Infusion einer neuen Chemotherapie hinter sich und weiß, dass ihr ohnehin bald wieder die Haare ausgehen werden. Sie will dem diesmal zuvorkommen – indem sie sich die Haare abrasieren lässt. Jetzt am Wochenende. Übrigens nicht als ultimative Geburtstagsüberraschung für Dich, sondern weil dies die einzige Möglichkeit ist, nach dem Wochenende »relativ« unbemerkt mit neuer Frisur, der Perücke, im Sender aufzutauchen. Ihren Kollegen wird es wohl leichter fallen, Gabis neue Frisur zu akzeptieren, wenn ein Wochenende zwischen den beiden Haareindrücken vorher und nachher liegt. Das jedenfalls ist die Überlegung, die dahintersteckt, diese Aktion ausgerechnet am Tag Deines Geburtstags über die Bühne gehen zu lassen.

Ich sitze mit ihr beim Friseur. Damit die älteren Damen unter ihren Trockenhauben nicht in Ohnmacht fallen, wird die Kopfrasur in einem Separee vorgenommen. Hinter einem schwarzen Vorhang. Der Rasierer surrt, Gabis rotbraune Locken fallen zu Boden. Ich weiß, wie schwer es Gabi fällt, ihre Haare zum zweiten Mal zu verlieren. Aber sie wirkt an diesem Tag entschlossen auf mich, so als wenn sie kurz davor wäre, in einen Kampf zu ziehen. Während ich zusehe, fallen mir tatsächlich spontan Bilder von irgendwelchen Rekruten oder Soldaten ein, die kurz vor einem Kampfeinsatz von einem Army-Friseur fast kahl geschoren werden. Ich beobachte Gabi, wie sie sich im Spiegel betrachtet, während ihre Haare über ihre Schultern, den Umhang zu Boden gleiten. Sie hat einen festen Blick. Sie ist sehr gefasst, sehr sachlich, selbst bei der Anprobe der neuen Perücke. Merkwürdigerweise macht es mir nicht viel aus, Deine Mama so zu sehen. Als alles überstanden ist, kommen wir nach Hause. Du wunderst Dich gewaltig, als Du Deine Mama mit der neuen Frisur erblickst. Als sie spaßeshalber kurz die Perücke abnimmt, forderst Du sie gleich auf, sie doch bitte wieder aufzusetzen, ihr kahl rasierter Kopf irritiert Dich noch mehr als eine Mama mit Perücke. Zumal heute am wichtigsten Tag des Jahres, an dem Du sowieso schon mächtig nervös bist.

Eine halbe Stunde später kommen Deine Gäste, die Party geht los. Du hast den kleinen Zwischenfall längst vergessen. Es gibt Kuchen, Kerzen, wieder einen Parcours, den ich mit bunten Kreiden auf die Gehwege gezeichnet habe – mit Spielen und Aufgaben, die ihr lösen müsst. Wir machen, na was schon, eine Schatzsuche. Ich habe mir diesmal ein altes Laken übergezogen und bin als Burggespenst unterwegs, das am Rheinufer bei einem alten Befestigungsturm, der entfernt an ein Geisterschloss erinnert, auf euch wartet. Gabi und Irene führen euch hierher. Du findest die Truhe.

Montagabend, den 10. November 2008. Gabi hat sich nicht besonders gut gefühlt heute Morgen, trotzdem ist sie arbeiten gegangen. Sie wusste: Ein harter Tag liegt vor ihr. Sie war ein bisschen nervös, unsicher, wie die Kollegen ihre neue Frisur aufnehmen würden. Ich habe ihr die Daumen gedrückt, dass man sie mit allzu peinlichen Bemerkungen verschonen möge.

Vorhin ist sie nach Hause gekommen. Kaum dass sie die Wohnungstür hinter sich ins Schloss gedrückt hat, wirft sie die Perücke in die Ecke. Natürlich hat sie in der Redaktion genau die unvermeidlichen Kommentare zu ihrer neuen Frisur geerntet, die sie schon befürchtet hatte. »Sieht irgendwie wie eine Perücke aus ...«, hieß es, oder: »Sieh mal einer an: die rote Lola!« Gabi hat gekontert, das sei eben ein besonders cooles Styling! Eine Kollegin konnte sie gerade noch davon abhalten, ihr ins Haar zu fassen. Sie will weiterhin nicht, dass der Krebs öffentlich wird, aber sie weiß auch nicht, wie lange sie ihn noch verbergen kann.

Donnerstag, den 20. November 2008. Fast zwei Arbeitswochen liegen inzwischen hinter Gabi. Im Sender haben sie sich an ihre neuen Haare gewöhnt – und wir uns zu Hause wieder an eine Gabi mit Glatze oder Kopftuch. Letztes Wochenende waren wir noch im Schwarzwald, Sonnenschein am Schauinsland, Wandern, übernachten in der »Halde«, einem anderen Hotel, in das wir immer wieder gerne gehen. Du hattest Montag schulfrei wegen eines Lehrerausflugs. Gabi bekam die zweite Infusion ihrer neuen Chemotherapie. Sie habe das Gefühl, so sagte sie gestern Abend zu mir, dass die Knoten, von denen sich so viele entlang der Narbe gebildet hatten, durch die Chemotherapie eher mehr als weniger würden. Ich bin völlig durcheinander. Dass eine Chemotherapie nicht anschlagen kann, war mir bekannt. Aber dass während der Behandlung alles noch viel schlimmer werden kann, das ist für mich ein, zumindest in diesem Augenblick, vollkommen neuer Gedanke.

Du schläfst in letzter Zeit fast jeden Tag bei Deiner Mama. Viel öfter als ich verbringst Du die Nacht in unserem großen Bett bei ihr. Vielleicht wirst Du Dich später einmal fragen, warum. Fast jeden Abend fragst Du uns: »Darf ich bei der Mama schlafen?«, und meistens erfüllen wir Dir Deinen Wunsch. Vielleicht, weil wir nicht wissen, wie oft Du noch mit Deiner Mama kuscheln kannst. Außerdem will ich selbst in letzter Zeit nicht mehr bei Gabi schlafen. Wir sind beide nachts oft unruhig. Ich wecke sie auf, wenn ich mich gedankenschwer hin und her wälze. Umgekehrt weckt sie mich auf, wenn sie schlecht schläft. Ich habe mir deshalb schweren

Herzens angewöhnt, mich zu verziehen – und da wir zwei große Betten haben, liege ich halt oft neben Dir oder alleine, wenn Du bei Deiner Mama bist.

Lieber Jakob, in diesem November hat sich viel verändert. Vielleicht überträgt Deine Mama es auf mich, vielleicht bilde ich es mir auch nur ein. Ich habe den Eindruck, dass Deine Mama nicht mehr lange lebt, wenn es so weitergeht. Früher *wusste* ich, dass es schlimm um sie steht. Jetzt fühle ich die Bedrohung fast physisch. Und trotzdem hoffe ich immer noch, dass sich die Krankheit stabilisiert. Ich versuche in dieser Zeit, nicht in Angst zu versinken, oder auch nur, mir die Angst wenigstens nicht anmerken zu lassen. Auch bei Gabi sehe ich, wie sie sich standhaft bemüht, gefasst zu bleiben, nur den Tag, der vor ihr liegt, in den Blick zu nehmen – und nicht mehr.

Deine Mutter hat mir kürzlich von einer Übung aus ihrer Psychotherapie erzählt: Sie solle sich die Abfolge der Jahreszeiten vorstellen, habe die Therapeutin zu ihr gesagt. Gabi meinte, sie hätte es nicht geschafft, sich den Frühling vorzustellen. Nur den Winter, danach sei es nicht mehr weitergegangen. Die Perspektive, die wir haben, wird kürzer. Gabi schaut mir tief in die Augen: Das Nächste, was sie erreichen will, ist Weihnachten, und im Februar will sie für eine Woche in die Wärme fliegen, Spanien, Kanaren, irgendwohin. Ich möchte ihr so gerne den Wunsch erfüllen.

Sonntag, den 23. November 2008. Deine Mama, lieber Jakob, beeindruckt mich immer wieder. Trotz aller Rückschläge will sie ihr Ziel nicht aufgeben, eine Yogalehrerausbildung zu absolvieren. Yoga ist – gleich nach uns beiden! – zur ihrer größten Hilfe geworden, ein Neuland in ihrem Leben, das sie sich vor drei Jahren erschlossen hat, kurz nachdem sie erkrankt war. Sie geht, wenn es sich irgendwie machen lässt, zweimal die Woche in die Yogastunde, das Yogazentrum liegt nur zehn Minuten Fußweg von zu Hause entfernt. Yoga ist ihre Kraftquelle für beides: um den Krebs und das Leid, das er mit sich bringt, leichter zu ertragen, sich nicht unterkriegen zu lassen, nicht depressiv zu werden, aber auch um aktiv gegen den Krebs vorzugehen, ihn zurückzudrängen. Aus dem Yoga bezieht sie neue Energien, sagt sie, kommt zu einem inneren Frieden. Yoga beruhigt sie, entspannt sie, macht sie ausgeglichener. Gabi ist für alle Aspekte des Yoga aufgeschlossen: Meditation, Spiritualität und Körpertraining. Allein die Gymnastik interessiert sie nicht, es geht ihr um die Wirkung der Übungen auf ihr Inneres. Yoga als ein innerer Weg, den sie immer auch als Teil ihrer Heilung verstanden hat. Sie hat sogar darüber nachgedacht, professionell als Yogalehrerin zu arbeiten. Schon früher einmal hatten wir überlegt, ob es nicht sinnvoller wäre, wenn sie, als Krebskranke, einen völligen Berufswechsel vollziehen würde. Aber über Gedankenspiele sind wir nie hinausgekommen. Auch Du hast von Gabis Liebe zum Yoga einiges mitbekommen. Deine Mutter hat Dir ein paar Übungen beigebracht, den Yogasitz kannst Du viel besser als Dein ungelenker Papa. Und Du singst immer mit ihr: »Jaya Ganesha, jaya Ganesha, jaya Ganesha pahimam. Hri Ganesha, hri Ganesha, hri Ganesha rakshamam …« Ich habe euch im Ohr, während ich dies niederschreibe. Ob Deine, ob meine Aussprache dieses Sanskritmantras richtig ist, ob es also korrekt ist, wie wir beide es von Gabi übernommen haben und oft lautstark nachsingen, ich weiß es nicht. Ich glaube, das ist auch nicht so wichtig. Selbst für Gabi ist das nicht entscheidend. Sie nimmt Yoga ernst – aber sie kann durchaus humorvoll sein, wenn es um die Yogaszene geht.

Meistens geht sie abends nach der Arbeit ins Yogazentrum – bevor wir zusammen essen, was ich gekocht habe. Es ist immer ein ganz besonderer Moment für uns, wenn wir beide sie dann erwarten und sie fast immer gegen halb neun, meist irgendwie befreit und gut gelaunt, um die Ecke in unsere Straße biegt. Wir beide haben uns angewöhnt, hier oben am Fenster im dritten Obergeschoss zu stehen – und nach unten auf die Straße zu blicken. Wir rufen und winken ihr zu, sobald wir sie erkennen. Sie winkt dann fröhlich zurück, während Du schon zum Türöffner flitzt und ihn ausgiebig drückst.

Vorhin haben wir Gabi zum Hauptbahnhof gebracht. Sie wird zwei Wochen lang in Bad Meinberg verbringen, das liegt irgendwo bei Bielefeld, am Rande des Teutoburger Waldes, um die erste Hälfte ihrer Yogalehrerausbildung zu absolvieren. Ein so anstrengendes Seminar in ihrem Zustand! Wir haben lange darüber gesprochen, wie sinnvoll das ist, aber sie will es unbedingt versuchen. Sie verspricht sich von dem Seminar Auftrieb, neuen Schwung. Dennoch ist es sehr traurig, sie gehen lassen zu müssen. Ich vermisse sie schon jetzt. Außerdem befürchte ich, dass sie sich übernehmen könnte. Du schenkst ihr am Bahnsteig ein Bild, das Du gemalt hast, ich habe ihr einen Brief geschrieben. »Liebe Gabi, wie lange es sein wird, bis ich Dich wiedersehe, ahne ich erst jetzt. In einer Stunde fährt Dein Zug. Nie zuvor begleiten Dich so viele Gedanken von mir wie heute. So viel Hoffnung und der Wunsch, dass diese zwei Wochen für Dich eine Wende bedeuten«, habe ich geschrieben und dann weiter: »Unsere Liebe ist immer bei Dir, und wir zwei werden alles tun, um die Rückkehr so schön wie möglich für Dich zu machen. Es sind schlimme Zeiten. Aber was bleibt, immer bleiben muss, das ist unsere Liebe. Ich halte Dich ganz fest. Dein Martin.« Der Zug fährt ein. Ich übergebe Gabi den Brief, sie wird ihn auf der Fahrt lesen. Ihr umarmt euch, Du gibst ihr einen dicken, langen Kuss. Gabi steigt ein. Wir sehen sie von außen durch unsere Atemwolken und die verdreckten Scheiben des Zugfensters. Sie nimmt am Fenster Platz und lächelt uns von drinnen zu, der Zug fährt ab.

Nikolaustag 2008. Gabi ist zurück aus Bad Meinberg, sie hat die zwei Wochen der Yogalehrerausbildung hinter sich gebracht, ich weiß nicht wie. Jeden Tag um sechs Uhr aufstehen, Meditation, Yogaübungen, Theorie. Oft ist ihr mittendrin übel geworden, erzählt sie mir, musste sie die Seminarräume verlassen, sich übergeben. Aber sie hat durchgehalten, und ich weiß, wie wichtig ihr das war. Dieses Seminar war beides für sie: eine enorme körperliche Anstrengung – und gleichzeitig eine Quelle neuer Hoffnung, vielleicht eine letzte große Chance, die sie nicht auslassen wollte. Ich glaube, sie geht diesen Weg, weil sie die Suche nach dem Schlüssel zu ihrem Heilungsprozess noch nicht aufgegeben hat, selbst jetzt nicht in diesem Stadium ihrer Krankheit. Jeden Abend hat sie angerufen. Jeden Abend hat sie Dir einen langen »Fernkuss« gegeben, so wie ihr das immer gemacht habt, wenn ihr voneinander getrennt wart. Ein Fernkuss, das ist ein Kuss durchs Telefon, ein langes, geräuschvolles »Mmmmmah«, ein akustisch deutlich vernehmbarer, langer Schmatz, den Du wild und laut erwidert hast, damit sie auch weiß, wie lieb Du sie hast. Einmal hast Du ihr so fest einen Kuss durchs Telefon gegeben, dass die Verbindung unterbrochen wurde, noch bevor Du ihn beendet hattest. Jetzt ist Gabi wieder bei uns. Sie ist müde. Du hast Dich neben sie ins Bett gekuschelt – fühlst Dich geborgen und bist glücklich. Und ich freue mich so sehr, dass ich an diesem Abend ihre schwere Krankheit fast völlig vergessen kann.

Dienstag, den 16. Dezember 2008. Vorgestern, am Sonntag, hat Gabi starkes Fieber bekommen. Irgendeine Infektion. Wir sind in die Klinik gefahren, wo man ihr ein Medikament gegeben hat. Abends ging es ihr dann so, dass ich sie wieder mit nach Hause nehmen konnte. Aber in der Nacht zum Montag sind Bauchschmerzen hinzugekommen, die so heftig wurden, dass wir morgens gleich wieder in die Klinik mussten. Gabi ahnt natürlich, dass es die Metastasen sind, die diese Schmerzen auslösen. Sie sind inzwischen so stechend, dass die Ärzte Gabi dabehalten wollen. Sie wird auf die Station für Frauenheilkunde gebracht. Die Nacht von gestern auf heute sind wir beide allein. Heute sollte eigentlich wieder Chemotherapie sein. Aber sie wurde abgeblasen, weil Gabi noch immer angeschlagen ist.

Dieser 16. Dezember, lieber Jakob, ist für Deine Eltern ein besonderer Tag. Auf den Tag genau vor zehn Jahren begann unsere gemeinsame Geschichte. Genauer gesagt, am 16. Dezember 1998 haben wir uns zum ersten Mal geküsst. Aber das geht irgendwie unter heute.

Ich habe Dich vorhin in die Schule gebracht, dann bin ich in die Klinik gegangen und sitze nun stumm an Gabis Bett. Sie nippt an ihrem Tee. Ich massiere ihr die Fußsohlen. Ich spreche sie auf das heutige Datum an. Sie weiß genau, was für ein Tag heute ist, aber wir reden nicht länger darüber. Auf den Tag genau zehn Jahre nachdem unsere Geschichte begann, liegt sie in diesem öden Krankenhauszimmer, meine schöne, sonnige, strahlende Gabi – und es ist nicht mehr viel Leben in ihr.

Donnerstag, den 18. Dezember 2008. Die Schmerzen lassen nicht nach. Wir besuchen Gabi jeden Tag in der Klinik. Eine Computertomografie wird durchgeführt. Dann die niederschmetternde Nachricht: Die ganze Leber ist voller Metastasen und dadurch so angeschwollen, dass sie auf den Magen drückt. Das hat die Schmerzen verursacht und die Übelkeit. Die Tumormarker sind so hoch wie nie. Auch die zweite neue Chemotherapie hat ganz offensichtlich nichts gebracht. Dr. Mann war selbst ganz fassungslos, Gabi ist so gut wie austherapiert. Trotzdem will sie raus aus diesem Krankenhaus, sie will nach Hause. Sie ruft mich von der Klinik aus an, ich soll sie abholen kommen.

Es ist Abend an diesem 18. Dezember. Du guckst nebenan im Wohnzimmer einen Film: *Michel aus Lönneberga*. Ich mache mich Richtung Krankenhaus auf. Allein. Deine Mutter will nicht, dass Du mitkommst, weil sie erst mit mir über die schlimme Nachricht sprechen will. Du magst auch gar nicht mitkommen, sondern den Film zu Ende schauen, hast Du mir gesagt. Also fahre ich alleine los. Zur Not kannst Du mich ja auf dem Mobiltelefon anrufen. Wir haben das schon ein paarmal geübt. Ich fahre zur Klinik. Bin überrascht, Gabi mit ihrer Tasche an der Pforte in der Kälte stehen zu sehen. Sie steigt wortlos ein, wir fahren los. Schon vorhin am Telefon hat sie mir erzählt, wie der Oberarzt ihr die Befunde erklärt hat, wie sie geweint hat, wie er ihre Hand nahm und meinte: »Das ist ein Alptraum, aber einer, aus dem man nicht mehr aufwacht.« Sie wollte nur noch raus aus dem Krankenhaus.

Wir fahren durch die Dunkelheit. Schweigend. Die Scheinwerfer der anderen Autos reflektieren auf der nassen Windschutzscheibe, tauchen unsere Gesichter für kurze Zeit in Licht. Ich nehme nur das leichte Quietschen des Scheibenwischers wahr. Wir wissen beide, dass dieser Befund, diese Diagnose Gabi kaum noch eine Chance gibt. Die Tür zurück ins Leben, sie steht gerade mal noch einen Spaltbreit offen. Wir fahren durch die abendliche Stadt. Reden immer noch nichts. Als wir fast schon zu Hause sind, fängt Gabi an zu schluchzen und stößt hervor: »Ich will nicht sterben. Ich will leben!« Mir schnürt es den Hals zu. Ich will sie in den Arm nehmen, aber ich muss das Auto lenken. Ich weiß nicht, was erwidern. Ich habe Angst. Mein Herz rast. Wie geht es weiter?

Jetzt liegt Gabi drüben im Bett, sie ist bleich, und ihre Glatze macht aus ihr ein Häufchen Elend. Mir fällt gerade wieder ein, wie vor zwei Monaten ihre rotbraunen Locken beim Friseur auf den weißen Steinboden fielen. Letzte Woche noch stand sie vor dem Spiegel und hat zu mir gesagt: »Ich will nicht mit Glatze sterben!« Dich scheint die Glatze nicht zu stören. Du hast ihr ein Begrüßungsküsschen gegeben, sie umarmt und bist zu ihr ins Bett geschlüpft. Hauptsache, Deine Mama ist da.

In der musikalischen Früherziehung, zu der Du jeden Dienstag gehst – und in der immer auch die Eltern, in unserem Fall ich, anwesend sind –, habt ihr vorgestern von eurer Musiklehrerin zum Abschluss der Stunde eine lustige Geschichte vorgelesen bekommen. Sie hieß *Der Kahlkopf* und handelte von einem glatzköpfigen Schurken. »Was ist ein Kahlkopf? Wisst ihr das?«, fragte die Lehrerin in die Runde der Kinder, die um sie herum auf dem Boden hockten. Ein Mädchen sagte: »Eine Glatze.« »Richtig«, erwiderte die Musiklehrerin, »Männer kriegen ab und zu eine Glatze, und ein Kahlkopf, das ist einer, der gar keine Haare mehr hat.« Da meldetest Du Dich, wurdest aufgerufen und sagtest: »Meine Mama hat auch eine Glatze ...«, und als ob Du selbst bemerkt hättest, dass Du das eigentlich nicht aussprechen wolltest, hieltest Du Dir umgehend die Hand vor den Mund. Die Frau Musiklehrerin wertete die Äußerung als Scherz und lächelte etwas irritiert. »Hat sie ganz sicher nicht!«, sagte sie und begann vorzulesen. Wenn sie nur wüsste.

Aber es ist nicht allein die Glatze. Es ist Gabis müder Gesichtsausdruck, der mich betrübt. Ich habe bemerkt, dass ich keine Lust mehr habe, Fotos von ihr, Fotos von Dir mit Deiner Mama zu machen. Obwohl es eine Stimme gibt, die mir sagt: »Tue es!« Tue es, damit Du, lieber Jakob, einmal möglichst viele Erinnerungen an Deine Mutter hast. Aber Du wirst mich später verstehen. Eines Tages wirst Du Dir sicher vorstellen können, wie man sich dabei fühlt, Bilder von jemandem zu machen, die die letzten sein könnten. Während ich auf den Auslöser drücke, kämpfe ich gegen einen dicken Trauerkloß in meinem Hals.

Freitag, den 19. Dezember 2008. Du hast heute Deinen letzten Schultag vor Weihnachten. Wir fahren mit dem Fahrrad um 7.30 Uhr los. Ihr frühstückt in der Klasse zusammen, dann gibt es ein Stück der Theater AG, danach Spiele. Das erzählst Du mir nach dem Aufstehen beim Zähneputzen im Bad.

Deine obere Schneidezahnlücke füllt sich nur zögernd mit einer ersten weißen Spitze. Das ist kein Alter, um Dich damit zu konfrontieren, wie es um Deine Mama wirklich steht. Als Du gestern Abend gehört hast, dass ich Deine Mama abholen kann, sagtest Du zu mir: »Das ist der glücklichste Tag meines Lebens!« Du wusstest ja nicht, dass sie sterbenskrank nach Hause kommt.

Wie es Dir wohl in Deinem Innern geht? Manchmal glaube ich zu fühlen, dass Dich irgendetwas Diffuses ängstigt. Du hast davon geträumt, dass sie sterben würde. Vorgestern Morgen hast Du mir beim Frühstück erzählt, Du hättest geträumt, Deine Mama sei tot, sie sei nur noch ein Geist gewesen. Sie sei bei uns gewesen, aber man hätte ihr kein Küsschen mehr geben können. Mir ist nicht klar, ob Dir bewusst ist, wie bedroht das Leben Deiner Mama ist. Du scheinst zu fühlen, dass sie in Gefahr ist. Ich weiß nicht, was ich dazu sagen soll. Ich höre Dir einfach zu, erkläre Dir, dass es sehr schlimm um Deine Mama steht, dass man aber Hoffnung haben muss. Ich tröste Dich. Und bin doch selber untröstlich.

Ist jetzt nicht der Zeitpunkt gekommen, den Ratschlag meiner Therapeutin zu befolgen, ins Hospiz zu gehen und mit der Leiterin zu besprechen, welche Möglichkeiten es gibt, jemanden so schwer

Krebskranken zu Hause zu pflegen? Hospiz! Bisher habe ich alle Gedanken daran vermieden. Hospiz heißt Sterbehaus. Es ist ein Ort, von dem man nicht wieder zurückkehrt. Dort anzurufen, hieße zu akzeptieren, dass Gabi bald sterben wird. Ich bin noch nicht so weit. Aber ich weiß auch nicht, ob wir noch von Hoffnung sprechen können. Und überhaupt, wie Hoffnung für uns aussehen könnte. Den Gedanken ans Hospiz behalte ich einstweilen für mich. Als was sonst, denn als untrügliches Zeichen, dass ich sie aufgegeben habe, sollte Gabi eine solche Überlegung werten?

Gabi und ich, wir reden nicht viel in diesen Tagen. Es geht darum, sich irgendwie auf die neue Situation, austherapiert zu sein, einzustellen, nicht nur auf die seelische Belastung, sondern erstmals auch auf die körperlichen Qualen, die der Krebs mittlerweile auslöst.

Ich bin schockiert, unheimlich niedergeschlagen über diesen letzten Befund und doch oft gefasst. Manchmal überkommt es mich allerdings unverhofft. Vorhin, auf dem Rad während der Rückfahrt von Deiner Schule, liefen mir die ganze Zeit die Tränen über das Gesicht. Aber ich denke mir, bei dem Schneeregen und Gegenwind ist das vermutlich niemandem aufgefallen. Ich habe Dich zum letzten Mal in diesem Jahr in die Schule gebracht. Durch den vermaledeiten nasskalten Dezembermorgen, der um halb acht Uhr morgens noch so stockdunkel ist wie die tiefste Nacht. Du warst etwas nervös. Nicht wegen des letzten Schultages, sondern weil ihr heute wieder in der großen Pause runter auf den Schulhof müsst, wovon die Erstklässler eigentlich noch ausgenommen sind. Aber heute muss es wohl so sein, und Du hasst das, weil dort auch die älteren Hauptschüler herumstehen, von denen für euch Kleinen offenbar eine größere Gefahr ausgeht, weil sie euch hänseln, ärgern oder irgendwie ängstigen.

In der Nacht sind Gabis Schmerzen stärker geworden. Als ich wieder von der Schule zurück bin, kann sie sich nicht mehr bewegen. Um 14 Uhr hat sie einen Arzttermin in der Klinik, aber es ist undenkbar, dass sie überhaupt aufstehen kann. Noch die kleinste Bewegung ihres Oberkörpers bereitet ihr stechende Schmerzen im

Bauch. Den Vormittag über bin ich bei ihr, mache Tee für sie, und wir überlegen, was wir tun können. Gegen zwölf Uhr hole ich Dich von der Schule ab und bringe Dich – nach einer kurzen, sachlichen Erklärung, dass Deine Mama wieder in die Klinik muss – gleich in die »Kinderwiese«, Deinen alten Kindergarten. Deine Sorge um die Mama weicht schnell der Freude über die unverhoffte Nachmittagsabwechslung. Auch die Kinder und Erzieher haben sich immer gefreut, wenn Du mal wieder als Gastkind gekommen bist. So ist es auch heute. Als wir den Hof betreten, stehen schon ein paar Kinder an den Fenstern. Ich höre, wie sie jubelnd rufen: »Jakob kommt!«, und sehe, wie sie ihre Nasen an den Scheiben platt drücken.

Wieder zu Hause. Gabi schafft es immer noch nicht, sich aufrecht ins Bett zu setzen. Wir entscheiden uns irgendwann, einen Krankentransport zu rufen. Ich rufe auch Deine Tante an. Bitte sie, aus Karlsruhe hierherzukommen und sich um Dich zu kümmern, damit ich freie Hand habe. Wer weiß, wie lange der Tag noch wird. Sie steht sofort zur Verfügung, wofür ich ihr sehr dankbar bin. Die Rotkreuzmänner kommen, aber auch ihnen gelingt es nicht, Gabi hochzuhelfen, ohne ihr dabei Schmerzen zuzufügen. Bei einem der vergeblichen Versuche, sie wenigstens kurz aufzurichten, damit sie sich auf einen Tragestuhl setzen kann, schießen Gabi vor Schmerz Tränen in die Augen. Irgendwann entscheiden die Sanitäter, einen Notarzt zu holen. Der kommt. Entgegen meiner ausdrücklichen Bitte fährt er mit eingeschaltetem Martinshorn an. Wir hören das Sirenengeheul schon von weitem. Bald stehen vier Männer in Weiß und ich um Gabis Bett herum. Der Notarzt verabreicht ihr ein starkes Schmerzmittel. Sie schaffen es, Gabi auf den Tragestuhl zu ziehen und sie zu zweit das enge Treppenhaus hinunter in den Rettungswagen zu bringen. Wir fahren zusammen in die Klinik.

Die Ärzte begutachten sie, ordnen Untersuchungen an. Von der Notaufnahme fahren wir erst mit dem Rettungswagen durchs Klinikgelände zur Röntgenabteilung, später zur Ultraschalluntersuchung. Es stellt sich heraus, dass die Leber durch das stark vergrößerte Volumen Kapselschmerzen verursacht. Die Leber liege wie in einem Ledersack aus Haut, erklärt man uns, und darin sei zu wenig Platz – die Metastasen drückten von innen gegen die Kapsel –, und das täte höllisch weh.

Um 17 Uhr hole ich Deine Tante vom Bahnhof ab und erkläre ihr, was los ist. Dann fahren wir beide zu Deinem Freund Luis in Mainz-Kastel, seine Mama hat Dich nach dem Kindergarten mit zu sich nach Hause genommen. Du freust Dich, als Du Irene siehst. Gabi gehe es nicht gut, deshalb sei sie im Krankenhaus. Viel mehr führe ich nicht aus. Viel mehr willst Du auch gar nicht wissen. Zu dritt kommen wir wieder in der Klinik an. Ich bin sehr erstaunt, wie fürsorglich Du Dich sogleich um Deine Mama kümmerst, sie tröstest, wie Du immer sagst: »Arme, arme Mama!«, und ihre Hand streichelst. Stunden später verlassen wir Deine völlig erschöpfte Mama und kehren nach Hause zurück. Nach diesem harten Tag müssen wir noch etwas Warmes essen. Ich stelle mich an den Herd. Spaghetti Pesto mit Salat. Um elf Uhr falle ich ins Bett, so geschafft, als hätte ich den ganzen Tag auf einer Baustelle gearbeitet.

Samstag, den 20. Dezember 2008. In der Nacht hat sich Gabis Zustand zumindest nicht verschlechtert. Sie bekommt Morphium, sodass sie im Moment keine Schmerzen hat. Wir bringen Irene wieder zum Bahnhof. Danach laufen wir beide hinauf zur Kupferbergterrasse, Richtung Klinik. Auf dem Weg dorthin muss ich plötzlich losheulen, was Du leicht irritiert zur Kenntnis nimmst. Du fängst an, mich zu trösten. Ich glaube aber, Du willst einfach nicht, dass Dein Vater hier in Tränen ausbricht. Es ist Dir unangenehm. Ich vermute, weil es Dich verunsichert. Wenn Deine Mama schon eine ständige, wenn auch nur unterschwellige Quelle von Verunsicherung ist, dann soll wenigstens Dein Papa funktionieren. Kann ich gut verstehen. Ich frage Dich: »Was soll man denn machen, wenn man traurig ist?« »Ganz einfach«, bringst Du vor, »du musst dich ablenken!« Vielleicht hast Du ja recht.

Als wir im Krankenhaus ankommen, geht es Gabi unverändert. Ihre Augen strahlen, als sie Dich sieht und Du auf sie zustürmst. Sie zwingt sich regelrecht zu mehr Lebendigkeit, sobald Du da bist. Sie lächelt Dich an und scherzt mit Dir. Wir spielen Autoquartett am Bett. Du bist jetzt in dem Alter, in dem Du am liebsten Autoquartett spielst, am besten den ganzen Tag. »V acht Zylinder!«, sagst Du in feierlicher Erwartung des Stiches. Am Nachmittag bringe ich Dich zu Laura, die Du noch aus dem Kindergarten kennst. Sie veranstaltet ein kleines Adventsfest, ich kehre alleine zurück zu Gabi in die Klinik.

Gabi ist müde, niedergeschlagen und doch auch ein bisschen froh darüber, dass sie den gestrigen Tag erst einmal überstanden hat. »Du musst mir nichts schenken, was mit Schmuck oder Parfum zu tun hat!«, sagt sie zu mir, als ich auf der Bettkante hocke, ihre Hand nehme und wir über Weihnachten sprechen. Das erschreckt mich. Mir fällt ein, dass ich schon in den letzten Wochen beobachtet habe, wie die Anzahl an Fläschchen, Döschen und Tuben in unserem Badezimmer immer mehr abgenommen hat. Deine Mama ist seit jeher eine sehr gepflegte Frau, lieber Jakob. Aber je schlechter es ihr geht, desto weniger scheint sie auf die teuren Cremes und Schminksachen Wert zu legen, desto weniger spielt Kosmetik eine Rolle für sie. Sie hat sich nie gehenlassen in den letzten Wochen, nein, aber ich spüre, dass sie im Moment keine Lust mehr hat, sich ausgiebig zu pflegen. Und so ist die Zahl der Kosmetika im Badezimmer seit längerem schon eine Art Gradmesser für mich, wie es innerlich um Gabi steht.

Von den Fläschchen im Badezimmer wandern meine Gedanken zu den Flaschen im Keller. Auch der Zustand unseres Weinkellers sagt viel aus über unser Leben, darüber, wie es sich unter der Krebserkrankung verändert hat. Hier ist es umgekehrt: Die Flaschen werden kaum weniger. Denn Gabi und ich, wir haben längst aufgehört, zusammen eine Flasche zu öffnen. Wie Du Dich sicher erinnerst, haben wir auf fast jeder unserer Reisen Wein gekauft, oft zu Deinem Leidwesen, denn Du fandest Weinproben immer stinklangweilig. »Nicht schon wieder Weingut Huber!«, hast Du regelmäßig von Deinem Kindersitz auf der Rückbank aus zu uns nach vorne gemault, wenn wir in unser Lieblingsgasthaus, in die »Krone« in Freiamt-Mußbach im Schwarzwald fuhren und vorher einen Stopp in Malterdingen einlegten, um uns auf unserem Stammweingut mit Spätburgunder, Auxerrois und badischem Pinot brut rosé einzudecken. Unser Weinkeller ist gut sortiert. Wir haben die besten Burgunder, Weine von der Loire, dazu ein paar italienische und ein paar deutsche Spitzenlagen. Unten im Keller ruhen Spätburgunder-Weine mit Etiketten, auf denen Vosne-Romanée steht, Échezeaux, Gevrey-Chambertin, schöne Aligoté-Weine, Chardonnay-Flaschen aus Chablis. In Marsannay, in Fixin, Givry, in Irancy haben wir eingekauft. In Pommard an der Côte d'Or haben wir vor ein paar Jahren drei Flaschen Deines Jahrgangs erstanden. »Den trinken wir zusammen, wenn du achtzehn Jahre alt wirst!«, haben wir immer zu Dir gesagt. Wir hatten Spaß an diesem Weinkeller. Aber mit der Krebserkrankung hörten wir allmählich auf, gemeinsam Wein zu trinken. Ab und zu trinke ich noch ein Glas, aber eigentlich lieber Bier als Wein, und wenn doch, dann nur einen einfachen Wein zum Abendessen. Die richtig edlen, teuren Weine bleiben im Moment im Keller, einem Keller der Erinnerungen – von denen jede einzelne Flasche von einer anderen erzählt.

Lieber Jakob, auch wenn Du als Kind naturgemäß wenig mit Wein anfangen kannst – der Wein hat uns, Deine Eltern, immer verbunden. Wein begleitete unsere schönsten Tage. Einen davon erlebten wir einst in Burgund. Es war ein ungemein heißer Tag, er endete nach einer wundervollen Landpartie durch jene unverwechselbare hügelige Landschaft vorbei an Schlössern, uralten Dörfern und Städtchen in der Abendsonne in einem Restaurant in Saulieu im Department Côte d'Or. Wir saßen auf der Terrasse eines gepflegten Restaurants, aßen ein Menü und tranken dazu eine Flasche Fixin Premier Cru. Ich glaube, es war August, vielleicht der schönste Sommertag, den Deine Mutter und ich je erlebt haben. Ich erinnere mich daran, wie die Schwalben im Sturzflug auf Insektenjagd über uns niedersausten und dabei wie übermütig kreischten, ich erinnere mich an das rotweiße kurze Kleid, das Deine Mutter trug, wie bezaubernd sie aussah, wie gut wir uns verstanden haben. Oft habe ich später mit Gabi von diesem einen Tag gesprochen: Er wurde zum Inbegriff unseres Glückes, das wir einmal so intensiv erlebt haben.

Ich merke, ich drifte ab. Vom Parfum zum Wein. Beides in Flaschen – das war die Verbindung. Ach ja, Gabi sagte mir, ich solle ihr keinen Schmuck, kein Parfum zu Weihnachten kaufen. Es tut mir weh, das zu hören. Aber ich glaube noch nicht einmal, dass sie allzu düstere Gedanken hegt. Ich glaube vielmehr, sie hat genug damit zu tun, sich vor den seelischen Schmerzen ihrer Krankheit zu schützen, einfach diese neue, die bislang größte Krise, die ihr ihre Krankheit gebracht hat, auszuhalten. Wie sie es schafft, mich so voller Liebe anzulächeln, als ich nach Hause gehe, weiß ich nicht.

Sonntag, den 21. Dezember 2008. Warten. Warten auf eine Verbesserung. Hoffen. Anspannung. Und selbst jetzt gibt es auch lustige Momente in unserem Leben. Einmal in diesen Tagen vor Weihnachten habe ich Dich wegen einer Lappalie angepflaumt. Du sollst nicht immer so dicht an den Hecken entlangstreifen, wenn wir zu Fuß zur Klinik laufen, schimpfte ich. »Da scheißen immer die Hunde hin. Und ich habe keine Lust, deine Schuhe zu putzen.« Das geriet irgendwie zu scharf, und Du warst getroffen. Später habe ich begriffen, dass das viel zu hart war. Da habe ich mich zu Dir hinuntergebeugt und Dir ins Ohr geflüstert, dass es mir leidtut und dass ich zur Zeit manchmal überreagiere oder gereizt bin, weil mich die ganze Geschichte von Gabis Krebs nervös mache, »aufrege« – habe ich zu Dir gesagt.

Nachmittags, als wir von der Klinik zurückspazieren, streichst Du die ganze Zeit mit Deiner frisch gewaschenen Jacke an den Hauswänden entlang, ich verwarne Dich mehrmals und fordere Dich auf, bitte etwas mehr in der Mitte des Weges zu gehen, damit die Jacke nicht sofort wieder schmutzig würde. Wieder gerät der Ton etwas scharf, denn, zu meiner Verteidigung, aufs erste Mal folgst Du meistens nicht. Du guckst mich an und fragst mich frecherdings: »Regt dich etwa Mamas Krebs gerade wieder auf – oder was ist los?« Da müssen wir beide herzlich lachen.

Heiligabend 2008. Vorgestern hat Gabi die erste Dosis einer neuen Chemotherapie bekommen, bestehend aus zwei Medikamenten, die kombiniert werden: Carboplatin und Gemzar heißt das Zeugs. Gestern konnten wir sie dann wieder zu uns nach Hause holen. Jetzt liegt sie drüben auf unserer Couch, schläft und liest immer wieder ein paar Seiten in ihren dicken, meist amerikanischen Paperbacks, die sie normalerweise in atemberaubender Geschwindigkeit verschlingt – und zu denen ich keinerlei Zugang habe. Ich habe ihr Pfefferminztee gemacht. Sie hat über fünf Kilo abgenommen. Durch die mangelnde Bewegung nach fast zehn Tagen im Bett ist ihre Muskulatur zurückgegangen. Deine Mama ist sehr, sehr schwach. Trotzdem wollen wir heute Weihnachten feiern. Es wenigstens versuchen. Später am Nachmittag schläft sie. Wir beide bauen den Christbaum auf, schmücken ihn. Ich ermahne Dich noch, ja keine der Christbaumkugeln fallen zu lassen, und lasse Sekunden später gleich die schönste auf den Boden krachen, sodass sie in tausend Scherben zerspringt. Tja, so ist er, Dein Papa.

Die Krippe mit einem etwas ramponierten Christuskind – dafür haben wir zwei Kamele – hast Du dieses Jahr zum ersten Mal ganz allein aufgebaut. Danach gehen wir beide in die Stephanskirche zum Kindergottesdienst, übrigens auch, weil Gabi das so will. Es gibt dort ein Krippenspiel, Kinder spielen die Szenen von Bethlehem nach, ein paar der Kinder kennst Du, denn sie sind aus Deiner Schule. Den übrigen Abend verbringen wir dann gemeinsam zu Hause. Gabi schafft es, aufzustehen und sich ein schönes Kleid anzuziehen. Sie setzt sich zu uns an den Tisch zum Fleischfondue. Unsere vier traditionellen Saucen dazu habe ich in diesem Jahr gemacht – nach Gabis Anweisungen. Roquefort, Mango-Sherry, Kräuterquark, süßscharfe, kalte Tomatensauce. Außerdem eine Aioli. Dazu Pellkartoffeln und Rinderfilet im Fond gegart. So ist das immer bei uns – einmal im Jahr an Heiligabend. Und zum Start gibt es ein Glas vom Pinot brut rosé von unserem Weingut. Du weißt schon, den orangefarbenen Wein in den hohen Gläsern, der so perlt wie Sprudelwasser. Immerhin, Gabi nippt zwei-, dreimal an ihrem Kelch, so bin ich mit dem edlen Getränk nicht ganz allein.

Es gibt viele Geschenke. Für Dich. Ein paar Weihnachtsgrüße für Gabi. Manche erzählen von Babys, die geboren wurden, andere von Beschwernissen ihrer Absender im zurückliegenden Arbeitsjahr, geänderten Eckdaten der eigenen Lebensplanung, Reise- und Karriereplänen, gerne auch von gesundheitlichen Problemen wie Erkältungen und anderen Zipperlein – ohne näher auf Gabis Situation einzugehen. Und wenn doch, dann fast durchweg in Form nichtssagender Standardkärtchen. Der übliche, aufwandsgünstige »Viel-Kraft-und-Energie«-Wunsch und noch ein paar andere Einzeiler mehr. Ein leeres Blatt: »Wir denken an Euch!« – dann die Unterschriften. Kaum eine persönliche Zeile. »Das ist es doch, was wir in unserer Situation hören wollen!«, sage ich zu Gabi augenzwinkernd. Sie ist etwas enttäuscht. Aber wir lassen die Verärgerung nicht an uns heran, es gelingt uns ganz gut, alles humorvoll zu nehmen: »Die Leute sind halt, wie sie sind«, sage ich wieder zu Gabi, »das hat nichts mit dir zu tun.« Ich schenke Deiner Mama eine Halskette, eine Designertischleuchte mit einem bernsteinfarbenen Schirm, zwei große Kerzen aus Bienenwachs – und ein Gedicht.

Gabi liest es, sie ist gerührt, legt es aus der Hand und küsst mich. Ich weiß nicht, ob Dir das Gedicht gefallen würde. Vielleicht fändest Du es zu schwermütig, aber ich habe nur in aller Offenheit versucht niederzuschreiben, was für mich das Besondere an Deiner Mutter ist. Der Abend endet nicht ohne Glücksmomente.

Donnerstag, den 25. Dezember 2008. Der Tag danach, der erste Weihnachtsfeiertag 2008, ist für Dich, wie wohl für alle Kinder, der Tag der näheren Inspektion der Geschenke. Gabi schläft viel oder widmet sich ihrem Schmöker, wenn wir alle drei im Bett liegen – und lesen. Du *Lucky Luke*, ich Oskar Maria Graf *Das Leben meiner Mutter*. Ich umsorge Deine Mama, so sehr ich kann, koche Tee und Griesbrei, massiere ihren Rücken, leiste ihr Gesellschaft. Sie scheint sich etwas zu erholen. Sie wirkt auf mich, als hätte sie das Allerschlimmste vorerst einmal überstanden. Eigenartig. Es ist, als ob wir Zeit geschenkt bekommen, Zeit, um Luft zu holen. Wir bauen Dein Lego-Fußballspiel auf, Du spielst viel und liest und bist mit Deinen Spielsachen beschäftigt. An eine Mama, die geschwächt ist und im Bett liegt, hast Du Dich längst gewöhnt. Gut möglich, dass Dir ihr Zustand als nicht besonders Besorgnis erregend erscheint. Schließlich hat die Situation viel Ähnlichkeit etwa mit den Wochenenden, an denen wir ausschlafen und uns zu Hause erholen.

Die Tage sind frostig und klar. Aber Du hast Bewegungsdrang. Also raus an die frische Luft. Seit drei Monaten etwa spielen wir gelegentlich auf unserem Spielplatz um die Ecke Basketball, eigentlich eher was für den Sommer. Ich habe Dir damals zum Geburtstag einen Jugendbasketball gekauft, der ist ein bisschen kleiner als die richtigen. Aber selbst der ist für Dich noch ziemlich schwer. Nur mit aller Kraft schaffst Du es, den Ball nach oben bis zum Korb zu werfen. Am Anfang hat es überhaupt nicht geklappt. Und Du hast mir bald erklärt, dass Du Basketball doof findest. Kein Wunder, habe ich mir gedacht, wenn man fünfzigmal wirft und keinen reintrifft, dann fände ich dieses Spiel auch etwas doof! Dann habe ich Dich bei der Ehre gepackt und Dich angespornt. Ich habe zu Dir gesagt. »Wir gehen hier nicht weg, ohne dass du einmal den Krautkopf in den Topf da oben reinstopfst!« Ich hatte dabei eine Szene vor Augen, die ich in dem Film *Einer flog übers Kuckucksnest* mit Jack Nicholsen gesehen habe, der darin den Insassen einer Nervenheilanstalt Korbball beibringt und sie mit den gleichen Worten motiviert. »Los, stopf ihn rein, wir gehen erst, wenn du triffst – und wenn Du hier anfrierst!« Du wirfst und wirfst und triffst nicht, bist sauer, wütend. Und dann macht es irgendwann »Plopp«. Der Ball fällt durch den Ring. Du jubelst. Und ich mit Dir. »Jaaaa! Ich habe getroffen!« Wir laufen glücklich durch die Kälte nach Hause.

Sonntag, den 28. Dezember 2008. Gabi erholt sich mit jedem Tag ein bisschen mehr. Ich kann es kaum glauben. Sie schläft viel. Es scheint leicht aufwärtszugehen, sie hat wieder öfter ein Lächeln im Gesicht. Aber ich traue dem allen nicht recht. Ich bange um sie, und ich bete für sie.

Du willst wieder Basketball spielen. Wir marschieren zum Streetballer-Platz. Sieben Treffer in einer Stunde. Gestern Nachmittag haben wir auch schon geübt. Außer uns war niemand am Basketballkorb. Kein Wunder, ist auch nicht gerade die Saison bei minus fünf Grad Celsius. Du hast siebzehnmal getroffen. Ich habe Dir später gesagt, dass das etwas ganz Tolles ist. Und dass es immer so im Leben ist. Zuerst können wir etwas nicht, egal wie sehr wir es wollen. Aber wenn man dranbleibt, dann klappt es irgendwann: Erfolg ist eine Frage der Hartnäckigkeit, des Kampfes. Ich will, dass Du kämpfen lernst. Zur Not bei minus fünf Grad. Vielleicht auch nur, damit mir einer zeigt, wie man das macht.

Dienstag, den 30. Dezember 2008. Gestern Morgen brachten wir Gabi wieder in die Klinik. Sie war sehr schwach, hatte außerdem Verstopfung. Die Ärzte glauben, das komme vom Morphium, das Gabi seit ihrer Einlieferung vor zehn Tagen nimmt. Es mindere die Darmtätigkeit, mache träge. Gabi war seit Tagen nicht mehr auf der Toilette. In der Chirurgie sagt man uns, es sei gut möglich, dass man sie deswegen operieren müsse! Auf jeden Fall muss sie stationär aufgenommen werden. Mal wieder. Wir hoffen natürlich, dass die Ärzte das Problem mit Medikamenten in den Griff bekommen. Abends besuchen wir sie nochmals gemeinsam.

Auf dem Weg zu Fuß durch die Dunkelheit nach Hause berichtest Du mir vom zweiten Weihnachtsfeiertag, als Du Deinem Freund Anton V. besucht hast, um mit ihm gemeinsam ein Riesen-Lego-Schiff aufzubauen, das er zu Weihnachten geschenkt bekommen hat. Du erzählst mir, dass ihr am frühen Abend draußen im Garten ein Feuer gemacht hättet. Als es dunkel war, also kurz bevor ich Dich wieder abgeholt habe, hätte Antons Papa gesagt, einer der Sterne am

Himmel sei der Weihnachtsstern. Du hättest Dir den Stern gemerkt und Dich auf die Terrassenbretter gehockt. Du hättest, während die anderen Stockbrot aßen, den Weihnachtsstern am Himmel angesehen in dieser eiskalten Nacht und lange gebetet, dass die Mama wieder gesund wird.

Beim Abendessen zu Hause, das wir mittlerweile wesentlich unspektakulärer abhalten als früher noch, nämlich gleich in der Küche an »Tisch zwei«, wie wir ihn nennen, statt im Wohnzimmer, wo unser richtiger Esstisch steht, redest Du noch von etwas anderem. Ein Mädchen, das Du kennst, hat Dir von einem Platz in unserem Viertel erzählt, auf dem Drogen verkauft würden. Du willst wissen, was Drogen sind, warum Menschen dafür Geld ausgeben und wie sie wirken, wer sie nimmt und wieso man davon abhängig wird. Ich erkläre Dir alles, so gut ich kann. Am Ende stellst Du fest: »Papa, du hast gesagt, unglückliche Menschen nehmen Drogen, damit sie das Gefühl bekommen, glücklich zu sein. Wenn jetzt die Mama stirbt, bin ich auch unglücklich. Aber deswegen werde ich keine Drogen nehmen! Das hilft ja auch nichts. Dann bin ich halt traurig.« Das hilft ja auch nichts – Du hast völlig recht. Ich weiß nicht, ob Du gemerkt hast, wie sehr mich Deine Worte gefreut haben.

Deine Mama ist also wieder in der Klinik. Immer wenn es so scheint, als ginge es mit ihr bergauf, kommt kurze Zeit später ein Rückschlag. Dir ist das nicht verborgen geblieben. Du hast in den letzten Wochen die Möglichkeit eingeschlossen, dass sie auch sterben könnte. »Könnte«, betonst Du immer und reckst den Zeigefinger nach oben. Wahrscheinlich weil ich Dir das irgendwann einmal so vorgemacht habe. Und schiebst gleich hinterher: »Das heißt ja nicht, dass sie sterben *wird*. Sie *könnte* nur!« »Genauso ist es«, sage ich. Wir reden jetzt viel offener über den Krebs. Aus der »Krankheit« der Anfangszeit wurde irgendwann der »Brustkrebs« (um ihn von dem tödlich verlaufenen Krebs Deiner Oma Barbara, Gabis Mutter, zu unterscheiden, die schon tot war, als Du geboren wurdest – und um ihn zu lokalisieren.) Aber seit der Brustkrebs auch im Bauch der Mama ist, reden wir nur noch vom Krebs.

Gerade habe ich nochmal den Anfang dieses Texts gelesen. Und bin dabei über die Stelle gestolpert, dass ich deswegen als Chronist tätig werden muss, weil Du noch zu klein bist, um das alles verstehen zu können und damit Du später, wenn Du einmal erwachsen bist, alles nachvollziehen kannst, was jetzt um Dich herum geschieht. Das stimmt so nicht ganz. Ich vergaß zu erwähnen, dass Du mir bereits mit Deinen sieben Jahren oft Fragen stellst, die so klug sind, dass ich erstaunt bin, wie reif Du schon bist.

Lieber Jakob, Du bist ein fröhlicher, offener, neugieriger Junge geblieben. Und doch erscheinst Du mir ab und zu etwas nachdenklich, nachdenklicher, als es bei Kindern Deines Alters üblich ist. Klar, weil ich natürlich überbesorgt bin und genauer hingucke, so lange vielleicht – bis Du wirklich nachdenklich schaust … Self fullfilling prophecy. Trotzdem, wenn mich nicht alles täuscht, ist schon ein bisschen was dran. Aber Gott sei Dank hast Du Dir bis heute die Fähigkeit bewahrt, in Sekundenschnelle umzuschalten, rumzutoben, Quatsch zu machen, ausgelassen zu sein, etwa wenn Du bei Laura und Lisa bist oder bei den beiden Antons und all den anderen. Vielleicht ist der Besuch bei Deinen Freunden, in anderen unbeschwerten Welten sogar eine Art Ablenkung, ja Erholung für Dich. Ich finde auch bemerkenswert, dass Du – in dieser schweren Situation – nicht mehr Nähe zu mir suchst als sonst. Du klammerst überhaupt nicht. Manchmal habe ich sogar den Eindruck, Du willst mich, den Alten, trösten, obwohl dies doch eigentlich meine Rolle sein müsste! Ich überlege dann, was Dich dazu bringt – ob ich so viel Traurigkeit und Schmerz ausstrahle oder ob es einfach nur die Gemütsregungen eines ungewöhnlich sensiblen Siebenjährigen sind. Auf jeden Fall habe ich Dir gestern Abend gesagt, dass ich sehr, sehr stolz auf Dich bin, weil Du ein toller Junge bist. Nicht, weil Du so tapfer wärst. Du bist sehr tapfer, aber das erwarte ich nicht von Dir. Sondern weil ich mich freue zu sehen, wie Du eine Mischung aus Lebensfreude und Ernsthaftigkeit vorlebst, an der ich mich beizeiten orientieren, ja hochziehen kann. Und ich verspreche Dir, ich werde alles tun, dass Du Kind sein und Kind bleiben kannst, egal, was passiert.

Gabi hat vorhin angerufen. Sie muss wohl doch nicht operiert werden. Man scheint ihrer Verstopfung mit Medikamenten Herr zu werden. Morgen ist Silvester. Wir hoffen, dass Gabi bis dahin aus der Klinik kommt. Wir wollen Käsefondue machen, auch traditionell, und Du hast zu mir gesagt, dieses Jahr willst Du bitte ordentliche Böller haben. Nicht die billigen Fürze vom Penny-Markt, die gar nicht richtig krachen. Ich habe Dir versprochen, ich würde mich bemühen.

2009

Donnerstag, den 1. Januar 2009. Das Silvesterfest haben wir ganz gut hingekriegt, es wurde ein eher besinnlicher Abend. Gabi war bei uns. Die Ärzte sahen keinen Grund mehr, sie länger in der Klinik zu behalten. Du hattest für die Dekoration gesorgt, Raketen ausgeschnitten und bunte Feuerschweife aus Papier gebastelt, die ich mit Heftklammern an den Raketen befestigt habe. Es gab Käsefondue. Und wir haben uns wieder schöngemacht. Darauf hat Gabi immer schon Wert gelegt: sich zu besonderen Anlässen schönzumachen. Nicht um andere zu beeindrucken, nicht um selbst zu glänzen, sondern um einen gegebenen Anlass angemessen zu würdigen. Sie im Kleid, ich in Hemd und Krawatte, Du in Deinem besten Hemd. Sogar etwas Wasser hast Du Dir ins Haar gestrichen – eine Festfrisur eben. Wir haben die schweren Gedanken ausgeblendet und uns daran gefreut, zusammen zu sein. Gegen elf Uhr abends wurde Gabi müde und schlief auf dem Sofa ein. Wir beiden haben noch eine Runde »Halli Galli« gespielt. Ein Spiel, das Du zu Weihnachten geschenkt bekommen hast. Um Mitternacht sind wir dann auf die Straße runter und haben geböllert. Raketen geschossen und ordentlich geknallt. Mit wirklichen Topknallern.

Freitag, den 2. Januar 2009. Heute muss Deine Mama wieder zur Chemotherapie ins Krankenhaus. Ich fahre sie hin. Später bringe ich Dich zu Sabine und Manfred. Sie und ihre beiden Töchter Lisa und Laura haben Dich nachmittags in ihr Heimkino eingeladen: *Madagaskar II*. Du freust Dich schon. Zurück in die Klinik, um Gabi abzuholen.

Sonntag, den 4. Januar 2009. Gabi hat gestern das Morphium abgesetzt, dafür klagte sie beim Einschlafen über heftige Bauchschmerzen. Aber eigentlich geht es ihr viel besser als noch vor zwei Wochen! Gestern war sogar ein wirklich guter Tag, wir waren zum ersten Mal seit ihrer Einlieferung ins Krankenhaus vor Weihnachten mit ihr draußen an der frischen Luft. Bei Eiseskälte zu Fuß zum Marktplatz am Dom, am Rhein entlang wieder zurück nach Hause. Wir sind langsam losgelaufen, aber bald ging Gabi fast in ihrem gewohnten Tempo! Was für eine Veränderung! Es sieht alles danach aus, als ob die neue Chemotherapie wirkte! Das meinen auch die Ärzte. Gabi hat mir gesagt, sie fühle sich längst nicht mehr so schwach wie um Weihnachten herum. Ja, sie macht auch schon kleine Pläne. Zum Beispiel einen Wochenendausflug nach Straßburg mit Abendmenü im »La Cambuse«, einem unserer Lieblingsrestaurants dort. Ich bin ganz euphorisch, als ich das höre.

Wenn ihr beiden morgens noch schlaft, kann ich immer am besten schreiben. Ich sitze dann an meinem Schreibtisch und tippe möglichst geräuschlos die Sätze in die Tasten, damit ihr nebenan weiterschlummern könnt. Was heute allerdings nicht hinhaut, denn im Moment kommst Du schlaftrunken aus Deinem Schlafzimmer getappert und setzt Dich – noch ganz bettwarm – auf meinen Schoß. Ich habe nichts dagegen, wärme Dich und beschnuppere Dich ein wenig.

Mittlerweile hockst Du – immer noch im Schlafanzug – hinter mir auf dem Perserteppich, spielst in tiefster Versunkenheit Playmobil und imitierst die Stimmen unzähliger Krieger und Ungeheuer in hektischen Kampfsituationen. Ich will noch rasch einen Gedanken festhalten. Etwas, was mir in den letzten Wochen immer wieder durch den Kopf geht: Wenn Gabi sterben sollte, würde nicht nur sie gehen, sondern auch Simon, Hoppel, Nora, Rosa, das Kätzchen, Rudi, Kilian, Taunus, Kiki und Paul – alles Deine Stofftiere, die aber in Deiner Fantasie lebendig sind. Zwei Hasen, zwei Bären, ein Schweinchen, zwei Tiger, ein Kätzchen. Deine Mama hat irgendwann in einer unnachahmlichen Art damit angefangen, ihnen Stimmen, ihnen Charaktere zu geben. Durch sie sprechen sie mit Dir.

Manchmal spielt ihr zusammen mit den Tieren, aber es ist gar nicht nötig, dass sie körperlich anwesend sind. Es passiert oft, dass Du auf einmal während eines Spaziergangs oder im Supermarkt ohne jede Vorankündigung rufst: »Simon!« Augenblicklich verstellt Gabi ihre Stimme, macht den schnodderigen Hasen und antwortet: »Was is?« Und dann geht eine Unterhaltung los, bei der zwar Deine Mama spricht, aber Du Dir sicher bist, dass Du durch sie – die gewissermaßen als Medium fungiert – mit Simon, Hoppel oder wem auch immer in Kontakt trittst. Gabi imitiert mindestens sechs, sieben solcher Tiere. Und auch ich gebe ein paar dieser Wesen meine Stimme: Onkel Ingo, Bernhard, Caroline und Tripsi. Ingo und Bernhard, das sind zwei Hasen, die eher nerven, weil sie immer reinquatschen, meistens wenn Du Dich mit Simon oder Hoppel unterhältst. Dazu kommt Tripsi, die Tochter von Onkel Ingo, die sehr nett ist und eine Klasse über Dir in die Hasenschule geht. Aber, wenn ich ehrlich bin, die richtig guten Tiere sind die in Gabis Zoo.

Diese ganze Welt ist jetzt in Gefahr. Was habe ich immer zu lachen, wenn ihr zwei am Sonntagmorgen im Wohnzimmer Party mit diesen Tieren macht. Du baust zuerst die Tiere auf, eine Geburtstagsdekoration, Knabberzeugs, Spiele. Dann kommt Deine Mama dazu und spricht sie alle. An den Pupstanz der beiden dicken Teddys Rudi und Kilian erinnere ich mich besonders gern. Weißt Du, lieber Jakob, Deine Mutter ist berufstätig – und das nicht nur acht Stunden am Tag. Sie hat immer viel und hart gearbeitet. Deswegen verbringst Du die Woche über nie sonderlich viel Zeit mit ihr, sondern lediglich die Abendstunden, die euch beiden wichtig sind. Ich ziehe mich dann oft bewusst zurück, damit Du Deine Mama auch einmal ganz für Dich hast. Und an den Wochenenden und natürlich im Urlaub holt ihr vieles nach. Der Samstag ist euer Tag. Auch ohne die Tiere. Fast immer irgendwann nach dem Frühstück geht ihr in die Stadt, auf den Markt am Domplatz, einkaufen. Zwischenstation ist der Gummibärchenladen auf halber Strecke in der Fußgängerzone. Was saure Stäbchen, Lakritz und so etwas betrifft, ist Gabi sowieso die bessere Ansprechpartnerin. Da kenne ich mich nicht so aus. Ich wünsche Dir sehr, dass Du noch oft mit ihr aufbrechen kannst, ohne dass Dein Papa mitkommt, der bei eurer seltenen Zweisamkeit nur stören würde. Und wenn es weiter so aufwärts geht, dann wird es auch bald wieder eine Wohnzimmer-Stofftier-Party geben!

Dienstag, den 6. Januar 2009. Wir hatten einen tollen Tag! Wir waren in Frankfurt wie in alten Tagen. Bei »L'Occitane«, einer von Gabis Lieblingsläden für Parfums, Öle, Kosmetika. Und sie hat wieder Klamotten gekauft. Das tut Deine Mama gerne und oft. Eigentlich hat es mir immer gefallen, sie dabei zu begleiten, auch wenn ich ab und zu keine Geduld hatte, in überheizten Läden rumzuhocken, während sie Hosen, Röcke, Blusen, Shirts und Schuhe anprobierte. Wenn Deine Mama vor einem Geschäft steht, in das es sie reizt hineinzugehen, sagt sie immer, »sie wolle da mal einen Blick reinwerfen«. Wir stöhnen dann immer: »Oh, nein!« Denn wir wussten mit der Zeit, dass »ein Blick reinwerfen« gerne bis zu einer Stunde ausgiebige Warenprüfung, Anprobe, Aussortieren und Einkaufen bedeuten kann. Aber richtig dagegen sind wir natürlich nie. Du assistierst ihr manchmal sogar und schleppst selber irgendwelche Kleidungsstücke an, von denen Du überzeugt bist, sie stünden Deiner Mama besonders gut. Nein, wir haben wirklich gar nichts dagegen, auch wenn es für uns immer etwas anstrengend ist, einen ganzen Einkaufssamstag mitzumachen. Ihr ist es deswegen manchmal auch lieber, wenn wir in dieser Zeit etwas anderes unternehmen. In Paris sind wir dann immer auf den Spielplatz gegenüber ihrer Stammboutique gegangen, in München oft ins »Augustiner-Bräu« in der Neuhauser Straße oder ins »Weiße Bräuhaus« im Tal, um bei einem Teller Flädlesuppe dickwadige bayerische Kellnerinnen zu observieren.

Diesmal sagt Gabi, sie wisse ja nicht, ob es sich noch lohne, teure Kleider zu kaufen. »Natürlich lohnt sich das!«, habe ich ihr entschieden widersprochen. Und habe mich gefreut, als sie dann mit zwei prall gefüllten Papiertüten das Geschäft verließ. Jemand in ihrer Lage, der sich an neuen Kleidern freut, das werte ich als Zeichen der

Hoffnung, als Zeichen, dass er sich noch nicht aufgegeben hat und selbst wieder an eine Zukunft glaubt.

Wir essen in einem kleinen Restaurant zu Mittag, in einer Passage am Goetheplatz. Sushi, es schmeckt Dir sehr gut. Danach geht es weiter einkaufen und am Ende ins Senckenbergmuseum. Dort inspizieren wir interessiert allerlei ausgestopfte Lebewesen aus alten Zeiten. Manche sehen schon etwas mottenzerfressen aus. Abends lassen wir den Tag in einem persischen Restaurant im Bahnhofsviertel ausklingen. Und fahren dann mit der S-Bahn zurück nach Mainz. Ich bin sehr glücklich über diesen Tag. Ich hätte nicht geglaubt, dass so etwas noch einmal möglich ist. Wie schön doch so ein kleiner Ausflug nach Frankfurt sein kann. Ach, ich wünsche uns, dass es noch viele davon geben wird.

Lieber Jakob, heute ist *Mittwoch, der 7. Januar 2009*, Dein letzter Ferientag. Wir sind vorhin aufgestanden, draußen ist es klar und bitterkalt, einer der frostigsten Tage, die es hier je gab. Auf dem Thermometer an der Apotheke um die Ecke steht »–20 ° C«. Vorhin habe ich Deiner Mama unten das Auto frei gekratzt. Ich fasse es nicht. Sie fährt tatsächlich zur Arbeit. Sie will heute in die Redaktion, auch um ihrem Chef mitzuteilen, dass sie vorerst nicht mehr arbeiten wird, arbeiten kann. Ich frage mich, ob es das letzte Mal ist, dass ich sie so sehe, wie sie sich für die Arbeit fertig macht.

Eine in den letzten Wochen untergegangene, wundervolle morgendliche Routine kehrt auf einmal zurück. Ehe Gabi das Haus verlässt und ich mich an meinen Schreibtisch setze, bin ich der Mann an der Kaffeemaschine. Wie in alten Zeiten rufe ich auch heute wieder in Richtung Badezimmer: »Do you want me to prepare the machine, my dear?« Und sobald sie sich nach der Morgendusche noch eine Minute lang kalt abgebraust hat, erschallt es für gewöhnlich zurück: »Prepare the machine!« So auch heute. »Yes, I will!«, belle ich zurück. Wenn sie sich fertig abgetrocknet hat, erfolgt der nächste Befehl: »Start the machine!« »Yes, Gabrielle, yes!«, rufe ich dann militärisch zackig zurück. Und dann mache ich uns zwei Milchkaffee. Ich freue mich, dass dieses uralte Ritual wiederauferstanden ist. Deine Mama macht sich für die Arbeit fertig, so wie früher. Nur eben jetzt mit Perücke und möglichst so, dass man ihr kaum anmerkt, wie es ihr wirklich geht. Ein bisschen geschminkt, wie immer sehr geschmackvoll angezogen. Am Ende prüft sie vor dem Spiegel, ob alles gut zusammenpasst. Und fragt mich dann noch kurz nach meiner Meinung. Erst wenn ich ihr nach dem letzten Outfit-Check das »Okay« gebe, verlässt sie die Wohnung. So auch heute.

Plötzlich fällt mir ein, wie lange ich Deine Mutter nicht mehr »Gabrielle« genannt habe. »Gabrielle« – englisch ausgesprochen. Das war früher meine häufigste Anrede für sie. So habe ich sie genannt, wenn wir gut gelaunt und lustig miteinander waren. »Gabi« sage ich eher, wenn wir etwas miteinander besprechen. In letzter Zeit habe ich sie nur noch so genannt. (»Gabriele« habe ich dagegen fast nie gesagt, eigentlich nur in wenigen, ganz besonderen Momenten.) Jetzt nenne ich sie wieder »Gabrielle« – ein gutes Zeichen.

Ich weiß, dass der Gang in die Redaktion heute schwer für sie ist. Sie will immer noch nicht, dass sie bei der Arbeit mitkriegen, was mit ihr los ist. Sie hat in ihrer Vorgängerstelle keine guten Erfahrungen damit gemacht, ich habe Dir davon schon berichtet. Sie befürchtet, für ihre Offenheit am Ende eher bestraft als belohnt zu werden. Aber jetzt bleibt ihr nichts anders mehr übrig. Sie will, sie kann nicht mehr anders.

Gerade habe ich mir die letzten Zeilen nochmals durchgelesen. Merkwürdig, habe ich gedacht, ich schreibe hier, dass Deine Mama zur Arbeit fährt. Vor zwei Wochen noch habe ich hier festgehalten, dass das Ende kurz bevorsteht. Das wird Dich, wenn Du dies einmal lesen wirst, wahrscheinlich genauso überraschen. Und doch ist darin nichts wirklich Widersprüchliches. Denn so war es immer, seit sie an Krebs erkrankt war: Kaum ging es Deiner Mutter besser, hat sie, haben wir dies schnell als Normalzustand empfunden. Die Leiden der Tage und Wochen zuvor waren wie weggeblasen, wenn es ihr wenigstens so gut ging, dass sie ihren Alltag wieder aufnehmen konnte. Das hat nichts damit zu tun, dass sie sich nicht ausgiebig darüber freuen konnte, wenn es wieder einmal bergauf ging, sondern eher damit, dass für sie, für uns ein normales Leben in jeder Phase ihrer bisherigen Erkrankung immer das Ziel, der Orientierungspunkt unserer Lebensgestaltung war, auf den wir zusteuerten. Die Krankheit hat Deiner Mutter nämlich vor allem eines genommen: den stinknormalen Alltag. Ging es ihr wieder besser, waren die Schmerzen und die Übelkeit weg, griff meistens schnell eine neue Normalität um sich, wenn auch eine, deren Kostbarkeit uns auf einmal sehr bewusst war. So ist es auch heute. Der Unterschied ist nur, von so weit unten ist sie noch nie zurückgekehrt. Und trotzdem scheinen schon jetzt die Tage um Weihnachten herum einer Epoche anzugehören, die weit hinter ihr liegt. Dass es dabei bleibt, wäre das schönste Geschenk des Himmels für Deine Mutter in diesem noch jungen Jahr 2009.

Als Gabi abends von der Arbeit zurückkommt, ist sie erschöpft, aber auch erleichtert. Sie hat die Karten auf den Tisch gelegt. Sie hat sich mit ihrem Chef darauf geeinigt, dass sie vorerst von den anstrengenden Diensten als Schlussredakteurin freigestellt ist. Vorerst. Aber als normale Redakteurin will sie nun doch im Job bleiben. Vorerst. Ich glaube, ein Mischung aus Pflichtbewusstsein, Verantwortung und dem Willen, in ihrem Beruf weiterzuarbeiten, hat sie dazu bewogen, von einem völligen Rückzug abzusehen. Ehrlich gesagt, so etwas habe ich heute Morgen schon geahnt, als sie das Haus verlassen hat. Aber ich nehme auch an, sie hat stark untertrieben, als sie ihrem Chef davon berichtet hat, wie es wirklich um sie steht.

Montag, den 12. Januar 2009. Gerade habe ich Dich bei kaltem Nebel und minus zehn Grad in die Schule gebracht. Beide dick vermummt sind wir durch die Innenstadt gestiefelt. Du warst nicht so gut drauf. Du hast Angst, dass in der Nachmittagsbetreuung keiner mit Dir spielt. Das ist natürlich doof. Also habe ich Dir versprochen, dass ich Dich heute um 15.30 Uhr statt erst um 16 Uhr abhole. Das war wohl keine allzu brillante Idee, das Problem zu lösen, aber etwas anderes fiel mir nicht ein. »Da musst du durch!«, denke ich eigentlich. Aber ich will Dir auch helfen, Deine Lasten zu tragen.

Es geht weiter bergauf bei uns. Sodass ich es kaum fassen kann. Das muss gefeiert werden. Wir haben uns gefragt, was uns guttun könnte. Frische Luft, Natur, gutes Essen – und vor allem das, was man »Wellness« nennt: Baden in körperwarmem Solewasser, Dampfbad, Sauna. Am liebsten in einem Haus mit Klasse. Deine Mutter und ich, wir haben im Grunde dieselbe Vorstellung davon, wie man das Leben genießt. Welch ein Glück! Wir haben eine Weile überlegt, und dann fällt die Entscheidung. Wir fahren eine Woche ins Schloss Elmau bei Garmisch-Partenkirchen. Ein Hotel mit fünf Sternen! Das ist Dir immer wichtig. Auch wenn ich zu Dir immer wieder sage, es kommt bei einem Hotel nicht allein auf die Sterne an, bist Du darauf fixiert. Dann lass ich Dir halt Deine Freude. Am 25. Januar soll es losgehen. Wir wollen die ganze letzte Januarwoche über bleiben. Mitten in der Schulzeit. Ich beantrage bei Deinem Rektor, dass er Dir Urlaub genehmigt. Er tut es natürlich.

Ach ja, am letzten Freitag kam es noch zu einem Gespräch zu dritt. Mit Deiner Klassenlehrerin und der Leiterin Deiner Gruppe von der Nachmittagsbetreuung. Nachdem ich wegen der Beurlaubung Deine Lehrerin schon am Donnerstagabend zu Hause angerufen hatte und dabei natürlich auf Gabis Gesundheit zu sprechen kam, baten mich die beiden zu sich, als ich Dich am Freitag abholen kam: Sie wollten mit mir über den Gesundheitszustand Deiner Mutter sprechen. Es ist tatsächlich wichtig, dass sie wissen, was los ist. Ich hatte darüber schon einmal zu einem früheren Zeitpunkt mit Deiner Klassenlehrerin geredet. Weil ich will, dass Du in der Schule weiter wie ein normales Kind behandelt wirst. Und natürlich auch, weil ich wissen will, ob Deinen Lehrern, Deinen Betreuern etwas an Deinem Verhalten auffällt. Kopfschütteln. Du seist nicht verhaltensauffällig. Im Gegenteil. Sie finden nur lobende Worte für Dich. Das freut mich. Über jede andere Antwort hätte ich mich aber auch gewundert, denn Du machst auf mich und Gabi einen sehr ausgeglichenen Eindruck.

Zwölf Tage sind es noch, bis wir nach Elmau fahren. Warum fahren wir nicht gleich? Irgendwie fürchte ich, in zwölf Tagen könnte alles wieder ganz anders aussehen. Ich will mir diese Reise, diese Zeit mit euch beiden nicht nehmen lassen.

Wochenende vom 16. bis zum 18. Januar 2009. Ich begleite Gabi auf ein Yogaseminar in den Westerwald. Du bleibst in Mainz, Tante Irene kommt aus Karlsruhe – und Du freust Dich schon auf sie. Sie soll auf Dich aufpassen, während wir weg sind.

Bis auf eine Probestunde am Tag der offenen Tür des hiesigen Yogazentrums habe ich noch nie Yoga gemacht. Gabi hat sich im Laufe ihrer Krankheit zur Expertin entwickelt. Wir erreichen am frühen Freitagabend den Ort des Seminars, irgendwo im tiefsten Westerwald – eine Region in Deutschland, in die ich sonst wohl nicht unbedingt gekommen wäre.

Du fragst Dich vielleicht, was wir da vorhaben. »Visionssuche« heißt das Thema des Seminars. Es geht darum, die eigenen Lebensquellen zu erschließen. Es geht um die Frage: Was ist mein Lebensthema? Wo will ich hin? Gerade der Stress, die Verwirrung, die Angst, all die Rückzugsgefechte der letzten Monate haben Gabis, aber auch mein Lebensziel immer mehr verdunkelt, in einen Nebel gehüllt – und uns vergessen lassen, wohin wir einst aufgebrochen waren. Es geht darum, die eigene Mitte wiederzufinden und eine Antwort auf die Frage nach unserem weiteren Weg zu erhalten.

Das Seminar tut Gabi gut. Sie ist hocherfreut, dass sie nun wieder fast alle Übungen schafft, inklusive Kopfstand. Das sei bei der Yogalehrerausbildung in Bad Meinberg vor drei Monaten noch ganz anders gewesen. Damals hätte sie viele Übungen nicht mitmachen können, weil sie keine Kraft hatte, weil ihr oft übel war und sie immer wieder den Seminarraum verlassen musste, um sich zu übergeben. Ich freue mich über diese guten Nachrichten.

Das Haus, die Atmosphäre hier, ist ein wenig wie im Kloster. Erinnert mich an meine Erfahrungen auf dem Jakobsweg, an die Zeit in der Basilika von Vézelay. Auch wenn vieles ganz anders ist.

Gabi besucht am Rande der Veranstaltung eine Heilerin. Sie ist neugierig und offen zu erfahren, was eine Heilerin mit ihr unternimmt im Gegensatz zu den Schulmedizinern am Klinikum. Sie trifft die Frau, die gleichzeitig die Seminarleiterin ist, zu einer schamanischen Sitzung. Später erzählt sie mir davon. Wie die Heilerin sie mit den Händen, mit einem Stein berührt, Formeln gesprochen hat. Sie berichtet, dass sie in ihr wirklich etwas ausgelöst, dass ein warmes Gefühl ihren Körper durchdrungen habe. Aber die Heilerin habe auch zu ihr gesagt, dass sie Widerstände fühle, nicht an das Problem, an die Krankheit herankäme.

Ich meditiere viel, zusammen mit Gabi, Mantras singen ist nicht so mein Ding. Wir essen vegetarisch-gesunde Kost. Wir bekommen eine Aufgabe gestellt. Wir sollen irgendwohin losziehen. Hinaus in den Wald, der das Gebäude umgibt, sagt die Leiterin, uns einen Ort aussuchen und uns öffnen für äußere Zeichen, diese mit unserem Leben in Verbindung bringen und warten, was passiert.

Alle verlassen den Seminarraum, tappen im nassen Schnee herum, suchen sich einen Platz. Mich zieht es an einen kleinen Bach. Der Ort gefällt mir. Ein leise dahinfließendes Gewässer, dessen Ufer mit tropfenden Eisschollen überzogen ist. Man soll einen Steinkreis legen und sich in dessen Mitte auf den Boden setzen. Bei dieser Kälte. Mach ich. Ich versuche, mich zu öffnen für alles, was von außen auf mich einströmt, für die Kälte, den leisen Wind, das Murmeln des Baches, das Winterlicht, für die Gegenwart. Das Ziel der Übung ist es, leer zu werden, sich in einen Ausnahmezustand zu versetzen, in dem man empfänglich wird für ein Zeichen, eine Vision von außen, in dem man mit offenen Sinnen Ausschau hält nach allem, was einem Sinn bringend, wegweisend erscheint. Ich hocke da und warte auf meine Botschaft. Und erhalte keine. Ich werde ziemlich ärgerlich, starre in dürre, blattlose Äste von Baumwipfeln, die sich vor mir im Wind wiegen, und versuche mit meinen Gedanken, einen Fingerzeig, irgendein Zeichen herbeizuzwingen.

Plötzlich steht alles still. Der Wind hat aufgehört, die Bäume stehen unbewegt. Nur der Bach plätschert weiter. Ich vernehme noch immer keine Botschaft, aber ich verstehe mit einem Mal: So geht das nicht. Das ist die Botschaft. Hör auf, mit diesem Schicksal zu hadern! Das Murmeln des Baches sagt mir, akzeptiere es. Alles murmelt, und es murmelt immer weiter, und es wird immer murmeln, und Gabis wie meine Unruhe, mein Unfrieden, der Tod wie das Leben sind Teil des ewigen Murmelns. Das Murmeln ist mächtiger als die Aufschreie, als alle Ängste, Nöte, die wir Menschen haben. Akzeptiere! In Frieden! Zum ersten Mal erscheint mir das nicht wie ein frommer Wunsch, ausgesprochen von irgendwelchen Therapeuten oder Bekannten, die das Problem vom Hals haben wollen – sondern als eine Weisheit, die ich selber gefunden und auch erfahren habe. In dem Moment, in dem ich zu akzeptieren versuche, in dem Moment, in dem ich friedvoller werde, hebt der leichte Wind wieder an und streicht über meine Haare wie auch über die Zweige der Bäume vor meinen Augen.

Deine Mama hat sich für diese Übung einen Ort weiter hin zum Waldrand ausgewählt. Sie hat mir später von ihrer Erfahrung erzählt. Sie saß in der Nähe eines ehemaligen Fischteiches, den man wohl schon vor langer Zeit hat leerlaufen lassen. Sie sieht in die Ferne. Es gibt zunächst nichts, was zu ihr spricht, nichts, was ihr irgendetwas einflüstert. Bis auch sie aufhört, in der Ferne zu suchen, und direkt vor ihren Augen eine verdorrte Pflanze wahrnimmt. Ein bräunlicher, abgestorbener Grashalm mit langen, schmalen, hängenden Blättern, der sich im kalten Wind wiegt. Gabi erkennt, dass zwei der welken Blätter, die herunterhängen, sich an ihren Enden berühren, sodass sie die Form eines Herzens bilden. Es zeigt ihr, dass die Liebe ihr Thema ist, dass die Liebe bleibt und alles überdauert und auch, dass sie selbst lieben soll, lieben will – bei allem Hadern mit ihrem Schicksal. Sie hat diesen Halm gepflückt – und ihn mir mitgebracht. Sie ist danach gefasst, gefestigt, optimistischer.

Elmau, den 29. Januar 2009. Schloss Elmau bei Garmisch-Partenkirchen ist ein schönes Hotel und der Aufenthalt dort für Gabi ein kleines, ach was: ein riesengroßes Wunder. Ich hätte an Weihnachten nie gedacht, dass wir das erleben dürften. Ich stehe auf der Terrasse und nehme die Gipfel des Wettersteingebirges in den Blick. Ich spaziere draußen mit euch durch den Schnee. Gleich nach der Ankunft leihen wir uns einen Schlitten aus und fahren den kleinen Hang vor dem Hauptgebäude runter. Ich denke immer wieder: »Das gibt's doch alles gar nicht.« Ich weiß es schon heute, für mich wird dieser architektonisch verunglückte, steil aufragende Schlossturm mit dem grünen Kupferdach immer ein bedeutungsvolles Symbol sein. Für das Glück, das zurückgekehrt ist, für den Schmerz, den wir erfahren mussten, aber auch für das Leben selbst. Denn hier hat es für uns wieder begonnen – nachdem wir schon dachten, es sei zu Ende.

Lieber Jakob, ich habe Dir doch erzählt, was für eine hervorragende Skifahrerin Deine Mama ist. Den Pokal, der bei uns auf dem Küchenbuffet steht, den hat sie einmal gewonnen. Bei irgendwelchen Meisterschaften. Es ist der bisher einzige, den ein Mitglied unserer Kleinfamilie je errungen hat. (Ich bin mir sicher, Du wirst das bald ändern.) Wie gut sie fährt, darüber staunen wir wieder hier in den Alpen. Wir fahren vom Hotel ins Skigebiet. Bei strahlendem Sonnenschein. Deine Mama steht auf Skiern. Sie steht nicht nur, sondern fährt wie der Blitz den Buckel runter. Dass wir nochmals zusammen Ski fahren würden, dass Deine Mama einen Kurs für absolute Könner macht, bei dem sie mit dem besten Lehrer der Skischule von Mittenwald die schwierigsten Hänge im Tiefschnee runterbrettert, Buckelpisten, was auch immer, all das scheint mir wie in einem Film zu sein. Wir beide fahren auch Ski. Wir haben den Fortgeschrittenenkurs mit Skilehrer Hans, neunundsechzig Jahre alt, gebucht. Wir beide. Du sieben Jahre, ich vierundvierzig. Wir beide sind auf demselben Level. Wir haben nämlich gleichzeitig, und zwar erst letztes Jahr, in Bad Gastein im Salzburger Land mit dem Skifahren angefangen. Heute lernen wir den Parallelschwung mit Stockeinsatz.

Gabi fetzt alle halbe Stunde mal durchs Bild. Wenn sie uns irgendwo am Skihang ausmacht, schießt sie wie ein Pfeil auf uns zu, rammt die Kanten in den Schnee und spritzt uns beim Bremsen mit dem weißem Pulver voll, bevor sie ein paar Zentimeter vor uns zum Stehen kommt. Sie strahlt unter ihrer Pudelmütze – und der Skilehrer ist ganz hin und weg. So eine gute Skifahrerin habe er hier oben noch nie gehabt, sagt der Mann aus Gummersbach japsend. Und schon fliegen die beiden wieder davon, sodass ich fast ein wenig eifersüchtig werde auf den Mann im blauweißen Skianzug. Aber eigentlich nicht wirklich. So viel Gönnen war nie in mir wie heute.

Auch mir macht es Spaß, Ski zu laufen, selbst wenn ich mich immer wieder auf den Hosenboden setze. Du bist schon ein guter Skifahrer. Ich bin froh, dass Du Dich an diesem Sport versucht hast, dass Du etwas entdeckt hast, was vielleicht Zeit und Geduld erfordert, sich hinterher aber umso mehr auszahlen wird. Auch Langlauf haben wir schon ausprobiert. Anfangs bist Du alle paar Meter seitlich neben die Loipe in den Schnee geplumpst, aber Du hast Dich schnell wieder hochgerappelt, und dann hat es Dir viel Spaß gemacht, mit uns Runden zu ziehen.

Schloss Elmau ist wundervoll, ein ruhiges Alpenhotel mit friedvoller Atmosphäre. Wir genießen diesen Ort und jede Minute der wertvollen Zeit, die wir dort verbringen.

Dienstag, den 10. Februar 2009. Seit einer Woche sind wir zurück in Mainz, das Leben in Normalität geht weiter. Es gibt wieder Hoffnung, denn offenbar sind Gabis Tumore unter der neuen Chemotherapie zurückgegangen! Ihre Tumormarker haben sich sogar halbiert. In Elmau hat sie beschlossen, nun doch weniger zu arbeiten. Gabi hat erkannt, dass es besser für sie ist, sich auch einmal fallenzulassen, nicht dauernd und mit letzter Kraft an ihrem Beruf festzuhalten, auch wenn sie sehr gerne Redakteurin der »kulturzeit« ist. Ich habe sie darin bestärkt.

Gerade komme ich von der Martinusschule zurück. Ich habe Dich mit dem Auto dorthin gebracht, weil es regnet. Gabi ist seit gestern in Berlin, wo sie mit dem Schauspieler Hanns Zischler einen Beitrag über Truman Capote dreht. Heute Abend um neun Uhr wird sie zurück sein. Wie freue ich mich auf meine wundervolle Frau! Was für ein Glück haben wir, dass unser Leben fast wieder normal ist. Normalität. Gabis Krankheit hat mich wie nichts zuvor gelehrt, was wirklich wertvoll im Leben ist, dass nichts normal und das Normale oft schon das Glück selber ist.

Mittwoch, den 4. März 2009. Gestern sind wir aus Ravensburg zurückgekommen. Aus der schönen alten Stadt, in der wir uns immer so wohl gefühlt haben. Eine Akademie hatte mich eingeladen, einen Vortrag zu halten. Wir haben es verbunden mit einem Kurzurlaub in Gabis Heimatstadt. Einkaufen, essen, spazieren gehen. Am Eisstadion vorbei, den Berg hinauf nach Sankt Christina.

Am Sonntag haben wir eine ausgedehnte Winterwanderung gemacht. Du bist vierundzwanzig Kilometer gelaufen an diesem Tag. So weit wie noch nie – und darauf warst Du natürlich stolz wie Oskar. Obwohl wir ein bisschen gemogelt haben beim Kilometerzählen. An einer offenen Stelle im Feld, die wir passiert haben, waren viele Helfer dabei, einen gigantischen Scheiterhaufen für ein Funkenfeuer zu errichten. Als es dunkel ist, kommen wir ein zweites Mal an diesem Tag hier herauf, auf diesen Höhenzug über Ravensburg, von dem aus man bei guter Sicht den Bodensee sehen kann. Der Scheiterhaufen wird in Brand gesteckt. Es dauert nicht länger als zehn, fünfzehn Minuten, bis der Holzhaufen, der so groß wie ein Einfamilienhaus ist, in Flammen aufgeht, die zum Himmel lodern. In dieser grimmig kalten Nacht wird es in der Nähe des Feuers bald so heiß, dass man sich ihm höchstens bis auf zwanzig, dreißig Meter nähern kann. Aber in der richtigen Distanz ist es wundervoll. Das Feuer wärmt unsere Gesichter. Ich blicke Gabi im Schein der flackernden Flammen lange an. Ich stelle mich bald hinter sie und halte sie fest. Du stehst direkt vor ihr und lehnst Dich an ihre Beine. *Teneo, quia teneor.* Der Winter geht, und wir werden den Frühling erleben.

Dienstag, den 24. März 2009. Der März ist fast vorbei. Gabi arbeitet wieder, war letzte Woche in München, um den Dokumentarfilmer Georg Stefan Troller für einen Fernsehbeitrag zu treffen. Für einen

Film über Paris, über das Paris des Georg Stefan Troller, der auch einen literarischen Reiseführer über die Stadt geschrieben hat, den wir oft bei unseren Erkundungen dabeihatten. Du bist in der Schule. Eine andere Zeit. Wir reden jetzt über Projekte, über Gabis Arbeit, über Kultur, über alles Mögliche, was nichts mit Krebs zu tun hat. Ich suche wieder nach einem Häuschen für uns und bin genauso zuversichtlich, wie Gabi es ist.

Heute habe ich meine letzte Psychostunde gehabt. Ich könnte sie zwar fortsetzen, will aber nicht mehr. Diese Psychotherapie war eine eigenartige Sache. Ich habe ihren Sinn hin und wieder infrage gestellt. Denn, ehrlich gesagt, ich habe von dort kaum einen neuen oder mich weiterbringenden Gedanken zu meiner Geschichte, zu meinem Lebensweg, zu unserer Lebenssituation mitgenommen – und doch, vielleicht war diese Institution wenigstens insofern nützlich, als sie mir half, mein unruhiges Gemüt etwas zu besänftigen, indem ich einmal die Woche mein Leben, meine Gedanken und Gefühle ordnen und neu sortieren konnte.

Meistens ging ich Dienstagmorgens, wenn ich Dich zur Schule gebracht hatte, in meine »Plauderstunde«. Im Souterrain lag der »Behandlungsraum«, es roch etwas muffig nach feucht gewordenem Sisal. Die Psychotherapeutin war eine nette Frau. Sie hatte Kerzen entzündet, man durfte sich Yogi-Tee einschenken. Sie pflegte unsere Sitzung mit der Frage zu eröffnen: »Wie geht es Ihnen?« Während ich überlegte, ergänzte sie: »Auf einer Skala zwischen null und zehn.« Meistens sagte ich dann »4,5« oder an besseren Tagen »5,5«. Daraufhin erklärte sie mir, dass das besser sei als eins oder zwei. Ich habe dem zugestimmt. Und oft entgegnet: »Ja, aber ich würde gerne mal wieder neun oder zehn erleben!« Dann erklärte sie mir, sie sei sich da nicht sicher. Sie meinte, dass die ewige Mittellage auch eine positive Funktion habe. Zwar verhindere sie Glücksgefühle, schütze aber auch vor tieferen Unglücksanwandlungen. Der Grauschleier, wie ich meine chronische Mittellage nannte, als Schutz. Da war etwas dran. Aber das hatte ich schon beim ersten Mal begriffen. Dennoch kamen wir jedes Mal wieder an diesen Punkt. Meistens stockte dann die Unterhaltung. Ich bekam den *horror vacui*, die Angst vor dem Schweigen und plapperte los, um die Therapeutin detailliert über meinen speziellen Casus ins Bild zu setzen, in der Hoffnung, von ihr eine maßgeschneiderte Handlungsanweisung zur Lösung meiner persönlichen Lebensprobleme zu erhalten. Meistens war die Stunde vorbei, ohne dass sie viel gesprochen hatte. Und ich oft so weit wie beim letzten Mal. Mich hat vor allem gestört, dass sie sich weigerte, mir einen Rat zu geben. Der moderne Therapeut, der nur Wand sein will, von der alle Worte zurückprallen, der nur Beschleuniger meiner Selbsterkenntnis ist, indem er alle Fragen an den Fragenden zurückgibt – das erschien mir manchmal als etwas zu wenig. Wenn ich meiner Therapeutin gegenüber mal den Wert dieser Stunden in Zweifel zog, kam meistens die Erwiderung: »Sie wissen ja gar nicht, wo Sie heute stünden, wenn wir diese Therapie nicht machen würden.« Das sollte mir sagen, dass es mir heute viel besser gehe, oder anders herum: dass ich ohne diese Therapie viel tiefer in der Krise stecken würde. Eine Hypothese, deren Aussage vielleicht zutrifft, deren Wahrheitsgehalt sich aber nicht nachprüfen lässt. Kann sein, kann aber auch nicht sein, dachte ich dann. Am Ende der Stunde sagte sie immer: »Genau an dieser Stelle machen wir nächstes Mal weiter.« Aber kein einziges Mal in zwei Jahren machten wir da weiter, wo wir in der letzten Stunde aufgehört hatten. Ich vermute allein deswegen, weil sie sich eine Woche später gar nicht mehr daran erinnert hat, wo wir das letzte Mal stehengeblieben waren.

Meine Therapeutin hatte ich mir anfangs wie eine Art Sparringspartnerin zur Vorbereitung für unseren Überlebenskampf vorgestellt. Ich traf jedoch auf jemanden, der mir keine neuen Schlagtechniken beibrachte und auch nie zurückschlug, damit ich lernen konnte, wie man Attacken pariert und neue angeht. Kämpfen musste ich mir selber beibringen. Gerade in der Zeit um Weihnachten, in der sich Gabis Krankheit so dramatisch zuspitzte, hatte ich das Gefühl, dass meine Therapeutin mehr und mehr ihre Bereitschaft drosselte, sich auf den Horror einzulassen, den ich ihr da wöchentlich ins Haus brachte. Ich will nicht ungerecht zu einem

Menschen sein, der nichts für mein Unglück kann. Aber wahr ist auch, dass es in dieser Psychotherapie, die mich entlasten sollte, zu Konflikten kam: Am Ende unserer Zeit empfand ich meine Therapeutin eher als eine zusätzliche Belastung für mich denn als Unterstützung – so wie es eigentlich geplant war. Das war der Moment, an dem die Therapie endete.

Viel wichtiger aber ist: Wer hilft eigentlich Gabi in ihrer schweren Lage? Eine Psychotherapeutin hat Gabi erst vor nicht allzu langer Zeit gefunden, obwohl sie lange, lange Zeit gesucht hat. Doch Gabi fühlt sich in den Sitzungen nicht besonders wohl. Die Chemie stimme nicht zwischen ihnen beiden, hat sie mir gegenüber bedauert. Aber es gibt keine andere Möglichkeit. Alle anderen Therapeuten im Umkreis sind ausgebucht. Ich wollte Gabi schon meinen Platz anbieten, da spielte meine Therapeutin allerdings nicht mit. Eigentlich ja auch verständlich.

Wenigstens hat Gabi das Glück, in Dr. Mann einen sehr guten, menschlichen Arzt zu haben. Er hat sie während ihrer gesamten Erkrankung begleitet, ein Mediziner mit Verstand und Herz, damit aber eher eine Ausnahme in seiner Zunft. Dafür ist sie sehr dankbar. Doch sonst ist die Klinik kein Ort, an dem sich Deine Mutter gut aufgehoben fühlt. Am meisten hat sie – und mich genauso – schockiert, dass man in diesem Massenbetrieb tatsächlich keinen Unterschied macht zwischen Kranken und Schwerkranken. Ein Patient mit einem gebrochenen Zeh muss genauso lange beim Röntgen warten wie eine Frau mit metastasiertem Mammakarzinom und Durchbruchschmerzen in der Leber. Das konnte sie kaum fassen. Einmal um Weihnachten herum ist Gabi im Warteraum vor der Röntgenabteilung von Schmerzen gequält zusammengebrochen. Nach anderthalb Stunden Wartezeit. Erst dann hat sich jemand erbarmt, sich ihrer anzunehmen.

Auch außerhalb der Klinik hat Deine Mutter bisher wenig Glück mit Ärzten gehabt. Ich erinnere mich gerade wieder an den Homöopathen, an den sie sich einst wandte, als sie sich entschieden hatte, neben dem Standardprogramm der Schulmedizin auch andere Wege gehen zu wollen. Das Wartezimmer war stets rappelvoll, und man musste Wartezeiten von zwei bis drei Stunden in Kauf nehmen – die Behandlung dagegen war oft schon nach fünf Minuten vorüber. Zum Einstieg in die Homöopathie empfahl er ihr ein Buch. Ein Werk des Autors Georgos Vithoulkas mit dem Titel *Medizin der Zukunft*. Wir beide haben das Buch gelesen. Bald fanden wir die folgende, uns ermutigende Stelle über das Arzt-Patienten-Verhältnis: »Der einzelne Besuch dauert viel länger als beim gewöhnlichen Arzt.« Und: »Die Homöopathie geht bis in die subtilsten Details auf die individuelle Persönlichkeit des Patienten ein, deshalb ist es oft unmöglich, im voraus einen festen Zeitplan zu entwerfen.« Die Erstanamnese dauere laut diesem Buch zwei Stunden. Bei Gabi nahm sie maximal fünfzig Minuten in Anspruch. Der Mann, allem Anschein nach ein anerkannter Vertreter seines Faches, schien unter Dauerstress zu stehen, er war irgendwie immer nervös, kurz angebunden, mit den Gedanken woanders. Gabi und ich nannten ihn stets den »Express-Homöopathen«. Eine *contradictio in adjecto*, wie man so etwas auf Lateinisch nennt. In der Zeit, die Gabi bei ihm war, war er eher eine Belastung als eine Hilfe, bald ein Ärgernis, denn die vielen Stunden im Wartezimmer haben Deine Mutter zusätzlich ermüdet, ohne dass sie irgendwie von seiner Heilkunst profitiert hätte.

Egal, im Moment sieht es ja ganz so aus, als hätten wir solche Helfer vorerst nicht mehr nötig. Was für eine Wende! In unserem Leben geht es wieder viel entspannter zu – und das ist das Wichtigste. Unter der Woche arbeitet Gabi wie in alten Zeiten. Ich stehe morgens an der Kaffeemaschine und empfange meine Frau abends wieder. Dazwischen schreibe ich. So gut ich kann, versuche ich ihr das Leben im »Verhau« so angenehm wie möglich zu gestalten. Wir haben wieder so etwas wie Alltag. Wenn Gabi abends zur Tür hereinkommt, nimmt sie als Erstes die Perücke ab – und setzt sie dem Porzellankopf auf, der bei uns auf dem Schlafzimmerschrank steht und etwas unglückselig vor sich hinblickt. Sie bindet sich ein Kopftuch um, ruht sich aus, schmust mit Dir, scherzt mit uns so lange, bis ich das Entree zum Abendmenü serviere.

Zuhause – das ist nun nicht mehr nur ein Raum, in dem Deine kranke Mama liegt. Wir leben hier wieder. Es gibt viel Musik. Vornehmlich am Samstagmorgen vor dem Frühstück. Wieder gucken wir auf YouTube Musikvideos. Manchmal sitzen wir zwei, drei Stunden vor dem Computer. Gabi ruft mir aus dem Wohnzimmer oder vom Bett drüben ihre Wünsche zu. Meat Loaf zum Beispiel, mit »Bat out of Hell« oder »You took the Words right out of my Mouth«. Oder Gordon Lightfoot »The Wreck of the Edmund Fitzgerald«. Ich gebe Interpret und Titel ein und drehe die Boxen auf. Dann wieder versuche ich sie mit Hits zu überraschen, die ich für sie aussuche – und warte auf ihre Reaktion. Helge Schneider mit seinem »Käsebrot« ist Dein, ist unser Dauerbrenner, Elvis immer noch gerne. Die »Highway Men«, sie faszinieren Dich ungebrochen. »Das sind echte Amerikaner, vor allem Willie Nelson!«, sagst Du immer voller Bewunderung zu mir und deutest mit dem Zeigefinger auf diesen knorrigen Barden, der wie ein Landstreicher aussieht. Aber wir entdecken auch neue alte Lieder: »Elle est une poupée« von Michel Polnareff hören wir ständig, frag mich nicht, warum. Oder »Il volo« von Zucchero – weil der Bar-Pianist von Schloss Elmau diesen Song immer auf dem Flügel intoniert hat. Wenn wir keine Lust mehr auf Musik haben, gibt es zwischendurch mal »Ernie und Bert« für Dich oder »Tit for Tat« mit Laurel und Hardy. Oder Badesalz. Im »Germanenkrug« oder im Fitnessstudio, die Szene, in denen der eine der beiden schmalen Hemden, der gerne ein paar Muckis mehr hätte, auf seinen mickrigen Bizeps zeigt und auf frankfurterisch sagt: »Wenn im Mai die Freibäder öffne', dann muss des alles definiert sein. Dann mach isch Dir den Cliff-Hängä mit dem klaanen Fingä am Zehnmeterbrett, bis der Bademeister kommt.« Wir lachen uns schlapp, obwohl wir den Sketch sicher schon fünfzehnmal gesehen haben.

Und es gibt eine neue Staffel von *Germany's Next Topmodel.* Wie letztes Jahr. Diesmal gucken wir die Folgen meistens zu dritt. Ich weiß langsam ebenfalls, worauf es ankommt beim Casting, Shooting oder der allgemeinen Performance, und kann mitreden.

Die Zeit plätschert dahin, lieber Jakob. Gabi ist wieder hoffnungsvoll. Allein die Rückkehr des Alltags, einer Zeit, so wie sie früher war, eingeteilt in die Rhythmen und Phasen eines normalen Lebens, lässt sie oft vergessen, wie es um sie steht. Und sie ist gut im Wegschieben. Wir beide denken tatsächlich nicht mehr häufig an das Grauen im letzten Jahr. Die neue Chemotherapie ist zwar anstrengend – und jetzt nicht nur alle drei Wochen, sondern wegen des Kombinationspräparats alle zwei und alle drei Wochen angesetzt –, aber Gabi verträgt sie besser als all die anderen Medikamente, die sie bislang bekommen hat. Wir sehen diesen Frühling anders kommen als in den Jahren zuvor. Und doch will er nicht richtig Einzug halten, selbst jetzt, Ende März, ist es noch empfindlich kalt.

Dienstag, den 31. März 2009. Heute fliegen wir nach Lanzarote! Wir heben ab. Vom Frankfurter Flughafen. Am ersten schönen deutschen Frühlingstag des Jahres. Ich habe mir geschworen, mich von meiner Flugangst nicht unterkriegen zu lassen – und das klappt auch ganz gut. Nach einem ruhigen Flug landen wir vier Stunden später dort, wo Gabi und ich unseren ersten Urlaub verbracht haben. Wir freuen uns auf die Tage, die vor uns liegen.

Vor dem Abflug haben wir tatsächlich noch einen Brief im Briefkasten gefunden. Vom unbekannten Piraten mit der Augenklappe. Es war Deine Idee, dort nochmals nachzuschauen. Eine gute Idee! Zwar sind Dir mit Deinen sieben Jahren längst erhebliche Zweifel gekommen, ob dieser Pirat wirklich existiert – aber Du spielst das Spiel nur zu gerne mit. Wir fliegen also ab – Du in der Erwartung, über kurz oder lang auf Schatzsuche zu gehen. Die Playa Papagayo im Süden der Insel, unweit unseres Ferienhauses in dem Örtchen Playa Blanca ist ein ideales Terrain für Schätze aller Art, lege ich Dir im Flieger nahe. Du nickst. Und eigentlich kannst Du die ganze Zeit an kaum etwas anderes mehr denken als an den Schatz.

Nach zehn Jahren wieder hier. Wir fahren vom *Aeropuerto* in Areciffe mit einem maroden Leihwagen über die Insel zu unserem Ferienhaus. Die Sonne geht langsam unter. In unserem Urlaubsort kaufen wir noch ein, was wir zum Abendessen und morgen früh zum Frühstücken brauchen. Vor dem *Supermercado* reißt eine der vollgepackten Tüten, und eine Flasche Wein geht zu Bruch. Ich ärgere mich nicht lange und kaufe die gleiche unverdrossen nochmals. Wir packen alles in unser Auto: Wasser, Tinto, für Dich Ananassaft, Weißbrot für *Tostados*, Oliven, Pata-Negra-Schinken, Tomaten, Öl, gesalzene Mandeln – wie immer, wenn wir im spanischen Kulturkreis unterwegs sind.

Der Himmel ist bedeckt. Auch die Nacht über. Hin und wieder tröpfelt es sogar. Als ich gegen vier Uhr kurz wach werde und auf unsere Terrasse hinaustrete, sehe ich den Sternenhimmel. Als es dämmert, kann ich nicht mehr schlafen. Ich sitze schon im frühesten Morgengrauen draußen auf einem weißen Plastikliegestuhl, habe zwei dicke Pullover übereinandergezogen und mich in Decken eingemummelt. Durchs Fenster kann ich im Inneren des Hauses Gabi schlafen sehen. Du schläfst im anderen Zimmer, tief und fest. Mir geht so vieles durch den Kopf. Und auch, wie vor etwas mehr als zehn Jahren die Geschichte Deiner Eltern begann.

Hier also waren wir schon einmal, lieber Jakob. Deine Mutter und ich. Es war unser erster Urlaub! Ich muss an unsere allererste Zeit denken. Wie alles anfing damals.

Zum ersten Mal gesehen habe ich Deine Mutter im Oktober 1996, ohne dass wir uns unterhalten hätten, in einer Redaktionssitzung. Ich war damals Volontär beim Südwestfunk in Baden-Baden, Deine Mutter war schon seit 1995 dort beschäftigt. Nach meinem Volontariat mit Stationen in verschiedenen Redaktionen des Hauses bin ich im Januar 1998 in Gabis Redaktion zurückgekehrt – und war seither ihr Kollege. Wir machten Beiträge für die Nachrichtensendungen des dritten und ersten Programms der ARD – aber auch Filme für längere Magazinsendungen. Deine Mutter war damals fünf-, ich vierunddreißig Jahre alt. Ich erinnere mich noch, dass ich es unheimlich schade fand, als sie im November 1998 für drei Wochen in den Urlaub fuhr, sie fehlte mir damals schon. Ein paar Tage vor ihrer

Abreise, an meinem vierunddreißigsten Geburtstag, am 5. November 1998, hat sie etwas getan, was ziemlich ungewöhnlich war. An diesem Tag, einem ganz normalen Arbeitstag, hat sie vor den Augen aller eine Rose auf meinen Schreibtisch gestellt. Als Geburtstagsgruß für mich. Eine Aktion, die unter Kollegen doch eher unüblich ist. Immer häufiger redeten wir in dieser Zeit miteinander, bald verbrachte ich jede freie Minute in ihrem Büro – oder wir seilten uns ab und gingen in der Kantine Kaffee trinken.

Irgendwann hörten wir auf, uns zu unterhalten, und fingen an, miteinander zu flirten. Ich erinnere mich an einen Tag Anfang Dezember 1998, als wir auf einen imaginären Bus zu sprechen kamen. Als ob wir an einer Haltestelle stünden, erörterten wir spielerisch die Frage, ob es besser sei, in den Bus einzusteigen – oder nicht. Wir waren ja beide gebunden. Ich war seit vielen Jahren mit meiner Freundin aus Jugendtagen zusammen, die ich schon während meiner Zeit in Rottweil kennengelernt hatte, dem Städtchen, in dem ich aufgewachsen bin. Seit ein paar Jahren hatten wir eine gemeinsame Wohnung in Freiburg, wo ich auch studiert hatte. Als ich mein Volontariat anfing, pendelte ich täglich über hundert Kilometer zwischen Freiburg und Baden-Baden. Gabi war schon drei Jahre zuvor von München nach Baden-Baden umgezogen. Sie war seit vielen Jahren mit ihrem Freund liiert, der noch in München lebte und mit dem sie eine Wochenendbeziehung unterhielt. In den Bus einzusteigen, war uns beiden also nicht so ohne weiteres möglich.

Irgendwann in diesem Dezember nahm die Geschichte ihren Lauf. Immer öfter und sehnsuchtsvoller dachte ich vor allem während meiner langen Fahrten zur Arbeit und wieder zurück an Deine Mutter. An einem Sonntag im Advent nahm ich meinen ganzen Mut zusammen und rief sie an. Ich erklärte ihr, dass ich mich in sie verliebt hätte. Ohne weiter darüber nachzudenken, was ein solches Geständnis bedeuten würde. Ich glaube, ich sagte wörtlich, ich hätte mich in sie »verguckt«, weil mir diese etwas unbeholfene Formulierung so erschien, als habe sie weniger schwer wiegende Konsequenzen als jede andere. Aber eigentlich dachte ich gar nichts. Ich war über beide Ohren verliebt. Deine Mutter hatte mich ziemlich aus der Fassung gebracht. Damit war die Schwelle zum Chaos endgültig überschritten. Ich hatte Angst, ich wäre zu weit gegangen, zumal sie sich zu einer ähnlichen Aussage nicht hinreißen lassen wollte. Was sie genau darauf entgegnete, weiß ich nicht mehr, es war auf jeden Fall nichts Eindeutiges.

Ein paar Tage nach diesem Telefonat wollten wir uns zum ersten Mal außerhalb des Fernsehsenders treffen. Irgendwo im vorweihnachtlichen Baden-Baden zusammen essen gehen, uns unterhalten. Es war der 16. Dezember 1998. Deine Mutter war etwas früher von der Arbeit nach Hause gefahren und rief mich von dort aus an. Wir verabredeten uns so, dass ich sie abholen käme, bevor wir uns in die Stadt aufmachen wollten. Aber je weiter ich mich auf diese Geschichte einließ, umso mulmiger wurde mir zumute, denn bei aller Hingezogenheit zu Gabi begann ein mächtig schlechtes Gewissen in mir aufzuziehen. Schließlich hatte ich eine Freundin. Aber eigenartigerweise wusste ich schon an diesem Abend, dass ich meine Gefühle nicht unterdrücken würde, wenn ich auch nur den Hauch einer Chance bei Deiner Mutter hätte.

Es ist immer noch empfindlich kalt hier draußen, viel zu frisch für eine Insel, die in subtropischen Breitengraden liegt. Wolken ziehen auf, nur langsam wird es Tag. Ich friere, hole mir noch eine Decke. Es ist unheimlich still hier, die Ferienhäuser rundherum sind nicht belegt. Wir sind die Einzigen weit und breit. Nur ab und zu höre ich einen lanzarotinischen Frühaufsteher mit seinem Auto an unserem Häuschen vorbeifahren. Oder eine Vespa, die vorbeiknattert. Und denke wieder an Deine Mama.

Ich weiß noch genau, wie ich damals mit meinem Auto durch Baden-Baden fuhr, wie ich in der Dunkelheit ihre Straße suchte, ihr Haus, ihr Klingelschild – und es fand. In ihrer Wohnung saßen wir uns an einem Tisch gegenüber – der Tisch, lieber Jakob, der heute unser Esstisch ist – und tranken Tee. Eine Kerze brannte. Gabi hatte Musik aufgelegt, die ich nicht kannte. Der Soundtrack eines Kusturica-Films, *Arizona Dreams,* von Goran Bregović. Es war ein Abend, der mich frustrierte, noch ehe er begonnen hatte. Ich ahnte, ach, ich war mir eigentlich zu hundert Prozent sicher, einen Korb zu erhalten. Obwohl ich mich seit Tagen auf diesen Abend gefreut hatte, glaubte ich, mir aus den spärlichen Zeichen, die ich von Deiner Mama in den letzten Tagen erhalten hatte, eindeutig zusammenreimen zu müssen, dass sie mich nur noch einmal zu sich kommen lassen wollte, um mir höflich, aber unmissverständlich klarzumachen, dass ich mich in etwas verrannt hätte – ohne Zukunft und vor allem ohne auf eine gleich starke Gegenliebe gestoßen zu sein. Ich rechnete fest damit, sie würde mir gleich eröffnen, dass sie mich zwar gerne mochte, nach reiflicher Überlegung jedoch nicht bereit sei, ihre fast zehnjährige Beziehung für mich aufzugeben. Ich hörte ihre Worte schon, bevor sie überhaupt den Mund aufgemacht hatte. Ich war also eher mürrisch, übellaunig, als ich zu ihr kam, und wertete jeden Satz unserer Unterhaltung, der sich nicht sofort, direkt und unmittelbar auf unsere beiderseitigen Gefühlswelten konzentrierte, sondern auf die öden Geschehnisse im Sender, als untrügliches Zeichen ihrer Indifferenz. Kurz, ich war vorauseilend gekränkt, mehr noch, ich war regelrecht sauer auf sie.

Schließlich wollte ich es wissen und lenkte unsere Unterhaltung ohne Umschweife auf genau den Punkt mit dem Bus, dessen Türen doch offen standen. Ich erklärte ihr, dass ich nicht verstünde, wie sie scheinbar vollkommen normal und unbeeindruckt von den Ereignissen weiter ihrer Arbeit nachging. Während ich in sie verliebt sei und mich kaum noch konzentrieren könne, scheine sie sehr kontrolliert, was doch nur bedeuten könne, dass ihre Gefühle für mich, wenn überhaupt vorhanden, dann nicht ansatzweise so tief wären wie jene, die mich seit Tagen umtrieben. Ich sagte, wie traurig ich sei, dass alles beendet sei, noch bevor es begonnen habe, und fragte sie unumwunden, was denn das alles für einen Sinn hätte, wenn es nicht auf Gegenseitigkeit beruhe. Ich hatte mich wohl etwas in Rage geredet, als sie mich irgendwann barsch unterbrach, ich möge doch einmal innehalten und sie fragen, wie es ihr denn inmitten dieser ganzen Geschichte erginge. »Jetzt hör doch mal zu!«, fiel sie mir ins Wort. Was sie dann sagte, überraschte mich vollkommen. Deine Mutter wischte jeglichen Zweifel, der mir bereits zur Gewissheit geworden war, weg. Ich konnte kaum fassen, was ich hörte. Augenblicklich erhob ich mich von meinem Stuhl, ging ein paar Schritte um den Tisch herum, blieb vor ihr stehen. Ich schloss sie in meine Arme und fühlte ein großes Glück heraufziehen. Mir war, als hätte ich eine Art gläserner Wand durchbrochen, die bislang ihr Gesicht von meinem getrennt hatte, als ich ihr zum ersten Mal und dann immer wieder in die Augen blickte.

Tja, lieber Jakob, aber schon kurz danach machte sich ein furchtbar schlechtes Gewissen breit, so als hätte ich großes Unrecht begangen oder einen anderen Menschen tief verletzt. Gleichzeitig konnte und wollte ich Deine Mama nie wieder loslassen. Ich spürte, wie mir die Gefühle, die sie mir entgegenbrachte, unter die Haut gingen – und dass ich alles wollte, nur nicht, mich dagegen zu wehren. Ich war nicht verheiratet damals, lieber Jakob, aber ich fühlte mich nach diesem Kuss tatsächlich wie ein Ehebrecher.

Es war spät geworden an diesem Abend – und ich hatte noch eine lange Heimfahrt vor mir. Ich fasste plötzlich den Entschluss, zu gehen. Gegen ein Uhr kam ich zu Hause an. Zu einer Aussprache mit meiner Freundin kam es allerdings nicht. Auch nicht tags darauf. Sie hatte beruflich viel zu tun vor Weihnachten und war früh aus dem Haus gegangen. Zwei Tage später, am Freitag, den 18. Dezember, war ich allein zu Hause und saß an meinem Schreibtisch. Ich hatte frei an diesem Tag und schrieb Gabi einen Brief. Sie war an diesem Wochenende nach München gefahren – und ich schrieb, dass ich sie lieben würde, dass sie die große Liebe meines Lebens sei. Als meine Freundin abends von der Arbeit kam, wich ich ihr aus und verzog mich um halb zehn ins Bett mit der schlechten Ausrede, ich sei völlig übermüdet.

Das Wochenende wollte nicht vergehen. Der Montag kam. Wieder fuhr ich die lange Autobahnstrecke zur Arbeit, was jetzt im

Winter etwas beschwerlich war. Natürlich hatte meine Freundin längst bemerkt, dass irgendetwas nicht stimmte. Sie stellte mich am Abend zur Rede. Ich schob meine derzeitige Verwirrung auf eine allgemeine Lebenskrise. Mehr war von mir nicht zu erfahren. Tags darauf fuhr ich wieder nach Baden-Baden. Ich war unbeirrt. Ich wusste, dass ich heute auf keinen Fall nach Hause zurückkehren würde. Schon die Woche vorher hatte ich in Baden-Baden ein Zimmer angemietet. Wenn es einmal Eisglätte auf den Straßen gäbe und es zu gefährlich wäre, abends von Baden-Baden nach Freiburg zu fahren, dann bräuchte ich hier ein Zimmer, ein Appartement, irgendwas zum Übernachten. Das entbehrte zwar nicht völlig jeglicher Logik, lieferte mir aber vor allem ein Alibi, nach Dienstschluss auch einmal aus ganz anderen Gründen in Baden-Baden zu bleiben. Ich wollte einen Abend mit Gabi verbringen. Aber an diesem Tag gab es zuerst noch ein Hindernis zu überwinden: eine Weihnachtsfeier nach Dienstende auf dem Flur vor unseren Redaktionsbüros. Sie war unspektakulär, belanglos, ein bisschen verlogen – so wie man sich eine betriebliche Weihnachtsfeier eben vorstellt – und wurde von Gabi und mir so frühzeitig wie möglich verlassen. Wir trafen uns bei ihr. Jetzt war auch Deine Mutter nervös. Die Sache hatte eine Dynamik bekommen, die wir nicht mehr richtig steuern konnten. Gabi verglich die letzten Tage mit einer Bahn, auf der eine Glaskugel rolle, die einmal in Fahrt nicht mehr aufzuhalten sei. Sie wollte, so sagte sie mir, viel mehr Zeit für sich und für uns beide haben, Zeit, um sich kennenzulernen, um nichts zu überstürzen. Jetzt aber war erst mal Weihnachten. Ihr Freund wollte morgen, am Tag vor Heiligabend, aus München kommen. Sie hatten geplant, Weihnachten zusammen zu verbringen und bis ins neue Jahr gemeinsam Urlaub zu machen.

Am nächsten Morgen fühlte ich mich hundeelend. Ich hasste den Tag, der herannahte, schon als die schwache Wintersonne den Himmel zaghaft erhellte. Wir frühstückten und fuhren an den Rhein bei Iffezheim. Es war eiskalt, aber klar, ein sonniger Tag zog auf. Nach einem Spaziergang voller verliebter Blicke, jedoch auch großer

Ratlosigkeit und Schmerz darüber, dass das, was zwischen uns nun so wundervoll begonnen hatte, unterbrochen werden sollte für die Dauer von fast zehn Tagen, brachte ich Gabi zurück in ihre Wohnung. Der Abschied fiel uns schwer. Sie gab mir, als Antwort auf meinen einen Brief und eine Musikkassette, die ich im Auto hören sollte. Es war die Musik, die wir an unserem ersten Abend gehört hatten, die Filmmusik aus *Arizona Dreams*. Ich fuhr nach Freiburg zurück. Ich hatte vor, meiner Freundin gegenüber mit der Wahrheit herauszurücken. Weihnachten wollte ich, konnte ich auf keinen Fall mehr mit ihr verbringen.

Als ich zu Hause ankam, war niemand da. Ich wartete am Küchentisch. Ein Anruf von ihr erreichte mich, es würde später werden. Sie müsse noch arbeiten. Ich wollte aber nicht länger warten. Ich sagte ihr, ich würde über die Weihnachtstage zu meiner Mutter fahren, die damals in Villingen wohnte. Ich würde schon weg sein, wenn sie nach Hause käme. Und am Telefon wollte ich nicht reden. Zwischen uns herrschte Eiseskälte. Damit war die große Aussprache erst einmal aufgeschoben. Ich glaube, meine Freundin war damals nicht wirklich darüber erstaunt, dass ich über Weihnachten ohne sie sein wollte. Ich glaube, sie ahnte längst weit mehr, als sie mich wissen ließ. Ich packte zwei große Reisetaschen und ging zum Bahnhof. Das Auto ließ ich für sie stehen, damit sie tags darauf zu ihren Eltern nach Rottweil fahren konnte. Ich nahm einen Regionalzug. Ein lärmender, lauter, vollgestopfter Zug, mehrheitlich besetzt mit ausgelassenen Schülern und Studenten, die endlich Ferien hatten und sich freuten, nach Hause fahren zu dürfen. Es war bitterkalt an diesem Abend, ich war verunsichert, ja, fast verzweifelt – inmitten dieser vielen aufgekratzten Leute, die im Gegensatz zu mir ganz genau wussten, wohin sie unterwegs waren, und sich auf die Tage freuten, die vor ihnen lagen. Ich selber wusste nicht, wie es weiterging. Ein Gefühl der Verlorenheit und Ungewissheit erfüllte mich, das sich in dieser Umgebung nur noch steigerte.

In Villingen wurde ich von meiner Mutter am Bahnsteig abgeholt. Sie lebte hier schon seit Jahren von meinem Vater getrennt.

Sie war wieder verheiratet. Ich hatte damals kein besonders enges Verhältnis mehr zu ihr und schon gar nicht zu dem neuen Mann an ihrer Seite. Ich hatte daher fast ein schlechtes Gewissen, als ich ausgerechnet an diesen Festtagen in ihrem Haus um Asyl bat. Ich kam hierher, weil ich schlicht nicht wusste, wohin ich sonst hätte gehen sollen an diesem verfluchten Weihnachtsfest.

Am nächsten Tag, es war Heiligabend 1998, rief ich meine Freundin an. Wir verabredeten uns. In einer Stunde. Hier in Villingen. Draußen, unweit der Bundesstraße. Villingen lag auf ihrem Weg zwischen Freiburg und Rottweil. Ich sah sie im Nieselregen heranfahren. Es war eine Art Showdown wie im Western, nur eben in Villingen, Ortsteil Hammerhalde. Sie hielt an, stieg aus und fragte mich, was ich ihr zu sagen hätte. Ich sagte ihr kurz, dass ich mich verliebt hätte, und ich sagte auch, dass ich nicht wisse, wie es weitergehen würde. Ich war nicht bereit auszusprechen, dass ich mich von ihr trennen wollte. Von diesem Schritt hielt mich vor allem ab, dass ich ihr nicht an Weihnachten einen solchen Schlag versetzen wollte. Das Gespräch war vorbei, noch bevor ich genau realisierte, was ich da eigentlich von mir gegeben hatte. Sie schien eher zornig als traurig, fragte, wie lange das alles schon ginge. Seit ein paar Tagen, antwortete ich. Das könne sie nicht ertragen, sagte sie mir. Sie wolle die Beziehung beenden.

Ab dem Moment, an dem sie mir erklärte, unsere Geschichte sei zu Ende, begann sich in mir noch stärker als zuvor ein innerer Konflikt zu regen zwischen Verantwortung, schlechtem Gewissen, dem Empfinden, Unrecht zu tun, und Erleichterung, Freiheit, der Möglichkeit, endlich meinem Gefühl folgen zu können. Ich hatte aber auch ziemlich Schiss. Denn ich ging ja ein ziemliches Risiko ein. Was, wenn Gabi sich am Ende gar nicht von ihrem Freund trennte? So praktisch kalkulierte ich auf einmal.

Ich rief Deine Mutter an, erzählte ihr, was vorgefallen war, und fragte sie: »Was ist mit dir?« Gabi ging das alles zu schnell. Ich habe ehrlich gesagt nie an ihr gezweifelt. Aber ich werde nie vergessen, wie sie entgegnete: »Jetzt wart halt mal ab!« Später erfuhr ich, dass sie ein ähnliches Wechselbad der Gefühle durchlebte wie ich. Auch sie wollte ihren Freund nicht verletzen, doch was blieb ihr anderes übrig, wenn sie mit mir zusammen sein wollte?

Am nächsten Morgen rief sie mich an. Sie erzählte von einer Auseinandersetzung mit ihrem Freund, der mittlerweile nach Baden-Baden gekommen war. Sie habe ihm nahegelegt, wieder nach München zurückzufahren, sie wolle alleine sein. Ich war überrascht, ein wenig erleichtert und sehr beeindruckt, wie konsequent sie war. Wir könnten uns übermorgen, am Sonntagnachmittag, treffen, sagte sie am Ende des Gesprächs.

Am zweiten Weihnachtsfeiertag, einem Samstag, fuhr ich mit einem Bummelzug nach Baden-Baden. Durch das verkratzte Waggonfenster sah die Welt graugrün und verwaschen aus. Eine eher triste Kulisse für diese Lovestory mit offenem Ausgang. Mit einer gewissen Unsicherheit, was sein würde, wenn ich Gabi wiedersähe, kam ich schließlich in Baden-Baden an. Ich nahm ein Taxi und erreichte meine Junggesellenkammer im Ortsteil Balg. Ich glaube, die ältere Dame, die sie mir vermietete, wunderte sich etwas, warum der junge Herr ausgerechnet am zweiten Weihnachtsfeiertag zum ersten Mal hier über Nacht bleiben wollte. Ich habe sie angelogen. Ich sagte, ich müsse anderntags arbeiten.

Ich schlief schlecht. Am nächsten Morgen stand ich früh auf, machte mit leerem Magen eine kleine Wanderung nach Ebersteinburg – und wartete. Vom Bergfried der Ruine Ebersteinburg blickte ich im kalten regnerischen Sturm auf die Rheinebene hinüber nach Straßburg – und machte mir tausend Gedanken. Lieber Jakob, das war eine Lage, verworren, chaotisch, ich hatte so etwas noch nie erlebt! Der nasse Regen peitschte mir ins Gesicht. Zäh wie Kaugummi verrannen die Minuten. Auch auf dem Rückweg kein Anruf von Gabi. Verdammt nochmal! Ich fror, hatte Hunger, war wütend und enttäuscht. Plötzlich sah ich die Chancen für eine gemeinsame Zukunft mit Deiner Mutter schwinden. Zu viele Fragezeichen. Unsere Liebe hatte einen hohen Preis. Ich empfand die Situation als ausweglos – und fühlte mich doch hingezogen zu Gabi, so sehr wie nie zuvor. Ich sah mich mit Deiner Mutter eng umschlungen in der Mitte eines imaginären Kreises liegen, und alle um uns herum zerrten an uns, um uns wieder auseinanderzubringen. Das Ziehen und Zerren, so hatte ich das Gefühl, wurde jeden Tag stärker, es war wie in einer Zentrifuge zu liegen, die sich immer schneller drehte. Es würde einzig auf die Kraft ankommen, mit der wir uns gegenseitig festhielten, nur sie konnte verhindern, dass wir uns verlören. Plötzlich war ich mir nicht mehr so sicher, ob Gabi mich wirklich so festhalten wollte wie ich sie.

Endlich klingelte das Mobiltelefon in meiner Jackentasche, das damals fast noch so groß wie eine Tafel Schokolade war. Sie fahre jetzt los. Ich weiß noch wie heute, wie ich in einer öden Straße dieses Neubaugebiets aus den sechziger Jahren am Straßenrand hockte. Wie ein abgehalfterter, übernächtigter Tramper saß ich auf der kalten Bordsteinkante. Lungerte zwischen meinen Reisetaschen, wartete, bis meine Königin in ihrer Staatskarosse mich abholen kam. Tatsächlich hatte Deine Mutter damals einen riesigen, alten schwarzen Audi 100. Sie hat mir zugelächelt, als ich einstieg. Ich glaube, wir haben kein Wort gewechselt während der Fahrt. Wir fuhren zu ihr. Sie stellte mir einen Teller Suppe hin. Und das war genau das, was ich jetzt brauchte.

Ich blicke mich um. Es wird nur zaghaft heller hier draußen. Dicke, gelblichgraue Wolken hängen am düsteren Himmel. Manchmal regnet es wieder ein paar vereinzelte Tropfen. Ich höre ein paar Vögel zwitschern, aber es ist noch immer sehr still. Nur ganz allmählich erwacht die Insel. Ihr beiden schlaft noch immer tief.

Wo war ich stehengeblieben? Ach ja, dann kam Silvester 1998. Wir fuhren nach Ravensburg, der Stadt unweit des Bodensees, in der Gabi aufgewachsen ist, um in ihrem leer stehenden Elternhaus die Tage zwischen den Jahren zu verbringen. Gabis Eltern waren damals schon beide tot. Deine Oma war 1996, Dein Opa ein Jahr später gestorben.

Es war ein stilles Silvesterfest zu zweit. Aber wir wussten genau, dass uns beiden klärende Gespräche mit denen bevorstanden, die wir verlassen wollten, verlassen mussten, um zusammen sein zu können. Ich weiß noch, wie wir alles besprachen, wie wir am Neujahrstag durch die Stadt liefen. In der Abenddämmerung hielten wir vor einem Eisstadion an, auf dessen hell erleuchteter Eisfläche sich zwei Eishockeymannschaften ein stummes Trainingsspiel lieferten. Nur das Gleiten der Schlittschuhe, das harsche Abbremsen der Kufen und der Puck waren zu hören. Scharf geschossen schlitterte er über die Eisfläche oder krachte gegen das Holz der Bande oder der Schläger. Hin und wieder vernahm man das keuchende Atmen der Spieler, wenn sie sich den Zuschauern näherten, und es war die Schönheit des Spieles, in dessen Regeln sich alle Spieler fügten, ohne dass es darüber einer Verständigung bedurft hätte, die mir inmitten meines eigenen großen Chaos tatsächlich ein Gefühl von Harmonie vermittelte.

Am 2. Januar trennten wir uns vor dem Bahnhof von Ravensburg. Deine Mutter nahm den Zug nach München, ich fuhr mit ihrer »Staatskarosse« nach Freiburg. Beide machten wir uns auf, um unseren bisherigen Lebenspartnern Adieu zu sagen. Für mich wurde es ein nicht allzu langes Gespräch. Mir tat es weh zu gehen, und mir tat es weh, meiner Freundin wehtun zu müssen. Aber ich musste hart bleiben, auch wenn ich sie am liebsten in den Arm genommen hätte, um sie zu trösten. Es war schwer für sie zu verstehen, was mich da von ihr wegtrieb. Ich verließ unsere Wohnung, fuhr zurück nach Baden-Baden, wo ich abends Gabi vom Bahnhof abholte. Sie hatte eine ähnlich schmerzhafte Begegnung hinter sich. Auch sie litt darunter, dass sie jemandem, den sie mir als einen aufrichtigen Charakter geschildert hat und der ihr viel bedeutete, einen solchen Schmerz zufügen musste. Wir beide standen ziemlich unter Schock, unter dem Einfluss dieser intensiven Gespräche – und ich glaube, wir hatten beide Angst vor der tosenden See, in die wir uns gerade noch voller Mut und Entschlossenheit kopfüber gestürzt hatten.

In der ersten Januarwoche mussten wir beide arbeiten. Ich bin nie gerne Fernsehjournalist gewesen, lieber Jakob. Der Job, den ich mir selbst ausgesucht hatte, er hat mich nie wirklich erfüllt, vielleicht weil ich den Dingen lieber auf den Grund gehe, als den rasenden Reporter zu geben. Diese Tage aber waren eine regelrechte Tortur. Alles sträubte sich in mir, wieder hierher zurückzukehren. Vor allem fiel es mir schwer, mit Gabi Tür an Tür zu sitzen. Den Mitarbeitern in der Redaktion wollten wir verständlicherweise nichts sagen von unserem jungen, wackeligen Glück – und so waren wir gezwungen, Kollegen zu sein, Kollegen zu spielen, zu verheimlichen, was uns wirklich verband. Eine harte Übung für zwei Schwerverliebte, das kannst Du mir glauben.

Aber am Sonntag und dem darauffolgenden Dreikönigstag hatten wir frei und fuhren ins Elsass, nach Weißenburg, einem Städtchen, das auch später immer wieder zum Ort unserer jungen Liebe wurde. Es gab dort ein kleines Café »La Vignette« – wo wir bald gerne unsere Samstag- oder Sonntagnachmittage verbracht haben. Hier beschlossen wir, dass es jetzt nichts Wichtigeres geben könne, als sich Zeit für uns zu nehmen, zusammen zu sein.

Nur wenig später saßen wir einer spontanen Eingebung folgend in einem Baden-Badener Reisebüro. Jetzt oder nie. Wir packten die Gelegenheit beim Schopf. *Kairos*. Am Sonntag, den 10. Januar 1999 sollte die Reise losgehen. Wohin wir fliegen wollten, fragte die Frau hinter ihrem Bildschirm. Völlig egal, sagten wir beide. Die junge Dame glaubte nicht recht zu hören. Aber es war uns wirklich egal. Am Ende buchten wir einen Flug nach Arrecife, eine Woche Lanzarote. Unser erster gemeinsamer Urlaub.

Am Abend dieses Sonntags atmeten wir milde Meeresluft, standen an einem Strand, der irgendwo dort drüben hinter den kahlen Bergen am Horizont, liegen müsste, und blickten in den Atlantik. Die Tage waren wunderschön – und doch voller Aufregung. Ich erinnere mich an die schwarzen Strände, die weißen, flachen Häuschen und das immer gleiche Grün der Fensterläden, die grollende Gischt der sich brechenden hohen Wellen, den Wind und das brausende

Geräusch des Meeres, den Wechsel von Regen und Sonnenschein, den Geschmack von gegrilltem Fisch, luftgetrocknetem Schinken, weißem Wein. Wir liebten uns – aber wir stritten uns auch kräftig. Aber am Ende liebten wir uns wieder. Kein Wunder, denke ich heute, wenn zwei von heute auf morgen ihr ganzes Leben umschmeißen, dazu »im fliegenden Galopp die Pferde wechseln« – wie es damals ein Freund von mir umschrieben hat. Wie hätte es auch geordneter, harmonischer über die Bühne gehen sollen? Alles war rasend schnell gegangen. Wir machten uns keine Illusionen darüber, dass unsere noch so junge Liebe nicht verschont bleiben sollte von Konflikten. Und doch: Was uns geschah, es war ein Wunder! Wir sahen es beide so. Und nannten es auch beim Namen.

Wir kehrten zurück aus Lanzarote, ich lebte bei Gabi. Ich zog irgendwann aus meiner Freiburger Wohnung aus, stellte mein Zeugs zunächst bei Bekannten unter. Es gab noch einmal Gespräche mit denen, die wir verlassen hatten, und es gab noch einmal viele Tränen. Ich erinnere mich, wie bei meinem zweiten Gespräch mit meiner früheren Freundin eine fette Kreuzspinne in einem imposanten Netz am Wohnzimmerfenster unserer ehemals gemeinsamen Wohnung hockte. Wir haben das Viech damals nicht gekillt. Die Spinne, so schien es mir, hatte einen Sinn, sie war eine Zeugin des Abschieds. Des Abschieds von meinem alten Leben. Auf der Rückfahrt im Auto hörte ich wieder den Soundtrack von *Arizona Dreams*. Diese eigenartig melancholischen Melodien wurden zur Musik unserer Liebe.

Das hört sich düster an, lieber Jakob, oder? War es aber nicht. Wir hatten eine schwierige Anfangszeit, das stimmt. Aber wir waren beide auch sehr verliebt, ausgelassen, überschwänglich, fröhlich in unseren ersten Tagen. Am Anfang war die Frage gewesen: Wollen wir in den Bus einsteigen? Ein paar Monate später, als wir längst drin saßen, war es weniger ein Bus als eine venezianische Gondel. Jedenfalls sang ich Deiner Mutter meistens morgens im Bad oder abends im Wohnzimmer mit meinem vollen Bariton ein englisches Couplet vor: »Hear my song, Violetta! Come into my Gondola!« Sie musste darüber immer sehr lachen. Und wir tanzten viel, in Gabis

Wohnzimmer, in der Küche, gingen viel und lange spazieren. Es waren glückliche, leidenschaftliche Wochen, Wochen, in denen es aber auch viele Konflikte gab.

Gabi hatte ihre, ich meine Geschichte aufzuarbeiten. Sie sorgte sich sehr um ihren ehemaligen Freund, die Situation, in die sie ihn durch die Trennung gebracht hatte, ging ihr sehr nahe. Sie hatte Schuldgefühle und war doch, so schien es mir, konsequenter als ich. Auch ich hatte tiefe Schuldgefühle meiner ehemaligen Freundin gegenüber, tat mich schwer damit, mich von ihr zu lösen, obwohl ich von vorneherein eine große Liebe für Deine Mutter empfand. Bei aller Verliebtheit gab es diese Kräfte, die mich in meiner Vergangenheit festhielten, die mich und natürlich auch Gabi immer mehr irritierten. Wie konnte ich gleichzeitig traurig sein und doch behaupten, ich würde nur sie lieben, fragte sie sich, fragte ich mich oft. Es verging eine gewisse Zeit, bis meine Schuldgefühle wichen und ich meiner Liebe zu Deiner Mutter ungehindert freien Lauf lassen konnte. Ich weiß noch, wie ich zweimal voller Verzweiflung ausgebüchst bin, um einen klaren Kopf zu bekommen, zweimal kehrte ich erst nach ein paar Tagen selbst verordneter Isolation wieder zurück, und dann endlich war ich ganz bei ihr.

Am 12. April feierten wir ihren sechsunddreißigsten Geburtstag. Ein paar Tage später flogen wir für drei Wochen in die Südstaaten der USA. Wir waren in New Orleans, in Mississippi, Alabama, Florida, an den schneeweißen Sandstränden von Pensacola am Golf von Mexiko. Wir tanzten Two Step auf einem Cajun-Festival in La Fayette, Louisiana. »Jambalaya, a craw fish Pie and a filet gumbo. Cause tonight I'm gonna see my cher a mio. Pick guitar, fill fruit jar and be a gay-oh, son of a gun, we'll have big fun at the Bayou.« Der Cajun-Song von Hank Williams wurde zu einem unserer Lieblingslieder, das wir bis heute immer wieder singen, wenn wir zusammen lustig sind. Am Lake St. Martin wurden wir fast von Alligatoren gefressen, weil ein wahnsinniger Ranger uns gesagt hatte, man könne in diesem Naturschutzgebiet, wo es von solchen Reptilien nur so wimmelte, ohne Gefahr spazieren gehen. Wir nippten beim

Sonnenuntergang am Mississippiufer an Jack Daniel's on ice. Wir sangen in unserem Leihwagen »First we take Manhattan, then we take Berlin«. Wir hörten den Soundtrack von *Pulp Fiction* – und ließen uns in einer traumhaft warmen Nacht unter klarem Sternenhimmel von einer Hollywoodschaukel auf dem Balkon eines Ante-Bellum-Herrschaftshauses mitten in den Cottonfields der Rosswood-Plantage im leisen Wind wiegen. Schöner konnte das Leben nicht sein, es war sogar noch besser als in *Gone with the Wind*, ein Film, den Du, lieber Jakob, sicher einmal sehen wirst, wenn Du erwachsen bist.

Irgendwann Ende August holte ich meinen Plunder aus Freiburg. Anfang September bezog ich ein kleines Appartement in Baden-Baden. Eine Einzimmerwohnung, in der ich an meinem neuen Buch arbeiten wollte, die ich aber insgeheim nur deswegen angemietet hatte, um mir und der Welt zu beweisen, dass ich nicht etwa ein charakterloser Überläufer bin, der von der einen zur anderen wechselt, ohne auf eigenen Beinen stehen zu können. Und doch habe ich in dieser Wohnung nicht einmal übernachtet!

Der Herbst kam. Im September berichteten Gabi und ich von der ersten Livebesteigung der Eigernordwand fürs Fernsehen. Danach fuhren wir nach Frankreich in den Urlaub, an der Dordogne entlang bis zum Atlantik bei Bordeaux, von dort aus Richtung Norden in die Saintonge, nach La Rochelle, in die Bretagne – über Chartres und Reims zurück nach Baden-Baden. Eine wundervolle Reise. Langsam begannen sich die Wogen zu glätten. 2000 wurde ich nach Stuttgart versetzt, Gabi wurde Korrespondentin in Karlsruhe – begann aber mehr und mehr für die Kulturredaktion zu arbeiten. Wir flogen nach La Palma, reisten durch Portugal: Evora, Beixa, Lissabon, Coimbra. Wir machten eine große Andalusienreise, waren in Conil de la Frontera, in Sevilla, Granada, Córdoba. Am 1. September 2000 zogen wir – berufsbedingt – nach Weingarten, einem kleinen Ort bei Karlsruhe, von wo aus ich täglich mit der Bahn nach Stuttgart pendelte. 2001 kam. Wir bereisten vier Wochen lang Vietnam, von Hanoi immer südwärts bis ins Mekongdelta, nach Saigon. Wir tranken Daiquiri vor unserem Bambushäuschen in einem Luxusresort in Mui Ne direkt am Chinesischen Meer.

Neun Monate später kamst Du auf die Welt. In Karlsruhe. Eine problemlose Geburt. Aber Du hattest einen Knoten in der Nabelschnur! Für mich war das immer ein Zeichen, dass Du in Deinem späteren Leben einmal ein Glückspilz sein wirst. Du warst und bist das größte Geschenk für uns, lieber Jakob, für das wir unendlich dankbar sind.

2002 heirateten wir im Heiligkreuz-Münster in Rottweil, meiner Heimatstadt – und Du wurdest gleichzeitig getauft. Von Bernd, einem Pfarrer, den wir bei einem Vorgespräch zu unserer Trauung in Rottweil kennengelernt hatten. Ein Jahr später ließ er sich ausgerechnet nach Ravensburg versetzen, wo wir ihn später noch öfters besuchten.

Lieber Jakob, unsere Hochzeit, Deine Taufe war am 14. September 2002. Dieser Tag war so prächtig wie nur wenige im Jahr. Herbstlich, aber ein unglaublich strahlendes Kaiserwetter lag über dem Städtchen. Eine Stunde vor unserer kirchlichen Trauung zog ich mich mit Deiner Mutter in einen Park zurück. Ich wollte mit ihr allein noch eine Runde drehen, meine Schwester Annemarie passte so lange auf Dich auf. Auf diesem Spaziergang versprachen wir uns so ziemlich alles, was man sich nur versprechen kann. Ich schenkte Gabi einen Ring mit einem blauen Aquamarin, den ich selbst entworfen hatte – ein Zeichen für das Leben, das mit ihr nie enden sollte, und eine Verbeugung vor ihrem edlen Wesen. Unsere Hochzeit war ein wundervolles Fest, wir waren sehr glücklich an diesem Tag.

In unserem Berufsleben dagegen waren wir beide schon seit der Zeit vor Deiner Geburt nicht mehr zufrieden. Mich nervte der Laden ohnehin, und Gabi wurde wüst gemobbt. Wir hatten die Nase voll und beschlossen, uns zu verändern. Wir machten einen Deal: Da gute journalistische Jobs damals rar waren, die Abneigung gegen unsere Arbeitsstellen aber bei uns täglich wuchs, legten wir fest: Wer von uns beiden zuerst einen Job an Land ziehen würde, sollte ihn antreten, der andere käme mit, wohin auch immer. Außerdem warst

Du jetzt ja da. Es war klar, dass einer von uns ausschließlich zu Deiner Verfügung stehen sollte. Gabi bekam bald eine Zusage vom ZDF. Im März 2002 zogen wir nach Mainz. Gabi ging beim ZDF arbeiten, ich in die Elternzeit (mit dem klaren Vorsatz, nie wieder in den Beruf zurückzukehren) – und tat seither, was ich immer tun wollte und bis heute tue. Ich schrieb. Bücher, Essays, Artikel. Und ich kümmerte mich um Dich. Gerade am Anfang Deines Lebens. Was mir eine große Freude war, lieber Jakob, denn Du bist ein wundervoller Junge und ein »lustisches Kerl'sche«, wie Deine Erzieherin in der Meenzer Kinderkrippe immer meinte. Und Du bist es heute noch.

Jetzt sind wir wieder auf Lanzarote! Diesmal zu dritt. Immer noch hocke ich hier draußen auf den Keramikfliesen der Terrasse und sehe den Tag heraufziehen und denke über unser Leben nach. Endlich kriecht die Sonne langsam über die schroff aufragenden Bergrücken am Horizont. Die feuchte, windige Kälte verzieht sich allmählich, und es wird klar über Lanzarote. Die Sonne bricht durch die Wolken und trocknet das Land. Es dauert nicht lange, und sie fängt an, die Insel kräftig zu wärmen. Eine halbe Stunde später schäle ich mich aus meinen Decken, ziehe einen Pullover nach dem anderen aus – und liege noch eine Weile auf der Liege. Ich springe auf, mache einen Kopfsprung direkt in den Pool und schwimme ein paar Bahnen. Irgendwann stehst Du auf der Terrasse. »Guten Morgen, Papa!«, sagst Du noch halb verschlafen und mummelst Dich in die Decken ein.

»Komm, spring rein zu mir, das Wasser ist schön warm!«, rufe ich Dir zu. Du erinnerst Dich wahrscheinlich an das wohlig warme Wasser im Außenbecken des Interconti in Berchtesgaden und kannst Dir nichts Schöneres vorstellen, als frisch aus dem Bett zu mir ins warme Wasser zu kommen. Du ziehst Dich aus und springst. Aber die 29 Grad Celsius empfindest Du überhaupt nicht als warm! Es ist Dir viel zu kalt. Ein kleiner Schock. O Gott! Das tut mir leid. Schlotternd steigst Du wieder aus dem Pool und bist ziemlich böse auf mich, dass ich Dich hierherein gelockt habe. Das war keine besonders vertrauensfördernde Maßnahme von mir. Ich versuche, mich bei Dir zu entschuldigen, aber Du bist noch eine ganze Weile sauer auf mich. Zu Recht.

Karfreitag, den 10. April 2009. Urlaubsende. Lanzarote. Das große blaue Meer. Wir haben es immer geliebt. Am liebsten waren wir hier an dem wunderschönen Strand, der Playa Papagayo im Norden der Insel. Du wirst Dich später einmal noch sicher daran erinnern, wie wir am Strand Fußball gespielt haben. Mit unserem Minilederball – und natürlich auf einem Spielfeld, dessen Außenlinien wir zuvor, wie immer im Strandurlaub, mit den Fersen in den feuchten Sand gezogen haben. Du wirst sicher auch noch wissen, wie wir direkt in der Brandung gespielt haben. Der Ball durfte das Wasser nie berühren, man musste ihn dem anderen zurückpassen, kurz bevor die Wellen ihn erreicht hatten und er, wie ein Korken auf den Wellen, ins Meer gezogen worden wäre. Abends vor unserem Ferienhaus haben wir meistens Fisch gegrillt – und danach exzessiv Monopoly gespielt. Und um es nicht zu vergessen: Auch diesmal hast Du natürlich einen, wenn auch recht kleinen Schatz gehoben. Wie dieser Pirat es nur immer wieder schafft, uns zu finden, habe ich mich beim Frühstück laut und kopfschüttelnd gefragt. Du hast gelacht. Wahrscheinlich beobachtet er uns vom Meer aus mit seinem Fernrohr, meintest Du. Wahrscheinlich.

Schöne, friedvolle Tage liegen hinter uns. Und doch war ich nicht wirklich entspannt. Ich konnte die Sorgen nie ganz abschütteln. Gabi hat die Tage genossen, aber ich habe auch gemerkt, dass sie sich von der schweren Krise um Weihnachten längst noch nicht erholt hat. Sie hat sich ungemein gefreut, hier zu sein, in der Sonne, am Meer. Lanzarote war ein harmonischer Urlaub, aber ernster, angespannter und ohne die Euphorie von Elmau. Und doch war Lanzarote ein Gewinn. Auf eine ganz andere Art.

Das große blaue Meer. Es war eine Wohltat, ein Erlebnis. Ich glaube, wir haben es gesucht. Denn das Meer tröstet. Obwohl selbst unberechenbar besänftigt es, obwohl selbst wild beruhigt es, obwohl selbst unendlich weit gibt es einem jenes ozeanische Gefühl, Teil eines Ganzen zu sein, in einem unfassbar Großen aufzugehen, einzugehen.

Ich bin mir sicher, lieber Jakob, Du wirst Dich noch lange an diesen einen Tag erinnern, als wir das Meer so tobend und wild erlebten wie nie zuvor. Wir hatten den großen botanischen Kaktusgarten im Nordwesten der Insel besucht und waren auf dem Weg zurück zu unserem Domizil. Erinnerst Du Dich noch an die hohen, peitschenden, zornig schäumenden Wellen, die Deine Mama vom Auto aus am Horizont entdeckt hatte? Sie sagte zu mir: »Komm, halt mal an. Lass uns versuchen, da drüben an die Felsenküste zu fahren!« Sie wollte sich die Brandung aus nächster Nähe ansehen. Wir stießen bald auf einen sandigen Feldweg, der von einer kleinen Siedlung ans Meer führte. Wir folgten ihm, parkten das Auto und liefen zu Fuß bei kräftigem, kaltem Wind, eingehüllt in dicke Wollpullover, bis ans Meer. Keine Menschenseele hier. Nie habe ich wütendere Wellen gesehen. Wir alle waren fasziniert von der Wucht der Brandung, von der Gewalt des Wassers.

Wir haben in den tosenden Atlantik gestiert. Minutenlang. Ich weiß nicht, was euch durch den Kopf ging. Du, lieber Jakob, standest staunend mit offenem Mund vor dem Schauspiel. Auch Gabi war überwältigt. Mir ging es nicht anders. Erst später gelang es mir in Worte zu fassen, was ich empfand. Die Bewegungen des Wassers, der Wellen schienen mir an diesem Tag wie das Spiel allen Lebens zu sein. Ein Rhythmus aus Auf und Ab, im Ansteigen und Abschwellen eine wundersame Harmonie bei aller chaotischen Wildheit. Ich starrte in die krachenden Wellen, wie sie an den Felsen aufschlugen, zerspritzten, schäumten und sich wieder zurückzogen. Nachdem ich mich ein paar Minuten lang bannen ließ, schaffte ich es, einen besonderen Moment herauszupräparieren. Ich erkannte jetzt genau den winzigen Augenblick, in dem es im Auf und Ab der Wellen ein nur kurzes, winzig kleines Intervall des Verweilens am höchsten Punkt des Wellenkamms gab, der sich schon im nächsten Augenblick auflöste, in die Tiefe stürzte, zerrann. Ich erkannte, wie schnell der sich gerade noch aufbäumende Kamm einer Welle zerfloss und das, was für einen Moment wie ein gewaltiger Höhepunkt erschien, im nächsten Moment schon untergegangen, fortgerissen, vergessen war.

Mich faszinierte, dass jeder Wellenkamm ganz gleich wie der zuvor und der vor jenem und alle anderen zuvor gleichsam ins Nichts hinunterstürzte, bald nur noch der Talsohle entgegenrollte, bis auch er gänzlich verschlungen war, ganz genau so wie alle anderen Wellenkämme, die dieser Ozean je hervorgebracht hatte, nun auf ewig verschlungen waren und selbst wieder in Ausholbewegungen zu neuen Wellen mit neuen Kämmen mündeten, nur Vorbereitung waren zum erneuten Anschwellen und erneutem Zerfall.

Das ganze Leben kam mir plötzlich wie ein Wellenspiel vor, die Geburt und das Anschwellen bis hin zur höchsten Blüte, und dann der Niedergang in der Krankheit, im Alter. Wie die Welle hat auch das Leben eine eigentümliche, alles durchdringende Symmetrie, denn spiegelbildlich zum Aufstieg erfolgt der Abstieg: Was gelernt wird, wird verlernt, was erworben wird, geht verloren, was entstand und wuchs, verendet, verglüht und geht ein in ein nicht fassbares Neues. Der Streit zwischen den Menschen wie die Liebe, das Gezänk und Geschrei wie die Versöhnung, die Kunst und alles Können vom Lernen bis zur Meisterschaft und deren Vergehen, schließlich die Erotik und das Einswerden mit dem anderen wie der schmerzliche Abschied von allem Begehren: Alles ist Wellenspiel, indem alles sich aufbäumt und alles vergeht, ohne dass nur ein Stäublein bliebe, das von der Welle unerfasst irgendwelchen Bestand haben würde. Und so ist es auch mit der Natur, der Blüte folgt das Verwelken – und so ist es mit den Jahreszeiten, dem Aufwärts des erwachenden Lebens im Frühling folgt der Abschwung zum Winter hin, so ist es mit dem Schlafen und Wachen, mit dem Leben und dem Sterben. So ist es gar mit viel längeren Erscheinungen, die so lange dauern, dass die Lebenszeit eines einzelnen Menschen dagegen nur einen Wimpernschlag ausmacht: So wie die Welle sich im tiefsten Wellental entrollt, beginnen und enden letztlich alle Kulturen, ja, die ganze Menschheit, sie steigt empor und blüht, bevor sie vergeht – und noch jede Kultur ist vergangen und hat sich doch am Kamm der Welle angekommen für unsterblich gehalten. Sie vergehen schließlich alle, und am Ende finden die Archäologen von einer Zivilisation noch sehr vieles, von ihrer Vorgängerin nur ein paar Zeugnisse, von deren Vorgängerin wenige Scherben oder Pfeilspitzen und von der vor ihr fast gar nichts mehr. Und stets verblasst alles in der Erinnerung, bis es ganz erloschen ist, entzieht sich wie das Wasser der Welle dem festhaltenden Blick. Nicht nur die Geschichte der Menschheit, sondern auch die Geschichte allen Lebens und der Natur, endlich der Weltenlauf und der des ganzen Universums, alles ist nur ein endloses Wellenspiel mit Beginn, Anschwellen und Verebben – und ist nicht anders zu erfassen, als wiederum nur als Beginn und Ausholen zu neuem Schwung und neuen Höhepunkten.

Bei so viel Naturgewalt, der wir beinahe ohnmächtig ausgesetzt sind, was können wir überhaupt tun? Was liegt überhaupt in unserer Hand? Vielleicht nicht viel mehr als das Vertrauen in den Sinn des Ganzen zu beschwören, zu behüten? Und was ist mit unserem beschränkten, aber oft so wunderbar übermenschlichen Willen, der gleichsam irdischen Sinn in unser Leben zu bringen vermag? Sind wir Menschen vermessen, verrückt, wenn wir eingreifen, unser Schicksal lenken wollen – oder ist unser unbändiger Wille am Ende doch weit mehr, eine wundervolle Gabe, auch dann, wenn alle Anstrengung vergebens ist? Ich sehe das wie Hugo von Hofmannsthal, der den Tod in seinem kleinen Drama *Der Tor und der Tod* die Menschen bewundern und ausrufen lässt: »Wie wundervoll sind diese Wesen, die, was nicht deutbar, dennoch deuten, was nie geschrieben wurde, lesen, Verworrenes beherrschend binden und Wege noch im Ewig-Dunklen finden.«

Ich weiß nicht, wie lange wir auf den Felsen gesessen und schweigend in die Brandung gestarrt haben. Noch einmal fiel mein Blick auf einen großen Wellenkamm, das Bild grub sich gleichsam in mein Gedächtnis ein. Ich versuchte es in Gedanken festzuhalten. *Kairos.* Das ist der glückliche Moment im Leben. Nur in einem winzigen, von den Göttern geschenkten Augenblick, da uns beide, Gabi und mich, der Wellenkamm unseres Lebens ganz nach oben führte, bevor wir wieder in die Tiefe schnellten, in diesem Augenblick, als es galt, ohne zu zaudern beherzt und mutig zuzugreifen, haben wir zugepackt, haben sich unsere Hände gefunden und sich nicht mehr losgelassen. Wir sind in den Bus eingestiegen. Das war unser Wunder, das war unser Glück. Wir haben es errungen. Ich habe Gabi nicht gefragt, was sie gedacht, was sie gefühlt hat – als wir dastanden. Ich bin mir aber sicher, dass auch sie etwas Gewaltiges, Großes, Bedeutsames vernommen hat, was in ihr noch lange nachhallte.

Morgen müssen wir nicht in den Bus, morgen müssen wir wieder ins Flugzeug steigen. Der Rückflug macht mich kribbelig. Ich gehe am Pool auf und ab. Gabi liest in einem ihrer dicken englischsprachigen Fantasyromanen. Du bist im Haus und spielst mit Deinen Playmobil-Männern. »Du bist vielleicht ein unruhiger Geist!«, sagt Gabi zu mir und blickt mich lächelnd an, weil ich auf und ab tigere, ohne etwas mit mir anfangen zu können. Sie hat recht. Die Ruhe, um die ich so lange gekämpft habe, jetzt verliere ich sie wieder vollends. Einmal wieder. Gabi ist viel besser darin als ich, im »Hier und Jetzt« zu leben. Ich bewundere sie dafür. Lanzarote geht zu Ende. Schade, wir haben viel erlebt, und doch war die Angst immer wieder mit dabei – bei mir zumindest. Ich glaube, bei Gabi nicht.

Ostersonntag, den 12. April 2009. Gabi hat noch im Flugzeug Geburtstag, da wir erst gegen ein Uhr nachts in Frankfurt landen werden. Ich gebe zwei »Fürst Metternich« bei der Stewardess in Auftrag. Wir stoßen über den französischen Alpen auf Gabis sechsundvierzigsten Geburtstag an. In der Luft, in 12 000 Fuß über Meereshöhe. Ich bin wieder sehr verkrampft, habe Angst bei jeder Turbulenz, bei jedem Luftloch. Wahrscheinlich hat das mit dem Rückflug zu tun. Es ist immer viel schlimmer, zurückzufliegen als aufzubrechen. Vielleicht weil zu Hause das alte Leben, die alten Sorgen, die alte Angst vor dem Krebs zurückkehren – die während unserer kleinen Fluchten an andere Orte immer auch viel kleiner werden.

Über den Alpen bei Genf fängt das Flugzeug tatsächlich kräftig zu wackeln an. So sehr, dass ich denke, jetzt wird es brenzlig. Gabi zeigt sich von alldem unbeeindruckt. Als es immer heftiger ruckelt, ich tatsächlich bald den Geruch von Erbrochenem wahrnehme und per Durchsage aus dem Cockpit nach Ärzten an Bord gefragt wird, werde ich kreideweiß. Meine Finger krallen sich in die Armlehnen meines Sitzes. Gabi nervt das irgendwann. Nach dem fünfundzwanzigsten Versuch, mir klarzumachen, dass alles normal verlaufe, sagt sie auf einmal ganz trocken: »Tja, lieber Martin, dann stürzen wir eben ab. Dann haben wir halt Pech gehabt. Na und!? Das ist auch nicht das Schlimmste!« Nach der Landung frage ich Dich, ob Dich das Gewackel im Flugzeug nicht auch geängstigt habe. Du sagst, Du hättest es gar nicht bemerkt. In Frankfurt angekommen, holt uns ein Taxi ab. Wir erreichen erst gegen 2.30 Uhr unsere Wohnung in Mainz und liegen bald im Bett.

Als wir aufwachen, ist immer noch Gabis Geburtstag. Ostersonntag. Auch in Mainz ist der Frühling ausgebrochen. Die Kastanie hinter unserem Haus, deren prächtige Krone direkt von unserer Balkontür im dritten Stock zu sehen ist, blüht herrlich. Beim Frühstück gibt es Geschenke für Gabi. Du schenkst ihr ein Teufelchen aus Metall, das wir in Lanzarote gekauft haben, einen selbst gemalten Osterhasen, ein Bild mit einem Vulkan. Und ich? Ich habe es tatsächlich geschafft, kein ordentliches Geschenk zu besorgen. Außer einem Blumenstrauß und einem Ring, den ich auf dem Flughafen von Arrecife in einem Duty-free-Shop gekauft habe, habe ich nichts für Gabi! Ich schäme mich schrecklich. Warum ich keine Kraft, keine Idee, keine Muße hatte, meiner lieben Gabi schon Wochen vor diesem wichtigen Datum etwas Schönes zu kaufen, Gott weiß es. Früher war das anders. Früher habe ich regelmäßig bei meiner Hausgoldschmiedin in Stuttgart, die ich noch von meiner Zeit beim Fernsehen dort kannte, Schmuckstücke für Deine Mama in Auftrag gegeben, von denen ich ein paar wenige sogar selbst entworfen habe. Zu Weihnachten, zum Geburtstag, einfach so. So entstanden vor allem die drei Ringe, die Du kennst. Der mit dem blauen Aquamarin zur Hochzeit, mein Versprechen, meine ritterliche Verbeugung vor ihr, der mit dem roten Rubin und dem Schachbrettschliff als Zeichen meiner Liebe und der goldene Ring mit dem gelben Topas, der aussieht wie ein Tropfen oder eine Träne – der Hoffnungsring, den ich ihr zur ersten Chemotherapie geschenkt habe und den sie immer trägt, wenn sie wieder einen Behandlungstermin in der Klinik hat.

Gabi sitzt mir gegenüber. Sie hat wieder Haare auf dem Kopf, wenn auch sehr kurze. Sie blickt mich traurig an. Sie ist enttäuscht von mir. Zu Recht. Während Du auf der Toilette bist, sagt sie zu mir: »Weißt du, es kann gut sein, dass dies mein letzter Geburtstag ist.« Ich weiß es, sinke in mir zusammen, ohne es selbst recht zu verstehen. Ein Teil der Wahrheit ist tatsächlich meine Flugangst. Auf dem Hinflug nach Lanzarote war ich so verkrampft, dass ich alles andere, die Zeit danach, ausgeblendet habe. Ich war mir irgendwie – bei aller Freude – sicher, dass dies unser letzter Flug sein würde, dass wir alle abstürzten über dem Atlantik und ich dann gar kein Geschenk zum sechsundvierzigsten Geburtstag meiner Frau brauchen würde. In allem – auch in der Freude über die Besserung von Gabis Gesundheit – wittere ich immer Verrat. Ich bin nicht in der Lage, das Misstrauen vor die Tür zu schicken, und manchmal sind meine Ängste zu groß, als dass ich mich mit etwas anderem beschäftigen könnte. Verrückt, oder? Ich verzeihe mir nicht, dass ich diesmal kein ordentliches Geschenk für sie habe, vielleicht werde ich es mir nie verzeihen.

Nach dem Geburtstagsfrühstück fahren wir nach Karlsruhe zu Deiner Tante, wo wir wie jedes Jahr im Schlossgarten Ostereier suchen. Und natürlich jede Menge finden. Gegen Abend geht es weiter nach Süden. In unsere geliebte »Krone« nach Freiamt, auch eine immer wiederkehrende Station unseres Lebens. Ein Landgasthof, ein Familienbetrieb, eine alte Wirtsstube, schlicht, aber stilvoll mit wunderbarem Essen. Alemannisch-zünftig und doch voller Raffinement. Gabi schwärmt schon während der Anfahrt von den karamelisierten Apfelpfannkuchen mit Vanilleeis, die sie immer zum Dessert bestellt. Bis es so weit ist, musst Du Dich aber noch ein wenig gedulden. Denn zuvor machen wir Halt am Weingut Huber in Malterdingen. Wieder kriegst Du einen Anfall. »O nein! Bloß das nicht!« Wieder hockst Du mit dabei, als wir ein paar wenige Weine probieren und kaufen. Aber Du überlebst die Prozedur unbeschadet – und freust Dich auf Spätzle mit Soß, so wie sich Dein Papa auf ein frisches Pils freut.

Donnerstag, den 23. April 2009. Seit Montag ist wieder Schule. Und Du hältst heute das erste Referat Deines Lebens. Thema: »Die Ernährung der Wale«. Du hattest schon Tage vorher mächtig Lampenfieber. Seit zwei, drei Tagen üben wir, wie Du den Text vorträgst. Besser gesagt: Du willst ihn uns immer wieder vortragen, und wir sollen sagen, ob Du es richtig machst. Deine Mama und ich sitzen nebeneinander aufrecht auf dem Bett im Schlafzimmer, wir sind das Auditorium, und Du stehst vor uns. Dein Referat geht circa eine Minute. Zur Erinnerung habe ich Dir nochmals Deinen eigenen Vortragstext abgeschrieben: »Ernährung der Wale. Erstens. Bartwale. Sie fressen Plankton, kleine Krebse, Krill genannt. Zweitens Schwertwale oder auch Killerwale. Sie fressen Vögel, Meeressäugetiere, kleine Wale, Robben. Und drittens Pottwale. Sie fressen Riesenkraken.« Du bekommst von Deiner Lehrerin später ein »sehr, sehr, sehr gut!« (Dreimal »sehr« habe sie gesagt, betonst Du immer!) Im Schulfußball schießt Du nun schon ab und an ein Tor – und bist ein richtig selbständiger Schüler geworden. Sogar den Mathetest der zweiten Klasse schreibst Du mit und hast fast alles richtig gemacht. Wir sind sehr stolz auf Dich.

Freitag, den 24. April 2009. Heute begleitete ich Deine Mama zur Chemotherapie. Wie schon so oft. Aber zuletzt hatte sie ja wenigstens die Gewissheit, dass das Zeug wirkt. Die Metastasen hätten sich um die Hälfte verkleinert, stand im letzten Zwischenbericht. Obwohl oder vielleicht eher weil Gabi schon unzählige Chemotherapien hinter sich hat, ist ihr der Weg in die Klinik, Abteilung Chemoambulanz jedes Mal aufs Neue zuwider. So auch heute. Wir hocken im Wartezimmer. Beide kennen wir diese Räume genau, die

Gänge, das Geräusch, wenn sich die automatischen Flügeltüren öffnen, das Piepen der Infusionsmaschinen, die Gerüche. Gabi wird aufgerufen. Wir sitzen zunächst bei Dr. Mann im Sprechzimmer. Er hat neue Werte. Wir sind gespannt.

Die Tumormarker seien wieder angestiegen, sagt Dr. Mann. Wie das? Hatte die Chemotherapie die Tumorherde nicht kleiner gemacht? Anfänglich schon, meint er. Er spricht von einem Gewöhnungseffekt, den es da gebe. Krebszellen gewöhnten sich mit der Zeit an manche Chemotherapien. Man denke nun darüber nach, die Therapie zu wechseln, er wolle aber erst eine Computertomografie und ein Knochenszintigramm abwarten, um zu sehen, ob die Tumore wirklich wieder gewachsen sind. Für Montag sei die Computertomografie angesetzt. Gabi atmet tief durch. Diese Nachricht trifft sie wie ein Schlag.

Gabi ist deprimiert, für sie ist eine Welt zusammengebrochen, ich sehe es ihr an. Sie hat Mühe, nicht in Tränen auszubrechen. Wir gehen durch die Gänge der Chemoambulanz zum Ausgang der Frauenklinik, ihr Blick ist in die Ferne gerichtet, sie scheint nicht wahrzunehmen, was unmittelbar um sie herum passiert. »Das war's dann wohl«, sagt sie zu mir auf dem Weg zum Parkplatz.

Wir wissen genau, im jetzigen Stadium von Gabis Krebs ist diese Meldung viel schlimmer, als sie es noch vor einem Jahr gewesen wäre. Wir fahren nach Hause. Sie wirkt trotz der schlechten Nachricht gefasst. Ich glaube, sie will gerade jetzt Haltung bewahren. Sie hat sich geschworen, nicht mehr panisch zu werden. Und es gelingt ihr auch.

Später am Abend pflaume ich Dich an, weil Du beim Plantschen in der Wanne das Badezimmer unter Wasser setzt. Aber meine Reaktion war mal wieder viel zu überzogen. Ich entschuldige mich bei Dir. Du fragst ganz zu Recht: »Papa, warum schnauzt du mich an und entschuldigst dich gleich wieder?« Ich sage Dir dann, weil ich nervös bin, gereizt. Und nervös bin ich eigentlich immer, wenn neue Unsicherheit droht, wenn Gabi wieder leidet, es ihr schlechter geht – oder bald schlechter gehen könnte. Sie selber ist schweigsam an diesem Abend und doch sehr liebevoll zu Dir. Sie liest im Bett, Du auch. *Tim und Struppi* im Bademantel. Neben Mama. Ich hocke in der Küche an Tisch zwei. Trinke ein Bier. Starre zum Fenster raus.

Eigentlich wollten wir das Wochenende in Paris verbringen. Ob wir fahren, ist jetzt völlig offen. Ich weiß nicht, ob Gabi noch Lust auf diese Reise hat. Großstadtreisen sind immer anstrengend. Und ob wir in die richtige Laune für Paris kommen würden, wissen wir nicht. Wir wollen das Gespräch mit Dr. Mann nach dem CT-Termin abwarten. Wie Gabi, wie wir auf das reagieren, was er uns dann zu sagen hat – davon wird alles Weitere abhängen.

Später, als Du eingeschlafen bist, sprechen wir wieder über den Tod. Wie schrecklich und leer es sein würde, versuche ich Gabi meine Ängste zu schildern, wenn sie nicht mehr wäre. Sie sagt, sie könne sich gut in meine Lage versetzen. Sie erzählt mir eine Episode aus Kenia. Der Höhepunkt unseres Urlaubs dort war eine Safari im Tsavo-Nationalpark mit Übernachtung mitten in der Wildnis. Wir schliefen in einem befestigten Zelt – nur eine dünne Leinwand trennte uns nachts von den wilden Tieren, die, wie man uns sagte, tatsächlich bis auf wenige Meter an die Unterkünfte herankämen. Ich war damals krank. Hatte Durchfall, Fieber, war völlig schwach. Ein typisches Syndrom europäischer Touristen, die zum ersten Mal nach Afrika kommen. Ihr beiden, Deine Mama und Du, ihr bliebt auf wundersame Weise davon verschont. Für den Abend war ein tolles Dinner im Restaurant der Lodge geplant, in der wir über Nacht blieben – und die direkt am Rande eines breiten rötlichbraunen kenianischen Flusses gelegen war. Gabi hatte sich darauf gefreut, mit mir beim Sonnenuntergang auf der Terrasse des Restaurants zu stehen, einen Daiquiri zu trinken und den Nilpferden bei ihrem Abendbad zuzusehen. Danach wollten wir unter freiem Himmel zusammen essen. Stattdessen lag ich mit Schüttelfrost zusammengekrümmt im Zelt und musste anderntags, nach unserer Rückkehr ins Hotel in Mombasa, sogar in ein Krankenhaus eingeliefert werden. An jenem Abend war ich zu erledigt, um mit Gabi und Dir das Abendessen inmitten dieses wundervollen Nationalparks am Ufer des Nilpferdflusses genießen zu können. Sie sagt heute, so ähnlich, so ähnlich einsam, wie es damals am Abend auf der Terrasse der Safarilodge für sie gewesen war, stelle sie sich das Gefühl für mich vor, wenn sie nicht mehr wäre, wenn sie sterben würde.

Wie es ihr denn jetzt gehe? »Ach, ich weiß nicht«, sagt sie zu mir und blickt mich resigniert, unschlüssig an. »Warum habe ich immer nur Pech?«, sagt sie. »Warum nie Glück?«

Dienstag, den 5. Mai 2009. Gabi ist krankgeschrieben, Du bist in der Schule, ich sitze am Computer. Wir waren doch *sous le ciel de Paris.* Letztes Wochenende. Jetzt erst recht. In unserer Stammabsteige, dem »Grand Hotel de l'Avenue« in der Rue Rampon. Alles andere als ein vornehmes Haus. Aber in Paris hat uns das nie gestört. In Paris ist man nur zum Schlafen im Hotel, sonst auf Achse. Auch diesmal.

Am Donnerstag sind wir mit dem ICE losgedüst. Gleich am ersten Abend waren wir schön essen im »Le Châteaubriand« in der Avenue Parmentier. Gabi und ich haben uns sogar einen halben Liter Wein geteilt! Wir haben gut geschlafen. Am nächsten Morgen waren wir bei Démoulin, haben uns zum Frühstück mit Croissants und *Tartelettes aux framboises* eingedeckt. *Tartelette aux framboises* – darin kulminiert unser aller Liebe zu Paris gleichermaßen. Auf *Tartelettes aux framboises* sind wir drei in Paris immer und in exakt gleich hohem Maße scharf. Und zwar auf die von Démoulin. Hiermit verleihe ich diesem mir persönlich unbekannten Meister seines Faches die Ehrenurkunde des besten Patissiers und Chocolatiers der Welt.

Ich habe Dich mit meiner Fotokamera gefilmt, wie Du an der Hand Deiner Mama von unserem Hotel zu unserem Zauberpatissier läufst und ausgelassen hüpfst. Überall in den Schaufenstern *muguets* – das sind Maiglöckchen. Es war Feiertag, 1. Mai. Bei Démoulin bekamen wir ein Maiglöckchen geschenkt. Ich habe das Blümchen zurück in unser Hotelzimmer gebracht und ins Wasser gestellt. Aber vorher hockten wir auf einer Bank und verdrückten die Croissants und die Törtchen.

Später überquerten wir die Place de la République und saßen schon bald »Chez Prune« am Canal Saint-Martin. Omar war da. Wir begrüßten uns kurz. Es folgte eine längere Einkaufstour von Gabi am Quai de Jemappes im zehnten Arrondissement. Und wir? Wir waren währenddessen – wie immer – auf dem Spielplatz direkt gegenüber dem »Hotel du Nord«, gegenüber auch von »Antoine et Lili«, der Boutique, in der Deine Mama wieder ausgiebig Klamotten anprobiert hat. Danach halfen wir ihr, die wirklich schönen Kleider auszuwählen. Sie kaufte am Ende drei Teile. Gut so. Es war herrlich, wieder hier zu sein. Wie immer und doch besonders.

Obwohl wir die Zeit genossen haben, ging es Gabi in diesen Tagen nicht besonders gut. In ihrem Oberbauch hatte sich wieder ein drückender Schmerz ausgebreitet. Trotzdem haben wir große Touren gemacht, sind durch Passy im Westen der Stadt gelaufen, Karussell gefahren mit Dir am Trocadéro. Ich fotografierte euch, Dich auf ihrem Schoß sitzend, im kleinen Kirchengarten von Saint-Julien-le-Pauvre. Wir besuchten die Brüder und Schwestern von Jerusalem in Saint-Gervais. Schlenderten durchs Quartier Latin. Und endeten bei einem sehr guten *traiteur asiatique* im Börsenviertel, wo ich noch ein Filmchen mit euch drehte.

Anderntags verließ uns das kleine Glück. Zumindest mit unserem Frühwarnsystem für schlechte Restaurants war es plötzlich nicht mehr so weit her. Erinnerst Du Dich an das unappetitliche chinesische Schnellrestaurant in der Nähe des Boulevard Saint-Martin, wo wir Mittagessen waren? Wir entschieden uns reinzugehen, weil nur Chinesen drin waren – und wir also annahmen, hier gebe es das wahre, exzellente chinesische Essen. Ein schwerer Fehler. Jeder stellte sich eines der Tellergerichte zusammen, die schon vorgekocht in der Auslage einer großen Glastheke zu sehen waren. Ich wählte Reis mit Shitakepilzen und Fisch. Und war danach – so wie ihr auch – recht froh, als wir wieder draußen waren, froh auch darüber, dieses Erlebnis ohne nennenswerte Folgeschäden überstanden zu haben. Wir haben sehr gelacht über diese Kaschemme mit der schlechtesten Asiaküche von ganz Paris. Als es mir dann doch ein wenig übel wurde, zeigte ich nochmals auf die Auslage im Schaufenster: »Schaut, davon habe ich gegessen.« Gabi und Du, ihr wandtet euch angeekelt von den gräulichen Fischköpfen mit den trüben Augen ab. »Tja«, sagte ich, »manchmal liege selbst ich daneben.« Gabi lachte. Sie sagte nur: »Komm, jetzt gehst du nochmal rein und isst nochmal genau dasselbe. Das ist so wie beim Reiten. Wenn man einmal vom Pferd gefallen ist, muss man gleich wieder aufsteigen, sonst bleibt es ein lebenslanges Trauma.« Ich bin nicht noch einmal hineingegangen.

Paris. Paris war schön, aber die Tage waren auch angespannt, weil wir nicht wussten, was kommen würde. Wir waren in Paris – und doch war ich mit meinem Kopf immer auch woanders.

Jetzt sind wir also zurück. Gabi meint zu spüren, dass die Metastasen in der Leber wieder gewachsen sind und auf den Magen drücken. Du bist in der Schule und nachher auf einen Geburtstag eingeladen: bei einem Schulfreund in der »Spieloase«, einem Indoor-Spielplatz. Gabi und ich sitzen in einem kleinen Beratungszimmer in der Frauenklinik. Dr. Mann erklärt uns den neuen Befund. Der Krebs wuchert tatsächlich weiter. Das ahnte Gabi längst. Aber Dr. Mann schafft es, selbst bei schlechten Diagnosen noch eine positive, manchmal sogar humorvolle Stimmung aufkommen zu lassen – und ist doch sehr ernst. Es ist eigenartig. Die Diagnose ist wie erwartet –, aber ich habe das Gefühl, dass sie Gabi gar nicht richtig erreicht. Vielleicht lassen die immer neuen Hiobsbotschaften sie auch abstumpfen. Sie hat so viel mitgemacht, warum sollte sie ausgerechnet diese Nachricht umhauen?

Die Chemotherapie wird nochmals umgestellt. Gabi soll zweimal ein Medikament bekommen, das man ihr so ähnlich ganz am Anfang ihrer Erkrankung schon mal gegeben hat. Dann will man sehen, ob es wirkt.

Wir gehen zu Fuß nach Hause. Ich nehme Gabis Hand. Manchmal bleibe ich einfach stehen und umarme sie. Sie lässt es geschehen und ist doch irgendwie abwesend. Es ist Mai, aber mit einem Mal wieder recht kalt mit 13 Grad Celsius. Wir beide sind gefasst, und doch weiß ich nicht, woher noch Hoffnung nehmen. Gabi sagt zu mir, das alles erinnere sie an eine Geschichte von Franz Kafka: Eine Maus läuft durch die Straßen und blickt nach links und rechts. Die Mauern der Hauswände sind weit weg von der Maus, doch je weiter sie vorankommt, desto näher scheinen die Wände heranzurücken, desto schmaler wird die Gasse, die sie bilden. Ganz am Ende des Wegs stehen die Hauswände sogar so eng beieinander, dass die Maus gerade noch durchpasst – und direkt im Maul der gefräßigen Katze landet.

Stück für Stück bröckelt das Leben meiner geliebten Frau weg, so kommt es mir vor. Ich bin enttäuscht. Genau wie sie, aber doch auch ruhig. Ich will mich nicht der Verzweiflung hingeben. Sie auch nicht. Aber wie geht es weiter? Es ist sinnlos, sich diese Frage zu stellen. Mir fällt eine komische Antwort darauf ein: Weiter geht es sowieso von selber.

Gabi schweigt, legt sich hin, als wir zu Hause sind. In mir ist nicht mehr viel Energie an diesem grauen Tag, und ich lasse Dir sofort den Vortritt, als Du mal wieder fragst: »Papa, darf ich heute Nacht bei der Mama schlafen?« Wer weiß, wie oft Du das noch kannst. Gabi und ich, wir wollen raus aus Mainz. Wir beschließen, wieder wegzufahren. Dorthin, wo es schön ist, dorthin, wo Gabi schon einmal auferstanden ist. Wir buchen im Schloss Elmau.

Heute, am Tag vor der Abfahrt nach Elmau, *am Samstag, den 16. Mai,* bist Du wieder bei einer Geburtstagsparty eingeladen. Gabi erholt sich von der letzten Chemotherapie, die sie am Montag bekommen hat. Wir sind zu Hause und schmieden neue Pläne. Deine Mama hat über eine Kollegin von einer homöopathischen Krebsklinik in Locarno erfahren, wir haben uns mit den Ärzten dort in Verbindung gesetzt. E-Mails gehen hin und her. Ich telefoniere mit dem Sekretariat. Wir planen einen mehrwöchigen Aufenthalt im Tessin. Vielleicht ist radikales Umsteuern jetzt das einzig Richtige. Die Idee der Ärzte, es neuerlich mit einer Chemotherapie zu versuchen, die Gabi so ähnlich schon einmal hatte, ohne dass sie sonderlich angeschlagen hätte, überzeugt uns nicht. Die Homöopathen in der Schweiz halten es nicht für sinnlos, in Gabis Krebsstadium in ihre Klinik zu kommen. Selbst im fortgeschrittenen Krankheitszustand könne ein Aufenthalt durchaus noch Erfolg versprechend sein, meint einer der Ärzte am Telefon. Er hat ein Buch über homöopathische Krebsbehandlung geschrieben, ich will es bei *Amazon* bestellen.

Schloss Elmau, Donnerstag, den 21. Mai 2009. Wieder sind wir mitten im Schuljahr hier gelandet. Wir haben Dich vom Unterricht beurlauben lassen. Letzten Sonntag sind wir angereist. Und logieren diesmal im »Fürstenzimmer«, wie man uns erklärt. Im Seitentürmchen. Ich glaube nicht, dass der freundliche Hotelmanager weiß, welche Freude er uns mit der Wahl dieses großen, wundervollen Zimmers gemacht hat. Wir haben selten so gepflegt residiert. Draußen vor dem Fenster blüht eine ganze Wiese voller Enzian. Das Wetterstein-Panorama vor dem Fenster – wie ein Gemälde. Schöner kann die Welt nicht sein. Frühsommer in Elmau. Ich glaube, wir versuchen beide, Gabis letzten Befund schlicht zu ignorieren, versuchen, wieder in das Elmau-Gefühl hineinzukommen, versuchen, die Auseinandersetzung mit dem Krebs zu vertagen, aufzuschieben. Aber Gabi kann die Zeit hier nicht recht genießen. Es geht ihr nicht gut. Sie erbricht sich immer wieder, kaum etwas von dem, was sie isst, bleibt in ihrem Magen. Sie ist schwach.

Wir wollen raus in den Wald, in die Natur. Gleich am ersten Tag. Ich bin euphorisch, so sehr, dass ich gar nicht auf Gabi achte. Ich merke aber bald, sie schafft keine längeren Strecken mehr. Den einstündigen Spaziergang zum Ferchensee müssen wir abbrechen, weil Gabi gerade mal noch ein-, zweihundert Meter zurücklegen kann, ehe sie sich erschöpft setzen muss. Du bist ein wenig besorgt um sie, aber verstehst natürlich nicht, was dieser immer kleiner werdende Aktionsradius Deiner Mutter bedeutet. Wie auch, wir sagen Dir ja nicht, wie ernst es um Deine Mama steht. Später muss sie unsere kleine Wanderung ganz abbrechen. Sie geht langsam ins Hotel zurück. »Soll ich mitkommen?«, frage ich sie. »Nein, macht ruhig eure Tour und kommt nachher zu mir aufs Zimmer!«, antwortet sie. Wir beide laufen weiter, drei, vier Kilometer, erreichen das Wirtshaus am Ferchensee. Du trinkst das erste Spezi Deines Lebens. Wir beobachten fette Karpfen, wie sie mit offenen Mäulern an der Wasseroberfläche des Gewässers nach Nahrung schnappen, Brotstücke oder Insekten, ich weiß es nicht. Das alles direkt neben unserem Tisch im Biergarten. Wir essen eine Kleinigkeit, brechen auf. Auf dem Rückweg spielen wir »Man darf alles sagen außer – Schwarz, Weiß, Ja und Nein«. Du konzentrierst Dich mit aller Kraft, damit Du die verbotenen Worte ja nicht aus Versehen aussprichst. Einmal frage ich Dich zum Einstieg: »Wie heißt du?« Du denkst kurz nach und antwortest dann »Kob«. Ich muss lachen. Und erkläre Dir, dass man die Spielregeln nicht ganz so streng auslegen müsse. Im Hotel angekommen, treffen wir Gabi auf dem Zimmer, sie liest. Sie schaut von ihrem Wälzer auf. »Na, wie war euer Ausflug?« Sie blickt sehr ernst drein. »Schön!«, antworte ich. »Gabrielle!«, versuche ich sie aufzumuntern, »We'll have big fun at the Bayou!« »Schön wär's«, antwortet sie nur und ringt sich ein kleines Lächeln ab.

Sie zieht sich schick an, schminkt sich ein bisschen. Wir machen uns fürs Abendessen fertig. Danach gehen wir ins Konzert. Auf Schloss Elmau gibt es ein Kulturprogramm für die Gäste – darunter ab und zu auch ein Jazzkonzert. Heute Abend spielt Holly Cole mit ihrer Band. Wir sitzen in der fünften Reihe, Du zwischen uns beiden. Gabis und meine Blicke treffen sich immer wieder über Deinem Kopf. »The house is haunted by the echo of your last good bye. The house is haunted by the memories that refuse to die«, singt Holly Cole. Ein tolles Konzert. Aber Songs wie dieser machen mich schon wieder sentimental. Ich übertrage alle äußeren Zeichen auf unsere Situation. »The house is haunted by the echo of your favorite song.« Ich denke an unsere Wohnung und an den Tag, an dem Gabi einmal nicht mehr bei uns wäre. Alles wird zum Abbild, zum Sinnbild, zu einer Vorahnung der Zukunft.

Wir verkürzen unsere Spaziergänge aus Rücksicht auf Deine Mama. Am Tag darauf sind wir nach dem Frühstück die paar hundert Meter hinüber ins Dörfchen Elmau spaziert, zum »Alpengut«. Nicht mehr als fünfzehn Minuten Fußweg – aber selbst das ist für Gabi schon zu viel, und selbst jetzt muss sie eine Pause einlegen und sich auf einem Bänkchen ausruhen. Sie fühlt sich unheimlich schwach, muss sich immer wieder übergeben. Das »Alpengut« ist eine zünftig bayerische Wirtschaft mit einem Biergarten, großen Kastanienbäumen, die Schatten spenden. Zwei Hasen hoppeln in einem Gehege aus Maschendrahtzaun umher. Die beiden Tiere werden bald das Ziel unseres täglichen Morgenspaziergangs nach dem Frühstück. Der eine ist schwarz, der andere schwarzweiß. Du taufst sie Blacky und Flecki. Sobald wir hier ankommen, kniest Du nieder, sprichst mit den Tieren – und ich bin für die Futtermittelbeschaffung zuständig. Was ich gepflückt habe, verfütterst Du an die beiden. Löwenzahn, Sauerampfer, Gräser. Deine Mama assistiert. Ich filme Dich und Deine Mutter, wie ihr die Hasen füttert und mit ihnen sprecht. Die Episode mit den Hasen ist wie ein klitzekleines Zwischenspiel, eine heile Welt, in der für ein paar Augenblicke die Zeit stehenbleibt. Es sind Momente, in denen ich das Gefühl habe, dass die Bedrohung wieder weicht – auch von Gabi. Kleine Inseln der Unbeschwertheit. Wir machen tatsächlich nichts anderes hier, als Hasen füttern. Eine Stunde lang vielleicht, nicht länger, aber irgendwie fast wertvoller als manche Tage, die wir zuvor erlebten. Du bist bald ganz versunken in die Fütterung, in die Gespräche mit Deinen beiden Hasen, ich setze mich etwas abseits mit Gabi auf ein Bänkchen in die Sonne. Wir machen uns Gedanken, wie es weitergeht.

Gabi hat viel von ihrer Zuversicht verloren. Ja, ich glaube, sie hat den Glauben an eine Wende aufgegeben. Ich versuche, der Resignation, die aus ihrem Gesicht spricht, etwas entgegenzusetzen. Ich habe ihr nicht viel zu bieten. Immerhin: Locarno ist eine Chance, und es gibt auch jetzt noch eine Hoffnung, die nicht unberechtigt ist. Der Krebs hat eine Eigenschaft, die uns vielleicht zugutekommt: Es gab und gibt immer wieder Phasen, in denen er schnell wächst. Genauso haben wir aber erlebt, dass er – wodurch auch immer ausgelöst – stagniert, stehenbleibt, ja, sich sogar zurückzieht. Warum soll das nicht noch einmal passieren? Gabi hat so viel Pech gehabt in ihrer Krankheit, immer hat sie die schlechtere von zwei Karten gezogen. Warum sollen wir jetzt nicht das Glück haben, dass die Krankheit wieder zum Stillstand kommt? Wenigstens für eine Weile, für eine kurze Zeitspanne, wie lange auch immer. Wir sind sehr nachdenklich diesmal in Elmau, man könnte auch sagen niedergeschlagen. Obwohl die Kulisse so herrlich ist, dass man sie sich kaum schöner denken könnte.

Aber selbst jetzt finden wir noch eine Lebensquelle. Im Badehaus, im Schwimmbad des Hotels. Elmau hat einen der schönsten Spa-Bereiche, die wir in all den großen Hotels auf unseren Reisen kennengelernt haben. Vielleicht sind wir deswegen wieder hier gelandet. Leider dürfen nur Erwachsene hierherein. Dich haben wir mit Deinem vollsten Einverständnis im Hotelzimmer »geparkt«. Du guckst eine Sendung im Kinderkanal. Für Dich auch so ein kleines Glück! Es macht Dir überhaupt nichts aus, dass Du nicht mitdarfst. Wir haben Dir erklärt, dass Du die 19 wählen sollst, wenn es ein Problem gibt, das ist die Nummer der Rezeption. Aber Du wählst kein einziges Mal in dieser Zeit diese Nummer, sondern sagst nur: »Ja, ja, ist schon recht. Jetzt geht mal endlich schwimmen, damit ich Fernsehen gucken kann!«

Das Badehaus ist ein Ort in Elmau, wo ich mit Deiner Mama für anderthalb Stunden fast alleine bin. Wir gehen zuerst in den türkischen Hamam. Legen uns auf die warmen Steinplatten, auf den Rücken, blicken an die Decke, schweigen, fühlen die Wärme, wie sie in unsere Körper dringt. Wir betreten das Dampfbad nebenan, atmen in der feuchten Luft den Duft von Orangenblüten ein. Wir verlassen den Hamam und gehen ein Stockwerk höher. Hier gibt es Ruheräume, ein anderes Dampfbad. Wir atmen die feuchtheiße Luft ein. Schauen durch den Wasserdampf, unsere Blicke treffen sich. Wenn wir alleine sind und uns stumm anblicken, dann in letzter Zeit immer öfter mit einem sehr tiefgründigen Blick. Wenn wir uns anschauen, dann kommt es mir so vor, als suchten wir beide nach der Bedeutung dieses Blickes, und immer schwingt Wehmut mit. Gabi nimmt Salz aus einem Gefäß und fängt an, mir damit den Rücken abzurubbeln, dann rubble ich ihren Rücken ab. Das gehört hier dazu.

Immer wieder fällt mein Blick auf ihre Narben. Diese brutalen, tiefen Furchen, die von der Mitte ihrer Brust bis tief unter die Achsel führen, weiter oben gleich in zwei Linien, weil man sie zweimal operiert hat – diese Narben, die man ihr zufügte, um sie vor dem Krebs zu retten, die sie aber unheimlich verletzt haben. Mir hat es immer wehgetan, wenn ich diese Narben nur sah. Wie oft habe ich mich regelrecht zwingen müssen sie anzuschauen. Ich hatte anfangs eine gewisse Scheu vor dieser Stelle. Ich glaube, irgendwann hat Deine Mama meine Hand genommen und sie an die Narbe geführt. Bis dahin wusste ich gar nicht, ob es ihr recht ist, wenn ich sie berühre. Sie aber wollte, dass ich diese Narbe, diese ganze Stelle, an der einmal ihre Brust gewesen war, als Teil von ihr annehme. Seitdem habe ich immer wieder versucht, meine Hand wie ein weiches Pflaster über diese Narbe zu legen, habe sie bedeckt, geschützt, leicht bewegt, um ihr an dieser Wunde ein angenehmes Gefühl zu bereiten.

Es ist noch früh am Nachmittag, sodass nur wenige Gäste hier sind. Im Soledampfbad sind wir unter uns. Wir hören unseren Atem, ich halte ihre Hand. Wir duschen uns kalt ab. Und lassen uns in das körperwarme Außenbecken fallen. Ein leichter Wind weht hier draußen. Aber unsere Körper sind umspült vom warmen, schützenden Wasser. Ich freue mich zu sehen, wie gut es ihr tut, sich ohne Beeinträchtigung, ohne Schmerzen schwerelos zu fühlen. Ich sehe ihr schweigend zu, wie sie sich bewegt, wie sie sich dreht, auf mich zuschwimmt, wie sie mich anlächelt. Wir begeben uns an die Seite des Beckens, lassen uns von Düsen den Rücken massieren. Blicken auf das Wettersteingebirge, auf den saftiggrünen Wald, auf das Schloss. Wir nicken uns stumm und etwas belustigt zu, als eine korpulente ältere Dame mit einer turbanartigen Blumenbademütze wie ein Dampfer kreuzt. Gabi ist mit einem Mal gut gelaunt, so sehr, dass sie sogar mit mir scherzt. Sie spricht abwechselnd englisch oder deutsch mit »französischäm« Akzent. So wie früher, als sie sich am Telefon immer meldete: »Mon Chéri, isch bin ös.« Gabi macht es Spaß, so zu sprechen – wir haben früher oft so gealbert. Wie lange hat sie es nicht mehr getan! Wie habe ich es immer geliebt, wenn sie französisch sprechende Amerikaner imitierte – oder gerne auch englisch sprechende Franzosen. Oder ihr gepflegtes Münchner Bayerisch zu hören. Sie, die immer nur Hochdeutsch spricht, kann hervorragend Bayerisch und unschlagbar gut Oberschwäbisch, obwohl sie es zu Hause in Ravensburg nie gesprochen hat. Wir lachen, verstehen uns, freuen uns. Für Minuten vergessen wir dieses Schicksal, das so düster und schwer über Gabi hängt – und sich nicht verziehen will. Sie kommt wieder auf mich zugeschwommen. Ich halte sie im Wasser fest, wir umarmen uns und lassen uns zusammen rückwärts unter Wasser gleiten. Du hast lange Kinderkanal geguckt an diesem Spätnachmittag.

Anderntags spielen wir beide Fußball. Es gibt zwei Eishockeytore unten auf der Wiese bei den Tennisplätzen, ideal einzusetzen als Kleinfeldfußballtore. Und abends spielen wir Billard – das musste ich Dir versprechen. Wir machen uns schick zum Essen. Sitzen noch eine Weile in der Lounge am Kaminfeuer. Trinken Cocktails. Du und Gabi alkoholfrei, ich einen Mojito. Elmau ist eine Oase.

Samstag, den 23. Mai 2009. Der letzte Tag. Abreise. Als alles gepackt ist, verstecken wir beide, kurz bevor wir auschecken, einen Zettel in unserem Zimmer. Wir haben uns und Gabi versprochen, dass wir hierher zurückkommen und den Zettel dann wiederfinden werden. Aber nur Du und ich, nur wir beide wissen, wo das Versteck ist. Es ist ein geniales Versteck! Keiner wird es je finden. Selbst der Roomservice eines Fünf-Sterne-Hauses nicht.

Im Auto auf der Rückreise sagt Gabi völlig unerwartet, sie habe zum ersten Mal keine Beschwerden mehr. Meine Stimmung hellt sich sofort auf. Ich freue mich riesig und fasse Mut.

Es ist der Samstag im Jahr, an dem sich entscheidet, wer deutscher Fußballmeister wird, und wir hören deshalb die ganze Fahrt über angestrengt Fußballbundesliga live im Radio. Bis am Ende feststeht, dass der VfL Wolfsburg deutscher Meister ist – und nicht die großkotzigen Bayern, was uns mächtig freut. Nach der Fußballübertragung liest Du wie immer *Tim und Struppi* oder hörst eine Deiner Kinder-CDs. Das Gute daran: Wir haben eine Lautsprechereinstellung in unserem großen alten Mercedes-Kombi, die *Pumuckl* oder *Karies und Baktus* nach hinten schalten kann. So hörst nur Du auf der Rückbank Deine CDs, und wir können uns hier vorne unterhalten. Wir sprechen über Locarno. Auf der Autobahn bei Heilbronn hören wir in den Nachrichten, dass die Schauspielerin Barbara Rudnik gestorben ist. Wir sind geschockt. Nicht weil wir die Schauspielerin oder gar ihre Filme gekannt oder besonders gemocht hätten, nein, Barbara Rudnik hat in unserem Leben keine Rolle gespielt. Aber sie hatte Brustkrebs, der tödlich verlief. Da hört man genau hin. In ihrem Bericht über den Todesfall sagt die Reporterin schließlich den ominösen Schlusssatz: »Sie hatte nie wirklich eine Chance.«

Und plötzlich ist der Krebs wieder da. Diesmal kommt er aus den Lautsprecherboxen unseres Autos. Wir sind empört. Wie kann man so etwas sagen? Wie kann man behaupten, dass jemand »nie wirklich eine Chance hatte«? Es kann doch keiner im Voraus wissen, wie die Geschichte zu Ende geht! Und erst recht nicht im Nachhinein! Ich rufe trotz Stop-and-go-Verkehrs aus dem Auto heraus per Mobiltelefon in der Nachrichtenredaktion des Senders an und lasse mich mit der Chefin vom Dienst verbinden. Ich protestiere. Krebs ist nicht eine Krankheit, erkläre ich ihr, bei der man in Wahrheit nie eine Chance hat. Es gibt viele Beispiele von Menschen, die nach einer Krebsdiagnose nicht nur noch lange leben, sondern sogar wieder gesund werden. Die Redakteurin gibt mir recht. In der nächsten Nachrichtensendung, die wir auf der Autobahn irgendwo bei Worms hören, fehlt der Beitrag. Nie wirklich eine Chance. Trotzdem bleibt der Satz hängen. Wir sind nicht sehr gesprächig im Auto, bis wir in Mainz ankommen.

Donnerstag, den 28. Mai 2009. Gabi hat tatsächlich fast die ganze Woche gearbeitet! Ich glaube es kaum. Abends kommt sie immer völlig fertig nach Hause. Neuerdings klingelt sie, sobald sie zurück ist, und ich stürme nach unten. Sie drückt mir den Autoschlüssel in die Hand, damit ich einen Parkplatz suche. In unserem Stadtviertel kann das um diese Zeit manchmal zwanzig Minuten dauern. Das will ich ihr nicht zumuten. Dazu hat sie auch keine Kraft mehr. Vorher helfe ich ihr die Treppe hoch. Sie ist so schwach, dass sie auf halber Strecke einen Zwischenstopp einlegen muss, ehe sie unsere Wohnungstür in der dritten Etage erreicht. Morgen hat sie sich frei genommen, sie fühlt sich unheimlich schlapp. Seit gestern hat sie auch wieder starke Schmerzen im Bauch, sie kann nicht schlafen. Eigentlich wollten wir am Samstag über Pfingsten in die »Krone« fahren und danach vielleicht irgendwo im Schwarzwald wandern gehen – aber ich muss die Buchung stornieren.

Dienstag, der 2. Juni 2009. Der erste Schultag nach Pfingsten. Die ganze Woche über hast Du »Projekttage« an der Schule und beobachtest Störche und anderes Getier, das am Rhein lebt, in Schierstein, in Ingelheim – zusammen mit ein paar anderen Schülern, einer Lehrerin und einem Naturschutzmann, der euch zeigt, was da so alles lebt. Auch ich bin während der »Projekttage« Deiner Schule eingespannt. Als ehemaliger Weltklassefußballer habe ich mich für ein »professionelles Fußballtraining mit Dritt- und Viertklässlern« zur Verfügung gestellt. Und stehe jetzt im Sporttrikot auf einem Hartplatz in der Nähe Deiner Schule direkt unter der Mainzer Zitadelle. Nach zwei Stunden Gymnastik, Aufwärmtraining und Schusstechnikübungen klingelt mein Mobiltelefon. Gabi ist dran. Ich möge bitte sofort nach Hause kommen, sie habe schlimme Schmerzen. Ich breche das Training ab, bringe die Gruppe zurück ins Schulgebäude in die Nachmittagsbetreuung. Ich erkläre Deiner Erzieherin kurz, was los ist – und sie übernimmt die Jungs, die natürlich enttäuscht sind, dass der Fußballtag schon so früh endet.

Ich fahre mit dem Fahrrad nach Hause. So schnell ich kann. Gabi liegt im Bett, sie verzieht immer wieder schmerzerfüllt das Gesicht. Der Bauch tue ihr weh wie noch nie, sagt sie. Schon in der Nacht war es ihr schlechter gegangen. Sie kann sich nicht aufsetzen, geschweige denn irgendwie rühren vor Schmerzen. Alles wie vor einem halben

Jahr, denke ich. Wir beraten, was zu tun ist. Sie muss in die Klinik. Am Ende rufen wir den Rettungsdienst. Wieder kommt das Rote Kreuz. Wieder stehen ein Notarzt und drei Sanitäter in unserem Schlafzimmer. Déjà vu. Wie vor Weihnachten. Wieder braucht Gabi erst ein starkes Mittel, bis die Sanitäter es schaffen, sie auf einen Transportstuhl zu heben, ohne dass sie dabei unerträgliche Schmerzen empfindet. Unsere Blicke begegnen sich. Inmitten der Aktion wendet sie sich mir zu und sagt: »Mit mir stimmt überhaupt nichts mehr.«

Der Notarztwagen bringt Deine Mutter in die Frauenklinik, ich sitze vorne beim Fahrer. Im Krankenhaus lassen die Schmerzen etwas nach. Wir warten auf Dr. Mann. Der kommt bald, kümmert sich um Gabi. Ich bin sehr unruhig, gegen 15.30 Uhr verlasse ich Deine Mama und hole Dich im Pausenhof Deiner Schule ab. Du erschrickst, als ich Dir erzähle, dass sie wieder im Krankenhaus ist. Mit dem Fahrrad fahren wir zu ihr. Laufen schnell über die Flure der Station, wo sie in einem Einzelzimmer liegt. Du stürmst zu ihr, umarmst sie und bist sehr liebevoll zu ihr. Später schalten wir Dir den Kinderkanal am Patientenfernseher ein – Du liegst neben Deiner Mama warm zugedeckt im Bett, hast die Kopfhörerstöpsel im Ohr und guckst Deine Lieblingsserie *Wickie und die starken Männer*, während wir uns unterhalten. Wir sprechen darüber, was die Ärzte jetzt vorschlagen. Es geht darum, die Schmerzen besser in den Griff zu kriegen. Eine neue Chemotherapie ist im Gespräch, sonst nicht viel Neues.

Irgendwann brechen wir beide auf. Gabi ist müde. Du musst morgen wieder früh raus. Weil ich nichts eingekauft habe, schlage ich Dir spontan vor, Pizza essen zu gehen. Welches Kind sagt da Nein? Wir setzen uns in eine Pizzeria, essen. Und reden nicht viel.

Donnerstag, den 4. Juni 2009. Ich komme nicht zum Schreiben in diesen Tagen, es ist zu viel los, ich werde gebraucht, will für Gabi da sein, zur Verfügung stehen.

Als ich Deine Mama heute Morgen – es ist ihr dritter Tag in der Klinik – besuchen komme, ist sie etwas benommen. In der Nacht hat sich ihr Zustand verschlechtert. Sie bekommt jetzt wieder Morphium. Ich erschrecke, als ich sie sehe. Noch am Abend zuvor konnten wir mit ihr ein wenig scherzen, hatten noch überlegt, wie schön es wäre, wenn man sie so mit Schmerzmitteln einstellte, dass sie zum Wochenende wieder nach Hause gehen könnte. Gabi und ich, wir sprechen nicht allzu viel an diesem Tag. Irgendwie scheint sie, scheine ich zu warten. Auf eine Veränderung, Verbesserung, auf irgendetwas. Auf einen neuen Abschnitt, Verlauf, auf eine neue Antwort auf die alte Frage: Wie geht es weiter? Ich helfe ihr beim Duschen, gehe einkaufen, bringe ihr frische Wäsche. Am frühen Abend bist Du wieder mit dabei. Wir essen etwas von dem Krankenhausabendessen, auf das Gabi keinen Appetit hat. Aber eigentlich willst Du das Krankenhauskäsebrot nicht. Wir erpressen Dich mit einer Marzipanpraline »Fioretto«, die wir Dir in Aussicht stellen, wenn Du das Käsebrot aufisst. Du murrst. Und verdrückst das Brot. Auch, weil ich Dir sage, heute gibt es sonst kein anderes Abendessen mehr. Dann spielst Du noch mit Deiner Mama Dein neues Lieblingsspiel, »Match Attax« mit den Fußballerkarten, unter denen sich ein paar wenige, aber umso wertvollere »Starspieler« und noch heißer begehrte »Matchwinner« befinden, die Du durch geschicktes Tauschen mit Deinen Schulkameraden täglich zu vermehren suchst.

Wieder ist alles wie vor einem halben Jahr, wie an Weihnachten, wieder sieht es düster für uns aus. Mein Gefühl sagt mir, so tief unten waren wir noch nie, dem Ende so nah. Du sagst zu mir auf dem Heimweg spontan: »Man darf die Hoffnung nicht aufgeben.« Das will ich auch nicht. Und doch bin ich sehr traurig. Wir sind jetzt wieder allein in unserer Wohnung und warten jeden Tag darauf, dass sich Gabis Gesundheitszustand wenigstens so weit stabilisiert, dass wir sie nach Hause holen können.

Trotzdem geht das Leben weiter. Für mich nicht so sehr, aber für Dich in der Schule auf jeden Fall. Du stellst mir weiter Deine Kinderfragen, bist neugierig, wissbegierig. »Wie groß ist der längste Mann der Welt?« Das fragst Du mich seit ein paar Tagen immer wieder. Und bist nie mit meinen Antworten zufrieden. »2,46 Meter!«, finde ich endlich im Internet heraus. Wir schauen uns ein YouTube-Video an, das einen 2,46 Meter langen Chinesen zeigt, der in seiner Wohnung mit eingezogenem Kopf herumlaufen muss, damit er nicht an die Decke stößt. Was das Leben doch für eine eigenartige Veranstaltung ist.

An diesem 4. Juni habe ich mit dem Hospiz in Mainz telefoniert. Obwohl sich alles in mir dagegen sträubt, eine Institution anzurufen, die Sterbende begleitet, habe ich es getan. Es ist zu viel geworden, was ich verdrängen müsste – um weiterhin zu ignorieren, wie es um meine Frau, Deine Mama steht. Aber mir geht es noch nicht ums Sterben, ich erkundige mich, wie realistisch es ist, Gabi in ihrem jetzigen Zustand zu Hause zu pflegen. Es gebe einen ambulanten Schwesterndienst, wird mir gesagt. Ich bin am Ende ermutigt, alles zu tun, um Gabi aus der Klinik zu holen. Nicht, dass sie selber unbedingt darum gebeten hätte – aber ich möchte, dass sie bei uns ist. Vor allem, weil ich mir vorstelle, dass die Nächte für sie so allein – voll von Gedanken, die zwischen Leben und Sterben, zwischen Erinnerungen und Hoffnungen wandern – sehr einsam, sehr schwer sein müssen und sie vielleicht nicht zur Ruhe kommen lassen, auch wenn das Morphium schon dafür sorgt, dass sie schlafen kann. Deine Mama hat mir nicht erzählt, ob sie wirklich solchen Gedanken nachhängt, lieber Jakob. Wenn ich sie frage, wie ihre Nächte sind, erzählt sie mir nur von ihrem Schlaf, der ab und zu von Schmerzen unterbrochen wird, und davon, wie lang es manchmal dauert, bis man ihre Schmerzen lindert.

Freitag, den 5. Juni 2009. Wir holen Gabi nach Hause. Die Ärzte sehen keinen Grund, sie dazubehalten. Am Montag soll sie eventuell eine neue Chemotherapie bekommen. Aber das hängt davon ab, wie es Gabi bis dahin geht. Sie geht wackelig den Krankenhausflur entlang. Ich trage ihre Tasche und stütze sie, wir fahren nach Hause. Sie schafft es nur mit letzter Kraft, die Treppen zu unserer Wohnung hochzusteigen und legt sich sofort ins Bett. Ich koche ihr Tee. Du nimmst augenblicklich die freie Betthälfte neben ihr ein und schnuckelst Dich an sie. Du freust Dich, dass sie wieder da ist.

Gabi setzt keine Hoffnung mehr in eine neue Chemotherapie. Sie weiß auch gar nicht mehr, ob sie überhaupt noch eine will. Denn es ist ihr nicht verborgen geblieben, dass man nicht mehr daran glaubt, das Ruder damit noch herumreißen zu können. Oft sagen die Gesichter der Ärzte mehr als ihre Worte. Aber ich habe noch nicht aufgegeben. Ich bin wieder dabei, für Gabi einen Platz in der homöopathischen Privatklinik in Locarno zu organisieren. Und tatsächlich, in ein paar Wochen wäre ein Zimmer frei, erfahre ich am Telefon. Vielleicht hilft ein anderer Zugang zu ihrer Krankheit, etwas ganz Neues. Aber um nach Locarno zu kommen, muss Gabi erst einmal transportfähig sein. Das ist sie im Moment nicht.

Montag, den 8. Juni 2009. Gabi hat wieder Schmerzen. Sie kann kaum etwas essen. Sie schläft schlecht. Ich bringe Dich morgens in die Schule. Deine Mama und ich fahren in die Klinik. Seit ein paar Tagen hat Gabi Schwierigkeiten mit dem Wasserlassen, und auch ihre Verdauung macht neue Probleme, sie kann wieder nicht auf die Toilette. Die Blutwerte sind da, aber sie lassen keine erneute Chemotherapie zu. Trotzdem meint Dr. Mann, es wäre besser, wenn Gabi in der Klinik bliebe. Sie kommt wieder auf die Frauenstation. Die Schmerzeinstellung ist immer noch nicht gut. Am Wochenende half selbst das Morphium nicht viel. Jetzt sitzen wir hier am Bett mit einer Ärztin aus der Schmerzambulanz. Sie versucht, die richtige Medikamentierung zu finden.

Gabi trägt seit ein paar Tagen ein Morphiumpflaster auf dem Rücken. Die Ärzte beschließen irgendwann, die Dosis zu erhöhen. Deine Mama ist schmal geworden im Gesicht. Das meiste, was sie zu sich nimmt, erbricht sie wieder. Auf ihrem Nachttisch steht das Foto, auf dem sie mit Dir Wange an Wange in die Kamera lacht. Du hast ihr dieses Bild in einen selbst gebastelten Rahmen gesteckt, damit sie Dich – und sich selbst mit Dir zusammen – täglich ansehen kann. Die Ohrringe, die ich ihr vor drei Wochen geschenkt habe und die wie zwei rote Kirschen mit grünen Blättern aussehen, liegen da, ihre Kopfhörer, das Mobiltelefon, ihre Armbanduhr, ein dickes Paperback. Ich kann mir nicht vorstellen, dass sie es noch schafft, darin zu lesen. Ich weiß nicht, wie sie die Zeit in ihrem Einzelzimmer verbringt, wenn ich nicht da bin. Ich weiß nicht, ob sie nachts einsam ist – oder ob der Schmerz oder seine Betäubung ihr solche Gefühle und Gedanken genommen haben.

Lieber Jakob, Deiner Mutter geht es immer schlechter. Sie wird zunehmend schwächer. Sie mag sich kaum noch länger mit mir unterhalten, und wenn, dann reden wir über Alltägliches, sie erzählt mir von den Schwestern, von den netten und von den unmöglichen, von den Ärzten, von Anrufen, die sie erhalten hat, vom Wind vor dem Fenster, von den Bäumen, von den Vögeln, vom Pfefferminztee, vom Essen, das sie verschmäht. Ihr ist nicht danach, die großen Gespräche zu führen. Ich halte oft nur ihre Hand und schaue sie an ohne viele Worte.

Ich habe schreckliche Angst um sie in diesen Tagen – doch Du wirst es mir vielleicht nicht anmerken. Mir scheint, je ärger es wird, desto besser komme ich damit zurecht. Ich kämpfe – aber ich kann mir manchmal noch nicht einmal zugute halten, es sei dies ein besonderes Verdienst von mir, in dieser Zeit nicht die Nerven zu verlieren. Es ist, als ob ein »Es« mich lenkt, als ob ein Autopilot mich durch diese Tage steuert. Ich bin in einer Phase höchster Angespanntheit. Ich befürchte fast, ich habe aufgehört, tief zu fühlen, lasse die große Angst nicht an mich heran – vielleicht eine Art Selbstschutz, weil ich sonst zugrunde gehen würde. Diese schönen, warmen Junitage vergehen wie im Flug. Ich habe das Gefühl, wir beide, Du und ich, wir funktionieren nur noch. Aufstehen, Schule, Du ins Klassenzimmer, ich in die Klinik, Gabi besuchen. Irgendwann hole ich Dich ab. Unser Heimweg führt längst nicht mehr direkt nach Hause, sondern immer zuerst ins Krankenhaus. Dann bei Gabi sitzen, warten, hoffen. Und nach Hause ins Bett.

Mittwoch, den 10. Juni 2009. Die Tage gehen vorüber, ohne dass sich etwas ändern, verbessern würde. Die Ärzte wissen nicht mehr weiter. Gabi wird gepflegt, aber nicht mehr nach einer zielgerichteten medizinischen Strategie behandelt. So jedenfalls mein Eindruck. Allerdings ist die Pflege nicht besonders gut. Heute erzählt mir Deine Mama, man habe sie gestern Nacht über eine halbe Stunde warten lassen, bis man ihr ein Schmerzmittel gegeben habe. Obwohl sie vor Schmerzen geweint, ja, geschrien habe, obwohl sie immer wieder verzweifelt den Alarmknopf gedrückt hätte. Mir tut das unendlich leid. Ich bekomme eine große Wut. Nicht auf die Schwestern überhaupt, sondern auf eine, zwei von ihnen, die unmotiviert, schnippisch, unfreundlich sind, nur widerwillig ihre Arbeit tun – und Gabi damit zusätzlich belasten. Ich berichte Dr. Mann davon, der bestürzt ist und sich die betreffende Person von der Nachtschicht vorknöpfen will. Die Situation in der Frauenklinik ist nicht ideal. Deine Mutter muss einiges über sich ergehen lassen. Sie erzählt mir, dass man sie in ihrer Hilflosigkeit teilweise wie ein Kind behandele, dass man sie bevormunde, vor allem aber, dass man nicht immer schnell genug bei ihr sei, wenn sie Hilfe brauche. »Eins nach dem anderen!«, solche Sätze kommen tatsächlich manchmal aus den Mündern des Stationspersonals, wenn sie Schmerzen hat.

Immer öfter taucht jetzt ein Krankenhauspsychologe bei Gabi auf, mit dem wir ganz gute Gespräche führen. Er ist uns zwar manchmal in der Wortwahl etwas zu flapsig, überlocker, macht gern ein Witzchen zu viel, das bei uns nicht immer die gewünschte Wirkung erzielt, nämlich uns irgendwie aufzumuntern. Aber er ist in Ordnung. Wir sprechen mit ihm darüber, wie Gabi am besten mit der neuen Situation umgeht. Er spricht offen davon, dass sie bald sterben könnte. Ich frage ihn irgendwann, was er denn meint, welche Gespräche in einer Situation wie der unseren wichtig und notwendig wären. Was soll man besprechen, wenn die Zeit abläuft? Das sei eine berechtigte Frage, findet er. Hoffnung schüren oder letzte Gespräche führen – oft seien Menschen auf der Zielgeraden des Lebens so gestresst, dass sie vor lauter Gegenwartsorganisation völlig vergäßen, sich letzte wichtige Dinge zu sagen, entgegnet er uns. Was ihm konkret dazu einfällt, empfinde ich dann aber doch als etwas bizarr. An Gabi gewandt meint er, sie solle sich überlegen, ob sie mich nach ihrem Tod für eine neue Frau freigeben wolle. Als er wenig später das Krankenzimmer verlassen hat, schaut Gabi mich an. Ich bin perplex. Ich sage zu ihr: »Das ist absurd! Darüber will ich mir keine Gedanken machen. Mich interessiert nicht, ob ich irgendwann einmal wieder eine andere Frau haben werde oder besser: ob ich es darf. Meine liebe Gabi, ich will keine andere, ich will, dass du lebst!«

Auch jetzt wieder sage ich ihr voller Überzeugung, was ich so oft gesagt habe in diesen Tagen: »Du bist, Du warst die große Liebe meines Lebens und wirst es immer sein!« Gabi hört mir zu. Sie weiß nicht, was sie dazu sagen soll. Sie drückt meine Hand, die die ganze Zeit ihre gehalten hat, und lächelt mich an. Wir kommen irgendwann auf Burgund, auf Saulieu. Reden über diesen einen unserer schönsten Tage. Die Sätze fangen an mit: »Weißt du noch …?« Mein Blick fällt plötzlich auf den Aufdruck auf ihrem T-Shirt. Ein grünes T-Shirt mit der dunkelblauen Aufschrift »Watch your Boyfriend!« Warum trägt sie es? Reiner Zufall? Mir scheint es, als kokettiere sie noch immer mit der Idee, in ein Leben zurückzukehren, in dem sie wieder eine gesunde, attraktive Frau wäre, bei der man einen solchen Aufdruck ernst nehmen müsste! Oder doch nur, weil es bequem ist? Ich frage sie nicht. Mich macht der Aufdruck auf ihrem T-Shirt auf einmal sehr traurig. Es kontrastiert auf brutale Weise Gabis wirklichen Zustand mit einer Fantasie, die kaum noch Wirklichkeit werden kann, obwohl sie es einmal durch und durch gewesen ist.

Donnerstag, den 11. Juni 2009. Wir sprechen wieder einmal über das in jeder Phase ihrer Krankheit ausgebliebene Mitgefühl von so vielen, die ihr eigentlich nahestehen. Wir erzählen dem Krankenhauspsychologen davon. Ein paar hingekritzelte Worte. »Wir denken an Dich!« Ende. »Viel Kraft und Energie!« Das war's. »Wenn man solche Kärtchen schreibt, muss man schon nichts anderes tun!«, pflichtet er uns etwas sarkastisch bei. »Wir haben eine Kerze für Dich angezündet.« »Große Gesten, die nichts kosten. Vor allem keinen weiteren Aufwand«, das waren Gabis Worte, als sie mir gegenüber einmal die ausbleibende Anteilnahme aus dem Umkreis der Familie kommentiert hat.

Warum hat man dieser wundervollen Frau so wenig Liebe entgegengebracht, warum erhält sie selbst jetzt so wenig Mitgefühl? Ich weiß nicht warum und weiß es doch, lieber Jakob. Deine Mutter ließ sich ihre schwere Krankheit lange Zeit nicht anmerken. Und auch, als die meisten davon wussten, hat sie nie an deren Mitgefühl appelliert. Es wäre für sie nicht weniger als ein Zeichen von Charakterlosigkeit gewesen. Wer jedoch sein Leid, ohne zu klagen, tapfer erträgt, erscheint in der Wahrnehmung seiner Mitmenschen wohl nur zu schnell als jemand, dem gar nichts fehlt. Für viele Menschen muss Leiden sichtbar sein, um Mitgefühl zu mobilisieren. Nur zu wissen, dass das Leiden groß ist, reicht anscheinend nicht aus. Und zu erwarten, dass Menschen, die einem irgendwie nahe sind und die genau wissen, wie es um einen steht, von selber auf die Idee kämen, Trost zu spenden oder ihr Herz zu öffnen, ist offenbar zu viel verlangt. Ja, es ist noch nicht einmal ausgemacht, dass selbst jene, die über »Einfühlungsvermögen« verfügen, es auch tatsächlich aktivieren. Und so empfängt Deine Mutter selbst jetzt in diesen Tagen ihrer höchsten Lebensbedrohung nur äußerst spärliche Botschaften, die von Herzen kommen. Nur wenige schicken ihr ein paar wirklich persönliche Zeilen oder greifen zum Telefon. Gestern habe ich Deiner Mama am Krankenbett einen sehr persönlich gehaltenen Brief überreicht. Ich war dabei, als sie ihn gelesen hat. Die Absenderin schrieb, dass sie Gabi immer bewundert habe, dass sie für sie immer wichtig gewesen sei. Das hat Gabi zum Weinen gebracht. Ich habe das zuerst nicht verstanden. Und dann wurde mir mit einem Mal klar, warum. So wenig innere Anteilnahme hat sie in dieser ganzen Zeit erfahren, dass schon wenige Sätze der Wertschätzung, sich in dieser Weise mit ihr verbunden zu fühlen, ausgereicht haben, sie tief zu berühren.

Vielleicht auch deswegen fühle ich mich immer wieder aufgefordert, ihr wenigstens meine Gefühle offen entgegenzubringen. Ich will ihr gerade in diesen möglicherweise letzten Tagen ihres Lebens deutlich machen, dass dieses ausgebliebene Mitgefühl nichts mit ihrer Person zu tun hat. Im Gegenteil, ich sage ihr voller Überzeugung, es sei oft das Los großer Menschen, dass ihnen Mitgefühl versagt bleibt, vielleicht gerade weil man von ihnen eher erwartet, dass sie es spenden – anstatt es selbst zu erhalten. Ich will ihr der sein, der sie gesehen hat, so wie sie war, der sie dafür liebt und es ihr auch zeigt. Sie soll nicht von dieser Welt gehen in dem Glauben, die Schönheit ihres Wesens sei unerkannt geblieben. Ich will sie würdigen in diesen letzten Tagen, Spiegel ihrer wahren Größe sein. Sie hört sich an, was ich sage. Ich glaube, es gefällt ihr, was sie hört, wenigstens ein bisschen.

Deine Mutter, lieber Jakob, hört meine Hymne gerne. Und dann auch wieder nicht. Denn sie spürt, dass alles, was ich sage, die Hymne für eine Sterbende ist. Die tiefe Enttäuschung über ihren unabwendbaren Abschied ist bei ihr größer, als es die Freude über meine liebevollen Worte sein kann. Gabi hat viel akzeptiert in ihrem Leben. Sie hat ihr Schicksal, so wie es kam, angenommen. Aber zu keinem Zeitpunkt hat sie akzeptiert, dass sie gehen muss. In allen ihrer weniger werdenden Regungen fühle ich so etwas wie stillen Protest.

Freitag, den 12. Juni 2009. Du hast schulfrei heute. Und Gabi darf tatsächlich übers Wochenende nach Hause. Wieder packen, auschecken. Wieder nach Hause fahren. Nächste Woche will Dr. Mann versuchen, den Leberabfluss zu verbessern, indem er durch einen kleinen Eingriff eine Art Röhrchen in die Leber schiebt. Es könnte sein, dass dadurch die Werte besser würden, sagt er. Wir greifen nach jedem Strohhalm. Wir fahren durch die warme, sommerliche Stadt. Alles blüht. Als ich auf dem Parkplatz vor unserem Haus Deiner Mama beim Aussteigen helfe, sehe ich, dass sie Tränen in den Augen hat. Wie gerne, sagt sie zu mir, würde sie jetzt mit mir nur ein paar Meter am Rhein entlang spazieren gehen. »Aber nicht einmal das kann ich noch!«, sagt sie weinend zu mir. Ob wir die Treppen bis in den dritten Stock schaffen? Wir bezwingen sie – mit äußerster Kraft.

Samstag, den 13. Juni 2009. Gabi war nur diese eine Nacht zu Hause. Sie hat Fieber bekommen, hohes Fieber. Wahrscheinlich irgendeine Infektion. Wir telefonieren mit Dr. Mann, den wir zu Hause erreichen. Er rät uns, umgehend ins Krankenhaus zu fahren. Ich bringe Deine Mutter also heute Morgen wieder dorthin. Ihr Bauch ist stark angeschwollen, »Ich bin im achten Monat schwanger«, scherzt sie noch. Wir vermuten, es könnte vielleicht wieder der volle Darm sein, der vom Morphium träge geworden ist. Aber bald ist klar, dass es Wasser ist, das sich eingelagert hat. Aszites heißt das in der Fachsprache. Das Wasser wird aus den Blutgefäßen gepresst, weil die geschädigte Leber nicht mehr richtig arbeitet – und sammelt sich überall im Bauchraum.

Im Krankenhaus ist nicht viel los. Wochenendbetrieb. Gabi blickt immer wieder staunend auf ihren angeschwollenen Bauch. Sie sagte mir einmal, dass sie manches besser ertrage, wenn sie quasi aus sich heraustrete und sich selbst, ihren dicken Bauch zum Beispiel, wie von außen interessiert, neugierig beobachtet. Diese Übung, von außen wie unbeteiligt auf sich selbst zu blicken, habe ihr manchmal schon geholfen, die Situation, in der sie steckt, besser auszuhalten. Ich weiß nicht, ob ihr diese Übung der »exzentrischen Positionalität« auch jetzt noch so gut gelingt, dass sie sie wirklich für eine Weile entlastet.

Das Fieber wird schwächer, Gabi schläft ein. Ich hole Dich ab. Dir ist es wieder ein wenig langweilig an diesem tristen Ort, kein Wunder. Du hast Dir heute Morgen von mir gewünscht, dass wir endlich mal wieder zusammen Fußball spielen. Wenigstens eine Stunde lang. Wir verlassen Gabi, gehen raus auf eine Wiese direkt neben dem Tumorzentrum und spielen. Unsere Kickschuhe, Sportklamotten, die orangefarbenen Markierungshütchen für die Tore und unseren Ball habe ich in einer großen Tasche mitgenommen.

Abends bestellen wir eine Pizza aufs Krankenzimmer. Das Essen aus der Krankenhausküche kann Gabi, können wir schon lange nicht mehr sehen. Es macht sogar ein bisschen Spaß, in ihrem Zimmer Pizza zu mampfen, auch wenn Gabi nur dabei zuschaut – und an ihrem Tee nippt.

Sonntag, den 14. Juni 2009. Wir sind wieder bei Gabi. Sie ist sehr hohlwangig geworden. Das wird mir jetzt erst klar. Sie sieht elend aus, meine Arme, meine Schöne! Wir fahren sie mit dem Rollstuhl in den Park. Das heißt, eigentlich ist das jetzt immer Deine Aufgabe, sie zu schieben, wenn wir sie besuchen und uns in den Park mit dem Springbrunnen setzen. Wir sitzen im Schatten. Eine brütende Hitze lähmt diesen Park, die ganze Klinik, lähmt uns. Du hast einen Baum gefunden, auf den Du klettern willst. Deine Mama sitzt da und schaut Dir dabei zu. Manchmal huscht noch ein kleines Lächeln über ihr Gesicht. Es ist unglaublich, welche Kraft sie aufbringt, wenn sie mit Dir spricht, mit Dir zusammen ist. Natürlich ist das nicht mehr so wie früher, aber ich sehe daran, wie wichtig Du ihr bist. Bis zum heutigen Tag ist sie in Deiner Anwesenheit kein einziges Mal weggedämmert oder hat vor Müdigkeit oder ausgelöst durch das Morphium undeutlich gesprochen. Sie sitzt da in ihrem Rollstuhl, sie, die sie einmal eine so starke Frau gewesen ist. Ein Bild des Jammers, wie es größer nicht sein könnte. Aber ich glaube, Dir fällt das gar nicht sonderlich auf. Deine Mutter hat sich äußerlich sehr verändert. Gemessen an den wenigen Wochen, seit sich ihr Zustand so drastisch verschlimmert hat, ist sie gezeichnet von ihrer Krankheit. Und doch glaube ich nicht, dass Du es wahrnimmst. Du siehst sie jeden Tag, aber Du hast keinen eingebauten Zeitraffer, der Dir vorführen würde, wie sehr sie sich verändert hat. Sie sitzt da und genießt es, als plötzlich eine kühle Windböe über ihre Haut streicht. Später, zurück in ihrem Zimmer, hast Du bald wieder die Kopfhörer eingestöpselt und guckst eine Sendung im Kinderkanal.

Ich spreche währenddessen mit Deiner Mutter über ihr bevorstehendes Ende, über ihre Beerdigung und über ein Leben ohne sie. Vor ein paar Wochen noch konnte ich mir nicht vorstellen, dass ich bei einem solchen Gespräch nicht sofort losheulen würde. Wir sind gefasst, manchmal läuft ihr oder mir eine Träne über das Gesicht. Immer wieder sagt sie zu mir, wie gerne sie es gesehen hätte, wie Du erwachsen wirst, wie gerne sie noch viel mehr Zeit mit Dir verbracht hätte. Wie sehr es ihr wehtut, gehen zu müssen. Aber bald schweigen wir wieder mehr, als dass wir reden. Wir sind nicht nur zu müde dazu, sondern zu leer. Es ist alles gesagt, Verzweiflung gepaart mit Erschöpfung liegt in der flirrenden Luft. Und unendliches Leid. Es ist schwer. Unendlich schwer.

Manchmal, wie eine Kerze, kurz bevor sie erlischt, flackert noch einmal ein Hoffnungsschimmer auf. Wird sie es noch schaffen, nach Locarno zu fahren? Ich glaube es nicht mehr. Und dann wieder doch. Wir setzen unsere ganze Hoffnung in die Krebsklinik in Locarno im Tessin, falls Deine Mutter nicht zu schwach für die Reise ist. Sie hat keinen Appetit mehr, das Einzige, was sie noch zu sich nimmt, sind ein paar Erdbeeren, etwas Griesbrei mit Kirschen, manchmal Tee. Sie magert mehr und mehr ab – nur der Bauch wird immer größer.

Immer wieder reden wir auch darüber, ob und wie wir Dir die Wirklichkeit näherbringen sollen, dass Deine Mutter todkrank ist. Oder ob es besser ist, Dich nicht mit der Wahrheit zu konfrontieren. Ich bin mir sicher, Du spürst, dass etwas nicht stimmt, aber Du verstehst nicht wirklich, was sich hier abspielt. Woher solltest Du auch. Nicht einmal ich verstehe diesen Wahnsinn. Ich fühle nur, dass Du bei mir gut aufgehoben bist. Wenn ich für Dich da bin, fühlst Du Dich geborgen, den Eindruck habe ich, und doch weiß ich nicht recht, wie sehr Dir Deine Mama fehlt.

Lieber Jakob, verzeih mir die Wortwahl, aber es ist tatsächlich zum Kotzen – wenn ich nicht viel zu erschöpft dafür wäre. Wenn Deine Mama brechen muss, und sie hat sich viel erbrochen in den vergangenen Wochen, in den vergangenen Jahren – mein Gott, wie oft hat sie sich nach den Chemotherapien oder jetzt, seit sie wieder Morphium bekommt, übergeben –, dann macht mir das längst nichts mehr aus, außer dass mein Mitleid geweckt wird, ich sie stützen, ihr helfen will. Ekel empfinde ich nicht, habe ich nie empfunden. Nicht die unzähligen Male, die ich ihr wohl schon die Schüssel gereicht und zur Toilette getragen habe. Du findest das immer ganz schlimm. Auch jetzt wieder. Wenn Du merkst, jetzt geht es gleich los, setzt Du

Dich in die Hocke, schließt die Augen und stopfst Dir die Finger in die Ohren, damit Du das Gewürge und die Laute, die es begleiten, nicht mit anhören musst. Was wird aus uns? Wer sagt es mir? Lieber Gott im Himmel, wo bist Du?

Dienstag, den 16. Juni 2009. Ich blicke in Gabis schmal gewordenes Gesicht, ihr Blick sucht manchmal nach mir, sucht nach einer Antwort, nach irgendwas, und ich gucke genauso suchend in ihr Gesicht zurück. Ich frage mich, ob wir jemals in die Homöopathieklinik nach Locarno fahren können. Ich weiß es nicht. Mich schmerzt es genauso wie Deine Mama, die immer neuen entmutigenden Sätze der Ärzte zu hören. Jedes Mal, wenn wieder einer dasteht mit irgendwelchen Laborwerten und sie schlechter sind als beim letzten Mal. Warum? Es wird immer düsterer um meine Sonne Gabriele – und wenn sie stirbt, wird so viel untergehen von dem, was mein Leben ausgemacht hat, so viel, dass ich es ihr an diesem Morgen, nachdem ich Dich in die Schule gebracht habe, alles gesagt habe.

Jetzt, mit einem Mal, scheine ich aus dieser eigenartigen, lähmenden Trance der letzten Tage erwacht zu sein. Ich weiß, dass ich die knappe Zeit nutzen muss, die uns noch bleibt, um ihr alles zu sagen – und doch bringe ich am Ende wieder nur Dinge hervor, die ich allesamt schon viele Male beschrieben habe. Es war nicht ein Satz dabei, den sie nicht schon vorher gekannt hätte. Ich sitze an ihrem Bett und schluchze haltlos. Sie, die Todkranke, hält meinen Kopf, streichelt mir über die Haare und tröstet mich! Ich frage sie, ob sie mir etwas zu sagen hat, etwas, was sie mir in all unseren Tagen nicht sagen konnte oder wollte. Ihr fällt nichts ein. Mir auch nicht. Aber ich sage zu ihr: »Ich bitte dich für alles, was ich Dir angetan habe, um Verzeihung!« Und meine damit gar nichts Konkretes. Eher allgemeine Erschütterungen, die meiner unausgeglichenen Persönlichkeit geschuldet sind, Unbeherrschtheiten, die der Preis für eine Existenz an meiner Seite sind. Sie antwortet, sie würde mir vergeben, aber, wie mir scheint, mehr um mir einen

Gefallen zu tun, als dass sie meine Bitte wirklich für angebracht hielte. Sie fügt auf eine sehr liebevolle Art hinzu, dass sie mich versteht und weiß, warum ich in manchem so empfindlich war, in manch anderem überreagiert habe. Sie ist diejenige, die mich versteht, von der ich mich verstanden fühle. Kein anderer Mensch. Und daher weiß sie, warum ich der wurde, der ich bin. Sie kennt als Einzige meine ganze Geschichte, meine Wunden – und kann daher wie kein anderer mit meinen problematischen Seiten und Eigenheiten umgehen. Sie sagt, sie würde mir vergeben. Sie sagt es voller Güte. Ich bin gerührt, aber nicht beruhigt. Ich hasse mich mit einem Mal für all die Momente, in denen ich sie verletzt, in denen ich ihr etwas Dummes, Beleidigendes, Unbedachtes an den Kopf geworfen habe. Gabriele und ich, wir wissen zum ersten Mal, dass wir bald Abschied voneinander nehmen müssen.

Wie damals am Tag nach ihrer zweiten Operation erzählt sie mir wieder von ihrem großen Wunsch nach innerem Frieden. Sie ringt noch immer darum, in einen Zustand zu kommen, in dem es ihr gelingt, davon abzulassen, anderen übelzunehmen, was sie ihr angetan haben. Deine Mutter ist in ihrem Leben von ein paar Menschen sehr verletzt worden – und das hat Narben hinterlassen. Ihr Wunsch ist es bis heute, dass es ihr gelänge, die, die ihr diese Verletzungen zugefügt haben, im Geist ziehen zu lassen. Sie will sich befreien von den negativen Gefühlen, die andere in ihr ausgelöst haben, auch wenn sie lange zurückliegen. Gabi will, dass sich diese Wunde schließt. Ihr Wunsch, anderen vergeben zu können, ist auf einer anderen Ebene als der körperlichen ein Wunsch zu heilen. Ich glaube, sie hat damit immer noch nicht abgeschlossen.

Später hole ich Dich von der Schule ab. Ich weiß, Du kommst nicht sehr gerne hierher. Das Krankenhaus – Du magst es nicht. Es nimmt Dir Deine Mama weg. Es ist zudem ein freudloser, grauer Ort. Aber meistens, selbst jetzt, spielt ihr beiden irgendetwas zusammen – und sei es nur ein Kartenspiel. Ja, selbst beim Spielen mit den Fußballkarten macht Deine Mama noch immer mit.

Du bist heute dabei, als Dr. Mann ins Zimmer kommt. Er ist sehr engagiert und kommt oft noch abends, lange nach Dienstende vorbei, um nach Deiner Mama zu sehen. Er sagt, die Leber werde immer schwächer. Die Leberwerte hätten sich wieder verschlechtert. Er will Deiner Mama übermorgen einen Stent legen, das Röhrchen, um den Leberabfluss zu verbessern. Und er punktiert ihren dicken Bauch, um das Wasser ablaufen zu lassen.

»Now it's getting serious«, sagt Gabi zu mir in Deiner Gegenwart, nachdem der Arzt das Zimmer verlassen hat, nicht ohne einen humorigen Unterton. Wir haben immer Englisch miteinander geredet, wenn Du etwas nicht mithören solltest, aber anwesend warst. Du hast zwar nie verstanden, was wir dann verhandelten. Doch dass es uns ernst war, wenn wir zu diesem Mittel griffen, hast Du schnell kapiert.

Ich überlege zum hundertsten Mal, was und wie viel ich Dir über Gabis Zustand sagen soll. Gabi überlässt diese Fragen mir, wahrscheinlich weil sie selber darauf keine Antwort hat. Ich bin hin und her gerissen. Es hört sich paradox an und trifft doch zu: Du brauchst beides – Klarheit und Unklarheit. Klarheit, die Dir ermöglicht, Dich auf diese Situation einzustellen, mit ihr umzugehen, Unklarheit, damit Dich der Schrecken nicht überwältigt, traumatisiert. Dazu kommt, dass mir selbst die letzte Klarheit fehlt. Dir zu erzählen, dass Deine Mutter nur noch wenige Tage oder Wochen zu leben hat, würde bedeuten, dass ich, dass Gabi, dass wir ihr Ende akzeptiert hätten. Aber im Grunde wollen wir dieses näher rückende Ende auch jetzt noch immer nicht wahrhaben. Ich glaube, Gabi nicht und ich genauso wenig.

Es ist dunkel, als wir uns auf den Nachhauseweg machen. Plötzlich setzt schwerer Regen ein. Wir werden auf unseren Rädern klatschnass von den niederprasselnden Tropfen. Du rufst mir zu: »Papa, es ist eiskalt auf dem Fahrrad!« »Ich weiß«, gebe ich zurück, »aber da müssen wir jetzt durch. Jakob, jetzt müssen wir kämpfen!«

Leide eigentlich nur ich, oder leidest auch Du – und ich merke es bloß nicht? Oder bist Du besser im Verarbeiten? Oder verarbeitest Du gar nichts? »Ich sorge mich um die Mama«, habe ich vorhin gesagt, nachdem wir zu Hause angekommen sind. »Ich sorge mich auch um die Mama, aber auch um das doofe Wetter«, war Deine Antwort. Du schlotterst am ganzen Leib, ich ziehe Dir die nassen Klamotten aus. Du hast Dich unterkühlt. Ich stecke Dich in die Badewanne. Ein heißes Schaumbad. Es geht Dir wieder gut.

Mittwoch, den 17. Juni 2009. Die Sonne scheint wieder, wir radeln durch die ganze Mainzer Innenstadt bis zu Deiner Schule. »Tschüss, mach's gut!« »Tschüss, Papa!« Danach fahre ich wie schon so oft den Berg hoch zum Klinikum. Aber Deine Mama ist nicht in ihrem Zimmer. Ich frage nach und erfahre, dass man eine Sonografie macht, also eine Untersuchung der Leber. Sie wollen feststellen, ob man das Röhrchen legen kann, das die Leber entlastet. Nach langem Suchen finde ich Deine Mama irgendwo in diesem Riesenlabyrinth von Krankenhaus. Sie sitzt wie ein Häufchen Elend auf einem Stuhl vor einem Behandlungszimmer und wartet auf einen der immer missmutigen Taxifahrer, der sie auf die Station zurückbringen soll. Das mit dem Stent werde nicht gemacht, weil es gar nicht notwendig sei, erfahre ich gleich. Der Abfluss ist in Ordnung, sagt sie leise und blickt mich traurig an. Das eigentliche Problem sei, dass, wie die Aufnahmen zeigten, praktisch die ganze linke Leberhälfte nur noch aus einem großen Tumor bestehe.

Als ich sie so dasitzen sehe, kann ich meine Tränen nicht zurückhalten. Es ist nicht allein der Verlust meiner großen Liebe, den ich beweine. Ich merke, wie unheimlich Leid sie mir tut. Was muss sie nur erleiden! Körperlich, aber auch seelisch. Ihre Augen liegen tief in den Höhlen, sie sieht sehr schwach aus. Wie grausam, wie unerbittlich kann so ein Leben sein! Warum nur muss sie dies alles ertragen? Warum?

Heute, lieber Jakob, ist der Tag, an dem ich sicher weiß, dass sie bald stirbt. Angesichts dieses Befunds kann ich mir nicht mehr vorstellen, dass es noch einen Weg zurück ins Leben gibt. Wir fahren mit dem Taxi auf die Station zurück. Und reden. Und weinen. Ich sage ihr erneut, dass es nichts gibt, was ich ihr noch sagen könnte, noch sagen müsste – was ich mir für eine solche Situation aufgehoben hätte. Ich habe ihr meine Gefühle immer offen gezeigt. Und dennoch habe ich das Bedürfnis, ihr noch einmal zu sagen, was für ein wundervoller Mensch sie ist. Ich sage ihr, wie dankbar ich ihr sei. Weil sie mir so viel von ihrer Güte, ihrer Wärme, ihrem Strahlen gegeben habe. Über meiner Existenz schwebte lange Zeit ein Schatten, sie war der Mensch, der ihn vertrieb. Sie hat mich gelehrt, meine eigenen Gefühle zu erkennen, indem sie mich zu deren Ursprüngen geführt hat. Mit ihr habe ich mich selbst neu kennengelernt: Ihrem Einfluss habe ich eine Persönlichkeitsentwicklung zu verdanken, ohne die ich heute nur ein halber Mensch wäre.

Und für Dich? Wer ist sie für Dich? Die beste Mama der Welt natürlich. Immer war sie sehr herzlich, sehr liebevoll, sehr aufmerksam – aber auch offen, eindeutig, direkt, ohne dabei je schroff zu werden. Lange nicht so ungeduldig, wie es Dein Vater ist, wenn er etwa neben Dir an Deiner Elektroorgel steht und ungemütlich wird, weil Du die Weisen von Deiner Klavierlehrerin nicht fehlerfrei herunterspielst. Deine Mama hat eine ganz eigene, innige Art, Dir ihre Liebe zu zeigen. Sie ist zärtlicher zu Dir als ich. Und ich glaube, sie ist noch verständnisvoller Dir gegenüber. Vor allem kann sie sich viel besser in Deine Spielwelten versetzen. »Mein Mäuselchen« hat sie Dich gleich am Tag nach Deiner Geburt genannt, und so nennt sie Dich manchmal heute noch.

Nachher werde ich Dich von der Schule abholen. Wir werden wieder zu Deiner Mama ins Krankenhaus gehen. Zu Hause wohnt sie nun schon lange nicht mehr – obwohl dort überall ihre Sachen, ihre Klamotten, ihre halb fertigen Halsketten herumliegen. Das letzte Mal, als sie noch länger zu Hause war, in den letzten Maitagen, da wollte sie, etwas spät im Jahr, ihre Wintersachen verstauen und die Sommersachen aus den unzähligen Kisten, Fächern und Schränken herausholen – wie sie das all die Jahre gemacht hat. Sie hat diese jährliche Kleideraktion nicht mehr beenden können. Alles liegt noch so da, wie wenn sie gerade inmitten der ganzen Umräumerei eine

Kaffeepause eingelegt hätte. Aber das Chaos in unserer Wohnung ist mir gleichgültig. Was im Augenblick interessiert, ist nur, wie es Gabi, wie es Deiner Mama geht.

Gestern Abend habe ich Dich beim Lesen vor dem Einschlafen gefragt: »Was meinst du, wie geht es der Mama?« Du hast von Deinem *Tim-und-Struppi*-Heft aufgeblickt und gesagt: »Ich glaube, nicht so gut.« Dann habe ich Dich gefragt: »Meinst du denn, sie wird wieder gesund?« »Ich hoffe es«, hast Du gesagt. Heute hat meine Hoffnung wieder einen großen Knacks bekommen. Aber ich bin schon dabei, neue zu schöpfen: nicht aus Zweckoptimismus, sondern weil ich gerade jetzt, da alles so schlimm steht, hoffnungsvoll sein möchte. Ich will mir eine kleine, letzte Hoffnung bewahren. Ich will mir mein Licht nicht ausblasen lassen. Von keinem Schicksalssturm der Welt. Ich will hoffen, glauben. Auch wenn ich gar nicht weiß, woran.

Freitag, den 19. Juni 2009. Als ich heute Morgen in Gabis Zimmer komme, hat sie starke Schmerzen. Sogenannte Durchbruchsschmerzen, kurze krampfartige Schübe. Sie bekommt eine Fentanylspritze, die schnell wirkt, aber auch sehr benommen macht. Sie sagt mir noch, sie mag es nicht, wenn sie so wegdämmert und nicht mehr alles mitbekommt, was um sie herum geschieht. Ich sitze ein paar Stunden bei ihr am Bett. Später geht es ihr besser. Ich stütze sie beim Aufstehen. Ich helfe ihr im Bad, wasche ihr die Haare. Wir sprechen mit einem Schmerztherapeuten. Er rät uns, in die Palliativstation umzuziehen. Gerade wegen des bevorstehenden Wochenendes. Dort könne viel schneller und besser auf Gabis Schmerzen reagiert werden als hier. Aber wir wollen nicht recht. Wir beschließen, uns die Palliativstation erst einmal anzuschauen.

Ich schiebe Gabi im Rollstuhl in diesen Teil des Klinikums. Wir entscheiden, dass sie erst mal in ihrem bisherigen Zimmer bleibt. Es ist schöner, und sie will lieber erst am Montag hierher. Palliativstation – früher löste das Wort einen Schock bei uns aus, jetzt nicht mehr. Unsere Scheu vor diesem Ort weicht, je größer die Schmerzen bei Gabi werden. Es ist alles so fürchterlich, und doch bin ich gefasst.

Ich bin voll stummer Wut in den Momenten, in denen ich darüber nachdenke, warum man mir die Frau, warum man Dir die Mama nimmt. Wütend auf das Schicksal. Gabi wehrt sich nicht mehr. Sie lässt geschehen, begibt sich in meine Hände.

Du bist in der Schule. Und ich denke, sie tut Dir gut. Sie ist ein Ort der Kontinuität, ein Ort, an dem alles bleibt, wie es ist, in dieser schrecklichen Zeit, in der sich die Ereignisse bei uns überstürzen. Deine Schule, eine Stätte der Sicherheit inmitten unsicherer Tage. Du gehst fast immer gerne dorthin. Und hier in unserer Wohnung, wo ich schreibe? Zu Hause kommt es mir längst einsam vor. Mit kleinen Unterbrechungen ist Gabi jetzt seit zweieinhalb Wochen wieder in der Klinik. Es ist leer ohne sie – und es wird jeden Tag ein bisschen leerer. Werde ich hier bald mit Dir alleine hausen? Was für eine Katastrophe. Was für eine Zeit.

Samstag, den 20. Juni 2009. Wir sind im Krankenhaus bei Deiner Mama. Sie ist benommen von den starken Schmerzmitteln, und so gehen wir bald wieder, weil sie schlafen will. Ich weiß nicht, ob es gut ist, jetzt zu gehen. Aber ihr ist es so lieber. Sie trägt uns noch lächelnd auf, saure Stäbchen vom Süßigkeitenstand mitzubringen. Denn am Rheinufer ist heute Volksfest wegen der bevorstehenden Johannisnacht. »Klar, machen wir!«, sagst Du und gibst ihr ein Küsschen.

Wir beide schlendern hinunter in die Altstadt. Bevor wir auf den Rummelplatz gehen, wollen wir aber ins Kino. *Nachts im Museum II.* Wir amüsieren uns. Du Dich sehr, ich mich ein bisschen. Während Du gebannt auf die Leinwand blickst, ganz in der Story aufgehst, schweife ich immer wieder ab, meine Augen tasten sich durch das Dunkel, der Film verschwimmt, die Geräusche, ich nehme sie nicht wahr. Ich sitze hier im Kino – und in der Klinik liegt meine todkranke Frau. Ich versuche wieder, die schrecklichen Gedanken zu vertreiben, den Film zu verfolgen, schweife neuerlich ab. Eine recht sonderbare Kinovorstellung – wenigstens für mich.

Eine Tüte Popcorn verputzen wir, und Fanta wird getrunken. Ich glaube, ich habe seit mindestens dreißig Jahren keine Fanta mehr getrunken. Danach gehen wir zu Fuß auf den Rummel. Wie jedes Jahr gibt es hier viele Stände, Kettenkarussells, Boxautos – das Übliche eben. Wir entscheiden uns für einen Trip mit der Geisterbahn. Was für ein Witz! Was für eine Lachnummer im Vergleich zum wahrlich gruseligen Leben, das wir führen. Selbst Du lässt Dich kaum beeindrucken, lachst mit mir über den ganzen Quatsch, über die Pappmacheeköpfe und die ausgeleierten Skelette, die dringend renoviert werden müssten, über das Ho-Ho-Ho der rotäugigen, zähnefletschenden Monster, das in schlechter Tonqualität aus den Lautsprechern scheppert. Mir gefällt die Geisterbahn. Mir haben immer Dinge gefallen, die unfreiwillig komisch waren. Am Ende kaufen wir eine Tüte saure Stäbchen für Deine Mama.

Sonntag, den 21. Juni 2009. Wir waren heute Morgen zum Brunch bei Elena eingeladen. Elena ist die Mama von Sophia, die Du im Musikunterricht kennengelernt hast und die in Deine Parallelklasse geht. Aber wir schauten nur kurz vorbei, jetzt sind wir wieder bei Gabi in der Klinik. Du liest oder stöpselst Deine Kopfhörer am Krankenhausbildschirm ein, Deine Mutter und ich gehen auf dem Flur der Station auf und ab und unterhalten uns. Ein ruhiger Sonntagnachmittag, an dem nichts passiert.

Lieber Jakob, gestern Abend haben wir beide nochmals über die Zukunft gesprochen. Ich habe Dir gesagt, dass Deine Mama bald sterben könnte. »Ich weiß!«, hast Du mit ernster Miene erwidert. Ich will Dir keine unnötige Angst einjagen. Aber im jetzigen Stadium gehört es dazu, Dir zu sagen, dass Deine Mama bald sterben *kann*. Dir zu sagen, dass sie bald sterben *wird*, das traue ich mich immer noch nicht. Vielleicht nur, weil ich es selbst noch immer nicht wahrhaben, vielleicht weil ich selbst nicht aufgeben will. Insgeheim hoffe ich nämlich weiterhin darauf, dass es eine Pause geben wird, in der wir Luft holen können, in der das Fortschreiten der Krankheit einfach für einen Moment gestoppt, unterbrochen wird, für wie lange auch immer. Und das ist nicht unmöglich. Auch im jetzigen Stadium kann niemand genau vorhersagen, wie es weitergeht. Kann sein, dass ich mir etwas vormache. Ich kann schon lange nicht mehr beurteilen, was berechtigte letzte Hoffnung ist und was pure Illusion.

Vor dem Zubettgehen habe ich wieder in einem Ratgeber gelesen. Es geht darum, ob und wie man Kinder an der Krebskrankheit eines Elternteils teilhaben lässt. Mich interessieren aber nur die Seiten, auf denen steht, wie man sie in das Sterben an Krebs einbezieht. Ich will es richtig machen, wenn Deine Mama stirbt. Ich will Dich so schonend, so vorsichtig und behutsam wie irgendwie möglich mit einbeziehen. Und doch ahne ich, »schonend« wird es nicht gehen. Das kann ich getrost vergessen. Der Tod Deiner Mutter wird ein gewaltiger Schock für Dich sein. Ich will aber nicht, dass Du geschockt, verletzt, traumatisiert wirst. Und trotzdem wird der Tod Deiner Mutter in Dir wohl seine Spuren hinterlassen. Ich habe den Ratgeber aus der Hand gelegt, es stand nichts drin, was mir wirklich geholfen hätte.

Ich habe Dir gesagt, dass wir eine schwere Zeit erleben – auch wenn wir sie unterschiedlich wahrnehmen. Du erlebst sie – und das ist gut so – nur so zwischendrin, periodisch als schwer. Du bist ein Kind – und viel besser als ich darin, Dich dann und wann in etwas ganz anderes zu stürzen, Dich mit etwas zu beschäftigen, was Dich voll und ganz ablenkt, ausfüllt und Dich nicht grübeln lässt. Aber so ganz schlecht bin ich in dieser Übung auch nicht. Ich habe mich verbessert. Ich kann sogar noch immer ab und zu mit Dir lachen. Ein bisschen wenigstens. Sollte man auch mal dazusagen.

Ich vermute, eher unbewusst als bewusst bereite ich mich auf den Tod Deiner Mutter vor. Seelisch, emotional – aber dann auch wieder ganz praktisch. Eigenartig, was ich so alles tue in den letzten Tagen, in dieser Zeit, in der Gabi noch lebt! Ich organisiere bereits Dinge für die Zeit nach ihrem Tod. Man könnte das höchst verantwortliches Verhalten nennen, das noch dazu von einem kühlen Kopf in größter Verzweiflung zeugt. Ich telefoniere mit Versicherungen, Rechtsanwälten wegen des Testaments und habe auch schon die Nummer von Bernd rausgelegt, unserem Pfarrer von damals, als wir geheiratet haben. Ich möchte, dass er die Beerdigungszeremonie leitet. Gabi meinte, das sei eine gute Idee. Und doch sind ihr diese letzten Angelegenheiten, selbst jetzt, da sie fühlt, dass sie wohl nicht mehr allzu lange zu leben hat, nicht wirklich wichtig. Ihre Beerdigung interessiere sie nicht, hat sie mir in einem unserer letzten Gespräche gesagt. Ich weiß auch, warum. Sie interessiert das Leben, nicht das Sterben.

Während ich das alles regele und über die Zeit nach Gabis Tod nachdenke, fühle ich mich ein wenig wie ein Verräter. Denn sie lebt ja noch. Ich habe ein schlechtes Gewissen dabei, so als ob die Organisation der Dinge, die mit Gabis Tod verbunden sind, diesen tatsächlich erst herbeiführen – oder zumindest beschleunigen würden. Immer öfter wandern meine Gedanken zu ihrer Beerdigung. Manchmal, weil ich sie einfach nicht verscheuchen kann, manchmal auch deshalb, weil ich vorbereitet sein will. Und nicht am Tag X Probleme lösen muss, für die dann kein Raum mehr ist. Seit ein paar Tagen überlege ich mir immer wieder, wen ich einlade, ob es eine Trauergesellschaft geben soll oder nicht, ob man danach noch zusammensitzt und wenn ja, wo. Eine Beerdigung mit vielen Leuten scheue ich eigentlich, weil ich manche gar nicht sehen will. Oder ist es dann doch meine Aufgabe, für alle, die Gabi kennen, eine Möglichkeit zu organisieren, von ihr Abschied zu nehmen? Sympathischer wäre mir, sie im kleinen Kreis zu bestatten, mit einer kleinen Trauerfeier.

»Soll ich deine Brüder benachrichtigen, soll ich sie zum Zusammensein nach der Beerdigung einladen?« Deine Mutter zuckte die Achseln, als ich ihr vorhin die Frage gestellt habe. Mir fällt es sehr schwer, mit ihr über ihre Beerdigung zu sprechen, ich muss große innere Widerstände überwinden, denn ich habe schreckliche Angst, ihr damit wehzutun. Aber etwas in mir sagt mir, dass es wichtig ist, mit ihr über ihren letzten Willen oder die Art zu sprechen, wie wir ihren Abschied begehen sollen. Doch sie scheint sich mit diesem Thema nicht beschäftigen zu wollen. Sie hat mir früher schon mehrmals gesagt, es sei ihr völlig einerlei, wie die Beerdigung aussehe. Sie hat keine speziellen Wünsche, will keine große Theatralik. Was hat Vorrang? Was, wenn am offenen

Grab irgendein entfernter Verwandter die achtseitige, eng getippte Rede auspackt – und zur Selbstdarstellung ansetzt? Heuchelei am Tag ihrer Beerdigung – das würde ich nicht ertragen.

Montag, den 22. Juni 2009. Heute Morgen beim Duschen fällt mein Blick wieder auf die provençalische Seife auf dem Rand unserer Badewanne. Sie war einmal ein faustgroßer violetter Würfel, durchsetzt von Lavendelsamen – ein Mitbringsel aus Südfrankreich. Damit wasche ich mich jeden Morgen. Also wird die Seife täglich kleiner und ist jetzt gerade mal noch so groß wie eine Walnuss. Irgendwie hat mein Unterbewusstsein eine Verbindung zwischen Gabis Zustand und dem allmählichen Verschwinden der Seife hergestellt. Ich bilde mir ein, mit jedem Benutzen der Seife – wodurch sie eben auch kleiner wird – an Gabis Wenigerwerden mitzuwirken. Daher habe ich aufgehört, mich damit zu waschen. Ich rühre sie nicht mehr an, sondern betrachte sie mit großem Respekt. Ist zwar irgendwie etwas bizarr, aber in diesem Leben ist vieles irrational.

Als ich Dich in die Schule gebracht habe und zehn Minuten später Gabis Zimmer betrete, ist sie sehr müde, benommen. Aber doch etwas klarer als zuletzt. Ihre Werte haben sich wieder verschlechtert, erzählt sie mir bald. Draußen kündigt sich ein heißer Tag an. Wir wollen nochmals ihr Zimmer auf der Palliativstation inspizieren. Ich schiebe sie im Rollstuhl durch das Klinikgelände. Wir kommen an einem Parkbänkchen vorbei. Der Ort, an den wir uns vor etwas mehr als vier Jahren am 23. März 2005 zurückgezogen haben, um die Nachricht zu verdauen, dass der Befund von Gabis Zellentnahme bösartig war. Mir fällt wieder ein, wie damals zufällig zwei Krankenhausclowns um die Ecke gebogen kamen, uns erblickten und versucht haben, uns mit ein paar lustigen Gesten und Grimassen aufzumuntern. »Erinnerst du dich?«, frage ich Gabi. Sie nickt. Ich habe einen Einfall. »Letztes Jahr hast du gesagt: Das ist vielleicht mein letzter Sommer!«, sage ich. »Es war nicht dein letzter Sommer. Gestern war Sommeranfang.« Sie schweigt und blickt mich ausdruckslos an.

Wir erreichen die Palliativstation. Zimmer vier. Eine doch eher schäbige Bude. Bad und Klo auf der gegenüberliegenden Seite des Flurs. Das Klo stinkt nach Urin. Das Zimmer liegt ebenerdig. Wenn draußen Leute vorübergehen, kann man durch die dünnen weißen Vorhänge kurz ihre Gesichter sehen, sie reden hören, erst recht, wenn die Fenster gekippt sind. Die Krankenhauskantine liegt vis-à-vis – irgendwelche Geräte, ich tippe auf Klimaanlagen, sondern ein brummelndes Dauergeräusch ab. Gabi, die immer sehr kritisch war, wenn ein Zimmer im Hotel nicht in Ordnung war, mault in meine Richtung. »Was? Hier drin soll ich sterben?« Es ist eine Mischung aus ernsthaftem Protest und Galgenhumor, wie sie ihn in den letzten Wochen jedoch kaum noch an den Tag gelegt hat. Ich sage ihr, die Schwestern hätten gemeint, das Zimmer sei nur eine vorübergehende Unterkunft. Morgen oder übermorgen bekäme sie eines zum Innenhof hin, da würde sie auf schöne Bäume blicken. Wir sind einverstanden. Wir kommen wieder auf das Thema Beerdigung. Wer soll kommen dürfen, wer nicht? »Entscheide du das!«, sagt sie nur schwach, auch ein wenig ärgerlich. Ich berichte ihr, dass ich mit ihrem Chef gesprochen, ihn benachrichtigt habe, dass sie länger ausfallen würde. Sie hatte mich darum gebeten. Wie lange, könne man momentan nicht sagen, habe ich ihm mitgeteilt. Gabi wollte, dass ich es so formuliere. Ich nehme an, ihr Chef hat verstanden, was los ist. In der Arbeit wissen sie jetzt also, dass Gabi schwer krank ist, aber es geht wohl niemand davon aus, dass sie nicht wiederkommen könnte. Ihr Chef hat betroffen auf die Nachricht reagiert. Er hat gefragt, ob man sie besuchen könne. Gabi will das nicht, und das habe ich ihm so auch ausgerichtet.

Ich sitze auf dem großen Sessel gegenüber von ihrem Bett. Wieder überlege ich, was wir unbedingt noch besprechen sollten. Mir fällt nichts ein. Endlich komme ich auf eine eigenartige Idee: Ich sage ihr, sie müsse mir, ehe sie sterbe, noch die Rezepte für die vier Cocktailsaucen diktieren, die es an Weihnachten immer zum Fleischfondue gibt. Gabi erwidert nur kurz und knapp, das wolle sie nicht. Ich bin irritiert. Dann lacht sie leise und fährt fort, sie wolle die Saucen an Weihnachten selber machen!

Dieser Gag überrascht mich, reißt mich aus meiner Traurigkeit. Sie bringt mich damit zum Lachen. Weißt Du, lieber Jakob, ich dachte immer, wenn das Leben einmal endet, dann sagt man sich die ganz großen letzten Dinge, vielleicht sogar solche, die man sich extra für diese Momente aufgehoben hat. Ich habe Deiner Mutter gegenüber viele solcher Bekenntnisse ausgesprochen, habe sie zu würdigen versucht, ihr meine Liebe erklärt. Und doch, wenn alles gesagt ist und der Tod noch etwas wartet, wenn er nochmals eine Runde in den Grünanlagen dreht, bis er wieder vorbeischaut, was redet man so lange? Man endet selbst jetzt bei Belanglosem, man plaudert über dies und das, von allem was – und macht sogar noch ein Witzchen. Aber die Geschichte mit den Saucen ist doch mehr. Sie ist eine Forderung, eine Willensbekundung. Deine Mama will nicht sterben.

Gabis Bauch ist noch dicker als zuletzt. Voller Wasser. Sie nimmt fast gar nichts mehr zu sich. Ein bisschen Joghurt, Birne, Erdbeeren, Johannisbeeren. Tee. Und Grapefruitsaft.

Meine Sonne geht von mir. Jeden Tag ein bisschen mehr. Erst recht, seit das Morphium Gabi nicht nur den Schmerz, sondern auch die Vitalität nimmt. Sie mag es nicht, das Morphium. Immer wieder hat sie mir gesagt, ihr sei schleierhaft, warum Drogenabhängige viel Geld dafür ausgeben würden.

Gabi wird schwächer, und damit wird auch das, was uns verbindet, weniger, dünner, brüchiger. Sie zieht sich zurück, wird scheinbar teilnahmsloser. Ein Rückzug, den sie allerdings immer wieder aufgibt, wenn Du da bist. Selbst in diesen Tagen schafft sie es trotz ihrer körperlichen Schwäche noch, sich mit Dir zu unterhalten, ein bisschen zu spielen, so auch heute, als Du sie nach dem Ende der Nachmittagsbetreuung in Deiner Schule gegen 16 Uhr besuchen kommst.

Oft hocke ich jetzt da und habe das Gefühl, noch mehr als mich braucht sie Ruhe. Ich bin fast nicht mehr gefragt. Ein eigenartiges Gefühl. Nichts tun zu können. Zu reden strengt sie an. Zuzuhören fast genauso. Also schweige ich. Massiere ihr ab und zu die Füße, die Stirn, den Haaransatz, die Ohren. Ob sie nochmals zurückkommt?

Wenigstens ein paar Meter? »Gabi, ich glaube, heute macht die Humpis-Stube in Ravensburg auf!«, fällt mir plötzlich ein. »Nach drei Jahren Renovierung müsste heute die Wiedereröffnung sein!« Die »Humpis-Stube« – das war früher unser Lieblingslokal in Ravensburg. »Gabi, weißt du was?«, sage ich, »ich hole dich nachher mit dem Auto ab, wir schmeißen deine Sachen in den Kofferraum und dann fahren wir dorthin. Zwiebelrostbraten essen.« »Klar«, sagt sie, »so machen wir's!« – und lächelt. »Wir hauen hier einfach ab!«

Ach, wäre das schön. Ich würde alles dafür geben. Wie gerne würde sie mit mir jetzt in einen Urlaub starten, sagt sie mir. Tatsächlich haben wir noch vor ein paar Wochen davon gesprochen, in die USA zu fliegen, nach Chicago, Bekannte von Gabi besuchen. Oder nach Andalusien. Oder wenigstens nach Ravensburg zu fahren.

Dienstag, den 23. Juni 2009. Morgens habe ich Dich in die Schule gebracht, dann wieder mit dem Rad zu Gabi. Sie ist schwach und müde. Ich bringe ihr frische Wäsche. Ich kaufe ein, was sie möchte. Ich kenne ihre Wünsche auswendig: Grießpudding mit Himbeerecke, Vanillejoghurt, Grapefruitsaft, Erdbeeren. Wie immer seit nunmehr drei Wochen hocke ich danach am Tisch und esse das Hefeteilchen, das eigentlich ihr Frühstück ist, das sie aber nicht runterkriegt. Dann hole ich mir einen Krankenhauskaffee. Der auf der Palliativstation ist etwas besser als der in der Frauenklinik. Ich helfe ihr beim Aufstehen, beim Waschen, unter der Dusche. Wir drehen eine kleine Runde im Innenhof der Palliativstation. Wir reden ein bisschen. Ein paar Sätze über Locarno. Wie sie sich fühlt. Aber es fällt Gabi schwer zu reden. Ich halte ihre Hand, massiere wieder ihre Kopfhaut, streichle ihr über ihre kurzen, dicken Haare. Sie will sich hinlegen.

Irgendwann gehe ich nach Hause, wo ich, wie immer in diesen Tagen, nichts mit mir anfangen kann. Ich tigere durch die Wohnung, checke meine E-Mails viermal am Tag. Ich bin voller Unruhe. An produktive Beschäftigung ist schon lange nicht mehr zu denken. Ich krieg nichts hin, die Konzentration ist weg. Das Einzige, was mir noch gelingt, ist, das Protokoll hier zu führen. Ansonsten ist meine Hauptbeschäftigung, vor mich hinzuglotzen. Ab und zu ein pseudowichtiges Telefonat. Und dann ist es schon wieder Zeit, Dich abzuholen. Wieder in die Klinik zu gehen. Du hockst am Tisch und ordnest Deine Match-Attax-Bilder, informierst uns über die Punktezahl im Angriffs- und Abwehrverhalten der einzelnen Spieler. Ich sitze nur da. Bin leer und ausgebrannt. Hole Tee für Gabi. Sterben, das lerne ich in dieser Zeit, ist nicht Kämpfen, Schreien, sich Winden, Heulen und Zähneklappern. Sterben, zumal Gabis Sterben nach einer langen, erbarmungslosen Leidenszeit, ist Sichabfinden, ist Geradeausblicken ins Nichts, stummes Warten auf das Ende.

Mittwoch, den 24. Juni 2009. Alles ist unverändert. Morgens Visite, dann ein Einzelgespräch mit dem Leiter der Palliativstation. »Wie geht es denn jetzt weiter?«, will Gabi wissen. Noch immer haben wir die Idee nicht aufgegeben, Gabi nach Hause zu holen, und sei es nur, damit sie zu Hause sterben kann. Und seit ein paar Tagen ist – wenigstens in unseren täglichen Lagebesprechungen – wieder die Klinik in Locarno im Gespräch. Der Arzt wird sehr ernst. Er sagt uns ganz offen, er rechne damit, dass es schnell gehen kann. Eine Woche, zwei Wochen, vielleicht etwas mehr. So genau könne man das nie sagen. Als er wieder draußen ist, gucken wir uns ungläubig, auch etwas erschrocken an. Gabi steigen zum ersten Mal seit langem wieder Tränen in die Augen, aber sie weint nicht. Es ist ein Unterschied, ob man meint, die Wahrheit zu kennen – oder sie aus dem Mund eines Arztes zu hören. Erst jetzt wird uns klar, dass es zwar eine Ahnung gab, dass Gabi schon bald sterben würde, eine Ahnung, die wir beide aber nicht wirklich als eine unumstößliche Gewissheit erfasst hatten. Jetzt ist sie ausgesprochen. Es wirklich wissen – das tun wir erst jetzt. Es musste ein anderer, ein Dritter kommen, um den bevorstehenden Tod zu verkünden, um den letzten Zipfel Hoffnung abzuschneiden, der uns noch geblieben war.

Nachmittags kommst Du wieder hierher. Du bist etwas missmutig heute, Du willst raus, Dich bewegen, anstatt still zu sitzen und zuzuhören, wie wir unsere traurigen Gespräche führen – wobei wir sie weiterhin vorwiegend dann führen, wenn Du die Kopfhörerstöpsel in den Ohren hast und Kinderkanal im Krankenhaus-TV guckst. Meistens liest Du oder malst drüben am Tisch ein Bild oder ordnest Deine Fußballbilder neu. Du konntest Dich schon immer ganz gut mit Dir selbst beschäftigen. Gott sei Dank ist es heute nicht so langweilig, wie von Dir befürchtet, denn heute überreiche ich Dir Dein »Match-Attax«-Album«, das Dir Tante Irene mit der Post geschickt hat. Du freust Dich riesig. Sofort beginnst Du, alle Deine »Match-Attax«-Fußballbilder in das neue Album einzusortieren. Eine ganz schön große Aufgabe bei über hundertfünfzig Sammelbildern! Irgendwann hast Du es geschafft. Du krabbelst zu Deiner Mama unter die Decke, wie Du es immer gemacht hast. Kuscheln auf der Palliativstation. Aber Du darfst nicht einschlafen. Wir müssen ja noch nach Hause fahren! »Ein bisschen noch!« »Okay, noch fünf Minuten, mein Mäuselchen!«, sagt Deine Mama und streicht Dir über die Haare.

Donnerstag, den 25. Juni 2009. Ich bringe Dich zur Schule. Bei Gabi treffe ich um kurz nach halb zehn ein. Ich bemerke keinen Unterschied zum Vortag. Wieder esse ich das Hefebrötchen, ihr Frühstück steht unangetastet da. Der Stationsarzt sagt bei der Visite, dass es momentan eher keine Chemotherapie mehr geben werde. Die Leber sei zu schwach. Bald landen wir in unseren Gesprächen wieder bei der Frage, warum es so wenig Mitgefühl für Gabi gibt. Auch in den letzten Tagen gab es nur wenige Anzeichen der Anteilnahme. Dieses Thema treibt Gabi nach wie vor um. Sie versteht es nicht. Sie ist gekränkt. Aber wir lassen es bald sein.

Ich habe mich heute entschieden, auf das Angebot einzugehen, das mir der Stationsarzt schon gestern gemacht hat. Es gibt hier eine Sozialpädagogin, die für die Kinder schwer krebskranker Eltern zuständig ist. Sie könnte sich um Dich kümmern, jetzt, wo sich alles zuspitzt und ich voll und ganz für Gabi da sein will. Sie könnte Dir, sozusagen »kindgerecht« und von neutraler Seite, das Unfassbare, den bevorstehenden Tod Deiner Mutter näherbringen. Ich spreche mit Gabi, ob wir diese Hilfe annehmen sollen. Sie ist skeptisch. Vielleicht ist sie auch gar nicht mehr willens, mit mir das Pro und Contra eines solchen Schrittes zu erörtern.

Schließlich unterhalte ich mich mit der jungen Frau ein erstes Mal. Sie erklärt mir, worin sie ihre Aufgabe sieht. Sie spricht davon, dass Kinder feine Antennen hätten und alles, was mit der Krebserkrankung zu tun hätte, intensiv wahrnähmen. Aber viele Kinder trauten sich oft nicht, darüber mit ihren Eltern zu sprechen, vor allem, wenn sie spürten, dass Erwachsene damit nicht offen umgehen. Sie bietet mir an, Deine Fragen zu beantworten und Dir auf ihre Art verständlich zu machen, was gerade los ist, auch dass Deine Mutter bald sterben wird.

Ich spreche wieder mit Gabi. Wir können uns nicht recht entscheiden. Wir beide bezweifeln weiterhin, dass es gut ist, zum jetzigen Zeitpunkt ihrer Erkrankung eine im Grunde fremde Person hinzuziehen. Sie so nah an uns alle heranzulassen. Aber ich fürchte auch, dass ich längst in einem Ausnahmezustand bin und mich nicht mehr auf meine Entscheidungskraft verlassen kann. Ich misstraue mir selbst, jetzt das Richtige zu tun. Deine Mutter hat zu dem Thema keine abschließende Meinung. Es kommt zu einem Gespräch zu dritt. Die Pädagogin erzählt nun auch Gabi, was sie für uns tun könnte. Deine Mutter hört ihr zu – und ist weiterhin unschlüssig. Sie weiß nicht recht, was sie damit anfangen soll. Ich, ehrlich gesagt, auch nicht. Denn eigentlich sind wir offen zu Dir und haben auch nicht das Gefühl, dass Du Dich nicht trauen würdest, mit uns über Gabis Krebs zu sprechen. Die Pädagogin sagt uns eigentlich nichts Neues. Mir kommt ein Verdacht. Vielleicht ist mein eigentliches Motiv, ihr Angebot anzunehmen, dass ich selbst eine große Scheu davor habe, Dir, lieber Jakob, wehzutun, wenn ich Dir mitteilen müsste, dass Deine Mama nun tatsächlich gehen wird – und diese schwierige Aufgabe daher nur zu gerne an jemand anderes abgebe. Kann gut sein, aber ich bin mir nicht sicher. Schließlich willige ich doch ein. Wir vereinbaren für morgen Nachmittag einen Termin, an dem Du die Pädagogin zum ersten Mal treffen sollst.

Irgendwann am späten Vormittag sagt Gabi, ich solle ihr unsere kleine Digitalkamera geben, die ich gestern mitgebracht habe. Sie hat sich nun doch entschlossen, Dir zum Abschied einen Film zu schenken, eine persönliche Botschaft, wie sehr sie Dich liebhat und was sie Dir für Deinen Lebensweg mitgeben will. Sie will Dir etwas hinterlassen, das Du immer wieder ansehen kannst, wenn sie einmal nicht mehr ist. Lange hielt sie nichts von dieser Idee. Wir hatten schon ein paarmal darüber gesprochen. Jetzt hat sie sich doch dazu durchgerungen. Aber, so sagt sie mir, sie wolle das alleine machen. Ich solle nicht im Raum sein. Damit sie sich selber filmen kann, zeige ich ihr, wie weit sie die Kamera von sich weghalten muss, während sie aufrecht im Bett sitzt. Ich fotografiere sie probeweise einige Male, damit sie sieht, welchen Bildausschnitt sie hat, wenn sie sich selbst mit ausgestrecktem Arm aufnimmt. Ich denke nicht viel in diesem Moment und doch kommt mir der Gedanke in den Sinn, wer weiß, vielleicht sind diese Fotos die letzten Bilder Deiner Mama. Auf einem lächelt sie sogar.

Wir brechen das Unterfangen ab, als eine Putzfrau ins Zimmer kommt. Eine Italienerin aus Molise – wir plaudern mit ihr über unseren letzten Toskanaurlaub. Über Bella Italia. Sie geht hinaus. Schon steht die Krankengymnastin in der Tür, sie stammt aus Baden-Baden. Das wird unser nächstes Gesprächsthema, weil wir ja zwei Jahre, Gabi noch länger, dort gewohnt haben. Ein überraschend angeregter Smalltalk über Bekanntes. Dann massiert sie Gabi den Rücken und den Nacken. Als die Frau wieder draußen ist, hockt Gabi immer noch mit ihrem dicken Bauch auf der Bettkante. Die Kamera liegt auf dem Nachttischchen neben ihrem dicken Schmöker. Ich streichle ihr Gesicht, und sie sagt zu mir: »Komm, wir drehen eine kleine Runde.« Ich stütze sie, und wir verlassen das Zimmer, gehen langsam, Schritt für Schritt, bis ans Ende des Flurs, wo wir an dem Seil ziehen, das den automatischen Türöffner auslöst. Die Flügel der Tür zum Innenhof der Palliativstation öffnen sich: ein nett hergerichteter Ort mit Blumen, Büschen, Vogelgezwitscher inmitten der Klinikindustrie. Es ist drückend heiß. Wir setzen uns zuerst in die Sonne, suchen aber sogleich Schatten. Gabi ist es nicht wohl hier, es ist viel zu schwül. »Wie geht es dir heute?« »Ach ...«, seufzt sie nur leise. Ein langer Blick. Wir sprechen wieder über die Beerdigung. Wer kommen soll. Ich weiss, dass ihr das Thema lästig ist, aber ich will, dass alles in ihrem Sinne ist. Sie sagt einmal mehr, es sei ihr völlig gleichgültig. »Was ist mit deinen Brüdern?«, frage ich wieder und merke, dass sie diese Fragen nicht – oder nicht mehr – hören will. »Mir egal«, sagt sie etwas widerwillig, »das überlasse ich dir«. Wer soll bei dir sein, wenn du stirbst? »Ihr beide«, sagt sie. Und was ist mit deiner Schwester? Ja, Irene auch. Sonst niemand. Wir wechseln noch ein paar Worte, aber irgendwann muss sie auf die Toilette, wir gehen wieder rein. Als ich ihr helfen will, weist sie mich zurück. Ich soll die Tür zumachen. Als sie fertig ist, höre ich die Spülung. Sie öffnet die Tür. Mir fällt auf, dass sie recht schnell zu ihrem Bett zurückläuft. »Ich muss mich sofort hinlegen!«, sagt sie mit einer großen Anspannung im Gesicht. Kaum liegt sie, setzt sie sich wieder auf und sagt, es würde auf einmal überall in ihrem Körper kribbeln, alles sei unruhig. Sie streckt ihre Beine aus und drückt sie ganz durch. Ich ergreife ihre Beine und drücke dagegen, so wie man es macht, wenn ein Fußballer einen Wadenkrampf hat. Aber es hört nicht auf. Mit den Armen ist es das Gleiche, sie drückt sie immer wieder durch, reckt und streckt sich, ihr Atem wird schneller, sie will, dass das Kribbeln aufhört.

Längst habe ich auf den Notfallknopf gedrückt, da kommt eine Schwester rein. Ich sage: »Wir brauchen einen Arzt, schnell!« »Ja, ja, wir haben schon verstanden!«, giftet sie mich ohne Grund an. Auch das noch, ausgerechnet jetzt eine vom Typ Oberaufseherin! Sie interpretiert das Geschehen genau falsch und holt aus einer Schublade eine große schwarze Plastiktüte, die sie Gabi vor das Gesicht hält. Mir kommt es fast so vor, als stülpe sie sie über Gabis Kopf. Während Gabi sich windet, wende ich mich an die Schwester: »Sie hyperventiliert nicht«, sage ich. »Ihr rascher Atem kommt von etwas ganz anderem! Sie hat überall brennende Schmerzen in den Armen und Beinen.« Gabi stöhnt, streckt sich, wehrt sich gegen die Tüte vor ihrem Gesicht. »Mit Ihnen diskutiere ich nicht!«, zischt die Oberaufseherin zurück. Ich denke, ich höre nicht recht, schaffe es aber, mich unter Kontrolle zu halten und auf eine Zurechtweisung zu verzichten. Ich versuche, mich auf Gabi zu konzentrieren. Gabi befreit sich. »Nehmen Sie die Tüte weg, ich kriege keine Luft mehr!« Da hat die Schwester ein Einsehen, lässt von ihr ab und endlich dem Stationsarzt den Vortritt, der sich auf die Bettkante setzt. Er kann sich keinen Reim darauf machen, woher das Kribbeln kommt. Auf der Bettkante gegenüber sitze ich und halte Gabi, ihre Beine, ihre Arme, versuche, sie zu beruhigen. Der Arzt will ihr einen venösen Zugang legen, um ihr ein Beruhigungsmittel zu geben. »Es brennt überall!«, höre ich Gabi immer wieder sagen. »Es brennt überall!« Sie ist innerlich voller Protest. Will verhindern, was dieser Anfall mit ihr macht. »Ich will, dass das aufhört!«, stößt sie hervor. Die Kanüle findet keine Vene, das mehrfache Stechen bereitet ihr Schmerzen, sie reißt die Hand weg, muss festgehalten werden. Irgendwann sitzt die Kanüle in der Vene. Aber es tut ihr weh, es schmerzt, es stört sie. Es vergehen ein paar Minuten, die mir wie Stunden vorkommen, in denen sie mehrere Dosen des Beruhigungsmittels bekommt. Trotz des Medikaments bewegt sie sich noch immer voller Unruhe. Sie versucht, etwas zu sagen. Aber ich kann nicht verstehen, was. Ihre Sätze werden immer zusammenhangloser, sie ringt nach Worten, ihre Lippen bewegen sich, aber es kommt nicht mehr als ein Gezischel heraus. Nur langsam wird sie ruhiger, dann setzt sie bloß noch zum Sprechen an, stammelt – die Worte werden immer leiser und sind nicht mehr zu verstehen. Lange noch greift sie immer wieder ins Leere, in die Luft, versucht mit ihrer freien Hand an die Kanüle zu fassen, die sie stört und die sie loshaben will. Aber der Arzt und ich verhindern das. Nach ein, zwei Stunden, ich habe kein Zeitempfinden mehr, ist sie schließlich ruhig, liegt ohne Bewusstsein da, atmet mit offenem Mund, die Augen halb offen, halb geschlossen. Ich kann mir nicht vorstellen, dass sie aus dieser Ohnmacht je wieder erwacht.

Ich erreiche Dich in der Nachmittagsbetreuung Deiner Schule, sage Deiner Erzieherin Bescheid. Ich informiere Irene. Deine Tante setzt sich sofort in den Zug nach Mainz. Sie kommt mit Dir zusammen auf die Palliativstation. Ich sitze an Gabis Bett, als Du durch die Tür trittst und Deine Mama siehst, wie sie ohne Bewusstsein auf dem Rücken liegt. Du bist gefasst und sehr liebevoll zu ihr, gibst ihr ein Küsschen, beugst Dich zu ihr hinunter, umarmst sie. Du bist traurig, aber Du weinst nicht.

Gegen vier Uhr triffst Du die Sozialpädagogin. Ihr geht draußen im Krankenhauspark spazieren. Sie versucht Dir auf ihre Weise irgendwie beizubringen, dass Deine Mama jetzt bald sterben wird. Als ihr zurück seid, gehst Du mit ihr in ihr Büro im Obergeschoss der Palliativstation und malst ein Bild für Deine Mama. Du hast eine tolle Idee: ein Bild mit einem großen roten Herz, in dessen Mitte Du Dich hineingemalt hast, wie Du mit weit geöffneten Armen Deine Mama empfangen willst. Daneben hast Du »für Mama« und das Datum dieses Tages geschrieben.

Zwei Schwestern, der Leiter der Palliativstation, ein Neurologe, Deine Tante und ich stehen um Gabis Bett. Es geht darum zu klären, was sie erlitten hat. Ihre Nervenreflexe in Beinen und Armen sind noch da, man tippt auf eine Hirnblutung – ausgelöst durch das Pressen beim Stuhlgang, ein Gefäß, das gerissen ist, oder vielleicht auch eine Metastase im Gehirn, die in ein Gefäß hineinwuchs und es zum Platzen gebracht hat. Es ist schwül im Zimmer und totenstill, keiner weiß, so mein Eindruck, wie es weitergehen soll.

Irgendwann öffnet sich die Tür, und Du stehst da mit Deinem Bild in der Hand. Alle Augen ruhen auf Dir. Diese Szene – die ungeheure Spannung im Raum, die vielen Menschen –, sie muss Dich schockiert haben! Du läufst sofort auf mich zu und umklammerst meine Beine, presst Deinen Kopf in meinen Schoß. Du weinst, ich halte Dich fest, nehme Dich auf den Arm. Wir legen das Bild auf das Bett neben den Kopf Deiner bewusstlosen Mutter. Dann verlassen wir das Krankenzimmer, gehen hinaus in den Innenhof, setzen uns auf eine Bank, wo Du weinst und ich auch und ich Dich halte und Du mich. Als Du Dich etwas beruhigt hast, will ich wissen, was Dein

Weinen ausgelöst hat. Du sagst, die vielen fremden Leute. Und auch, dass die Sozialpädagogin vorhin eine Art Spiel mit Dir gemacht hätte. Sie habe drei kleine Stofftierköpfe über ihre Fingerkuppen gestülpt, drei Tiere, einen Löwen, einen Tiger, ein Pferd, Du, ich und Deine Mama. Dann hätte sie eines weggenommen und gesagt, dass das eine jetzt bald gehen müsste, bald schon woanders wäre, vielleicht im Himmel, und trotzdem noch zu Dir herunterblicken würde. Aber für immer weg wäre.

Irgendwann gehen wir wieder rein zu Gabi. Wir sind nur noch zu dritt: Du, Deine Tante, ich. Setzen uns an ihr Bett. Wir beide streicheln Gabis Gesicht, küssen ihre Wangen, sagen ihr liebevolle Worte ins Ohr. Später gehst Du mit Tante Irene nach Hause.

Ich habe beschlossen, über Nacht bei Gabi zu bleiben. Man hat mir ein Klappbett in ihr Zimmer gestellt. Hier sitze ich in diesen Abendstunden, höre den Atem aus Gabis offenem Mund. Ab und zu dringen Wortfetzen von der Straße vor der Palliativstation herein. Es ist jetzt Feierabend für viele, die hier arbeiten und nach Hause gehen, Schichtwechsel. Irgendwann dämmert es, irgendwann wird es dunkel. Die Lichter gehen an. Ich habe die Fenster weit geöffnet. Wieder geschlossen. Auch in dieser Nacht ist es drückend heiß, so heiß, dass ich schwitze, obwohl ich fast nackt auf der Pritsche neben Gabis Krankenbett liege. Ist das die letzte Nacht mit meiner Frau? Die ganze Nacht über vernehme ich ihren flachen, rhythmischen, maschinenartigen Atem, stehe immer wieder auf, gehe zu ihr. Flüstere ihr ins Ohr: »Ich bin bei dir!«, »Ich werde immer bei dir sein!«, »Wir werden uns wiedersehen, meine Liebe!« Ab und zu befeuchte ich ihren offenen, trockenen Mund mit einem Spray oder mit einer Art Tampon an einem Stiel, den ich in kalten Pfefferminztee tauche, wische ihr Gesicht mit einem feuchten Waschlappen ab. Ich schlafe kaum, stehe auf, gehe raus und wieder ins Bett. Manchmal versuche ich, im selben Rhythmus wie sie Luft zu holen und wieder auszustoßen. Es ist mir fast unmöglich, so schnell und so flach zu atmen. Ich ahne nach diesem Selbstversuch, dass es bald zu Ende geht.

Freitag, den 26. Juni 2009. An diesem Morgen bringt Tante Irene Dich in die Schule. Gut, dass sie hier ist und sich um Dich kümmert. Ich habe wohl doch etwas geschlafen, aber seit fünf Uhr bin ich wach. Irene kommt auf die Palliativstation. Gabi geht es noch schlechter als am Abend zuvor. Die Idee, tagsüber die Beruhigungsmittel abzusetzen oder zumindest zu reduzieren, um sie aus dem Tiefschlaf zu holen, lassen die Ärzte fallen. Ihr Blutdruck ist zu schwach. Ihre Atmung wird immer flacher. »Es geht nicht mehr lange!«, sagt der Arzt nach der Visite.

Ich verlasse das Zimmer, damit Irene mit ihrer Schwester allein sein kann. Später holt sie Dich von der Schule ab, und schon gegen elf Uhr seid ihr beide wieder hier. Eine Stunde vielleicht sind wir zu dritt bei Gabi. Du und ich, wir sprechen nur ab und zu mit ihr, ein paar leise, zärtliche Worte. Du flüsterst ihr immer wieder Dinge ins Ohr, streichelst ihre Wangen, umarmst sie, küsst sie, hältst ihre Hand. Du betest für sie am Bett.

Wir beide zünden die Kerzen an, die ich vor ein paar Tagen mitgebracht habe. Eine Duftkerze, die nach Honig riecht, von »L'Occitane«. Vielleicht nimmt sie den Duft wahr, den sie so liebt. Und die Kerze aus dem Osternachtsgottesdienst von 2005 in St. Jodok in Ravensburg. Die Kerze mit einem roten Alpha und Omega drauf, aus einer Zeit, als die Nachricht von Gabis Krebserkrankung ganz neu war und wir so verzweifelt waren – und doch Hoffnung schöpfen wollten. Ich bin nicht sehr gesprächig. Ich will in diesem Moment lieber schweigen, achtsam sein und alles erfassen. Dann geht ihr beide nach Hause.

Ich bin allein mit Gabi. Ich spreche immer wieder mit ihr und rufe ihr leise ihren Namen zu. Gehe auf und ab und aus dem Zimmer. Jetzt fühle ich erst, wie weh es tut, wenn sie wirklich gehen muss. In diesen Minuten am Nachmittag dieses 26. Juni habe ich zum ersten Mal eine Vorahnung von dem wirklichen Ausmaß des Schmerzes, den der Tod meiner geliebten Frau in mir auslösen wird. Abends gegen fünf Uhr kommt ihr wieder – mit Kleidern und Wäsche für mich. Ich habe seit zwei Tagen dieselben Klamotten an – und hatte euch darum gebeten, mir etwas zum Wechseln mitzubringen.

Hellwach – so habe ich Dich in diesen Tagen erlebt, lieber Jakob. Du hast diese Stunden voller Traurigkeit, aber immer mit höchster Aufmerksamkeit verbracht. Als es wirklich schlimm um Deine Mutter stand, warst Du sehr achtsam, Du hast gemerkt, dass Du diese Stunden erleben, die Gefühle, die sie mit sich bringen, erfahren willst, vielleicht erfahren musst.

Jetzt sitzt Du wieder an ihrem Bett und sprichst mit ihr. Ich verstehe nicht alles, was Du ihr sagst. Muss ich auch nicht. Und dann verabschiedet ihr euch für heute. Du und Deine Tante. Als ihr beide weg seid, hoffe ich, dass Du zu Hause schnell zu Bett gehst und Dich von diesem Tag wenigstens etwas erholen kannst. Du brauchst den Schlaf. Ich ziehe mich um und schnappe noch einmal frische Luft im Innenhof der Palliativstation. Ich komme zurück. Setze mich auf den Stuhl an Gabis Bett. Betrachte sie. Höre nur noch Atemgeräusche, nur ihr Ein- und Ausatmen. Es hört sich an, als strenge es diesen Körper unglaublich an, überhaupt zu atmen. Gabis Atem wird immer flacher.

Ich fühle, dass es jetzt so weit ist. Und dann atmet sie auf einmal nicht mehr. Ich blicke wie gebannt auf Gabis Brustkorb. Sie atmet wieder. Dann atmet sie eine halbe Ewigkeit wieder nicht, dann noch einmal und dann wieder ewig lange nicht und dann noch einmal und dann nie mehr. Es ist aus. Ich starre voll stummen Entsetzens auf ihren toten Körper. Alles ist aus.

Lieber Jakob, Deine Mutter ist gestorben. Am 26. Juni 2009 um 20 Uhr hat sie aufgehört zu atmen. Als Deine Mutter starb, warst Du sieben Jahre, sieben Monate und 18 Tage alt. Unten links wackelte ein Milchzahn. Du warst 130 cm groß, wogst 25 Kilo. Du hattest Schuhgröße 34 und gingst in die erste Klasse. Schreibschrift hattest Du gerade gelernt.

Gabriele ist gestorben. Ich bin wie gelähmt. Starre auf ihren Körper. Minutenlang. Ich rufe euch an, ich habe beschlossen, dass Du Jakob, obwohl Du hundemüde bist, jetzt – und nicht erst morgen früh – wieder hierherkommen sollst, heute Abend noch, denn Deine Mutter ist jetzt gestorben.

Ich setze mich neben Gabis Leichnam – und fange an zu schreiben. Ich schreibe, ohne nachzudenken folgende Zeilen: »Wer Du warst für mich: Du warst stark, aber immer voller Güte. Du warst ein großer Mensch mit einem großen Wesen, voller Wärme, voller Strahlen. Du warst stark, Du hast mir Halt gegeben. Du glaubst gar nicht, wie viel. Du warst meine große Liebe. Wenn ich daran denke, was ich Dir hätte noch sagen wollen, dann immer zuerst und immer wieder nur, wie sehr ich Dich liebe. Wie sehr ich Dich bewundere, wie sehr Du mich erfreut hast. Ich habe jetzt keine Angst mehr vor meiner Angst. Jetzt habe ich nur noch Angst vor der Tiefe meiner Trauer. Und ich weiß noch nicht einmal, ob dies eine Angst ist. Denn ich werde mich vollkommen freiwillig in diese Trauer hineinbegeben – ich muss es nicht einmal, ich will es, denn meine tiefe Trauer ist Folge meiner tiefen Liebe. Und meine Trauer verbindet mich mit Dir, die Du nicht mehr bist.«

Ich warte auf euch im Innenhof der Station. Weil ich mich wundere, dass es so lange dauert, bis ihr da seid, gehe ich raus auf die Straße. Endlich seid ihr da. Du gehst an mir vorbei, drückst die Türklinke, betrittst das Sterbezimmer Deiner Mutter. Du schaust sie genau an, Du weinst, bist aber irgendwie auch gefasst. Wir schweigen und blicken auf Gabis Leichnam.

Irgendwann macht ihr euch wieder nach Hause auf. Ich will bei meiner Frau bleiben. Aber Du willst, dass ich mit zu Dir nach Hause komme, dass ich in dieser Nacht bei Dir bin. Ich verspreche Dir, ich komme nach. Ich bleibe noch zwei Stunden bei Gabi, verlasse sie dann aber doch gegen 22 Uhr, weil ich weiß, sie hätte es gewollt, dass ich in dieser Nacht bei Dir, bei unserem Kind, bin. Draußen ist es immer noch hell und schwül.

Ich wanke durch die Gänge. Im Innenhof der Palliativstation treffe ich auf eine Ärztin aus der Frauenklinik, die in der Chemoambulanz arbeitet und die Gabi lange begleitet hat. Ich glaube, sie will ihr einen Besuch abstatten. Als sie mich sieht, weiß sie schon, was passiert ist. Aber sie ahnt vermutlich nicht, dass sie zu den Ersten gehört, die mich nach dem Sterben meiner Frau zu sehen bekommen. Sie schaut mich an und sagt dann ohne jede Vorwarnung: »Der Tumor war einfach zu aggressiv.« Ich nehme sie in den Blick. »Da ist was dran!«, erwidere ich abwesend und denke noch: »Welche Erkenntnis!« Ich fahre mit dem Fahrrad durch das Gelände der Klinik nach Hause. Ein paar betrunkene Jugendliche kommen mir entgegen, rufen mir irgendwelche Schimpfworte hinterher, die ich nicht verstehe, lachen, pöbeln herum. Ich weiß nicht, wie die hierherkommen, was die hier zu suchen haben, warum die jetzt überhaupt hier sein müssen. Ein kühler, angenehmer Wind kommt auf, um halb elf bin ich bei euch. Du bist noch wach, müde und sehr durcheinander. Ich sinke neben Dir ins Bett, halte Dich ganz fest und schlafe mit Dir ein.

Samstag, den 27. Juni 2009. In aller Frühe radle ich wieder zu Gabi. Zurück ins Zimmer vier der Palliativstation. Lange bevor ihr erwacht seid. Sie liegt in ihrem Zimmer – unverändert. Sie hat ein schönes Gesicht, aber sie ist jetzt ganz kalt und doch immer noch irgendwie anwesend. Ich zünde die Osterkerze aus Ravensburg an, die Honigduftkerze. Ich stecke ihr den Hoffnungsring mit dem goldenleuchtenden Topas an den Finger, neben den Ehering. Ich bete laut, ich gehe raus, gehe wieder rein. Um elf Uhr kommt ihr beide. Du bist traurig, hast Tränen in den Augen, weinst aber nicht.

Ein katholischer Seelsorger betritt das Zimmer. Zwei Schwestern sind da. Eine Abschiedsfeier im Sterbezimmer. Der Mann sagt, Gabis Tod sei unbegreiflich und hart, er sei nicht zu verstehen, aber wir müssten ihn hinnehmen. Dann sage ich spontan ein paar Worte. Ich sage, dass sie tot ist, aber damit noch nichts zu Ende wäre, dass ich Deiner Mama einen friedlichen Ort wünsche, dass wir sie weiter im Herzen tragen würden. Ich sage, dass ich noch nie so sehr wie in diesem Augenblick geglaubt habe, dass es ein Wiedersehen geben würde, geben müsse. Es könne gar nicht anders sein. Diese Gewissheit hat mir nicht das Leben meiner Frau, sondern erst ihr Tod gegeben. Ich glaube, weil ich nicht anders kann. Manche Menschen empfinden in solchen Situationen genau das Gegenteil: Sie können nicht glauben. Ich dagegen *muss* glauben. Aus Schwäche, aus Schmerz, aus Einsamkeit, aus Verlassenheit? Vielleicht auch aus Kränkung? Oder doch sogar aus Stärke? Ich weiß es nicht.

Und auch Du hast spontan das Wort ergriffen. Ein Siebenjähriger, der Worte am Totenbett seiner Mutter spricht. Zuerst hast Du ihr ein paarmal etwas ins Ohr geflüstert. Und dann hast Du laut gesprochen: dass Du hoffst, dass sie es gut hat beim lieben Gott, dass Du immer an sie denkst und dass Du unendlich traurig bist.

Jetzt, zehn, zwölf Stunden danach, sieht sie schöner aus als in der Stunde ihres Todes, erlöster und so, als sei sie entspannter, jetzt, da der Kampf überstanden ist. Wir bleiben nach dieser kleinen Abschiedsfeier noch bei ihr, die Schwestern trösten uns ein wenig. Irgendwann gehst Du mit Tante Irene heim. Ich bleibe noch, bete, spreche mit meiner Frau. »Gabi, wo bist du?«

Dann packe ich. Zahnbürste, Zahnpasta, die himmelblaue Wollweste, ihre braunen Ballerinas, Wäsche, die Ringe. Ihre Kirschen-Ohrringe finde ich nicht mehr. Ein paar saure Stäbchen sind noch in der Tüte, die wir ihr von der Johannisnacht mitgebracht haben. Ich glaube, sie hat drei oder vier davon gegessen. Auschecken, so als ob man ein Hotelzimmer verlässt. Nur, dass Deine Mama diesmal dableibt. Ich lasse sie zurück. Ich fahre allein mit dem Auto nach Hause.

Dort angekommen beschließen wir drei, in die Stadt zu gehen. Streunen durch die unerträgliche Hitze in Richtung Altstadt. Wir haben Hunger und doch keinen. Wir steuern eine Pizzeria an. Du nimmst Rigatoni mit Tomatensauce, Irene und ich eine Pizza. Die Stadt ist quirlig, laut und heiß. Es spielen Rockbands in der Innenstadt, keine Ahnung warum. Irgendwas ist heute los. Mir fällt nicht ein, was. Ich fühle mich unendlich geschwächt und so, als schwebte ich durch die Gassen. Die Pizza ist klebrig, schlecht, und wir vergessen am Ende sogar zu bezahlen. Das Eis danach, das wir im Eiscafé holen, es schmeckt uns nicht. Wir gehen auf einen Spielplatz. Du fährst Karussell. Schließlich trennen wir uns. Ich verabschiede mich Richtung Bestattungsinstitut.

Obwohl es Samstag ist, bekomme ich einen Termin, es gibt einen Notdienst. Ich führe ein sage und schreibe vier Stunden langes Gespräch mit einem sehr freundlichen Bestattungsberater, erledige den ganzen Wahnsinn, Trauerkarten, Formalitäten. Auswahl des Sarges. Die verschiedenen Särge haben Namen. Ich entscheide mich für das Modell »Krakau«. Was ist »Krakau« an dieser Kiste? Ich weiß es nicht. Gegen 20.30 Uhr komme ich raus. Wie in Trance oder vollends schlafwandelnd richte ich meine Schritte in die Richtung eines Restaurants direkt am Rhein, das ich mir für die Feier nach der Beerdigung überlegt habe. Ich habe mich inzwischen doch für eine größere Trauerfeier entschieden. Für Gabi. Ich trete ein, spreche mit der Managerin über die Möglichkeit, hier nach der Beerdigung einen kleinen Imbiss zu reichen, bei schönem Wetter draußen auf der Terrasse, bei schlechtem drinnen. Sie will sich darum kümmern. Mir ist wichtig, dass es eine Abschiedsfeier wird, die Gabi würdig ist. Wenn wir feierten – Hochzeit, Taufe, Geburtstag, unsere Liebe, das Leben, egal was –, dann richtig, ohne aufs Geld zu schauen. Gabis letzte Gäste sollen nicht in einem angemieteten stickigen Gemeindesaal mit Partyservice zusammenkommen, sondern in einem hellen, großzügigen Hotel mit Stil.

Als alles besprochen ist, taumle ich gegen 21.30 Uhr die Promenade am Rheinufer entlang zurück nach Hause, den Weg, den wir drei wohl hundertmal gegangen sind, den Weg, auf dem Du gehen und Fahrrad fahren gelernt hast. Ich passiere die Bank, auf der wir gesessen haben, als Gabi mir letztes Jahr sagte: »Das ist vielleicht mein letzter Sommer!« Und immer wieder rufe ich wie verzweifelt in den Himmel: »Gabi, wo bist du?« Ich bekomme keine Antwort.

Ich erreiche unsere Wohnung, ihr seid da und habt wohl irgendetwas gespielt oder Kinder-DVDs geguckt. Ich umarme Dich, Du bist müde. Ich bin wortkarg, in mich gekehrt. Ich kann jetzt nicht viel sagen. Ziehe mich gegen Mitternacht zurück, falle todmüde ins Bett, ohne Schlaf zu finden.

Sonntag, den 28. Juni 2009. Ich stehe sehr früh auf. Bin erschöpft trotz sechs Stunden Schlafs. Ich gehe zum Rheinufer am frühen, friedlichen Morgen eines heißen Tages. Ich richte meinen Blick auf die Wasseroberfläche, in den Himmel, in die Wolken. Ich glaube, ich war noch nie so früh hier an diesem Fluss. Ich gehe wieder nach Hause. Wir frühstücken. Wir bringen Deine Tante zum Bahnhof. Ich telefoniere viel, informiere meine und Gabis restliche Familie. Mache mittags die Traueranzeigen fertig. Organisiere, erledige alles, funktioniere nur noch wie mechanisch. Gabis jüngerer Bruder ruft an. Später meldet sich Bruder zwo und fragt, ob er zur Beerdigung kommen darf. Ich sage ihm dasselbe, was ich dem anderen auch gesagt habe: Ich stünde ihm nicht im Weg.

Dir ist es nicht geheuer zu Hause an diesem Tag, wohl weil Dein Vater so beschäftigt ist und mal wieder keine Zeit für Dich hat. Du willst mit mir Gogos spielen, das sind kleine Plastikmännchen, die zwei Spieler auf den Tisch jeweils in eine Linie stellen und dann versuchen, sie durch Fingerschnippen gegenseitig abzuschießen. Ich habe aber wirklich keine Zeit, keinen Nerv dafür. Stehe neben mir. Bin nicht anwesend, nehme Dich wohl auch nicht wahr. Du bist ganz anders gestimmt als ich. In Dir, so empfinde ich es, überwiegt an diesem Tag eine Art Erleichterung darüber, etwas Schweres überstanden zu haben. Du kommst mir auch nicht so vor, als suchest Du Trost bei mir – im Gegenteil, Du willst Dich ablenken, bist unternehmungslustig. Da kommst Du auf die Idee, Deinen Freund Anton T. anzurufen. Gute Idee, denke ich. Ich bringe Dich zu ihm, er wohnt nur ein paar Häuser weiter. Unsere Wohnung ist leer. Und voller Spuren Deiner Mutter. Ihre Hausschuhe stehen da rum, auf dem Nachttischchen liegt das Buch, das sie zuletzt zu Hause gelesen hat. Ein Lesezeichen markiert, bis wohin sie gekommen ist.

Ich merke, wie in mir ein schlimmes Gefühl hochzieht. Siedendheiß fällt mir ein: Was, wenn ich keine letzte Nachricht von ihr finde? Irgendwo muss es doch einen letzten Brief geben! Wie panisch fange ich an, in unserer Wohnung zu suchen nach irgendetwas, das sie mir hinterlassen hat. Auf einmal beschleicht mich ein eiskalter Verdacht: Vielleicht hat Deine Mutter mich gar nicht geliebt! Ich weiß nicht, wie ich darauf komme. Ich werde unsicher – frag mich nicht, warum. Jetzt, wo sie ihn mir nicht mehr geben kann, sehne ich mich unendlich nach einem Beweis ihrer Liebe, nach einem verbindlichen Schriftstück, einem Vermächtnis, das mich sicher macht.

Panik steigt in mir auf. Ich stöbere in unseren Schränken, finde aber nichts. Dann versuche ich, mir wieder einzureden, dass das alles Quatsch ist, natürlich hat mich Deine Mutter geliebt. Nur ist sie jetzt weg. Ich geistere durch den Ort unseres gemeinsamen Lebens, wandere rastlos durch diese Wohnung, hocke am Ende auf dem Teppich, lege mich auf den Rücken und glotze an die Decke ins Nichts. Um mich herum tausend Briefe, Fotos, Erinnerungen.

Abends hole ich Dich ab. Du bist mit Anton T. und dessen Eltern in ein griechisches Restaurant gegangen, ihr sitzt draußen und esst. Als ich eintreffe, springst Du auf, sagst mir gleich, dass Du noch nicht gehen willst. Du spielst mit Anton T. »Walkie-Talkies«, bist ausgelassen und fröhlich. Eine Freude für alle, die Dich sehen. Auch für mich. Ich nehme am Tisch von Antons Familie Platz und esse mit den anderen. Gegen 21 Uhr sind wir zu Hause.

Montag, den 29. Juni 2009. Du hast Dich entschlossen, das Angebot Deiner Klassenlehrerin auszuschlagen. Sie sagte mir gestern Abend am Telefon, Du könntest ruhig ein, zwei Tage zu Hause bleiben und wärst vom Schulbesuch befreit. Aber Du willst gehen. Du hast sogar gestern, bevor Du zu Anton T. gegangen bist, aus freien Stücken ein paar Zusatzaufgaben in Deinem Heft gemacht.

Am Montag ist immer »Morgenkreis« in Deiner Klasse. Auch in dieser letzten Woche vor den Sommerferien. Alle sitzen im Kreis. Ein Stein geht um. Wer ihn gerade in der Hand hält, kann etwas sagen, zum Beispiel, was er am Wochenende unternommen oder erlebt hat. Als Du dran bist, erzählst Du, dass Deine Mutter gestorben ist. In der Klasse sprecht ihr dann die ganze Stunde lang über das Thema Krebs. Nicht über die Trauer und die Gefühle, die der Tod, der Verlust einer Mutter in einem Kind auslöst, sondern eher über die medizinische

Seite der Krankheit. Ich bin überrascht von Dir, als Du mir davon berichtest, erstaunt darüber, dass Du sogar vor der ganzen Klasse so offen darüber sprechen wolltest, sprechen konntest.

Ich gehe wieder ins Bestattungsinstitut. Bringe dem Bestattungsmann Kleider für Gabi. Das Kleid, das ich ausgewählt habe, war eines der letzten, die sie in Paris bei »Antoine et Lili« am Quai de Jemappes gekauft hat. Ich radle zum Friedhof, schaue und höre mir die Orgel an, die nach Auskunft des Bestattungsberaters nicht besonders schön klingt. Ich treffe auf eine sehr freundliche Organistin. Wir unterhalten uns. Ich finde die Orgel in Ordnung, hätte mir die Missklänge schlimmer vorgestellt. Wir legen die Musikstücke fest. Bach und Pachelbel. Eine Stunde später wähle ich an der Seite eines Herrn vom Friedhofsamt eine Grabstelle aus. Als sein Mobiltelefon klingelt, geht er dran und witzelt zu seinem Anrufer auf Meenzerisch: »Du isch kann grad nischt, isch bin g'rad d'bei, e Grab zu verkaafe!« Wir finden eine schöne Stelle unter einem großen Baum. Hier soll es sein. Ich »kaufe« das Grab.

Bei einem Floristen gebe ich einen Kranz in Auftrag. Ich wähle für das Bukett gelbe, rote und orange Rosen, dazu Sonnenblumen, weil diese Blume, weil eine Sonne am besten zu Gabi passt – und ein leuchtendes Orange ihre Farbe war.

Als ich Dich von der Schule abhole, gehen wir nach Hause und kochen Spaghetti. Essen zum ersten Mal zusammen auf unserem Hinterhofbalkon – eine Premiere, aber nur deswegen, weil hier zu dritt nie genug Platz war. Früher hielten wir drei uns vor jedem Mittag- oder Abendessen an den Händen und sagten im Chor: »Wir wünschen uns einen guten Appetit!« (»… Frau Schmidt!«, fügtest Du gerne hinzu.) Heute halten wir uns zum ersten Mal zu zweit an den Händen und sagen dasselbe Sprüchlein.

Dienstag, den 30. Juni 2009. In die Schule. Wir radeln schon morgens durch die Fußgängerzone am Bestattungsinstitut vorbei. Es liegt keine hundert Meter von Deiner Schule entfernt. Dass ich ausgerechnet dieses Haus aufgesucht habe, nachdem Gabi gestorben war, ist kein Zufall. Es ist das einzige Bestattungsinstitut in Mainz, das ich kenne – weil wir hier jeden Morgen auf dem Weg zu Deiner Schule mit dem Rad vorbeifahren. »Hinter dieser Fensterscheibe liegt die Mama!«, rufe ich Dir zu und deute hinüber, während wir an dem schmucklosen Gebäude vorbeiradeln. Du nickst stumm unter Deinem Fahrradhelm.

Heute hole Dich schon um 14 Uhr wieder ab. Wir fahren die paar Meter von der Martinusschule durch die quälende Hitze zurück zum Bestattungsinstitut. Wir wollen Gabriele ein letztes Mal sehen. Wir schließen unsere Fahrräder ab. Drinnen ist es kühl. Um in den Raum zu gelangen, in dem Gabis Leichnam liegt, müssen wir durch die Halle mit den Mustersärgen und Urnen. Ein Mitarbeiter öffnet uns die Tür zu einem kleinen Raum. Eine Wellness-CD läuft, die ich sofort abschalte, es riecht nach Raumspray. Der Leichnam Deiner Mutter liegt in einem hellen Sarg. Du fürchtest Dich nicht, nicht vor den Särgen im Vorraum, nicht vor dem toten Körper Deiner Mutter. Sie trägt das rotgelborange geblümte, fröhliche Kleid, aber es ist nicht mehr meine Frau, nicht mehr Deine Mama, als wir sie betrachten. Ganz anders noch als in ihrem Sterbezimmer in der Klinik fühlen wir, dass Gabriele nicht mehr in diesem Körper ist, nicht einmal mehr in diesem Zimmer.

Du hast das Bild dabei, das Du für sie letzten Donnerstag gemalt hast, nachdem sie das Bewusstsein verloren hatte. Das Bild mit dem großen roten Herz, in dessen Mitte Du Dich selbst gemalt hast, wie Du lächelst und mit ausgebreiteten Armen Deine Mama umarmen willst. Ich beobachte Dich, wie Du das Bild auf die weiße Damastdecke legst. Mich irritiert etwas, dass der Stoff, der den unteren Teil von Gabis Körper bedeckt, an der Seite mit Heftklammern am Holz festgetackert ist. Du trittst zurück und schaust Dir an, wie das aussieht, Deine Mama im Sarg mit einem selbst gemalten Bild zu ihren Füßen. Ich selber habe das Medaillon von Isabelle aus Compiègne dabei. Ich werde es nicht mehr nach Santiago tragen. Ich stecke es Gabi zwischen die Daumen ihrer kalten, gefalteten Hände.

Es ist eine bedeutsame Entscheidung, die ich mit dieser Grabbeigabe getroffen habe. Eigentlich, so habe ich oft gedacht, hat dieser Hoffnungsbringer versagt. Aber ich will weiter hoffen. Ich will hoffen für Gabi, dass sie irgendwo ist, wo sie glücklich, friedlich ist, und ich will hoffen für uns, aber vor allem für Dich, lieber Jakob, dass Dein Leben auch in der Stunde dieser abgrundtiefen Enttäuschung eines ist, das Dir irgendwann einen Sinn gibt, ja, dass Du es schaffst, diese dunkelste Stunde Deines Lebens zu durchschreiten, ohne zu zerbrechen, ohne dass ein Teil in Dir zugrunde geht. Ich hoffe auch nach dem Tod von Gabriele auf das Glück, auf das Leben, auf das Licht. Grund dazu habe ich keinen.

Warum ich den Glücksbringer, der versagt hat, nicht behalte, warum ich ihn nicht im hohen Bogen auf den Grund des Rheins befördere, sondern ihr mitgeben will, das hat nur einen Sinn. Ich habe auch in der Stunde ihres Todes den Glauben nicht aufgegeben, dass mit Gabi etwas Gutes geschieht, dass am Ende alles in ein Gutes, Glückliches, Friedvolles einmündet, ihr Leben, Dein Leben, mein Leben, unser aller Existenz. Wenn uns das Medaillon bislang kein Glück gebracht hat, dann wird es ihr jetzt das Glück bringen, das ihr im Leben nicht vergönnt war. Ein Glück oder eine Seligkeit freilich, die wir beide nicht mehr mit ihr erleben und teilen können.

Wir beten und verabschieden uns für immer von ihrem Körper. Bevor wir uns aufmachen, schneiden wir ihr noch ein Büschel Haare ab. Ich frage Dich, ob Du das willst – und Du findest die Idee gut. Ich verschließe die Haare in einem Umschlag. Wir verlassen den Raum, das Bestattungsinstitut.

Eigentlich will ich allein sein. Aber wir sind zum Grillen eingeladen. Ich bin nicht in der Stimmung. »Ich weiß nicht, ob wir jetzt unter Menschen gehen sollten«, sage ich zu Dir. Aber Du willst unbedingt. Auf einmal denke ich, warum eigentlich nicht. Wir fahren mit dem Fahrrad durch die Innenstadt, durch die unerträgliche Hitze zu Sabine und Manfred. Für Dich ist der Tag gerettet. Du freust Dich, fängst gleich mit Laura und Lisa zu spielen an, hüpfst im Garten herum, während ich irgendwo bei den beiden im Garten hocke und die meiste Zeit ins Leere glotze. Es ist nicht einfach, die richtige Art Unterhaltung zu finden an solch einem Tag. Um halb neun schon gehen wir nach Hause. Ich stehe auf unserem Balkon, blicke hinab auf den Hinterhof, hinauf zu den Wolken und denke nach. Was wird aus uns werden?

Lieber Jakob, der Tod Deiner Mutter war eine Katastrophe, die nie hätte passieren dürfen. Sie ist gestorben unter Protest. Bis zuletzt wollte sie, dass diese Krankheit ihren Körper verlässt. Sie hat einmal zu mir gesagt, sie habe keine Angst vor dem Sterben, aber sie sei unendlich traurig, mich und vor allem Dich zu verlieren. Sie war eine sehr lebendige Frau – sie hat nicht verstehen können, warum sie lange vor ihrer Zeit gehen musste.

In einem unserer letzten Gespräche hat sie einmal zu mir gesagt, sie mache sich um Dich keine Sorgen. Du würdest ein starker junger Mann werden. Sie sagte mir auch, unsere Zeit sei zwar viel zu kurz gewesen, aber wir hätten ein starkes Fundament für Dich, für unser Kind gelegt. Denn wir haben Dich geliebt, von Anfang an. Diese Liebe hat Dir Sicherheit gegeben, Vertrauen, Halt. Diese Liebe hat Dich stark gemacht. Ich glaubte damals, ich glaube heute, Deine Mama hat recht.

Ich muss daran denken, wie sie Dich auf die Welt gebracht hat. Ich erinnere mich daran, wie sie Dich im Arm hielt, als Du ein Baby warst. Lieber Jakob, Deine Mama war eine sehr liebevolle Mutter. Ich sehe sie vor mir, wie sie Dich stillte oder wie sie Dich als Baby liebkoste. Nie haben wir, nie hat sie Dich schreien lassen in Deinem Stubenwagen, sie war immer sehr besorgt um Dich. Deine Mama war sehr zärtlich. Viel Deiner eigenen Zärtlichkeit, die Du andern entgegenbringst, hast Du von ihr. Nicht von mir, ich, der ich eine gewisse Ruppigkeit nie ganz abschütteln konnte, der ich manchmal dachte, liebevoll zu sein, es oft aber nicht war. Mit ihr hat Dich eine ganz eigene Innigkeit verbunden. »Mäuselchen«, nannte sie Dich gerne oder »mein Schuschu«. »Käsestrampler« wurdest Du von ihr genannt, wenn Du nachts bei ihr im Bett lagst und Dich wie ein Uhrzeiger pro Nacht mindestens einmal um die eigene Körpermitte gedreht hast – und dabei Deiner Mama gerne mal Deine Füße ins Gesicht gestreckt hast. Und ein »Nacktfroschi« warst Du, wenn Du nach dem Baden pudelnackt zu ihr unter die Decke schlüpfen durftest. Ich glaube, das war das größte Fest für Dich. Ich höre euch auch, wie ihr zusammen gesungen habt, wenn ihr euch besonders verbunden fühltet. Sie sang gerne auf die Musik von »Salto mortale« mit Dir »Schnupsi-Kentupsi, lala lala la la la …«

Lieber Jakob, wie oft hat mich Deine Mama beiseitegenommen, wenn Du als kleiner Junge mit zwei oder drei Jahren geschlafen hast, egal wo, auf Holzbänken oder in Deinem Kinderwagen, in Wirtshäusern und Restaurants, in Deinem Kindersitz im Auto oder nebenan im Bett, wie oft hat sie zu mir gesagt: »Was für einen lieben Jungen, was für ein wunderbares Kind wir haben! Was für ein schlauer, witziger, aber auch sensibler, liebevoller und höflicher Junge!« Sie hat Dich immer als ihr größtes Geschenk bezeichnet – noch vor mir! Und das will etwas heißen.

Mittwoch, den 1. Juli 2009. Wir beide haben beschlossen, Gabi nicht nochmal vor der Beerdigung morgen Mittag sehen zu wollen. Ich bringe Dich zur Schule. Nachmittags um zwei kommt die Sozialpädagogin. Sie hatte mit mir telefoniert und gemeint, es sei sinnvoll, mit Dir schon heute auf den Friedhof zu gehen, damit Du nicht erst am Tag der Beerdigung mit allem konfrontiert wirst. Auf diese Idee hätte ich eigentlich selber kommen können. Deshalb will ich nachher mit Dir allein auf den Friedhof gehen. Aber als sie vorschlägt, mitzukommen, habe ich auch nichts dagegen. Der Besuch auf dem Friedhof verläuft entspannt. Ich zeige Dir die Stelle, die ich ausgesucht habe. Das Grab ist schon ausgehoben. Du blickst, genauso wie ich, mit einem eigenartigen Gefühl in dieses kalte Erdloch hinab. Wir schauen uns noch die Aussegnungshalle an – und fahren dann wieder nach Hause.

Du bist mittlerweile in die Welt von Pippi Langstrumpf eingetaucht und freust Dich an einer DVD. Du bist gut gelaunt. Wir warten auf Bernd, unseren Pfarrer. Er kommt aus Ravensburg, ich habe ihm ein Zimmer gebucht. Wir treffen ihn vor seinem Hotel und gehen zusammen zu Fuß ins »Al Cortile« in der Altstadt – unser feines italienisches Stammlokal, wo wir zusammen zu Abend essen. Es ist drückend heiß, ja schwül, und der Schweiß läuft uns selbst im schattigen Innern des Restaurants von den Schläfen. Du liest *Asterix und Obelix*, während wir aufs Essen warten und uns unterhalten. Ich erzähle Bernd, den ich länger nicht mehr gesehen habe, von Gabi. Er kennt sie von unserer Hochzeit und noch ein paar Treffen später in Ravensburg. Ich bin ihm sehr dankbar, dass er von so weither extra nach Mainz gekommen ist, dass er für uns da ist, dass er so gewissenhaft ist, zuhört, sich so für diese Trauerfeier engagiert – und genau wissen will, was für ein Mensch Gabi war, damit er morgen wirklich über sie sprechen kann und sie so würdigt, wie sie war.

Ich habe ihm viel von Gabi erzählt. Am Ende habe ich auf Dich gezeigt und ihm gesagt: »Liebe macht stark.« Ich habe an diesem Abend vor der Beerdigung zu ihm gesagt, die Liebe, das sei die Quintessenz der Verbindung, die zwischen Dir und Deiner Mutter bestand. Diese Liebe, lieber Jakob, ist das Große, was Dir von Deiner Mutter bleiben wird. Sie wird Dich immer begleiten, immer tragen. Du bist ein unglückliches Kind, weil Deine Mama so früh gestorben ist, Du bist ein glückliches, weil Du zu den Kindern gehörst, die von ihren Eltern, von ihrer Mama von ganzem Herzen geliebt wurden.

Donnerstag, den 2. Juli 2009. In der Nacht vor der Beerdigung träumst Du. »Ich war in einem Dorf, Papa«, sagst Du gleich nach dem Aufwachen und reibst Dir den Schlaf aus den Augen, während Du hier in der Sonne auf meinem Schoss sitzt, »da war die Mama lebendig. Du warst auch dabei. Wir waren in einem Fantasieland. Wie das Schlumpfland sah es aus. Häuser wie Pilze. Wir wohnten da, es war sehr schön. Doch dann musste ich – und auch andere Kinder – in den Sterbebunker. Der sah aus wie ein Bunker aus meinem *Tim-*

und-Struppi-Heft *Flug nach Sydney.*« Du springst auf und holst das Heft. Schlägst es auf Seite 24 auf und deutest mit dem Finger auf einen Luftschutzbunker. »So sah das aus. Drinnen war es heiß wie in einer Sauna, man verging vor Hitze«, fährst Du fort – und ich erinnere mich daran, wie Dir in den vielen Hotels in unseren Urlauben die Saunen und Dampfbäder, in die Deine Eltern so gerne gingen, immer ziemlich unheimlich waren, weil es da, für Dich als Kind zumindest, entsetzlich heiß drin war. »Ich musste da rein. Aber kurz bevor die Tür zuging, bin ich rausgerannt, so schnell ich konnte. Dann bin ich zu Euch gerannt. Eine Woche später habe ich erfahren, dass ich wieder in den Sterbebunker muss. Da habe ich gesagt, dass ich mich lieber einschläfern lasse, als wieder in den Sterbebunker zu gehen. Die Mama war einverstanden.« Ich tröste Dich ein wenig, aber der Traum hält Dich nicht allzu lange gefangen. Du schüttelst ihn ab, hockst jetzt auf dem Perserteppich und bist völlig vertieft in Dein Spiel mit den Playmobil-Piraten. Ich glaube, Du erlebst den Tod Deiner Mutter ein wenig auch wie Deinen eigenen.

Lieber Jakob, heute wird Deine Mutter beerdigt. Es ist unerträglich heiß, so wie es die ganze Zeit über war. Wir sind angespannt. Aber ich habe keine Angst vor dem Tag, der vor uns liegt. Schlimmer als der Tod, als das Sterben meiner Liebe wird diese Beerdigung nicht sein, denke ich.

Gestern Abend haben wir die Kleider rausgelegt, die wir an diesem Tag tragen wollen. Du suchtest Dein schönstes Hemd aus Deiner Kommode. Ich habe es Dir gebügelt. Ich selber trage meinen Hochzeitsanzug und die silberfarbene Krawatte, die ich seit diesem Tag vor fast sieben Jahren nie wieder getragen habe. Und neben meinem Ehering habe ich denjenigen von Gabi an meinen kleinen Finger gesteckt. Ich bin bereit, Abschied zu nehmen, aber ich tue dies, indem ich Gabi auch jetzt ein Zeichen meiner Liebe geben will.

Ein Taxi bringt uns zum Hauptfriedhof. Der Fahrer, eine rheinhessische Frohnatur, ist in Blödellaune. Hier ein Witzchen, dort eines, eine Quasselstrippe. »Sie wollen zum Hauptfriedhof?«, versichert er sich während der Fahrt. »Richtig«, sage ich. »Ist jemand gestorben?« »Ja, meine Frau.« Ihm fällt die Kinnlade runter. Bis zum Friedhof höre ich kein Wort mehr von ihm. Eine große Menschentraube steht vor der Halle. Wir senken den Blick, laufen durch sie hindurch wie durch einen Tunnel, Du an meiner Hand. Wir setzen uns in die erste Reihe. Irene ist da. Die junge Frau von der Initiative für Kinder krebskranker Eltern. Sie hat Luftballons organisiert. Ich hatte sie darum gebeten, welche mitzubringen, damit Du sie nachher am Grab steigen lassen kannst. Es soll Deine Abschiedsgeste sein. Der Sarg steht da. Kränze, orange, gelbe, rote Blumen überall. Die Orgel spielt.

Bernd spricht über Gabi. Es wird eine sehr persönliche, eine sehr ehrliche Trauerfeier. Dann gehen wir zum Grab. Hand in Hand. Wir gehen langsam, vor uns surrt das Elektrowägelchen, auf dem der Sarg liegt. Vier Totengräber eskortieren das Gefährt. Mir geht die Liedzeile von Georges Brassens durch den Kopf. »Quand le croc-mort t'emportera, qu'il te conduise à travers ciel, au père éternel.« Wir folgen dem Sarg zu dem Ort, den ich als Gabis Grabstätte ausgesucht habe – wir gehen über diesen wunderschönen alten Friedhof, auf dem alte, hohe Bäume immer wieder Schatten spenden. Das Hemd klebt mir an Brust und Rücken.

Am Grab kommt eine leichte Brise auf, und es ist für einen kurzen Moment luftig, friedvoll und schön an diesem Ort. Bernd sagt noch einmal ein paar Worte, spricht von der leichten Brise als Symbol für das Leben. Dann lässt Du Deine Luftballons in den Himmel steigen. An den Bindfäden der Ballons haben wir ein Bild befestigt. Wir drei als Indianer verkleidet. Das Bild, das Du mir in Paris zu meinem dreiundvierzigsten Geburtstag gemalt hast. Es war Deine Idee, dieses Bild zu wählen. Ich fand es als Abschiedsgeschenk sehr passend: Es ist ein fröhliches Bild. Es erinnert daran, wie fröhlich und ausgelassen wir einmal zusammen waren. Als die Ballons aus Deiner Hand aufsteigen, schaue ich voller Anspannung in den Himmel. Dass sie sich bloß nicht in den Ästen eines dieser riesigen alten Bäume verfangen! Kannst Du Dir vorstellen, lieber Jakob, dass genau das meine allergrößte Befürchtung war? Ich musste tatsächlich im Vorhinein immer wieder daran denken, dass genau das passieren könnte, dass die Ballons in den Ästen hängen bleiben oder in der Hitze zerplatzen würden und so Dein Bild nicht zu Deiner Mama in den Himmel hinaufschweben könnte. Aber sie bleiben nicht hängen, sondern steigen langsam in den heißen, wolkenlosen Himmel, bis sie nicht mehr zu sehen sind.

Viele Leute sind gekommen, Verwandte, Freundinnen und Freunde, Eltern von Kindern, die wir kennen, Gabis Kollegen. Sie kondolieren, sprechen uns ihr Beileid aus, reichen Dir und mir die Hand. Einer der Trauergäste drückt Dir ein kleines Glücksschweinchen aus Porzellan in die Hand, manche streichen Dir übers Haar. Ich habe noch nie in so viele ernste Gesichter geblickt. Ich fühle doch bei einigen, dass dieser Tag für sie mehr ist als irgendein leidiger Pflichttermin. Ich fühle, dass den meisten klar ist, welche Tragödie an diesem heißen Julitag zu Ende geht. Du bist an diesem Tag sehr konzentriert – Du hast Dir alles genau gemerkt, und das liebe ich an Dir: Du hast den Abschied von Deiner Mutter in einer Achtsamkeit und Intensität erlebt, wie sie nur wenige Erwachsene aktivieren können. Du bist ein toller Junge – und ich sage Dir das in diesen Tagen immer wieder. Nicht, weil Du nicht auch schwach sein dürftest oder sein solltest, sondern weil Du mutig und klar bist, selbst in einem Augenblick Deines jungen Lebens, in dem andere vor Schrecken und Angst lieber weggeschaut hätten.

Danach fahren wir an den Rhein in das Restaurant im Hyatt-Hotel am Fort Malakoff. Die Gäste tröpfeln langsam ein und nehmen auf der Terrasse Platz. Die Brüder Deiner Mutter sind gekommen. Ich sehe sie schon von weitem. Sie umkreisen den Ort der Trauerfeier. Ich gehe auf sie zu und sage ihnen, sie seien eingeladen, sie könnten sich am Buffet bedienen. Es ist nicht nur heiß, sondern auch gleißend hell unter den großen Sonnenschirmen aus weißem Segeltuch. Du hüpfst gleich davon, spielst mit Sophia, Laura, den beiden Antons, mit Luis und all den anderen Kindern, die gekommen sind. Ich selber weiß nicht recht, zu wem ich mich setzen soll.

Ich habe keine Lust, Smalltalk zu machen. An den Tischen wird geplaudert. Aber kaum einmal höre ich, dass von Deiner Mutter gesprochen wird.

Der Rhein ist wie ausgelaugt, ausgetrocknet, hat wenig und nur trübes Wasser, das wie zäh dahinfließt. Dieser sonst so prächtige Fluss, an dem entlang wir oft spazierengegangen sind, Gabi und Du und ich, er wirkt heute kraftlos auf mich. Dennoch, an diesem Fluss will ich sein, am Tag der Beerdigung Deiner Mutter. Gegen 17.30 Uhr sind die letzten Gäste gegangen. Wir bleiben allein zurück, lassen uns die übrig gebliebenen Kuchenstücke einpacken. Vater und Sohn. Mit zwei dicken Tüten unter den Armen treten wir den Heimweg an. Jetzt sind wir allein. »Allein, allein« – ein Popsong von einer Gruppe namens »Polarkreis 24« geht mir durch den Kopf. Eigentlich kein Lied, das ich normalerweise mag. Trotzdem fällt es mir jetzt ein. Ich habe es beim Billardspielen mit Robert gehört, vor ein paar Wochen, als Gabi noch am Leben war – und leise mitgesungen. Ich glaube, er hat damals nicht verstehen können, warum es mich irgendwie berührt hat. Wie sollte er auch.

Auf dem Weg blicken wir immer wieder in den heißen blauen Himmel, auf die Wolken und suchen nach Gabi. Du sagst mir, Du fühlst sie. Zwischen zwei Wolken tut sich eine Lücke auf. Du sagst, da sei die Mama, und deutest nach oben. Du sprichst leise mit ihr. Später frage ich Dich, was ihr geredet hättet. »Mama, ich bin ganz traurig, dass du weg bist – und auch zornig darüber«, antwortest Du. »Ich bin auch traurig«, habe Deine Mama erwidert und dann weiter: »Ich hoffe, dass du nicht zu lange traurig bist, nicht so traurig.« »Ich hoffe, dass es dir im Himmel gutgeht«, hättest Du gesagt. Die Mama hat darauf nichts gesagt, erzählst Du mir. »Ich habe ihr dann einen Fernkuss gegeben«, erzählst Du weiter. »Und sie mir einen zurück.« Du hättest, sagst Du, gerne mit ihr weiter gesprochen, aber eine Wolke hätte die Lücke geschlossen und die Sicht auf Deine Mama verdeckt. Und noch ein Baum. Und dann hättest Du sie nicht mehr gesehen.

Freitag, den 3. Juli 2009. Heute gehst Du nicht in die Schule. Du nimmst das Angebot Deiner Klassenlehrerin an, die es Dir überlassen hat, ob Du heute in den Unterricht kommen willst oder nicht. Wir wollen etwas Schönes unternehmen. Das war Deine Idee. Wenn schon alles so schlimm sei, sagst Du mir morgens beim Aufstehen, dann müssten wir etwas tun, was schön ist. So wie wir es getan hätten, als die Mama drei oder vier Wochen lang in der Reha-Klinik in Scheidegg im Allgäu war – und wir so traurig waren, weil wir allein in Mainz zurückbleiben mussten, meinst Du. Damals sind wir ins Schwimmbad gegangen. Heute entscheiden wir uns für Kino. Deinetwillen raffe ich mich auf, und wir ziehen los. Ich selber bin eher lethargisch, gelähmt, ich fühle mich körperlich schwach und leer im Kopf.

Aber zuerst gehen wir auf den Friedhof. Wir schauen uns das Grab am Tag danach an, mit all den Kränzen und Blumen, die in der Hitze schon anfangen zu welken. Auf dem Friedhof meinst Du, ein Eichhörnchen, das herumhüpft, das sei die Mama. Du wärst Dir da völlig sicher. Ich mir auch. Wir treffen eine Vereinbarung. Damit wir nicht immer traurig sind, sind wir lieber manchmal ganz traurig und danach aber nicht mehr. Deine Idee. Du schlägst vor, dann in die Hände zu klatschen, wenn wir traurig sind, etwa wenn wir den Friedhof betreten – und beim zweiten Klatschen, wenn wir den Friedhof wieder verlassen, wieder »normal« zu sein. Eine ungewöhnliche Idee, aber sie gefällt mir. Nach dem Friedhof kommt das Schöne. Wir klatschen in die Hände, als wir das Tor passieren. Wir sind jetzt auf dem Weg zum Kino. Es ist nach wie vor unerträglich heiß. Innerhalb weniger Minuten türmen sich Gewitterwolken auf. Eine pechschwarze Wand zieht auf uns zu. Wir haben noch nicht das Kino erreicht, da entlädt sich ein gewaltiger Wolkenbruch. Wir retten uns unter ein Vordach – zufällig gegenüber Deiner Schule. Du meinst plötzlich, dass die ewige Hitze die letzten Wochen über eigentlich nur Mamas Zorn war. Ihr Zorn darüber, dass sie gehen musste. Jetzt, eine Woche nach ihrem Tod, donnert es gewaltig, und es schüttet auf einmal wie aus Eimern. Es fängt an zu hageln – und

Du guckst mich an und lachst: »Jetzt lässt die Mama ihre ganze Wut raus!« Wir stehen wohl eine Stunde unter dem Mauervorsprung. Es kühlt ziemlich ab, der Film hat längst angefangen. Als der Regen endlich aufhört, beschließen wir, nach Hause zu gehen. Der Donner und das Gewitter sagen wir, das war Gabi. Ihr letzter Gruß.

Samstag, den 4. Juli 2009. Morgens waren wir wieder auf dem Friedhof. Danach bist Du bei einem Schulfreund. Ich fahre mit dem Fahrrad zur Palliativstation. Zimmer vier, Gabis Zimmer, ist noch nicht wieder belegt. Ich gehe hinein, berühre alles mit meinen Händen, die Türgriffe, das Bett, die Kissen. Öffne noch einmal alle Schränke, ohne etwas zu finden. Ich überlege mir, was Gabi zuletzt gesehen hat. Ich betrachte das Gemälde gegenüber von ihrem Krankenbett, abstrakte grellbunte Formen, in die aber auch schemenhaft ein paar figürliche Elemente, Silhouetten, Schattenrisse und andere Andeutungen gepinselt sind, die auf mich wirken, als seien sie alle wie schon verblassende Erinnerungen, die am Ende eines Lebens aus den Tiefen irgendeines Gedächtnisses aufsteigen. Neben dem Waschbecken hängen noch zwei kleinere Bilder von demselben Künstler. Ob er geahnt hat, dass seine Werke vielleicht das Letzte sind, was sich ein Mensch, der hier liegt, ansieht, bevor er stirbt? Gerade das große Gemälde gegenüber vom Bett – dass dieses Bild etwas ist, das einen hier Sterbenden beschäftigt, dass die Eindrücke, die es bei seinem Betrachter auslöst, Teil seines Sterbens werden? Tatsächlich habe ich mit Gabi in ihren letzten Tagen ein paarmal über dieses Bild gesprochen. Warum gibt es hier überhaupt moderne Kunst? Wie im Hotel. Das Bild spricht mich nicht sehr an, und doch ist es etwas Besonderes für mich und wird es immer bleiben. Es ist wohl die letzte Stelle, auf der Gabis Augen mit einem wachen, lebendigen Interesse ruhten. Unter tausenden würde ich es sofort wieder erkennen. Wen wundert's? Ich fotografiere es, verlasse das Zimmer. Ich laufe den Flur der Station entlang. Hole mir ein Glas Palliativstations-Wasser. Setze mich draußen in den Innenhof. Eine der freundlichen Schwestern hat mich durchs Fenster erkannt. Sie kommt heraus und tröstet mich. Ich gehe nochmals ins Zimmer. Ich entdecke am Fenster im Licht der untergehenden Sonne ein großes Spinnennetz, im Eck sitzt eine Kreuzspinne. Ich verlasse den Raum, berühre das Türschild mit der Nummer 4 – und gehe dann zu meinem Fahrrad, fahre zurück nach Hause.

Erst langsam wird mir klar, was alles mit Gabi gegangen ist. Nie mehr werde ich die Espressomaschine anwerfen für zwei *Cafés au lait.* Nie mehr unser morgendliches Kaffeeritual wiederholen. Nie mehr werde ich rufen: »Gabrielle, do you want me to prepare the machine?« Nie mehr wird sie antworten: »Yes, prepare the machine.« Nie mehr werde ich ihr Prusten beim Kaltduschen hören, das ich so oft durch die offene Küchentür vernommen habe. Nie mehr danach die ultimative Anweisung: »Start the machine!« Im Befehlston eines Marineoffiziers. Vielleicht hat dazu gepasst, dass sie mich manchmal im Spaß »Leichtmatrose Hecht« genannt hat. Nie mehr wird es eine »Dreier-Umarmung« geben, wie Du es genannt hast, wenn wir uns zu dritt ganz fest umarmt haben, nie mehr ein Dreier-Küsschen. Aber auch nie mehr eine Zweier-Umarmung mit Gabi für mich und auch kein Zweier-Küsschen mit ihr mehr. Weder für Dich noch für mich.

Donnerstag, den 9. Juli 2009. Eine Woche nach Gabis Beerdigung. »Wenn du an Deine Mama denkst, an was denkst du dann?«, will ich von Dir wissen, als wir beide nebeneinander vor dem Einschlafen auf dem Rücken im Bett liegen und an die Decke gucken. »Ich erinnere mich daran, wie es war, als die Mama immer von der Arbeit kam und ich ihr im Treppenhaus entgegenlief«, erwiderst Du sofort. Auch ich erinnere mich an diese Situation. Wenn Gabi geklingelt hat, warst Du nicht zu halten. Wenn ich gerufen habe: »Zieh bitte noch deine Hausschuhe an!« – Du hast es nicht getan, sondern Dich losgerissen und bist die Treppe runtergesaust. Hast sie umarmt.

Auch ich habe immer auf sie gewartet. Nach einem Tag am Schreibtisch in meinem Arbeitszimmer habe ich mich jedesmal gefreut, abends das Geräusch ihres Schlüssels zu vernehmen, wenn sie ihn ins Schloss unserer Wohnungstür gesteckt hat, um die Tür zu öffnen. Auch am Herd stehend und kochend habe ich sie oft erwartet, wenn sie nach der Arbeit noch in die Yogastunde ging. Und wenn sie nicht pünktlich um 20.30 Uhr da war, bin ich nervös geworden, habe das Essen warm gestellt – und wir standen dann am offenen Fenster im Wohnzimmer, um auf die Straße hinunterzuschauen, den Moment abwartend, in dem sie endlich wieder vorne an der Ecke in unsere Straße bog. Ich weiß, ich habe Dir schon davon erzählt, lieber Jakob. Viele Male habe ich in den letzten Tagen das Fenster geöffnet, mich hinausgelehnt, hinausgeschaut, nach vorne zur Kreuzung in der Hoffnung, dass sie gleich kommt. Sie ist nicht um die Ecke gebogen.

Freitag, den 10. Juli 2009. Der letzte Schultag vor den Sommerferien. Dein erstes Schuljahr ist vorbei. Du bekommst ein sehr gutes Zeugnis. Kritisch angemahnt wird einzig, dass Du die Rolle vorwärts noch nicht perfekt beherrschen würdest und es Dir beim Ausmalen Deiner Zeichnungen mit Buntstiften an der nötigen Ausdauer fehle. Mindestens genauso gefreut hat mich, was mir die Leiterin der Nachmittagsbetreuung erzählt hat. Nämlich, dass Du über einen ausgeprägten Gerechtigkeitssinn verfügen würdest. Dass Du Dich oft auch für Schwächere einsetzt, wenn Du das Gefühl hast, es ginge ungerecht zu. Und dass Du ein ungewöhnlich ehrliches Kind bist. Was habe ich für einen wunderbaren Sohn!

Dennoch mache ich mir Sorgen um Dich. Geht es Dir gut? Ich versuche, Dir Geborgenheit zu geben – und nicht nur ein langes Gesicht zu machen. Aber fühlst Du Dich wirklich geborgen? Wie sehr leidest Du unter dem Tod Deiner Mutter? Ich merke Dir nicht allzu viel an, obwohl ich versuche, mit Dir auch darüber zu reden. Vielleicht willst Du jetzt einfach nicht darüber sprechen, vielleicht ist Dich abzulenken in dieser Phase das Beste, was Du tun kannst. Das Schlimmste wäre, wenn Du mich unbewusst schonen würdest, wenn Du mir Deine Ängste, Deine Trauer und Sorgen vorenthalten würdest, weil Du fühlst, dass ich selbst sehr belastet bin. Nein, ich will für Dich da sein, ich will Dir ein starker Rückhalt sein, gerade in dieser Zeit, die mich so schwächt.

Ich habe mir überlegt, was wir in diesen Ferien unternehmen können. Ich fühle mich leer, schwach und will Dir doch etwas Schönes bieten. Ich bin erholungsbedürftig, und gleichzeitig scheue ich diese erste Reise ganz ohne Gabi. Wir beschließen, eine kleine Tour durch Süddeutschland zu machen, nach Karlsruhe zu Deiner Tante zu fahren, dann weiter nach Zürich zu Bekannten und nach Ravensburg.

Gestern Abend gab es noch ein unverhofftes Wiederhören mit Gabi. Wir haben ferngesehen. Hin und her gezappt, was man eigentlich nicht tun sollte, erst recht nicht, wenn ein Kind mit dabei ist. Wir blieben beim ZDF »infokanal« hängen. Eine Reportage über »Gewitter – und wie sie entstehen« wurde gezeigt. Passend zum Wetter bei uns. Auf einmal die Stimme von Gabi! »Jakob! Schau mal, das ist ja ein Film von der Mama!« Den Beitrag hatte sie schon vor ein paar Jahren gemacht, es war eine Wiederholung. Wie gebannt saßen wir vor dem Fernseher und sahen Gabis Film – und hörten ihre Worte, gesprochen von ihrer Stimme. Es war ein bisschen gespenstisch. Ihre Stimme, die so oft in diesem Wohnzimmer erklang, sie war hier wieder zu hören, auch wenn sie nur aus dem Fernsehgerät kam.

Mittwoch, den 15. Juli 2009. Letztes Wochenende sind wir also nach Karlsruhe zu Deiner Tante gefahren. Von Irenes Balkon aus sahen wir gleich kurz nach der Ankunft ein paar Luftballons am Himmel über den Schlosspark fliegen. Uns war klar, das müssen Deine Beerdigungs-Luftballons sein! Und auch, dass Deine Mama sie hierhergelenkt hatte. Du warst mit Deiner Tante im Kino, in der Buchhandlung, ihr machtet Computerspiele, während ich allein und ohne Ziel durch die Innenstadt gezogen bin, am Ende vor dem St.-Vinzenz-Krankenhaus stand, in dem Du geboren wurdest. Meine Augen haben die Fassade abgesucht, ich versuchte das Zimmer auszumachen, in dem Deine Mutter mit Dir nach Deiner Geburt lag. Hier hatte sie die letzten Wehen, hier hat sie Dich an einem kalten Novembertag geboren, hier haben wir Dich zum ersten Mal im Arm gehalten. Später bin ich durch die Karlsruher Innenstadt zurückgestreunt. Wir trafen uns im Schlosspark wieder – und spielten zusammen Fußball.

Vorgestern sind wir dann weitergereist zu Walti und Susan aufs Land in der Nähe von Zürich. Wir haben die beiden damals im Urlaub in Kenia kennengelernt. Schweigend sind wir über die Autobahn gefahren. Du bist vorne gesessen, auf Gabis altem Platz. Nichts spricht mehr dagegen, dass Du als mein Beifahrer hier vorne bist – natürlich in Deinem Kindersitz. Ich fühlte mich unwohl, hatte ein Kratzen im Hals. Noch während der Fahrt in die Schweiz bekam ich auf einmal starkes Fieber. Die ersten Stunden nach der Ankunft verbrachte ich im Bett des Gästezimmers der beiden. Ich hatte schlimme Halsschmerzen, Schüttelfrost. Eigentlich war ich noch immer ziemlich angeschlagen, als wir gestern mit Walti in den Züricher Zoo gefahren sind. Er und seine Frau waren sehr gastfreundlich. Zwei Nächte sind wir geblieben. Dann sind wir Richtung Bodensee aufgebrochen.

Heute geht es mir wieder besser. Mit der Autofähre tuckern wir über den wunderschönen, hellblau leuchtenden Bodensee von Romanshorn nach Friedrichshafen. An Deck der Fähre sitzt Du auf meinem Schoß und schläfst an meine Brust gelehnt ein. Ich streiche über Deine Haare und lass mir eine leichte Brise ins Gesicht wehen. Wir erreichen das deutsche Ufer und kommen bald im »Ravensburger Spieleland« an. Darauf hast Du Dich sehr gefreut. Wir verbringen den ganzen Nachmittag in diesem Freizeitpark, so wie wir es früher auch mit Gabi ein-, zweimal im Jahr gemacht haben. Wir fahren mit dem Turboboot die Wasserrutsche runter und hören danach, wie Professor Knox uns durch den Lautsprecher auffordert, es doch bitte wieder auf das Rollband zurückzustellen und uns dann schnell zu entfernen. Wir fahren auf der Sommerbobbahn, lassen uns im Nilpferdkarussell nass spritzen, besuchen Käpt'n Blaubär und Hein Blöd und essen Eis am Stiel. Allmählich wird mir klar, dass diese Reise eine Art Abschiedstournee von Gabi ist. Alles Orte, an denen wir oft mit ihr waren. Und selbst der Abstecher zu unseren Urlaubsbekannten bei Zürich war ein Aufsuchen von zwei lieben Menschen, die Gabi, wenn auch nur ganz kurze Zeit, gekannt haben. Ich glaube, ich suche Gabi – unbewusst. Ich suche die Symbiose mit ihr, die Nähe zu ihr, die es nie mehr geben wird. Und gleichzeitig will ich Abschied nehmen von ihr, von unserer alten, gemeinsamen Welt.

Abends streifen wir durch Ravensburg. Hier ist sie aufgewachsen, zur Schule gegangen, hier hat sie Abitur gemacht. Hier waren wir am Anfang unserer Beziehung sehr oft, gerade an den Wochenenden, hier haben wir gegessen, getrunken, sind spazieren gegangen. Hier haben wir uns sehr wohl gefühlt. Hier haben wir damals ihr Elternhaus aufgelöst. Hier haben wir Bernd besucht, als sie krank wurde. Hier, am Rande des Kinderspielplatzes im Hirschgraben, wo Du jetzt wieder spielst, saß sie an jenem Karfreitag 2005 auf einer Bank. Ich sehe sie wieder vor mir, wie sie damals in sich versunken war, wie sie zu fassen versuchte, was die schreckliche Nachricht von ihrer Krebserkrankung für sie bedeuten würde. Wie sie versuchte, sich in die Zukunft zu tasten, sich auszumalen, was auf sie zukommen könnte. Du klettertest damals auf einem stählernen Spielgerüst herum. Ich passte auf, dass Du nicht herunterfielst – und gleichzeitig beobachtete ich durch die Metallstäbe hindurch Gabi. Ein Schatten lag über ihrem Gesicht, eine Mimik, die ausdrückte, dass sie eine schwere Zeit für sich erahnte. Es hat mich berührt, ja, mitgenommen damals, weil sich in ihrem Gesicht die ganze Schwere dieses Schicksalsschlages spiegelte. Alles war darin: der Schrecken dieser Krankheit, Unfassbarkeit, die Unwägbarkeit des Ausmaßes der Bedrohung, Bodenlosigkeit – und letztlich die große Ohnmacht von uns Lebenden vor Krankheit und Tod.

Es war kurz vor Ostern damals. Ostern hatte immer eine besondere Bedeutung für uns. Deine Mama ist an einem Karfreitag geboren. Ab und zu fiel ihr Geburtstag, der 12. April, aber auch auf einen Ostersonntag. Ostern als Zeichen des Neuanfangs, des Lebens, des Zurücklassens des Alten. Wir haben aus der Symbolik des Osterfests immer viel Hoffnung geschöpft. Die Nachricht, dass Gabi Krebs hat, hat sie, hat uns damals zwei Tage vor Karfreitag erreicht. An einem Mittwochnachmittag, an dem Du zum Osterbasteln in Deinem Kindergarten warst.

Am Tag danach, am Gründonnerstag, sind wir damals hierher nach Ravensburg gefahren. Ende März 2005. Ein Gefühl tiefer Bedrückung lag über uns. Wir gingen damals viel spazieren, dachten nach, versuchten, uns von der Diagnose nicht unterkriegen zu lassen. Und doch war sie ein Schock, der uns beide lähmte. Wir beschlossen damals spontan, Bernd zu besuchen. Wir klingelten einfach an seiner Wohnungstür im Pfarrhaus, ohne jede Voranmeldung. Er war zu Hause. Wir erzählten ihm von Gabis Erkrankung. Er tröstete sie und auch mich und lud uns zum Osternachtsgottesdienst in St. Jodok ein. Wir gingen hin. Ich weiß noch, wie er während der Liturgie auf uns drei zukam, wie er vor uns stehen blieb, uns anblickte und nicht mehr als das Wort »Frieden« sagte. Am anderen Tag, am Ostersonntag, waren wir auf dem Marienplatz in Ravensburg. Dort war wegen Ostern ein großes Hasengehege für Kinder aufgebaut. Du hast Dich gefreut, Hasen gestreichelt, gefüttert – und wurdest geschminkt. Wir haben diese Fotos noch auf meinem alten Mobiltelefon gespeichert. Du vergnügt mit buntem Tigergesicht auf dem Schoß Deiner Mutter, die sehr ernst dreinblickte. Aber glauben wollte, dass Ostern neues Leben bringen und das alte beschließen würde.

Donnerstag, den 16. Juli 2009. Wir machen einen Spaziergang zu Gabis Elternhaus, das auf einer Anhöhe oberhalb und gar nicht weit weg von der Ravensburger Altstadt liegt. Es ist sehr heiß, aber wir wollen uns trotzdem etwas bewegen. Wir kennen einen Fußballplatz in der Nähe, holen unseren Lederball aus dem Auto und spielen in der sengenden Hitze zwei Stunden Fußball, bis wir völlig schlapp sind. Wir gehen den Weg zurück hinab in die Altstadt. Zu unserem Hotel. Wir logieren diesmal im Dachzimmer eines nicht sehr vornehmen Hauses.

Es ist immer noch brütend heiß, als wir an diesem Tag zu Bett gehen. Du erzählst mir vor dem Einschlafen, Deine Mama habe heute mit Dir gesprochen »Na, Zweitklässler! Ich hoffe, es geht dir gut«, habe sie gesagt. Du würdest mit Deiner Mama ab und zu sprechen, sagst Du öfter zu mir. Du hättest auch bei Walti und Susan mit Mama gesprochen. Und Du erzählst mir von anderen Gedanken. »Hättest du die Mama auch geheiratet«, willst Du von mir wissen, »wenn du gewusst hättest, dass sie so jung stirbt?« »Klar!«, sage ich ohne Zögern, »so eine tolle Mama hätte ich immer geheiratet!« Dann willst Du wissen, was passieren würde, wenn ich jetzt stürbe. »Ich sterbe nicht so schnell, Jakob«, sage ich. Und dann, um Dich vollends zu überzeugen, lege ich nach: »Oder kennst du einen, der in meinem Alter noch schneller als Mario Gomez über ein Fußballfeld sprinten kann?« »Und wenn doch? Was passiert dann mit mir?«, willst Du wissen. Ich überlege genau, was ich jetzt sage.

Wieder zurück in Mainz, irgendwann Ende Juli. Ich bin erschöpft, ohne Energie. Ich fühle mich verlassen. Von Gabi. Vom lieben Gott. Ich bin wenig unternehmungslustig. Normalerweise wären wir jetzt, mitten in den Sommerferien, in Andalusien oder am französischen Atlantik oder in den USA oder in Thailand. Ich denke an unsere Urlaube. Was ist möglich dieses Jahr? Ich denke an Südtirol. Als Fünfjähriger – vor zwei Jahren war das – da bist Du mit uns auf Deinen ersten Alpenberg gestiegen, das Weißhorn, und hast von mir für diese Leistung eine Bergsteiger-Tapferkeitsmedaille erhalten. Dämme aus Steinen bauen in der Bletterbachschlucht. Weißt Du noch? Oder Andalusien, immer wieder Andalusien.

»Krix Krax Krox« habe ich einmal zu Dir am Strand gesagt. »Krix Krax Krox« sollte eine Art Schlüsselwort sein, das Dir später, wenn Du es aussprichst, einen dieser wundervollen Momente zurückbringen sollte. Es war der letzte Tag am Strand in unserem letzten Andalusienurlaub – als wir unter strahlend blauem Himmel in unserer Lieblingsbucht bei Conil de la Frontera saßen, die Brandung des wilden Ozeans betrachteten, Fußball spielten, Gabi sich sonnte – und alles perfekt war. Ich habe das Spiel unterbrochen, auf Deine Mutter, auf das Meer, auf den feuchten, weichen Sand, auf die Sonne gedeutet, ich habe die Szenerie kurz »eingefroren« und sie unter den drei Codeworten »Krix Krax Krox« innerlich abgespeichert. Ich habe Dich gebeten, dasselbe zu tun. Du hast kurz die Augen geschlossen und versucht, diesen Moment in Deinem Gedächtnis zu bewahren. Müsste eigentlich geklappt haben, oder? Versuch es heute noch einmal. Sage »Krix Krax Krox« – was siehst Du? Bei mir funktioniert die Erinnerungshilfe immer. Ich bin mir sicher, bei Dir auch. Ich bin mir auch ziemlich sicher, dass Du Dich noch an Bolonia in der Nähe von Tarifa an der Costa de la Luz erinnerst, an die Riesendüne kurz vor Gibraltar. Weißt Du noch? Wir haben sie bestiegen, uns auf die Seite gelegt, die Arme verschränkt, uns langsam um die Längsachse gedreht und sind dann einfach den ganzen Sandhügel heruntergekullert wie Klopapierrollen, die man einen Berg hinunterschubst. Am Ende waren wir alle voller weißem Sand. Von oben bis unten. So weit weg das alles. Wie in einer anderen Welt. Aber wohin jetzt reisen? In diesen Ferien? Ich bin innerlich wie tot, ausgebrannt, eigentlich gar nicht in der Lage, lange Autostrecken zu bewältigen. Aber ich will mit Dir wenigstens eine kleine Reise ins Ausland unternehmen. Was wäre ich für ein Vater, wenn ich es nicht schaffen würde, mit meinem Sohn wenigstens ein, zwei Wochen im Sommer zu verreisen? Du fandest die Idee, nach Burgund zu fahren, sehr gut. Denn dort wohnt Errol, der kleine Sohn von Oona und Tom. Du hast ihn vor zwei Jahren in Vézelay kennen gelernt, da war er ein Baby, um das Du Dich wie ein großer Bruder gekümmert hast. Außerdem wollen wir zelten. Du bist unternehmungslustig, bester Laune und freust Dich auf unsere Reise.

Samstag, den 8. August 2009. Wir sind zurück. Wir waren in Burgund. Wieder in Vézelay. Bei Oona und Tom und ihrem kleinen Sohn Errol. Vézelay. Dort, wo ich 2007 den ganzen September verbracht habe.

Burgund. Wie oft waren wir drei wohl schon hier? In Dijon, Auxerre, Autun, in der Zisterzienserabtei von Fontenay, in der Abteikirche von Pontigny, in Semur-en-Auxois, in Flavigny sur Ozerain? In La-Charité-sur-Loire, in Avallon, in Vézelay? Zehnmal? Fünfzehnmal? Tausendmal? Natürlich auch eine Abschiedstournee. Burgund hatte immer eine besondere Magie für uns. Wir haben uns hier immer sehr wohl gefühlt. Ich weiß noch, wie oft wir bei unseren

Ausflügen, von der Schönheit dieses Landes erfüllt, schweigend im Auto saßen und über die sanften Hügel schwebten, nach draußen auf die Weinberge blickten, auf die wundervolle Landschaft, im Frühsommer etwa, wenn die Mohnblumen am Rande der Getreidefelder blühten. Ich erinnere mich, wie Du als Zweijähriger hinter uns auf der Rückbank in Deinem Kindersitz im Auto gesessen und leise vor Dich hingesungen hast. »Lo-di-do.« Gabi und ich fanden das sehr schön und sehr witzig. Wir beide entwarfen aus Deinem »Lo-di-do« bald ein kleines Schloss mit Terrasse, Park und Kieswegen, in das wir einziehen wollten und das wir uns detailliert ausmalten, einrichteten, ausschmückten. Aus »Lo-di-do« wurde, gut – oder besser: schlecht – Französisch: das »Château L'eau dix d'Eaux«. Es ist ein Luftschloss geblieben.

Jetzt wieder Burgund. Diesmal also wir beide. Gleich nach der Ankunft in Vézelay besuchen wir die Basilika. Beten für Gabi, meditieren in der Krypta. Wir sitzen beide im Yogasitz auf dem Steinboden, auf dem ein alter Teppich liegt. Ich berühre die Krone der heiligen Maria Magdalena, denke an meine Frau, betrachte lange und ausführlich diesen gütigen, fröhlichen, luftigen Jesus Christus im Tympanon des Narthex dieses wundervollen Gotteshauses. Du weißt ja, ein großes Foto von ihm hängt bei uns eingerahmt im Flur, und ich habe bei unseren Gangfußball-Matches immer Angst, dass es einer von uns abschießen könnte. Wir treffen Oona. Wir fahren zusammen zu ihrem Haus in einem Nachbardorf. Wir bauen unser Zelt im Garten auf. Weil es etwas abenteuerlich ist und ein Junge wie Du Zelten spannend findet, denke ich mir. Wir zelten aber ehrlich gesagt auch deswegen, weil die beiden gar keinen Platz in ihrem alten winzigen Bauernhäuschen für uns haben – in diesem kleinen Dörfchen ganz in der Nähe des Château de Bazoches, das ein Stopp auf der Etappe an jenem wunderschönen Tag mit Deiner Mutter war, von dem ich schon geschwärmt habe. Eine Woche lang campieren wir hier, machen Ausflüge, gehen auf Flohmärkte, essen und trinken zusammen. Ich habe den Eindruck, Dir gefällt gut, was wir unternehmen. Einmal treffen wir einen englischen Künstler, der hier lebt und arbeitet. Er stellt Metallskulpturen aus Schrott her, schmiedet alte Teile zu neuen zusammen. Mit Esse und Hammer und Amboss. Wir sind bei ihm zum Essen eingeladen. Er spricht gut deutsch und unterhält sich länger mit Dir, weil Du Dich für seine Arbeit interessierst. Später am Abend nimmt er mich zur Seite und meint nur: »He's a wise boy.« Ich habe gleich verstanden, was ihm an Dir auffiel.

Über diesen Satz muss ich viel nachdenken, lieber Jakob. Ich glaube, der Künstler hat etwas in Dir gesehen, das tatsächlich so ist. Du bist ein ganz normales Kind, und doch habe ich Dich in manchem Gespräch auch ganz anders erlebt: Du bist ein Junge, der manchmal Weisheit in sich hat. Weisheit ist die Folge von Erfahrung. Ich bin mir sicher, dieses »Weise« in Dir hat mit der Erfahrung des Todes Deiner Mutter zu tun. Sie hat einen Teil von Dir viel schneller reifen lassen, als das bei anderen Kindern der Fall ist. Ich habe eine ambivalente Haltung zu dieser Entwicklung. Ich staune manchmal über Dich, aber ich wünsche mir immer auch, dass Dir trotz dieses harten Schicksalsschlags genügend Kindheit geblieben ist, die Du genießen kannst. Andere haben mir schon gesagt: »Lass ihm seine Kindheit!« Ist sie Dir genommen? Habe ich sie Dir genommen? Behandle ich Dich wie einen Erwachsenen? Oder ist diese »Weisheit« doch eher nur unvermeidliche Folge Deines Schicksals, so früh und grausam die Mutter verloren zu haben? Ist ein Teil der Kindheit nicht jedem Kind genommen, das so früh ins eiskalte Wasser des Lebens geworfen wird? Ich glaube, an beidem ist etwas dran. Dein Gemüt, Dein Charakter – Du bist in vielem weiter als andere Kinder, aber trotzdem bist Du Kind geblieben. Gott sei Dank, ein Kind, das auch jede Menge Quatsch machen kann, ein lustiges, freches, manchmal auch wildes Kind.

Erinnerst Du Dich noch an unsere Kanutour? Durch das zugegebenermaßen eher flache Wildwasser eines Flüsschens namens Cousin? Du hast Dich anfangs ein wenig gefürchtet vor unserem Bootstrip. Aber wir haben die Prüfung in unseren dicken Schwimmwesten gemeistert. Durch alle Stromschnellen hindurch. Du hast gut gepaddelt. Ich habe Dich gelobt dafür. Wenn wir hier durch die Untiefen kommen, dann werden wir auch andere Untiefen unseres Lebens meistern. Hier in Frankreich, aber auch zu Hause in Mainz.

Freitag, den 28. August 2009. Wir sind längst zurück in Mainz. Die Tage in Burgund liegen weit hinter uns, Sommerabende, Grillabende, die Ferien sind zu Ende. Die Schule hat wieder begonnen, Du hast Dich sehr gefreut auf den ersten Schultag nach den Ferien. Ich arbeite zu Hause, schreibe einen Essay, produziere ein neues Feature für den Hörfunk. Die Tage vergehen, ein Tag wie der andere. Kaum etwas davon bleibt in meinem Gedächtnis haften. Mein Kopf ist voll von Erinnerungen an Deine Mutter. Immer öfter stehe ich vor dem Schränkchen in unserem Wohnzimmer, wo mittlerweile alle unsere Fotos von Gabi, die Kerzen, das Glücksschweinchen, das Dir jemand auf der Beerdigung geschenkt hat, der Halm mit den herzförmigen Blättern aus dem Westerwald wie auf einem Altar stehen. Ich betrachte die Fotos an der Wand. Gabi schaut mich an. Unser Hochzeitsfoto hängt da, ein Portrait von Dir aus dem Kindergarten, als der Fotograf kam, und das Aquarell – von dem ich gar nicht genau weiß, woher wir es haben. Es zeigt einen Waldweg, der sich in der Bildmitte im Hintergrund verliert. In den Rahmen geklemmt das Foto aus unserer Hochzeitseinladung: ein altes Verkehrsschild mit einem wandernden Paar drauf – eigentlich vorgesehen, um Wanderparkplätze anzuzeigen. Es war unser Hochzeitssymbol. Wir wollten einen Weg zusammen gehen. Jetzt gehe ich ihn alleine. Aber ich sehe ihn nicht mehr. Meinen Weg, den ich gehen soll, gehen muss. Weil ich keine andere Wahl habe. Ich gehe ihn ohne Orientierung. In der Dunkelheit des Tages. Tag für Tag und weiß doch nicht mehr, wohin.

Ich erhalte meine Lebensfunktionen weiterhin aufrecht. Esse, schlafe, atme. Aber ich denke unentwegt an Deine Mutter auch in der zweiten, dritten, vierten, fünften Woche nach ihrem Tod. Ganze und halbe Nächte liege ich wach. Das Letzte, was ich vor mir sehe, bevor ich in einen unruhigen, flachen Schlaf falle, ist ihr Gesicht. Und das Erste, was nach dem Erwachen am frühen Morgen, oft noch in der Dunkelheit, vor mir aufscheint, ist das Gesicht Deiner Mutter. Auch tagsüber immer wieder. Wenn ich allein bin. Ich denke an Szenen aus unserem Leben, oft am Meer, ich denke an ihre unnachahmliche Art zu tanzen, an ihr Lachen, an ihren Geruch, ihre Hände, an ihren Körper, ihre Füße, ihren Gang, ihre Bewegungen. Ich wollte, sollte davon wegkommen und will es doch nicht.

Ich suche nach unserem untergegangenen Glück, versuche mich an den Tag, den Moment zu erinnern, an dem es am größten war. Ich suche nach alten und nach ganz neuen Erinnerungen und Bildern, die in mir vergraben sind, die ich aber noch nicht heraufbeschworen habe. Sobald ich auch nur einen Zipfel davon zu fassen bekomme, versuche ich sie mit aller Anstrengung in mein Bewusstsein zu zerren. Ich verzweifle daran, bestimmte Tage, Ereignisse nicht mehr genau rekonstruieren zu können. Ich suche nach Brücken, die zu Gabi führen. Vergebens, keine führt auf die andere Seite, wo sie auf mich wartet. Meine Trauer, lieber Jakob, ist wie ein fensterloses, kaltes Zimmer, das keinen Ausgang hat.

Lieber Jakob, Deine Mutter war die Liebe meines Lebens. Sie war mein Glück. Aber oft denke ich, jetzt ist ihr Schicksal auch meines. Wie soll ich Neues in Angriff nehmen, etwas, das nie mehr so sein kann, wie es das Große war, das wir zwei teilten? Wie soll ich mit dem Tod meines größten Glückes leben können, wie daran glauben, dass sich in meinem Leben noch einmal eine wenigstens halbwegs erträgliche Normalität einstellt? Es fällt mir schwer zu glauben, dass ich diesen Schmerz je überwinden werde. Deine Mutter bedeutete viel für mich. Jetzt kommt es mir manchmal so vor, als sei sie alles gewesen. Jetzt, da sie tot ist, scheint mir aus der Unermesslichkeit unserer Liebe die Unmöglichkeit zu erwachsen, weiterzugehen, neu anzufangen. Dann denke ich aber an Dich. Es ist ein großer Trost, dass Du mir geblieben bist. Du bist Du, lieber Jakob, aber Du bist auch etwas, was von ihr weiterlebt.

Doch ich vermisse Deine Mutter nicht nur, lieber Jakob, ich mache mir auch große Vorwürfe. Du fragst Dich vielleicht, warum. Ich suche nach meiner Schuld in den Konflikten, die wir ausgetragen haben. Ich mache mir Vorhaltungen, dass ich manchmal nicht liebevoller zu ihr gewesen bin. Jetzt, da es zu spät ist, mache ich mir Vorwürfe, dass ich ihr nicht mehr geben konnte, als ich ihr gegeben habe.

Ich merke mit etwas zeitlicher Distanz, ich war am Ende ihrer Leidenszeit ausgelaugt. Fatalerweise nicht einmal deswegen, weil ich von morgens bis abends für Deine Mutter da gewesen bin. Ich war irgendwann leer, die Angst hat mich gelähmt, ich bin durch den Tag getaumelt, alles fiel mir schwer. Ich war nervlich am Ende. Ich war zuletzt nicht immer der, der ich für sie sein wollte und den sie gebraucht hätte – und dafür schäme ich mich. Eine Szene fällt mir ein: Erinnerst Du Dich noch, als ich an einem Sonntagmorgen, vielleicht zwei Monate vor ihrem Tod, einmal eine Schale mit Müsli mit Absicht auf den Boden gefeuert habe? Ich hatte euch Frühstück gemacht. Wie immer sonntags Müsli mit Himbeeren und Joghurt. Zuerst waren die Himbeeren, die ich immer aus dem Gefrierfach genommen habe, als ihr noch geschlafen habt, nicht ganz aufgetaut. Ich trug die beiden Schälchen also zurück in die Küche. Dann kam ich wenig später mit aufgetauten Himbeeren wieder. Doch diesmal entdeckte Deine Mutter die Made einer Lebensmittelmotte in den Cornflakes, die ich über die Früchte gestreut hatte. Ausgerechnet eine Made! Sie hat einen kurzen Schrei ausgestoßen. Ich habe auf die Schale in meinen Händen gestarrt. Und dann habe ich irgendwie überreagiert. Vielleicht weil ich die angeekelte Reaktion Deiner Mama auf mich bezogen habe, so, als ob ich daran schuld wäre, so als ob ich eklig wäre – und nicht die Made. Ich habe eine unbändige Wut bekommen, wäre innerlich fast zerplatzt und habe die volle Schale einfach auf den Parkettboden fallen lassen. Nein, stimmt nicht, ich habe sie voller Kraft auf den Boden geschleudert, sodass sie in tausend Scherben zerbrochen ist – und sich das ganze Müsli-Flakes-Himbeer-Joghurt-Gemisch überall auf dem Boden, im Türrahmen, an der Wand verteilt hat. Deine Mama fing an zu weinen, stand auf, knallte die Tür zu und ging zurück ins Bett. Du warst erschrocken, folgtest ihr, um sie zu trösten. Ich räumte den Schlamassel auf. War völlig fertig mit den Nerven. Entschuldigte mich später bei euch. Gabi hatte sich bald wieder beruhigt, brachte sogar ein wenig Verständnis für mich auf. Dir erklärte ich, ich hätte einen Aussetzer gehabt, würde jetzt aber wieder funktionieren. Marillenknödel auf der Raufasertapete, Müsli auf dem Parkett – Dein Vater war immer für eine Überraschung gut.

Ich weiß auch noch, wie sie einmal – vielleicht fünf, sechs Wochen vor ihrem Tod – aus dem Schlafzimmer nach mir gerufen und mich gebeten hat, ob ich ihr die Füße massieren könnte. Sie liebte das, wie Du weißt. Ich reagierte gereizt, weil ich übermüdet war. »Füße massieren um zehn Uhr abends?«, blaffte ich sie an, »Weißt du eigentlich, wie spät es ist?« Auch das habe ich ihr noch an den Kopf geworfen. Sie war enttäuscht, verletzt, verärgert darüber, dass ich ihr den Wunsch nicht erfüllen wollte. Sie hat geweint und zu mir gesagt: »Kannst du dir nicht vorstellen, dass so eine kleine körperliche Entspannung eines der letzten Dinge ist, die mir geblieben sind?« Ich habe mich noch am selben Abend bei ihr entschuldigt, versucht zu erklären, was mit mir los war. Aber ich habe mir diese Reaktion bis heute nicht verziehen.

Weißt Du, Jakob, aus heutiger Sicht betrachtet habe ich irgendwann begriffen, dass sie sterben musste. Und doch nicht begriffen, was das für mein Verhalten hätte bedeuten müssen. Im Nachhinein denke ich, ich hätte noch viel achtsamer ihr gegenüber sein sollen. Vielleicht weil ich es nicht ausreichend war, aber sicher auch ganz ohne mein Zutun und weil es möglicherweise normal ist für jemanden, der unheilbar krank ist, hat Gabi sich in den letzten Monaten ihres Lebens innerlich zurückgezogen, von mir, von uns, vom Leben. Sie hat Stunden damit verbracht zu lesen, im Bett oder auf dem Sofa. Deine Mutter hat unheimlich viel und schnell gelesen. Auch schon vor ihrer Erkrankung. Am Ende fast nur noch Fantasyromane amerikanischer und russischer Autoren. Einen nach dem anderen. Ich glaube, das war für sie bei aller Begeisterung für diese Bücher immer auch der Versuch, in eine andere Welt einzutauchen, um so den Schrecken des Todes, der sich ihr unaufhaltsam näherte, nicht allzu nahe an sich heranlassen zu müssen. Lesen war für sie am Ende ihre Art, im »Hier und Jetzt« zu leben und sich gleichzeitig daraus zurückzuziehen. Tatsächlich haben wir beide immer weniger Zeit wirklich miteinander geteilt. Bis in den April hinein gelang uns das noch sehr gut, aber spätestens seit Lanzarote forderte der Krebs – eher unterbewusst – so viel Raum, dass uns die Kunst abhanden kam, miteinander erfüllte Stunden zu verbringen. Eine Kunst, die wir so lange so leicht und virtuos beherrscht haben wie sonst nichts. Und doch war ich ihr, waren wir uns bis zum Ende sehr nahe. Bis zum Schluss ist die Verbindung zwischen Dir und ihr, zwischen mir und ihr nicht abgebrochen. Wir beide, Du und ich, wir waren ihr die wertvollste Stütze in ihrem Leben – und in ihrem Sterben. Bis zuletzt. Das weiß ich genau, denn sie hat es mir oft genug gesagt.

Du merkst es schon, lieber Jakob: Ich denke in diesen Tagen viel darüber nach, wie ich mich in dieser Zeit verhalten habe, und bin nicht recht zufrieden mit mir. Ich versuche immer wieder, mich in Gabi hineinzuversetzen, mache mir Gedanken darüber, was ich mir an ihrer Stelle gewünscht hätte oder wie sie sich mir gegenüber hätte verhalten sollen, wäre ich krank und sie gesund gewesen. Ich denke manchmal, es war nicht gut, dass ich in ihren letzten Wochen nicht Tag und Nacht bei ihr war. Sicher, mir war es wichtig – und Deiner Mutter genauso –, Dich nicht alleine zu lassen, Dir, gerade in dieser Zeit der Unsicherheit, Geborgenheit zu geben. Außerdem war es ja auch so, dass ich in jenen heißen Tagen Ende Juni 2009 gar nicht wissen konnte, wann genau die letzten Tage ihres Lebens gekommen sein würden, und auch nicht ahnte, dass es so schnell gehen würde. Dennoch hätte ich, so denke ich heute, ihr noch näher sein, hätte besser mit meinen Kräften haushalten müssen, um noch viel aufmerksamer, gegenwärtiger, liebevoller zu sein, als ich es war. Meine Schuld war es, dass ich zu sehr in mir gefangen war und es mir gerade am Ende nicht mehr gelang, dieses Gefangensein zu durchbrechen. Meine Schuld war es, dass ich meine Unruhe nicht in den Griff bekommen habe, dass ich Deine Mutter häufig durch meine Angst und Besorgnis noch mehr belastet habe, als dass ich ein Punkt der Ruhe für sie gewesen wäre. Schon zu Beginn ihrer Krankheit war das gelegentlich so. Meistens war ich panischer, als sie selbst es war, wenn uns eine neue Hiobsbotschaft erreichte. Gabi hätte mir manchmal schlechte Nachrichten über den Fortgang ihrer Erkrankung am liebsten verschwiegen. Das hatte damit zu tun, dass sie gelegentlich meine Niedergeschlagenheit mehr fürchtete als eine Verschlechterung ihres Zustands. Sie mochte es nicht, wenn ich dann völlig fassungslos dasaß.

Lieber Jakob, erst im Nachhinein wird mir klar, wie viel Raum der Krebs vor allem in diesem, ihrem letzten Jahr 2009 einnahm. Erst jetzt sehe ich, dass Gabi in den letzten Monaten viel mit sich selbst beschäftigt war, aber auch ich viel mit mir und meinen Gefühlen zu tun hatte. Gabi hatte eine Last zu tragen, ich hatte eine Last zu tragen. Natürlich hatte sie eine viel schwerere, brutalere zu tragen als ich. Die Last ihrer Schmerzen, die Last ihres bevorstehenden Todes. Ich hatte die Last zu tragen, dass die, die ich liebte, eine solch unmenschliche Last zu tragen hatte, ohne dass ich ihr allzu viel davon hätte abnehmen können. Lasten zu tragen ist schwer. Man keucht, ächzt und stöhnt. Lasten quälen – und wer gequält wird, reagiert mit negativen Gefühlen, mit Frustration, mit Aggression. Solche Gefühle bekommen aber leider auch die anderen zu spüren – und das verursacht zusätzlichen Stress. Einen Teil meiner negativen Gefühle hast Du, lieber Jakob, und hat auch Deine Mama abgekriegt. Ausgerechnet sie! Der Fluch dieser Krankheit war es, dass sie zusätzlich zum körperlichen Schmerz manchmal auch noch Unfrieden zwischen uns stiftete – und, je weiter der Krebs fortschritt, je mehr er an unseren Kräften zehrte, es eine immer größere Anstrengung erforderte, Missstimmungen zu vermeiden oder sie wieder aufzulösen.

Samstag, den 29. August 2009. Mal wieder auf dem Friedhof. Jede Woche mindestens einmal sind wir in diesem Monat hier gewesen. Heute wollen wir endlich das Grab bepflanzen. Grabpflegetag. Mit Dir. Ich habe Dich gefragt, ob Du mitkommen willst. Du hast sogar

Lust auf Pflanzen und Erde. Von Pettersson, unserem Floristen und Friedhofsgärtner, leihen wir uns einen Schubkarren und Gartengerät. Pettersson ist ein Mann mit Herz, grauem Kapitänsvollbart und Pfeife, die eigentlich nonstop qualmt. Er heißt nicht wirklich Pettersson, aber wir nennen ihn so, weil er Ähnlichkeit mit einer Figur aus einem Deiner Kinderbücher hat.

Wir schütten drei Säcke Schwarzerde auf das Grab, pflanzen Blumen mit roten Blüten, Efeu. Es macht uns Spaß, hier zu arbeiten, das Grab schön zu machen. Fast zwei Stunden brauchen wir, dann ist es fertig bepflanzt. Zu guter Letzt umkränzt Du die Grabfläche mit vielen kleinen Blütenblättern, die überall verstreut herumliegen – und fährst hinterher den Schubkarren eigenhändig zurück zu Pettersson. Ein Samstagnachmittag im Sommer in Mainz.

Donnerstag, den 10. September 2009. Träumst Du von Deiner Mama? Manchmal, sagst Du. Und wenn es so ist, erzählst Du mir immer gleich nach dem Aufwachen davon. Ich selber habe gestern Nacht wieder von Gabi geträumt. Einen grässlichen Traum. Ich laufe durch eine bekannte Stadt. Ich biege in eine Gasse ein, die ich noch nie betreten habe. Eine schäbige, heruntergekommene Straße mit unverputzten grauen Häusern, maroden Fenstern, deren Läden im Wind klappern, eine hässliche Gegend. Aber ich bin euphorisch, denn irgendetwas sagt mir, dass meine Schritte in die richtige Richtung gelenkt werden. Wie von etwas unbekanntem Schönen angezogen lande ich schließlich bei einem entsetzlich schäbigen Haus, gehe schon die wurmstichige Holztreppe zur Haustür hoch. Ich fühle und weiß, hier werde ich gleich einer wunderschönen Frau begegnen. Ich öffne die Tür, und vor mir steht ein eisgrauer, nackter Mann mit unbeweglichem, finsterem Gesicht, glatzköpfig – eine gruselige Type, die entfernt an eine böse Ausgabe von Meister Propper erinnert. Er hat die Arme vor der Brust verschränkt und fixiert mich mit düsterem Blick. Da sehe ich Gabi, wie sie hinter dem Mann auftaucht, mir zulächelt, die Hand nach mir ausstreckt. Ich will ihre Hand fassen, aber der kalte, weißlich-milchig-muskulöse Mann lässt mich nicht durch, versperrt mir den Weg. Gabis und meine Blicke treffen sich kurz. Sie ist bezaubernd schön, sie lächelt, dreht sich weg und verschwindet dann hinter dem kalten Meister Propper, nicht ohne sich noch einmal zu mir umzudrehen und mir zuzulächeln. Ich erwache. Wie Orpheus in der Unterwelt, denke ich. Aber ich kann nicht einmal halb so schöne Musik machen wie er. Ich forsche dem Traum nach, bevor er sich zersetzt. Und stöbere etwas in ihm auf. Ich bin eifersüchtig auf den kalten Mann. Und zornig auf Gabi, dass sie nichts tut, um ihm zu entkommen, ja, ich habe den Verdacht, es gefiele ihr fast ein wenig in seiner Gesellschaft. Wenn ein Partner stirbt, so habe ich gelesen, dann ist das so ähnlich, als ob er oder sie einen verlässt, als ob er oder sie »Schluss« mit einem macht. Mir erklärt das, warum ich tatsächlich manchmal eifersüchtig bin. Eifersüchtig auf wen? Auf den, der mir Deine Mama weggenommen hat. Eifersüchtig auf den Tod. Eifersüchtig auf Meister Propper. Sauer auf Gabi, dass sie mit ihm mitgegangen ist. Als wenn sie mich freiwillig verlassen hätte.

Wochenende vom 11. bis 13. September 2009. Wir fahren nach München. Das erste Mal München ohne Gabi. Hier hat sie studiert, gelebt, hier waren wir unzählige Male am Wochenende. München. Nächste Etappe der Abschiedstournee. Wieder habe ich mir überlegt: Ist es gut, die alten, gemeinsamen Orte der Erinnerung aufzusuchen, oder besser nicht? Alle diese Orte, die wir seit Gabis Tod bereisten, schafften eine Verbindung zu ihr, zu Deiner Mutter – eine Verbindung, die ich sehr bewusst suche. Sollte ich sie nicht eher meiden, um mir die Schmerzen der Erinnerung zu ersparen? Ich denke, es ist ganz egal. Es tut so oder so weh. Schöne Orte der Erinnerung lösen wohl immer zweierlei aus, kehrt man an sie zurück. Sie rufen den Schmerz über den Verlust jenes geliebten Menschen wach, mit dem man sie bereiste, und gleichzeitig fühlt man so etwas wie einen Nachhall dieser schönen Zeit. Man meint noch einmal von dem alten Gefühl zehren zu können, das sich noch immer leise regt, wenn man sie wieder betritt.

Und für Dich, wie ist es für Dich? Ich merke und bin froh darüber: Deine Art zu trauern und zu erinnern ist nicht meine Art. Du hast diese Bilder der Erinnerungen, die an bestimmten Orten haften, nicht so in Dir, Deine Trauer ist viel unmittelbarer. Und sie kommt nur ab und zu, fast bin ich geneigt zu sagen, nur sehr selten an die Oberfläche. Das ist gut so. Ich muss darauf achten, dass ich nicht meine ganze Trauer wie einen dicken Filzmantel über Dich breite, unter dem Du keine Luft mehr bekommst. Lieber Jakob, ich will Dir keine Last sein – und fürchte doch, dass ein so trauriger Vater notgedrungen eine Last für einen Jungen ist, der fröhlich sein will. Andersrum bist Du mir tatsächlich eine große Hilfe, meine Last zu tragen! Du steckst mich immer wieder an mit Deiner Lebensfreude und befreist mich, wenigstens für eine gewisse Zeit, aus meiner Selbstversunkenheit.

Der Zug gleitet über die Gleise, die Landschaft fliegt vorbei. Du liest. Ich komme in unserem Abteil mit der Mutter eines kleinen Kindes ins Gespräch, ich glaube, sie ist Pädagogin. Wir unterhalten uns – am Ende sogar über Persönliches. Sie meint kurz vor München-Hauptbahnhof, in meiner Situation wäre es auch wichtig, neue, »unbelastete« Orte aufzusuchen. Vielleicht hat sie recht. Aber: Ist München belastet? Ist Paris, ist Sevilla, sind die Schauplätze unseres Glücks wirklich belastet?

Wir beziehen ein Zimmer in unserem Stammhotel in München-Haidhausen. Und tun, was wir immer getan haben. Zuerst essen gehen ins »Kalami« zu Nikos. Der wundert sich, dass wir heute nur zu zweit kommen. Ich erzähle ihm, dass Gabi gestorben ist. Er tätschelt kurz meinen Arm. Ach, das »Kalami« in der Kellerstraße in Haidhausen. Über zehn Jahre sind wir hier immer wieder ein und aus gegangen, wenn wir in München waren. Und wir haben fast immer dasselbe bestellt. Gabi Calamari plus Rotwein, Du (etwa ab Deinem dritten Lebensalter) Calamari plus Johannisbeerschorle, ich Grillplatte plus drei Helle. Wir zwei bestellen heute, was wir immer bestellt haben. Aber es will mir nicht recht schmecken, obwohl alles genau wie immer ganz wunderbar zubereitet ist. Tatsächlich schmeckt mir in den letzten Tagen und Wochen vieles in der ursprünglichen Bedeutung des Wortes bitter. Ich weiß nicht, ob ich mir das nur einbilde, aber meine Geschmacksnerven liefern mir wenig Genuss am Essen in diesen Tagen.

Am nächsten Morgen Frühstück im »Café Wölfl«, dann steigen wir in die Bergwerkskatakomben des Deutschen Museums hinunter, rätseln über das Foucault'sche Pendel im Treppenhaus, beobachten einen Vorführwissenschaftler mit einer eindrucksvollen Schutzbrille beim Herstellen einer Glühbirne, wir rasten im »Weißen Bräuhaus« im Tal, nehmen eine Flädlesuppe zu uns, gehen ins Kino, genauer in *Wickie und die starken Männer*. Wir statten dem Alten Peter einen Besuch ab, werfen ein paar Centmünzen in das Kästchen an dem Glaskasten mit dem Modell einer kleinen Kapelle, damit das Christkind heraustritt und uns zu zartem Glockengeläut mechanisch segnet. Abendessen in einem anderen Stammlokal, dem »Kloster« in Haidhausen. Im Hotelzimmer das aktuelle Sportstudio. Mit Wolf-Dieter Poschmann, aber ohne Gabi.

Heute ist Sonntag, der 13. September 2009. Abreisetag. Wieder Café Wölfl. Himbeerkuchen. Dann Weißwurstfrühstück mit Dicke-Backen-Musik am Chinesischen Turm. Gabi fehlt mir in jeder Minute. Ich fühle, dass es mir nicht gelingt, unseren Aufenthalt so zu gestalten, dass es genügt, dass wir uns genügen. Es liegt wohl daran, dass ich an diesem Ort mit den Gedanken immer woanders bin. Ganz im Gegensatz zu Dir. Während ich abschweife, hörst Du ganz gebannt der Blasmusik zu.

Ach, wie gut ging es uns früher! Ich denke an unsere Städtereisen. An unsere Großstadtexkursionen. Das Gute, das Feine, das Schöne, lieber Jakob, es ist selten auf dieser Welt. Man muss es zu finden verstehen. Niemand war darin so gut wie Deine Eltern. Gabi und ich waren Experten darin, die Oasen dieser Welt zu entdecken – und wenn sie in noch so unzugänglichem Gelände versteckt waren. Ein eingespieltes Team. Egal, ob wirkliches Feinschmeckerrestaurant oder das einfache, aber korrekte, ordentlich geführte Landgasthaus im Schwarzwald, ob die schnoddrige Bodegabar in Jerez de la Frontera, die einfache, trubelige Trattoria in Florenz oder das »Vignette« in Weißenburg – egal ob das »Café König« in Baden-Baden oder das »Café Wölfl« in Haidhausen, egal ob das »Kalami« in München oder »Chez Prune« in Paris am Canal Saint-Martin – oder eben jene Tapasbar in Sevilla, deren Namen Du genau kennst, den ich aber hier nicht verrate! Wir hatten ein Händchen für gute Häuser und gute Atmosphären – einen guten Riecher auch für romantische Wanderwege, Aussichtspunkte, schöne Plätze. Vor allem: Wir haben nie die Neugierde verloren, neue Orte zu suchen und sie zu entdecken, aber wir hatten auch Freude daran, immer wieder an jene Orte zurückzukehren, in die wir uns einmal verliebt hatten und wo wir uns wohlfühlten. Aber warum all diese geschmackvollen Hotels, warum die französischen oder toskanischen Landhäuser, warum all die Alpenhotels in Südtirol oder in Bayern, egal ob eher rustikal, gediegen-altmodisch oder in ganz und gar modernem Design gehalten? Warum die unzähligen Paradores in Spanien, die Pousadas in Portugal, warum die hundert Restaurants in Paris, warum all diese Orte, an die wir Dich, an die wir uns gegenseitig führten? Wir wollten, nicht erst seit Gabis Erkrankung, immer wieder an solchen besonderen Orten sein, weil wir schon früh in unserer gemeinsamen Zeit die Erfahrung gemacht hatten, dass das schöne Außen auch das schöne Innere eines Menschen hervortreten lässt. Das gepflegte Restaurant ohne Schnickschnack, von Könnern geführt: Das war unser Rahmen. An solchen »perfekten« Orten gelang es uns bis zum Schluss am besten, das Leben zu feiern. Nie ging es uns um Protz, um Highend-Luxus des Prestiges willen, nein, immer ging es uns nur um Qualität, um Stil, um Stimmungen.

Kein Wunder also, dass Du Dich in Deinem Alter schon so gut auskennst mit Hotels und Restaurants. Du bist deswegen aber alles andere als ein verwöhntes Kind! Du weißt nur, wie ein Menü komponiert ist, wie ein Tisch gedeckt wird, wie ein gutes Brot schmeckt. Wir wollten, dass Du dieses Leben kennenlernst. Wir wollten, dass Du Dich mit Oliven besser auskennst als mit Fischstäbchen, mit gutem Schinken, gutem Käse besser als mit Chicken McNuggets und Pommes rotweiß. Es war uns wichtig, dass Du nicht wie viele Kinder (und leider auch Erwachsene) stehenbleibst bei Pizza Hawai. Das hat Wirkung gezeigt: Du hast viel gelernt in diesen Häusern. Du weißt, wie man sich benimmt. Und dass man ein Hemd zum gepflegten Essen trägt – und wartet, bis alle haben, bevor man anfängt. Du warst auch nie ein mäkeliges Kind, wenn es ums Essen ging. Du hast fast immer gegessen, was es gab. Wir waren sehr stolz auf Dich. Wenn wir im Bekanntenkreis mitbekommen haben, was für ein Theater manche Kinder beim Essen gemacht haben, weil sie dies nicht und jenes nicht und das dritte nur in der und der Zubereitungsart essen wollten, dachten wir immer, was für ein Segen es ist, ein so genügsames und gleichzeitig neugieriges, offenes Kind zu haben.

Paris und Sevilla – das waren für uns die Städte, an denen wir uns am lebendigsten gefühlt haben. Paris, hier haben wir am französischen Nationalfeiertag, dem 14. Juli, unter freiem Himmel vor dem Rathaus des dritten Arrondissements du Temple getanzt. Paris, was für ein wundervoller Ozean. Einfach loszulaufen, bis einem die Sohlen brennen, Halt machen im Café, dann weiter ohne Ziel streunen, über Märkte, vorbei an Läden und Geschäften, sich treiben lassen und warten, was passiert. Irgendwann reinschneien in ein Bistro, das einen anlacht. Besinnungsloses Flanieren. Wenn Du später einmal zu Fuß durch Paris oder auch durch Sevilla laufen wirst, denke immer daran, diese beiden Städte waren die Städte der Liebe Deiner Eltern. Seit Du auf der Welt warst, waren wir immer mindestens dreimal im Jahr in Paris, einmal in Sevilla.

Auch in Sevilla waren wir glücklich, anfangs ohne Dich, dann mit Dir. Am Ende sind wir immer in dieser einen Tapasbar gelandet. Tatsächlich gab es kaum einen Ort, kaum einen Zeitpunkt auf der Welt, an dem wir glücklicher gewesen wären als hier, an den wir uns öfter zurückgesehnt haben, wenn wir wieder zu Hause waren. Wenn ich mich daran erinnere, dann steigt noch immer das fantastische Gefühl in mir auf, wie es war, endlich wieder über die Alameda de Hercules zu ziehen, hinein ins Gassengewirr dieser zauberhaften Stadt. Wenn wir später am Tag jenes kleine Restaurant betraten, dann geschah das Wunder. Wir wurden immer herzlich begrüßt, man erinnerte sich an uns. Man strich Dir übers Haar und sagte uns, dass wir ein schönes Kind hätten. Das Schauspiel begann gegen neun Uhr abends und endete gegen zwölf. Ich sehe uns drei, Deine Eltern am Tresen stehend, Du sitzend auf einem Barhocker. In einer heißen Sommernacht. Wie wir unter großen Ventilatoren von den raffiniert zubereiteten Tapas essen. Wir trinken kühlen Cava, noch eine Cervesita, einen Tinto. Wir sind bester Laune. Mit der eigenen Euphorie scheint der ganze Barbetrieb einem unbekannten Höhepunkt entgegenzusteuern. Der Raum füllt sich, es wird immer eng und enger, bald entsteht ein mächtiges Gedränge, wohl das einzige Gedränge der Welt, das liebt, wer darin gefangen ist. Das Schwirren der Stimmen nimmt zu, die Kellner in weißem Hemd und schwarzer Hose bellen ihre Bestellungen durch die Schwingtüren in die Küche. Alles redet, unterhält sich. Immer mehr, immer schneller, immer lauter. Die Bewegungen des Personals nehmen an Dynamik zu, Besteck, Geschirr, Gläser klappern, klirren, unendlich verlockende Düfte wehen aus der Küche herüber, Deine Mama und ich werfen uns liebende Blicke zu, Espressomaschinen zischen, Korken, die aus Flaschen gezogen werden, ploppen, eine Art wohltuende Hektik breitet sich aus, steigert sich, bis sich gegen Mitternacht urplötzlich alles beruhigt, abebbt und wie ein aufgespanntes Zelt in sich zusammenfällt. Unsere Augen glänzen. Das Lächeln schwingt lange nach, auch dann noch, wenn man längst wieder im Hotel ist. Dieses ozeanische Gefühl – ich glaube nicht wirklich, dass ich es noch einmal erleben werde. Aber Du, Du sicher. Ich wünsche es Dir von Herzen.

Und München? München war immer die Light-Variante dieses Gefühls. Nicht ganz so kräftig, doch immer ein wunderschöner Ort für uns. Jetzt sind wir allein hier. Die Blasmusik im Chinesischen Turm macht Pause. Mein Blick fällt auf die Uhrzeitanzeige auf meinem Mobiltelefon. Wir sind spät dran. Wir müssen uns beeilen. Der Zug von München nach Mainz, er fährt schon in einer halben Stunde.

Montag, den 14. September 2009. Du bist in der Schule. Ich komme vom Friedhof zurück. Heute ist unser siebter Hochzeitstag. Oder soll ich sagen: Heute wäre er gewesen? Die Rose, die ich an diesem Tag immer für Gabi gekauft und ihr letztes Jahr morgens überreicht habe, bevor wir in den Kaiserstuhl gefahren sind und Dich zuvor bei Deiner Tante in Karlsruhe abgesetzt haben, dieses Jahr lege ich sie auf ihr Grab. Direkt unter das Holzkreuz, auf das ich auch heute wieder ewig lange gestarrt habe. Immer wieder lese ich ihren Namen, der dort geschrieben steht, Vornamen und Nachnamen, immer wieder, Buchstaben für Buchstaben, Silbe für Silbe. Ich stelle mir dabei vor, wie sie ihren eigenen Namen ausgesprochen hat, etwa wenn ich sie telefonisch nicht erreichen konnte und die Mailbox ihres Mobiltelefons aktiviert wurde. Fast immer, wenn ich diesen Namen auf dem Kreuz lese, ist es so, als hörte ich ihn gleichzeitig von ihr selbst ausgesprochen. Ich entzünde ein Grablicht. Heute weiß ich einmal mehr, wie groß meine Sehnsucht ist.

Wir waren verheiratet, wir waren ein verheiratetes Paar. Immer noch trage ich den Ring. Ich habe unserer Hochzeit stets einen hohen Wert beigemessen. Sie war für uns – so wie Deine Taufe am selben Tag – ausschließlich ein Symbol. Kein Zweckbündnis aus steuerlichen Gründen, kein Brauch, dem wir uns beugten, weil es sich halt so gehört. Nein, Hochzeit zu halten war auch mehr als nur ein Versprechen, denn es gab nichts zu versprechen, wo so viel Liebe war. Unsere Hochzeit war die Feier unserer Liebe und Deine Taufe ein Symbol für den Glauben an das Leben, den Glauben auch, dass ein glückliches, behütetes Leben vor Dir liegt. Deswegen war uns damals die Hochzeit in der Kirche, das ganze Zeremoniell viel wichtiger als der Akteneintrag auf dem Standesamt tags zuvor. Aber erst jetzt, nach Gabis Tod, erst an unserem heutigen Hochzeitstag, habe ich endgültig verstanden, was es heißt, verheiratet zu sein. Wie wundervoll es ist, verheiratet zu sein. Wie wundervoll es war.

Vielleicht vermittelt sich Dir dieses Gefühl nicht so recht, wenn Du später einmal unsere Hochzeitsbilder anschaust, lieber Jakob. Du wirst merken, dass ich auf diesen Fotos an der Seite Deiner immer strahlenden Mama oft einen etwas zerknautschten Gesichtsausdruck habe. Das liegt nicht nur daran, dass ich – im Gegensatz zu ihr – nicht sonderlich fotogen bin. Auf dem Hochzeitsbild oder auch auf den Fotos, die uns mit Dir als Neugeborenem zeigen, schau ich manchmal drein, als ginge es mir nicht gut. Aber: Dieser Eindruck täuscht. Ich gucke deshalb so missmutig, weil ich es in dieser Situation nicht leiden mochte, fotografiert zu werden. Ich hatte zu viele Familienfeste erlebt, bei denen in einem fort geknipst oder gefilmt wurde, statt achtsam den Anlass zu würdigen, das Fest mitzuerleben und tatsächlich zu feiern. Ich wollte meine Hochzeit wirklich erleben – und nicht alle fünf Minuten posen, damit wir am Ende achtundzwanzig Dia-Magazine Festtagsdokumentation im Schrank hätten. Und es gibt wohl auch noch einen anderen Grund, warum ich so dreingeschaut habe – nicht nur auf den Fotos, sondern auch an vielen anderen Tagen meines Lebens. Warum oft so wenig Lachen in meinem Gesicht ist. Ich habe tief in meinem Inneren immer gemeint, nicht zeigen zu dürfen, wie glücklich ich an der Seite Deiner Mutter war. Vielleicht glaubte ich unbewusst, ich würde mir durch einen neutralen Gesichtsausdruck, der unbeabsichtigt eher leicht verdrießlich wirkte als voller Freude, die Gunst der anderen erhalten – von denen ich mir insgeheim sicher war, sie müssten neidisch auf mich und meine wundervolle Frau sein. Ich vermutete, je introvertierter ich mich gab, umso mehr akzeptierten sie mich, umso weniger erregte ich ihren Unmut. Frage mich nicht, warum ich nicht früher gelernt habe, auf diese Reaktionsweisen zu pfeifen, warum sie sich so tief in mir haben eingraben können. Ich weiß es nicht, lieber Jakob. Aber schließe niemals daraus, ich sei ein griesgrämiger Mann an der Seite Deiner Mutter gewesen. Im Inneren war ich ein glücklicher Mensch – und das habe ich Deiner Mama auch immer wieder gezeigt. Vielleicht hätte ich es noch viel öfter tun müssen. Und doch, ich habe keine Zweifel. Sie hat genau gewusst, welche Freude sie in mein Leben gebracht hat. Sie wusste, dass sie mein Glück war.

Unser Hochzeitstag. Mir fällt ein, dass mich neulich jemand als »allein erziehend« bezeichnet hat, irgendwo am Rande eines

Gesprächs. Obwohl er damit völlig recht hatte, hat dies eine starke innere Abwehrreaktion bei mir ausgelöst. Ich war und bin nicht damit einverstanden, als »allein erziehend« zu gelten. Ich gehöre doch nicht zu jenen – so meine spontanen Gedanken –, die ihre Beziehung irgendwie, und womöglich auch noch auf dem Rücken ihrer Kinder, in den Sand gesetzt haben. Ich habe mich nicht getrennt, sondern ich wurde getrennt. Das ist ein Unterschied. Dieser Unterschied wird nicht deutlich in dem Begriff »Alleinerziehender«. Aber wahrscheinlich spielt das überhaupt keine Rolle. Und doch ist mir diese Unterscheidung ungeheuer wichtig. Gerade am heutigen Tag. Beide, getrennt Lebende und Verwitwete sind allein erziehend, aber zu denen, die sich getrennt haben, will ich nicht gehören. Auch deswegen trage ich weiterhin meinen Ehering.

Sonntag, den 27. September 2009. Wir sind oft am Grab. Ich alle paar Tage, Du mit mir einmal die Woche. Das reicht auch für Dich, finde ich. Auf dem Nachhauseweg erzählst Du mir oft, woran Du denkst, wenn Du am Grab Deiner Mama stehst. Etwa wie ihr beiden manchmal draußen, spontan und ohne Grund, auf eine selbst erfundene Melodie »Ich bin so glücklich, ich bin so glücklich, lalalalala« gesungen habt – und dabei im Hopserlauf Hand in Hand durch die Fußgängerzone gehüpft seid. Oder wie Du mit Mama »Du blöde Welle« gespielt hast. Im Urlaub am Mittelmeer, am Atlantik, das war so eine Art Bewegungsspiel – ähnlich unserem Gekicke in der Brandung: Man durfte die anbrausenden Wellen nicht mit den Füßen berühren, sondern musste zurückweichen, wenn sie näher kamen, sich aber wieder, so weit es ging, nach vorne wagen, wenn sie sich zwischendurch zurückzogen, ehe das Meer zum nächsten Anbranden ausholte. Aber ja nicht nass werden! Dabei habt ihr beiden die Wellen irgendwie beschimpft, wahrscheinlich, weil das Wasser so kalt war.

Auch ich sehe Gabi vor mir, wenn ich am Grab stehe. Wie sie mich anlächelt und dann wieder, wie sie aussah in den letzten Tagen und Stunden ihres Lebens. Und bin voller Erinnerungen, es ist so, als suchte ich Gabi immer noch. Meine Sehnsucht wird nicht kleiner mit den Tagen, die verrinnen, sondern größer. Immer wieder schließe ich die Augen und stelle mir ihr Gesicht vor. Ich denke nicht nur an sie, erwecke Erinnerungen in mir zum Leben, sondern übe mich darin, sie ganz konkret vor mir sichtbar zu machen, indem ich versuche, die Konturen und Umrisse ihres Gesichtes im Dunkel meiner geschlossenen Augen auszumachen und sie hervortreten zu lassen. Angestrengt versuche ich, in den sich immer neu verschiebenden dunklen Mustern und sich ständig verändernden Flächen, die sich dabei vor meinen Augen bilden, ihr Gesicht vor mir entstehen zu lassen. Und doch ist es mir noch kein einziges Mal gelungen. Immer wieder verschwimmt, zerfließt ihr Bild vor meinen Augen, noch ehe es sich vollständig zusammengesetzt hat.

Nach wie vor kommt in mir regelmäßig die eine Frage hoch: Warum hat sie uns nichts hinterlassen? Ich habe Dir ja schon erzählt, wie ich in den ersten Tagen nach ihrem Tod zu Hause alles durchsucht habe. Ich hoffte so sehr, ein Vermächtnis zu finden, etwas, was ich anfassen kann und worin sie ihrer Liebe zu mir für immer Ausdruck verliehen hätte. Ich habe nichts dergleichen gefunden. Weder für mich noch für Dich. Ich denke, heute weiß ich, warum. Deine Mutter hat nicht Abschied von mir, nicht von Dir genommen. Sie wollte dieses Endgültige nie wahrhaben. Gabi hat ihren eigenen Tod näher kommen sehen. Aber sie hat bis zuletzt nicht glauben wollen, dass sie wirklich gehen muss. Sie fühlte sich schwach, aber ich glaube, sie hat sich nie todesnah gefühlt. Ihr schnelles Ende hat sie selber überrascht. Eine Botschaft, einen Abschiedsbrief oder -film zu hinterlassen, an mich, an Dich, sie hat diesen Schritt bis zuletzt hinausgezögert – und als sie sich dann endlich dazu durchgerungen hatte, kam es nicht mehr dazu. Einen solchen Brief zu verfassen oder einen Film zu einem früheren Zeitpunkt aufnehmen zu wollen, hätte für sie bedeutet, ihren Abschied von Dir, von uns zu akzeptieren. Aber das hat sie nicht. Sie wollte am Leben, sie wollte bei uns bleiben. Man kann wirklich behaupten – und lass Dir dies ein Trost sein, lieber Jakob: Nicht ein Abschiedsbrief, sondern die Tatsache, dass es keinen gibt, war ein weiterer, vielleicht der letzte und größte Beweis der Liebe Deiner Mutter zu Dir und zu mir. Und trotzdem kann ich mir gut vorstellen, dass Du heute sehr gerne etwas in den Händen hieltest, was ein Abschiedsgeschenk, eine Botschaft von ihr wäre. Du hast mich erst neulich wieder darauf angesprochen. Vielleicht ist das ja auch ein Grund dafür, warum ich mich entschlossen habe, diesen langen Brief fortzusetzen. Viel davon, was sie Dir sicher noch hätte sagen wollen, halte ich nun für Dich fest. Immer wieder erwische ich mich dabei, wie ich nach einer letzten Botschaft von ihr suche, wie ich in alten Briefen stöbere, sie wieder und wieder lese. Die wenigen Briefe, die sie an mich gerichtet hat, verfasst in ihrer unnachahmlichen Handschrift, sie sind Brücken für mich, die sich wie aus dem Jenseits zu mir herüberneigen – auch wenn sie allesamt in der Vergangenheit geschrieben sind.

Noch habe ich nicht damit aufgehört, Vergangenes, was ich schon vergessen hatte, zu rekonstruieren. Zu oft schon habe ich Dich in diesen Wochen gefragt, ob Du Dich an die eine oder andere Begebenheit erinnern würdest, wollte auch Dein Gedächtnis nutzen, es ausbeuten. Und weiß doch: Selbst wenn ich mich an jeden Tag, jede Stunde, jede Sekunde mit ihr voller Klarheit erinnern, sie festhalten könnte – Deine Mutter würde mir nicht weniger fehlen als jetzt, da ich mehr Lücken und Löcher in meiner Erinnerung finde als vollendete Bilder und Eindrücke.

Oft nehme ich auch Papier aus meiner Schublade – und richte Botschaften an sie. Ich fange an zu schreiben. Ohne vorher zu überlegen, was. Unterbreche, gehe auf und ab, trinke Kaffee. Sitze wieder an meinem Tisch und schreibe. Das habe ich vorhin geschrieben: »Liebe Gabriele, Du warst so lebendig – und jetzt bist Du tot. Die Zeit der Krankheit hat mich manchmal vergessen lassen, wie lebendig Du einst warst. Erst jetzt, da Du tot bist, erst jetzt, da ich einsam bin, ist der Raum da, mich an Deine grenzenlose Lebendigkeit zu erinnern. Erst wenn ich mir diese Lebendigkeit in meine Erinnerung rufe, weiß ich, wie viel ich mit Dir verloren habe. Manchmal glaube ich Dich noch zu spüren. Wenn ich mich auf unseren Hinterhofbalkon stelle und zum Himmel hinaufblicke. Und im Licht des späten Sommers eine Brise Wind aufkommt, dann meine ich zu fühlen, dass Du das bist.«

Samstag, den 10. Oktober 2009. Die Zeit rast dahin und vergeht doch nicht. Sie verstreicht wie im Flug und steht doch still. Mir erscheint Gabi Lichtjahre entfernt, und gleichzeitig ist ihr Tod so, als sei er erst gestern gewesen. Heute habe ich zum ersten Mal die Wohnung geheizt. Solange es warm war, herrschte noch dieser eine lange Sommer, der mich mit Deiner Mutter verband. Jetzt schiebt sich eine andere Jahreszeit zwischen ihren Todestag und unsere Gegenwart. Ich hätte den Sommer gerne länger gehabt, als er war, wohl damit ich Gabi näher bin.

Du schläfst noch. Wie geht es Dir? Manchmal meine ich, Dir eine leise Trauer anzumerken. Spreche ich Dich darauf an, sagst Du mir, Deine Mama, sie fehle Dir. Aber es dauert nie lange, und Deine Gesichtszüge hellen sich wieder auf, Du bist wieder unbeschwert. Du gehst täglich wacker in die Schule. Ohne zu murren und bist ein sehr guter Schüler. Um 16 Uhr hole ich Dich auf dem Schulhof ab, wo ich Dich meistens Fußball spielend mit den anderen Jungs aus der Nachmittagsbetreuung antreffe. Ich erlebe Dich als ein ganz normales und sehr unbekümmertes Kind. Wenn ich mich an meinem Schreibtisch umdrehe, sehe ich hinter mir auf unserem großen roten Perserteppich eine Großbaustelle aus Lego-Mauern, Türmen, Toren, Playmobil-Armeen, Ritterfiguren und anderen Kämpfern. Du hast nicht aufgehört, in Deinen Welten zu spielen – und manchmal beneide ich Dich darum, wie es Dir gelingt, so ganz darin aufzugehen. Anstatt zu grübeln, zu bohren, in der Vergangenheit zu hängen. Gut möglich, dass ich in diesen Tagen wieder so in mir bin, dass ich Dir zu wenig Aufmerksamkeit schenke. Immerhin, gestern Abend war es anders. Du wolltest mit mir kämpfen. Mit freiem Oberkörper. »Na gut«, habe ich gesagt, »dann bekommst du jetzt eben eine Abreibung!« »Das werden wir ja sehen!«, hast Du angriffslustig gemeint. Du hast Deine Boxhandschuhe angezogen und auf mich eingetrommelt, ich hatte nur ein Federkissen zur Verteidigung. Du hast mich ordentlich verdroschen. Solange, bis ich k.o. ging. Am Ende haben wir uns umarmt, ganz so, wie es die echten Boxer nach dem Schlussgong machen. Lieber Jakob, ich finde, wir sind ein gutes Team.

Montag, den 12. Oktober 2009. Du weißt sicher noch, welche Unmengen an Kleidern Deine Mutter besaß. Manche hat sie nur einmal getragen. Ich habe mich entschlossen, sie wegzugeben. Irgendwie belasten sie mich. Vielleicht weil gerade in ihnen so viele schmerzliche Erinnerungen stecken. Ich glaube, dass ich mich besser fühle, wenn sie, bis auf ein paar wenige Erinnerungsstücke, nicht mehr um uns sind. Die meisten sollen bei den Armen irgendwo in Indien landen – eine Spende für einen guten Zweck. Die anderen verkaufe ich. Heute war die junge Frau vom Second-Hand-Geschäft zum letzten Mal da. In Gabis altem Ankleidezimmer, das gleichzeitig unser zweites Schlafzimmer ist, sieht es aus wie auf dem Basar. Überall türmen sich Röcke, Hosen, Pullover, Jacketts, Jacken, Schuhe, Gürtel, Schals, Tücher. Noch einmal riecht es überall nach Gabi. Ab und zu fällt ein rotbraunes Haar aus den Kleiderhaufen, als ich neben der jungen Frau auf dem Boden hocke und die Stücke auswähle, die verkauft werden sollen. Mit jeder Bluse, jeder Hose, jedem Rock, von dem ich mich verabschiede, verschwindet Gabi aus diesem Zimmer.

Jetzt will ich diesen Raum zu Deinem ersten richtigen, eigenen Zimmer umgestalten. Bisher hast Du nämlich überall in unserer Wohnung gelebt ohne eigenes Kinderzimmer. Es hat Dich nie gestört. Aber Du findest die Idee gut, ein eigenes Zimmer zu bekommen. Streichen will ich es ockergelb, rote Vorhänge habe ich besorgt. Ich habe Zeit bis zum 8. November, Deinem achten Geburtstag. Ein neu eingerichtetes Zimmer für Dich – Deine Geschenke ausgebreitet auf dem Bett –, so stelle ich mir dieses Jahr Deinen Geburtstag vor. Und Du freust Dich darauf. Erst dann darfst Du hier herein. Bis dahin ist es tabu. Du hältst Dich dran, weil Du Dir die Spannung bewahren willst.

Was soll mit Gabis Krebs-Büchern passieren, die noch im Regal stehen? Bücher, auf deren Rücken *Krebs besser verstehen!, Brustkrebs – Wissen gegen Angst, Wieder gesund werden* oder *Spontanheilung* steht? Was mit ihren geliebten Paperbacks? Was mit ihren Kosmetiksachen, mit ihren selbst gemachten Ketten? Ich will mich bewusst von Gabis Sachen trennen. Platz schaffen in unserer Wohnung. Es wird leerer. Es wird anders. Auch unsere Essgewohnheiten ändern sich. Nur noch selten Himbeeren, die ich morgens auftaue. Das »Knubrische« vom »Nasi-Bäck«, wie Du als kleines Kind immer das »Knusprige« vom »Asia-Gebäck« nanntest und damit den Asia-Cracker-Wasabi-Mix meintest, auch den gibt es hier nicht mehr. Ich war nie so scharf darauf wie Gabi. Was Deiner Mutter gehörte, was zu ihr gehörte – all das geht langsam von uns.

Mir fällt gerade der Tag nach ihrem Tod im Sommer ein. Ich stand an der Waschmaschine. Mir war klar: Das ist die letzte Waschladung mit Gabis Kleidern. Ein letztes Mal trocknete die Sonne ihre Sachen, all das, was sie im Krankenhaus getragen hat. Dieser Sommer war die Zeit des Verschwindens ihrer letzten Dinge. Die Sonnencreme ging zur Neige, die sie in Lanzarote noch benutzt hatte. Irgendwann war die letzte Seife verbraucht, die noch ihre Hände gewaschen hatte, irgendwann kamen die letzten Postsendungen an, die noch an sie adressiert waren. Irgendwann war dieser Sommer vorbei, den sie noch erlebt, vor dessen Hitze sie in ihrem Rollstuhl sitzend im Park der Klinik Schatten gesucht hat. An einem Tag im September habe ich spontan ihr Namensschild neben unserer Wohnungstür entfernt. Ihr Familienname und mein Familienname standen bisher auf zwei Schildchen da. Jetzt steht nur einer da. Irgendwann werden von den Zweigen der Kastanie vor dem Fenster die letzten Blätter gefallen sein, die ihre Augen noch gesehen haben. Irgendwann wird die Honigkerze aufgehört haben zu duften, die in ihrer Todesstunde am Krankenbett gebrannt hat und seither bei uns im Wohnzimmer steht.

Gabi verschwindet. Ihre unbändige Lebendigkeit, die sie einst verströmt hat, etwa wenn sie im Wohnzimmer mit Deinem Spielzeugmikrofon in der Hand Karaoke gemacht hat – oder, oft auf meinen Wunsch hin, zur Musik für mich getanzt hat –, sie ist einem leeren Stillstand gewichen. Und doch bewegen sich selbst jetzt ein paar wenige Dinge weiter, die zu ihr gehört haben. Ihr Funkwecker steht da, und immer noch ist die Weckzeit auf 7.00 Uhr programmiert – von ihr selbst irgendwann im Mai für einen frühen Termin zu einer Chemotherapie. Ich selber benutze einen anderen Wecker. Auch ihre Armbanduhr liegt da. Auf dem Nachttischchen und tickt. Seit fünf Monaten nun schon. Das Ticken ist wie ein Herzschlag, irgendwie vermittelt es mir die Illusion, als lebe noch etwas von Gabi. Ich werde die Batterie nicht rausnehmen. Ab und zu gehe ich hin und kontrolliere, ob die Uhr noch läuft. Ich halte sie an mein Ohr und versuche, jenes leise metallische Klick-Klack-Geräusch zu vernehmen, das sie dabei macht.

Donnerstag, den 15. Oktober 2009. Seit ein paar Tagen sind Herbstferien. Ich habe Dich gestern für drei Tage bei Tante Irene in Karlsruhe abgeliefert. Sie hatte Dich eingeladen und hat sicher schon ein umfangreiches Programm ausgearbeitet. Also habe ich Dich hingefahren und bin gleich wieder nach Mainz zurückgekehrt. Gestern Abend war ich noch mit Robert Billard spielen. Wieder läuft »Allein, allein« im Billardzentrum.

Heute bin ich zu Hause. Zeit zum Stöbern und Aussortieren. Ich entdecke irgendwann Gabis Brustprothese in einer Schublade. Dieses weiche Ding aus Silikon. Ich war ein wenig erschrocken, als ich es in die Hand genommen und befühlt habe. Ich habe sie schließlich in den gelben Sack für Kunststoffabfälle geworfen. Dann fiel mir ein, dass der gelbe Sack durchsichtig ist und man von außen sehen kann, was drinnen ist. Ich habe also die Brustprothese in eine dickere, undurchsichtige Plastiktüte verpackt und sie dann in die Restmülltonne gegeben. Ökologisch nicht korrekt, aber menschlich doch nachvollziehbar.

Samstag, den 17. Oktober 2009. Abschiedstournee, Teil vier oder fünf. Ziel: Elmau in Oberbayern. Oder wäre es angemessener, das, was ich als »Abschiedstournee« bezeichne, eine Reise in die Vergangenheit zu nennen? Es ist beides. Ich glaube, ich bereise mit Dir all diese Orte noch einmal, um sie danach endgültig in die Vergangenheit verabschieden zu können. Aber mich zieht es wohl auch zu ihnen hin, weil ich mir von ihnen jenen vertrauten Effekt erhoffe, dass sie meinen Schmerz verringern, ganz so wie noch zu Gabis Lebzeiten, als sie tatsächlich wie andere Welten waren, in denen die Bedrohung und die Angst wenigstens für die Dauer unseres Aufenthaltes halbwegs zuverlässig verbannt waren. Und das, obwohl ich doch wissen müsste, dass Erinnerungen nie die Gefühle ersetzen, die sie einmal zu Erinnerungen werden ließen.

Wir wollen also ein paar Tage in Schloss Elmau verbringen. Fahren aber zunächst nach Freiamt-Mußbach. Auch die »Krone« will ich mit Dir besuchen – zum ersten Mal ohne Gabi. Wir sind heute Morgen von Karlsruhe hierher gefahren. Ich habe Dich bei Deiner Tante abgeholt, drei Tage liegen hinter Dir, in denen ihr wieder viel unternommen habt. Es ist trüb draußen. Ziemlich windig, kalt. Uncharmanter Schwarzwald. Alles ist anders diesmal. Wir gehen spazieren, aber wir haben bald großen Hunger. Setzen uns in die Gaststube. »Spätzle mit Soß'.« Dir schmeckt's. Wir essen – und müssen feststellen, dass auch die »Krone« eigentlich zu dritt mehr Spaß gemacht hat. Wir unterhalten uns über Gefühle. Über Angst. Ich weiß nicht, wie wir darauf kommen, egal. Ich fordere Dich auf, die vier Elemente nach ihrem Angstfaktor zu ordnen und kritzle Deine Antworten auf einen Block. »Jakob: Feuer, Luft, Wasser, Erde.« Feuer macht Dir am meisten Angst, Erde am wenigsten. Bei mir notiere ich: »Luft, Erde, Feuer, Wasser.« Dann die Frage nach der Freude. »Ordne die Elemente danach, wie viel Freude in ihnen ist!«, fordere ich Dich auf. Du überlegst und erwiderst dann: »Feuer, Wasser, Luft, Erde.« Ich ordne sie anders und sage: »Erde, Luft, Wasser, Feuer.« Wir werten die Antworten aus – und bestellen ein Himbeersorbet, dazu Apfelpfannkuchen, karamellisiert.

Sonntag, den 18. Oktober 2009. Wir reisen ab, weiter nach Elmau. Wir fahren über Freiburg, von dort über die »Spirzenstraße« in den Schwarzwald, eine Nebenstrecke, die ich früher als Student wohl hunderte Male gefahren bin, wenn es am Wochenende von meinem Studienort mal wieder nach Hause nach Rottweil am Neckar ging. Auf den Höhen des Schwarzwalds erwartet uns tiefster Winter, überall liegt schwerer, nasser Pappschnee. Wir sind beeindruckt. So rau hatten wir uns das hier oben nicht vorgestellt. Wir fahren auf die Autobahn, über Stuttgart, Ulm, Augsburg, dann nach Süden Richtung Alpen.

Im Auto auf der Fahrt durch ein kaltes, nasses graues Land hören wir den Soundtrack von *Arizona Dreams*, die Musik, die an jenem Abend lief, als ich Gabi zum ersten Mal in meine Arme nahm. Ich habe sie lange nicht mehr gehört, genauer gesagt, seit über zehn Jahren nicht mehr. Aber sie erfüllt mich sofort, bringt alles zurück. Jetzt, nachdem alles vorbei ist, wie am Anfang so am Ende, habe ich diese eigenartig traurig-wunderschönen Melodien wieder eingelegt. Ich habe tatsächlich erst vorgestern bei einem Blick auf das Cover zufällig entdeckt, dass das Introstück den Titel »In the Deathcar« trägt. Ein Zufall, nicht mehr, aber für mich war diese eigenartig melancholische und doch irgendwie auch leicht dahinplätschernde Melodie immer schon mit das ergreifendste Musikstück, das ich kenne. Warum Gabi ausgerechnet diese CD damals einlegte, als wir uns kennenlernten – ich weiß es nicht. Ich habe sie nie danach gefragt. *Arizona Dreams* von Goran Bregović. Ein Film von Emir Kusturica. Ich werde mir diesen Spielfilm übrigens niemals ansehen können. Denn dieser Soundtrack ist die Musik zu *unserem* Film. Sie spielt am Ende und am Anfang des Filmes, der *Gabriele und ich* heißt.

Du sitzt während der Fahrt neben mir, wir unterhalten uns ein wenig über die Schule, über die Tage bei Irene. Wir erreichen Garmisch-Partenkirchen im Schneegestöber. Es ist tiefster Winter am Fuß des Wettersteingebirges. Das dritte Mal in diesem Jahr Schloss Elmau. Das erste Mal war es Winter, eine Zeit der Hoffnung, eine Wiederauferstehung, das zweite Mal Sommer, eine Art Auszeit von dem Schrecken, den die Rückkehr der Todesbedrohung mit sich gebracht hat, eine Auszeit, die jedoch schon stark überschattet war. Das dritte Mal ist es wieder winterlich. Wie wird sich Elmau dieses Mal anfühlen?

Wir sind erschöpft von der langen Anreise. Ich gehe gleich nach der Ankunft in den Spa-Bereich. Dorthin, wo Kinder – selbst so wohlerzogene, die sich zu benehmen wissen wie Du – nicht hineindürfen. Es macht Dir auch dieses Mal nichts aus. Du bist sowieso nicht der große Wellness-Fan. Du bist froh, dass ich gehe. Du erholst Dich lieber im Bett, von wo aus Du eine Sendung im Kinderkanal guckst.

Ich betrete wieder den Hamam. Das türkische Dampfbad. Die Orte, wo es für Gabi zum letzten Mal in ihrem Leben so etwas wie Unbeschwertheit gab. Hier erlebte sie die letzten Stunden ihres Lebens, in denen es ihr noch einmal gutging. Ich tapse allein durch die Badeanlagen, setze mich in die Sauna, blicke zur Tür, so als würde Gabi jeden Moment hereinkommen. Ich schwimme durch das warme Außenbecken. Hier habe ich sie zum letzten Mal als fröhlichen Menschen erlebt, hier waren wir nochmals ein wenig vergnügt zusammen, harmonisch, entspannt. Ich bin heute ganz allein hier – und ziehe im Nebeldunst, der über dem Wasser steht, ein paar Bahnen.

Ich gehe in das Sole-Dampfbad. Kleine Lichtquellen an der Decke erhellen den dunklen Raum nur wenig. Die Salzschälchen stehen herum. Es ist niemand hier, ich hocke allein auf der Bank und beobachte, wie Schweißperlen meinen Körper hinunterrieseln. Ich blicke durch den heißen Dunst. »Wo bist du, Gabi?«, flüstere ich, spreche die Worte erst leise und dann lauter vor mich hin. Sie hallen wider von den nassen schwarz gefliesten Wänden.

Ich lege mich in den Ruheraum, schaue an die Decke, blicke hinüber durch die Fenster zur Gebirgswand. In die Wipfel der Nadelbäume, die sich im Wind wiegen. Ich sehe Gabi draußen im Becken schwimmen. Ich versuche, in Gedanken ein Bild von ihr zu zeichnen, mir in Erinnerung zu rufen, wie sie war.

Deine Mutter, lieber Jakob, war ein großer Mensch mit einem großen Charakter. Sie war willensstark, unerschrocken, lebenslustig. Sie hatte unheimlich viele Facetten. Sie war witzig, eloquent und sehr charmant. Deine Mutter, lieber Jakob, war weit in der Welt herumgekommen. Sie sprach sehr gut Englisch und Französisch, passabel Spanisch. Sie hat fast alle Staaten der USA bereist. Auf vielen, monatelangen Rechercheresien für eine Fernsehdokumentation über den Wilden Westen hat sie jede Menge Indianerreservate besucht, sie war in Los Angeles, New York, in Südamerika, in Russland, in Asien. Dazu war sie eine kluge Frau. Sie war ohne Vorurteile und hatte einen sehr dialektischen Blick auf die Dinge des Lebens. Wenn sie ein Urteil fällte, dann immer ein sehr ausgewogenes. So wollte sie Dich erziehen: zu Gedankenfreiheit, zum Hinterfragen auch noch der ehernsten Grundsätze, zu Unvoreingenommenheit, Offenheit und Toleranz.

Deine Mutter war eine sehr emanzipierte, ja, eine feministisch gesinnte Frau. Nichts brachte sie mehr zum Lachen (oder auch mal in Rage) als diese barbiepuppenähnlichen Frauen, die man manchmal mit einem Beautycase auf dem Flughafen herumtrippeln sieht, Frauen mit Chihuahua, Frauen, die zweimal die Woche ins Nagelstudio gehen und sich von ihren Männern »Schatz« rufen lassen. Der Typ eines, wie die Bayern sagen, »Hascherl« oder »Haserl« – das war ihr erklärtes Gegenbild. Nie wäre es ihr eingefallen, bei unserer Heirat ihren Nachnamen zu ändern. (Mir hingegen wäre nie eingefallen, dies von ihr zu verlangen.) Dazu passte auch ihr eigenwilliger Musikgeschmack, der eher männlich war: Sie hörte gerne die Doors oder Velvet Underground und mochte manchmal durchaus eher abgründige Rockmusik. Rosenstolz gefiel ihr, aber auch Leonard Cohen oder Neil Young. Sie war hart und weich zugleich. Sie war empfindsam, leicht verletzbar und gleichzeitig sehr diszipliniert. Sie war nicht wehleidig, sondern eine, die morgens eiskalt duschte, hart arbeiten konnte und sich – in der Zeit vor dem Krebs – so gut wie nie krank schreiben ließ. Sie hat sich bei mir über andere Menschen beklagt – über ihre Arbeit oder gar ihr Schicksal hat sie nie gejammert.

Deine Mutter war eine sehr attraktive Frau. Immer habe ich gedacht: Ich habe die Schönste von allen! Sie hatte ein geheimnisvolles Funkeln in ihren Augen, ein bezauberndes Lächeln. Sie war kraftvoll und sanft zugleich. Sie hatte eine Begabung, sich schick anzuziehen, ein gutes Auge, was zusammenpasste und was nicht, einen feinen Geschmack. Stilistisch, ästhetisch war sie eine Könnerin. Deine Mutter liebte es, sich schönzumachen – und ich liebte es, wie sie es täglich aufs Neue tat. Sie gefiel sich, und sie gefiel mir. Und mir gefiel, dass sie sich selbst so gut gefiel.

In ihren Sachen habe ich eine alte Postkarte gefunden. Jemand hatte ihr einmal zum Geburtstag eine Karte geschickt, auf der die Herkunft ihres Vornamens erklärt wurde. »Gabriele. Name hebräischer Abstammung, bedeutet ›göttliche Kraft‹. Sie haben viel Geschmack, sind künstlerisch begabt, sowohl für Musik als auch für Poesie. Leider werden sie oft nicht von ihrer Umgebung verstanden.« Zwei Aussagen davon sind richtig, eine nicht. Ihr musikalisches Talent hielt sich in Grenzen. Sie konnte zwar sehr anmutig tanzen, aber wenn sie sang – und sie sang gerne und laut –, dann traf sie nur selten die Töne. Ich weiß nicht warum, aber ich liebte es über alles, wenn sie völlig losgelöst laut und falsch sang. Was aber richtig ist: Sie fühlte sich immer wieder unverstanden. Auch das ist ein roter Faden, der sich durch ihr Leben zog, die Erfahrung, nur wenig enge Verbindungen zu anderen Menschen gehabt zu haben. Ich sei der Einzige, der sie wirklich verstünde, hat sie einmal zu mir gesagt.

Wer war sie, wie war sie? Deine Mutter war eine sehr selbstbewusste, manche meinten: stolze Frau. Ich habe den Begriff nie benutzt. In dem Wort »stolz« schwingt immer beides mit, ein hohes Erleben der eigenen Würde, ein ausgeprägtes, positives Selbstbewusstsein, aber auch negative Überheblichkeit. Sicher ist, Deine Mutter war alles andere als unterwürfig. Sie wollte anderen nicht dienen, sich nicht unterordnen, schon gar nicht Zeitgenossen, die sie nicht ernst nahm. Sie war willensstark und freiheitsliebend – bereits auf Vorformen von Fremdbestimmung reagierte sie äußerst allergisch. Deine Mutter, lieber Jakob, wusste immer, was sie wollte, und das hat sie auch laut gesagt. Das hat manche irritiert. Aber sie war deswegen nie rücksichtslos, sie war nie herablassend zu anderen. Sie hat die Menschen, gerade auch die Kinder, um sie herum wahrgenommen, viel mehr als so viele andere.

In vielen Briefen, die sie von ihren Eltern erhalten hat, findet sich seit ihrer frühen Jugend ein durchgängiges Thema. Ihre Auflehnung, ihre Rebellion. Gabi diskutierte schon als Jugendliche viel und lange mit ihrem Vater, unter dem sie sehr gelitten hat, wie sie mir erzählte. Sie legte sich mit ihm an »über Gott und die Welt«. Sie stellte die Allwissenheit und viele Ansichten des Professors, der er war, infrage. Das war kräftezehrend, denn ihr Vater war nach ihrem Empfinden ein harter Brocken. Gabi schilderte mir ihn, den ich ja nie kennengelernt hatte, stets als zwar gebildeten Mann, aber auch als eine schwierige Persönlichkeit, die neben sich niemand anderen duldete, einer, der keine zwei Meinungen zu einem Thema nebeneinander stehen lassen konnte, der keine Kritik ertrug – da er sie regelrecht als einen Anschlag empfand, der seine Autorität anzweifelte. Er wollte Gabi in den Gehorsam zurückzwingen. Der Appell zu mehr Demut und Bescheidenheit, geäußert von ihren Eltern, von Verwandten – sie bekam ihn gerade als junge Frau immer wieder hören. Immer wieder, auch aus den Mündern von Menschen, die schlichtweg nur neidisch waren, dass da eine den Mut hatte, selber zu denken, und nicht nur Vorgekautes von sich zugeben. Und wohl auch, weil sie allem Anschein nach ein aufregenderes Leben führte als die Beschwerdeführer selbst, die so gerne den moralischen Zeigefinger reckten. Sie war anspruchsvoll, das stimmt, aber sie hat sich nie geziert, war nie pingelig oder gar unbescheiden. Dennoch, uneinsichtig nannte man sie. Sie hat sehr darunter gelitten. Aber sie hat es geschafft, selbstbewusst zu bleiben, willensstark, ohne bitter zu werden. Nie hatten Verletzungen, Schmähungen, Abwertungen durch andere zur Folge, dass sie am Ende selbst verletzend geworden wäre.

Je erwachsener Deine Mutter wurde, lieber Jakob, desto deutlicher wurde, dass sie nicht nur hübsch, intelligent und selbstbewusst war, sondern dass sie Charisma hatte. Ihr Charisma war eine Gabe, die ihr geschenkt war, die aber auch zu ihrem großen Lebensproblem, ja, man kann sagen, zu ihrem Schicksal wurde. Deine Mutter war keine Heilige, aber sie hatte eine große Ausstrahlung. Das führte dazu, dass viele Menschen sich von ihr angezogen fühlten, sie bewunderten, so sehr, dass sie sie schnell auf einen Sockel stellten, zu ihr aufblickten. Aber es liegt im Wesen des Charismas, dass es das Ego der anderen kränken kann. Oftmals schlagen die Gefühle der Bewunderung in eigene Unterlegenheitsgefühle oder in Neid um. Diese schmerzliche Erfahrung musste Gabi immer wieder machen. Viele Menschen kamen sich an ihrer Seite über kurz oder lang gering oder minderwertig vor, glaubten, neben ihr zu verblassen. Viele fühlten sich von ihr zurückgesetzt. Obwohl sie nie absichtsvoll jemanden in den Schatten stellte, haben sich viele von ihr in den Schatten gestellt *gefühlt*. Einige ihrer Freundschaften folgten diesem Muster: Zuerst wurde sie bewundert, dann geliebt und bald darauf angefeindet.

Charismatiker sind Autoritäten außerhalb von realen Hierarchien. Das trifft auch für Deine Mutter zu, lieber Jakob. Innerhalb von Hierarchien irritieren sie die nominellen Anführer. Das war sicher einer der Gründe, warum Gabi auch in der Arbeitswelt häufig zu kämpfen hatte. Zu oft hat sie erleben müssen, dass man sie stutzen wollte. Erst recht von manchen ihrer männlichen Kollegen. Denn sie war alles andere als ein Neutrum. Viele ihrer Kollegen fühlten sich hingezogen zu ihr und gleichzeitig von ihr zurückgewiesen. Wer nicht erobert wird, wird abgewertet. Eine typische männliche Reaktionsweise, mit der sie immer wieder Bekanntschaft machte. Die Reaktion, die sie von den Enttäuschten erntete, war oft dieselbe, die sie schon aus Kindertagen kannte: Man machte Gabi den Vorwurf, sie würde sich unmoralisch verhalten, doch im Grunde sprach nur die eigene gekränkte Seele: Als Kind wurde Deine Mutter zu mehr Demut aufgefordert, als Erwachsene hat man ihren angeblichen Egoismus angeklagt, ihre Unbescheidenheit. Oft musste sie moralische Vorwürfe hinnehmen, wo sich andere nur zurückgesetzt fühlten. Diese Art Unrecht musste sie, immer wieder, ein Leben lang erdulden. Das war das Schicksal ihrer Persönlichkeit.

Ich merke auf einmal, dass ich jedes Zeitgefühl verloren habe. Es ist dunkel geworden draußen. Ich erhebe mich von meiner Liege, schlüpfe in meine Badelatschen, ziehe den Gürtel meines Bademantels enger, schlurfe zurück aufs Zimmer. Du hast ein wenig zu lange ferngesehen. Meine Schuld. Aber jetzt geht's erst mal zum Abendessen in den Speisesaal. Wir haben beide ziemlichen Hunger.

Dienstag, den 20. Oktober 2009. Nach dem Frühstück gehen wir zum »Alpengut« Elmau hinüber. Der Hasenkäfig ist noch da, aber Flecki ist weg. Blacky sitzt in seinem Stall. Du fütterst ihn. Es beginnt zu tröpfeln. Wir wollen heute wandern gehen. Durch den kalten, frischen Wald. Wir ziehen los, merken aber bald, dass wir zu leicht angezogen sind. Eher Winterwanderung als goldener Herbst. Aber, denke ich, beim Laufen wird uns schon noch warm werden. Partnachklamm, zum Eckbauer, dann wieder zurück. Wir stapfen durch den Schnee. Das Wasser dringt schon bald durch unsere Bergschuhe. Alles, was wir unternehmen in diesem Urlaub, der Versuch, Spaß zu haben, zu wandern, einzukehren, hat etwas Unvollständiges, Halbes. Oder ist das nur das trübe Wetter? Wie macht man es besser in unserer Lage? Ich weiß es nicht.

Abends bin ich wieder im Bäderhaus. Ich wäre auch gerne mit Dir ins Familienbad schwimmen gegangen, aber Du hast keine Lust. Ich lasse mich bald in das Außenbecken fallen. Wieder steht dichter Dunst über dem Wasser. Ich stelle mir vor, wie Gabi durch die weißen Schwaden hindurch auf mich zuschwimmt. Warum war sie so allein in ihrem Leid?

Ihr Charisma habe ich, lieber Jakob, als ihr Schicksal bezeichnet. Tatsächlich verhinderte es auch, dass sie in ihrer Krankheit mehr Menschlichkeit erfahren durfte. Jemanden, den man wegen seiner inneren Stärke bewundert, zu dem man aufblickt, den bemitleidet man nicht unbedingt. Auch das hat sie, habe ich lernen müssen. In den ganzen vier Jahren ihrer Erkrankung haben nur sehr wenige für sie wirklich fühlbar Anteil genommen an ihrem schweren Leidensweg. Das schreibe ich nicht nur nieder, weil ich es so beobachtet habe, nein, so empfand es Deine Mutter, und darüber hat sie sich immer wieder bei mir beklagt. Nur wenige brachten ihr Mitgefühl in Worten zum Ausdruck, aber fast nie, so sagte sie mir einmal voller Unverständnis, habe man es ihr auch *gezeigt*. Kaum einer hat sie mal in den Arm genommen oder ihr auf andere Art und Weise offenbart, was er oder sie angesichts des ihr drohenden Todes *fühlte*. Das hat Deine Mutter sehr gekränkt.

Nach der Jahreswende 2008/09 versiegten die wenigen Mitleidsbekundungen fast vollends. Schlimmer noch, es schien mir manchmal, je aussichtsloser und je dramatischer ihre Lage wurde, desto angestrengter versuchten viele, so zu tun, als sei alles wie immer – oder ignorierten das leidige Thema völlig. Manche sagten: »Wir fühlen uns so hilflos« – ohne freilich je auf die Idee gekommen zu sein, einmal nachzufragen, ob es denn irgendetwas gebe, womit sie helfen könnten. Die meisten haben Gabis Krankheit bis zu ihrem Tod eher passiv, in Gedanken, im Gebet, wie auch immer, begleitet. Wirklich aktiv daran teilgenommen, hat kaum einer. »Einfühlungsvermögen ohne Konsequenzen«, fragte sie mich einmal, als wir über das Thema diskutierten, »Achtsamkeit ohne Tat, ohne Auseinandersetzung, die daraus folgt, was ist das wert?«

Trotz vieler meist schriftlicher Bekundungen von Empathie verharrten die meisten, auch aus dem engsten Umfeld, oft auch dann noch in einer angestrengten Sachlichkeit, wenn es zum persönlichen Kontakt kam. Wenn überhaupt über Gabis Krebs gesprochen wurde, dann meist nur als Fachthema der onkologischen Medizin. Natürlich habe ich sie unendlich bedauert für das Ausbleiben dieses Mitgefühls. Es hat mir wehgetan, das miterlebt haben zu müssen. Und doch weiß ich nur allzu genau, wie schwer es ist, in solchen Fällen die richtigen Worte zu finden. Ich weiß auch, dass es immer meine Entscheidung sein wird, entweder das viele, was ausblieb, oder eben das wenige Kostbare, was Deiner Mutter geschenkt wurde, im Gedächtnis zu bewahren.

Aber, lieber Jakob, wir sollten das Wichtigste nicht vergessen: Sie hatte uns beide. Sie hat einen sehr aufmerksamen, lieben Sohn gehabt, auf den sie ungeheuer stolz war, und ich bin mir sicher sagen zu dürfen, dass sie auch dankbar war, mich an ihrer Seite zu wissen. Eine ihrer Kolleginnen, mit der sie eine, wenn auch nur kurze Freundschaft verband, hat mir in einem Brief kurz nach Gabis Tod eine große Freude gemacht. Sie schrieb davon, welchen Menschen sie in Gabi kennenlernen durfte, und endete mit dem Satz, wir beide, Du und ich, wir seien Gabis großes Glück gewesen. Ich fühle tief in meinem Herzen, dass auch Gabi erkannt hat, wie viel ihr diese glückvolle Verbindung zu uns beiden wert war, ja, ich glaube, dass sie die Freude und Dankbarkeit darüber häufig die Enttäuschungen über all jene Verbindungen vergessen ließ, die nicht zustande kamen, so wie sie sich das gewünscht hätte.

Mittwoch, den 21. Oktober 2009. Wir fahren nach Mittenwald, mit der Gondel hinauf auf die Gipfel des Karwendelgebirges. Du bist begeistert. Hier oben empfängt uns gleißendes Sonnenlicht, das von den schneebedeckten Gipfeln ringsum reflektiert wird, so sehr, dass wir nur mit zusammengekniffenen Augen die Schönheit der Berge genießen können. Unten im Tal war es so trüb, dass ich nicht daran gedacht habe, Sonnenbrillen mit hier heraufzunehmen. Es ist richtig warm in der Sonne.

Nach dem Abendessen spielen wir Tischtennis im Hobbyraum des Hotels. Kaum haben wir damit begonnen, stehen zwei verzogene Schweizer Kinder da und bedrängen uns, den Platz an der Platte zu räumen. »Nein«, sage ich, »Jetzt sind wir dran.« Du freust Dich, dass ich mich so einsetze. Fünf Minuten später kommen sie zurück. Ihre Mutter im Schlepptau, die versucht, uns vom Tisch zu verjagen, mich einen Egoisten nennt. Ich wehre mich, will mit meinem Sohn wenigstens eine halbe Stunde Tischtennis spielen. Egoist! Das wohl am häufigsten missbrauchte Schimpfwort der Welt. Wer ist ein Egoist? Ich glaube der, der einen anderen als solchen bezeichnet, zuallererst. Ich habe keine Kraft, gegen die starke Schweizer Mutter zu kämpfen.

Eine Mutter, die anders als ich augenscheinlich voll im Saft steht. Ich fühle auf einmal Krankheit aufziehen. Ich habe oben auf dem Karwendelgebirge einen Sonnenstich erlitten. Wir räumen bald die Platte. Aber erst, als Du genug hast. Die Kinder jubilieren. Ich verziehe mich ins Bett, bin fiebrig, habe Schüttelfrost. Du schaust Fußball.

Donnerstag, den 22. Oktober 2009. Heute, am Tag vor der Abreise, regnet es. Die Nebelschwaden hängen tief über den Wiesen. Ich bin immer noch angeschlagen. Trotzdem gehen wir nachmittags runter auf die große Wiese am Bach, auf der wir im Sommer Fußball gespielt haben. Die beiden Eishockeytore stehen immer noch da. Als hätten sie nur auf uns gewartet. Gabi hat uns damals im Mai von einer Liege am Schwimmbad aus zugeschaut. Sie hat geklatscht, Dir zugejubelt, wenn Du ein Tor geschossen hast. Obwohl ich mich ziemlich schwach fühle, kicke ich mit Dir etwas auf dem matschigen Untergrund. Immer wieder schaue ich hinüber, dorthin, wo die Liege stand, auf der Gabi gesessen hat. Immer wieder blendet sich die Erinnerung an den Stellen, die einen besonderen Eindruck hinterlassen haben, wie von selbst ein. Auch an jenem roten Bänkchen, keine hundert Meter hinter dem Schloss, dort, wo Gabi sich immer ausruhen musste, weil sie keine Kraft mehr hatte, weiterzugehen. Da, wo jetzt alles mit tauendem Schnee bedeckt ist, setzte sie sich hin, in ihrem letzten Mai, völlig außer Atem, schwach und ohne Energie. Oder dann beim »Alpengut« an der Partnach. Hier haben wir uns unterhalten, wie alles wird, über die Klinik in Locarno. Jetzt liegt Schnee auf dem Stamm, auf dem sie damals in der warmen Sonne saß. Und sie ist so weit weg.

Samstag, den 24. Oktober 2009. Der Winter kommt nun auch nach Mainz. Die Kastanie hinter unserem Haus hat kein einziges Blatt mehr.

Dienstag, den 27. Oktober 2009. Der letzte Tag für Dich in der musikalischen Früherziehung am Konservatorium. Zum Abschluss muss jedes Kind ein Lied auf dem Keyboard vorspielen. Du hast Dich für

Fuchs, Du hast die Gans gestohlen entschieden. Spielst das Lied fehlerfrei herunter und erntest einen großen Applaus von den anwesenden Eltern. Zwei Jahre warst Du hier in der musikalischen Früherziehung bei der strengen Musiklehrerin. Jetzt willst Du mit Gitarre weitermachen. Am 5. November soll die erste Stunde sein.

Allerheiligen 2009. Gleich nach dem Aufwachen erzählst Du mir von Deinem Traum: Darin sei Deine Mama jeden Tag wenigstens für ein paar Stunden zurückgekommen. »Und was habt ihr dann gemacht?«, frage ich Dich. »Uns umarmt«, sagst Du, »und gekuschelt, sonst nix.«

Wir zünden beim Frühstück Kerzen an. Auch die mit dem roten Alpha und Omega drauf. Aber nur sehr kurz, denn sie ist schon weit heruntergebrannt, soll aber noch öfter brennen. Ich erkläre Dir, was Allerheiligen ist.

Wir gehen auf den Friedhof. Neblig ist es und kalt. Unzählige kleine quittengelbe Blätter rieseln von den Bäumen der Friedhofsallee herab wie Schneeflocken. Aber es geht heute zu wie auf der Kirmes. Die Stadt Mainz hat den »Tag des Friedhofs« ausgerufen. Schon beim Betreten des Friedhofgeländes sehen wir, wie Bestatter, Gärtnerbetriebe, Kerzenhersteller und Devotionalienhändler Stände errichtet haben – und um Kunden werben. Im Hintergrund werden Häppchen gereicht, Getränke konsumiert, es wird geplaudert und gescherzt, verhandelt und informiert wie auf einer Messe. Ein Spießrutenlauf der besonderen Art. Durch dieses Spalier von geschäftstüchtigen Professionellen muss jeder gehen, der zu den Gräbern seiner Lieben will. Aber dort angekommen ist die Show nicht zu Ende. Jetzt rollen alle fünf Minuten vierzig-, fünfzigköpfige Gruppen durch die Anlagen, denn an diesem Tag werden auf dem historischen Hauptfriedhof von Mainz Führungen angeboten. Die Leute schnattern viel und laut, und am Ende gibt es einen donnernden Applaus für die gute Führung. Du und ich – wir werden an Gabis Grab gleich von zwei solchen Gruppen eingekreist.

Mir geht durch den Kopf, dass Gabi dort drunten jetzt frieren muss. Immer wenn wir hier sind, so auch an diesem Tag, küssen wir das Holzkreuz zur Begrüßung. Du umarmst es meistens noch und bleibst lange am Kopfende des Grabes stehen, das Kreuz in Deinen Armen. Ich beobachte Dich dann immer und versuche zu ergründen, was hinter Deinem traurigen Gesicht vorgeht. Wir erinnern uns an die Hitze des Beerdigungstages und können es gar nicht fassen, dass es nun so bitterkalt ist an diesem Ort, wo mir damals das Hemd am Körper klebte. Wieder liegt Blumenschmuck auf dem Grab, von dem ich nicht weiß, wer ihn niedergelegt hat. Mich freut es. Mich freut es für Gabi.

Zurück zu Hause verziehe ich mich in Dein künftiges Zimmer und streiche die letzten Stellen, während Du spielst.

Dienstag, den 3. November 2009. Wir gucken abends Champions League. »An Bastian Schweinsteiger läuft das Spiel heute Abend vorbei«, kommentiert der Fernsehreporter das Spiel der Bayern gegen Girondins Bordeaux. Ich stehe sofort von der Couch auf und notiere den Satz. Denn genau darin erkenne ich mein Lebensgefühl dieser Zeit wieder: Auch an mir läuft das Spiel vorbei, und zwar gründlich.

Donnerstag, den 5. November 2009. Mein Geburtstag. Heute bin ich fünfundvierzig Jahre alt geworden. Der erste Geburtstag ohne Gabi. Du hast mich schon um sieben Uhr beim Frühstück beschenkt. Bevor wir Richtung Schule gegangen sind. Du hast einen Drachen gebastelt und eine Raupe aus zwei Klopapierrollen. Dazu ein Bild. Du und ich an einem Tisch sitzend. Geschenke sind da. Eine Zwei-Mann-Veranstaltung. Lieber Jakob, ich werde sehr nachdenklich, wenn ich mir ansehe, wie wir mittlerweile zu zweit in unserer Männer-WG hausen. Es ist einsam ohne Deine Mama.

Ich bin fünfundvierzig. Manchmal komme ich mir halb tot vor. Was für ein Alter. Irgendwie alles vorbei und doch gar nichts. Und es gibt ja Dich. Jeden Tag kämpfe ich dagegen an, wegzudriften, den Kontakt zum Leben mit anderen abreißen zu lassen. Ich habe mich ziemlich zurückgezogen, laufe Gefahr, zum Steppenwolf zu werden. Menschen strengen mich mehr und mehr an. Die meisten sind mir lästig, selbst die, die es gut mit mir meinen! Das Telefon ist mir oft lieber als der persönliche Kontakt und häufig nicht einmal das. Immer öfter lasse ich es klingeln, ohne dranzugehen. Ich habe einfach keine Lust auf Gespräche. Vielleicht ist es ja auch so: Jeder Anruf enttäuscht mich. Weil ich insgeheim darauf warte, dass Gabi anruft.

Und Du? Du wirst in drei Tagen acht Jahre alt! Hurra! Dieses Jahr willst Du einen »Römergeburtstag« veranstalten. Du kannst ihn kaum erwarten. Ich freue mich zu sehen, dass Du so viel Spaß daran hast, eine richtige Party zu feiern. Dein Zimmer wird rechtzeitig fertig sein. »Darauf kannst du dich verlassen!«, sage ich zu Dir. Ich habe schon alles eingeräumt. Am Sonntag wirst Du zur Tür hereindürfen – und Dein Zimmer in Beschlag nehmen können. Einen lebensgroßen Papp-Wickie habe ich organisiert, der sich von der Zimmerdecke abseilt, ein Werbeutensil zum gleichnamigen Film, das mir eine sehr nette Dame aus der Marketingabteilung von Constantin-Film in München geschickt hat.

Sonntag, den 8. November 2009. Dein Geburtstag ist vorbei. Es ist 21 Uhr. Gerade sind alle gegangen, Du liegst im Bett drüben und bist noch in Gedanken bei Deinen Geschenken, bei den vielen *Lucky-Luke*-Heften, die Du bekommen hast, dem neuen Tischeishockey, den Tischtennisschlägern, dem neuen »Match-Attax«-Album. Und natürlich wirst Du noch einmal an die Gäste denken, die dieses Jahr Deinem Wunsch gemäß als Römerinnen und Römer verkleidet zu Dir gekommen sind.

Tante Irene war da, wir haben wieder alles organisiert. Die Kinder kamen um halb drei, setzten sich ins Wohnzimmer um Deinen Cäsarenthron, der von zwei stattlichen, überlebensgroßen römischen Styroporstatuen flankiert wurde, die ich … woher hatte? Richtig. Aus der Kaufhof-Dekoabteilung. Auf meinen Einsatz hin bist Du als Imperator mit goldenem Lorbeerkranz und Toga zu Klängen der *Carmina Burana* zu Deinem Thron geschritten, Dir zu Füßen die acht Gäste. Sie überreichten Dir ihre Gaben, dann gab es Kuchen, danach sind wir zu den Überresten eines Isistempels in die Innenstadt gezogen, wo wir eine Führung für Kinder bekommen haben, die für Deinen Geschmack etwas zu pädagogisch ausfiel. Es folgte eine original römische Spielolympiade im Park, dann ging es schon wieder zurück nach Hause. Die Eltern kamen, um ihre Kinder abzuholen. Vorher saßen wir alle noch eine Stunde zusammen, tranken Sekt und Bier.

Der erste Geburtstag ohne Deine Mama. Aber Du bist so aufgeregt, so beschäftigt mit Deinen Gästen und Geschenken, dass Du vermutlich nicht an sie denkst. Ich bin erleichtert, dass wir das hingekriegt haben, und erinnere mich an letztes Jahr, als sie sich genau an diesem Tag ihre Haare abrasieren ließ.

Heute Morgen um acht Uhr hast Du Dein neues Zimmer erstmals betreten. Endlich gehört es Dir. Zwei, drei Wochen habe ich darin gewerkelt, gestrichen, umgeräumt, jetzt hast Du ein eigenes Zimmer und bist glücklich. Es gefällt Dir sehr gut, sagst Du mir am Abend voller Zufriedenheit. Und Du, mit Deinen acht Jahren, nimmst mich auf die Seite und bedankst Dich bei mir! Für den Geburtstag, sagst Du, und für die Geschenke und für das Zimmer, für meine Arbeit und Mühe. Ein achtjähriges Kind, das sich bedankt, aus freien Stücken, so als wenn es Dir ein Anliegen wäre. Ich höre mir Deine kleine Rede an und bin stolz darauf, was für einen einfühlsamen Sohn ich habe. Wie gerne hätte es Deine Mama gesehen, dass Du einen schönen Römergeburtstag gefeiert hast.

Jetzt bist Du im Bett, und ich hocke hier an meinem Computer. Glotze auf den Bildschirm. Gerade heute merke ich wieder, dass ich das normale Leben nur simuliere. Ich tue nur so. Eigentlich lebe ich ja zwei Leben. Eines, das mich schmerzt, das ich, wenn es irgendwie geht, nicht rauslasse, das mich aber taumeln lässt, wenn es sich dann doch Bahn bricht. Und eines, das ich simuliere und nach außen trage: Routinen einhalten, Dich in die Schule bringen, einkaufen, kochen, »Guten Tag« sagen, drei Sätze schwätzen mit Bekannten. Ein Scherzchen machen. Schreiben, arbeiten.

Ein simuliertes, unechtes Leben ist das in weiten Teilen. Aber ich bewege mich darin ganz gekonnt. So sehr, dass ich immer wieder höre, man bewundere mich, wie ich das alles »meistern« würde, wie »ausgeglichen ich wirke«. Ich habe gelernt, mich in meinem zweiten Leben einzurichten, aus Vernunft. Aber auch, weil ich es scheue, immer wieder meinen Gefühlen freien Lauf zu lassen. Es ist nicht viel, was mich aus der Fassung bringt, manchmal reicht eine Erinnerung, die mir zuflattert, eine Wetterstimmung, ein Song im Radio oder etwas, was sich im Jahreslauf wiederholt – und mich an ein Ereignis erinnert, als Gabi noch lebte. Ich habe mich an die Simulation gewöhnt, sie wird mehr und mehr zu meiner zweiten Natur, aber unter ihrer Oberfläche schmerzen die offenen Wunden der Vergangenheit.

Mittwoch, den 11. November 2009. Martinstag. Es regnet. Heute Morgen bringe ich Dich mit dem Auto zur Schule. Wir hören Radio. Der Nachrichtensprecher berichtet vom Selbstmord des Torwarts Robert Enke. Diese Meldung schockiert uns beide. Du steigst aus und läufst durch den Nieselregen das letzte Stück Weges den Berg hinauf zu Deiner Schule. Das Thema beschäftigt Dich den ganzen Tag. Mich auch. Du hast erlebt, wie jemand gestorben ist, der dies ganz und gar nicht wollte. Wie aber kann man das freiwillig tun? Abends rede ich mit Dir über das Thema Selbstmord. Robert Enkes Selbstmord ist nicht der einzige, von dem Du erfahren hast. Du hast damals vor gut einem Jahr mitgekriegt, dass Gabis Nenntante Elisabeth Selbstmord begangen hat. Und es gab noch jemanden in Deinem, unserem Umfeld, der seinem Leben selbst ein Ende setzte, auch wenn Du ihn nur sehr flüchtig gekannt hast. Drei Selbstmorde in einem Jahr, begangen von Menschen, die alle irgendwie in Deiner Erlebnisnähe waren. Ich fürchte, Du könntest auf die Idee kommen, dass das eine normale Erscheinung ist. Am Abend erkläre ich Dir, dass das durchaus nicht so ist. Wir sprechen über Depressionen. Und über den Unterschied zwischen »traurig sein« und »Depressionen haben«. Wieder denke ich, was muss mein lieber Jakob in diesem zarten Alter alles lernen!

Donnerstag, den 12. November 2009. Schon vor einem Jahr fand der Martinsumzug Deiner Schule mit einem Tag Verspätung statt – aus irgendwelchen organisatorischen Gründen. Wir verstehen das nicht ganz. Weihnachten ist auch an Weihnachten und nicht einen Tag nach Weihnachten. Heute ist wieder Umzug. Eigenartigerweise wieder einen Tag nach dem 11. November. Wir kommen gerade pünktlich. Ich gebe Dich mitsamt Deiner Laterne bei Deiner Klassenlehrerin ab, denn ihr Kinder lauft weiter vorne im Zug. Kinder, deren Eltern und Lehrer Deiner Schule haben sich auf dem Liebfrauenplatz in Mainz versammelt. Hunderte von Laternen leuchten in der Novembernacht. Jede Schulklasse hat einen eigenen Laternentyp gebastelt. Sankt Martin ist der große Feiertag Deiner Schule, der Martinusschule, außerdem heißt der Dom zu Mainz St. Martin (und nicht zuletzt Dein Vater mit Vornamen). Kein Wunder, dass es wohl in ganz Deutschland keinen prächtigeren Laternenumzug gibt als hier. Die Eltern gehen am Schluss des Zuges, viele von ihnen kenne ich mittlerweile. Wir marschieren langsam durch die Kälte. Im Licht der Leuchten sieht man die Atemluft dampfen. So wie letztes Jahr. Als Gabi mit ihrer neuen Perücke noch dabei war. An meiner Seite. Alles hier erinnert mich daran. Dieses Jahr ist sie nicht mehr da. Dieses Jahr passiert der Zug irgendwann ein Second-Hand-Geschäft, in dessen hell erleuchtetem Schaufenster ich ein paar Kleider von Gabi ausgestellt sehe. Ich schaue kurz hin, bekomme einen dicken Kloß im Hals und zwinge mich weiterzugehen.

Ab und zu beten wir abends beim Zubettgehen. Auch heute, an diesem düsteren Novemberabend. Beten ist Bitten um Licht. So verstehe ich das. Oft habe ich mit Dir das Vaterunser gebetet. Ich – und auch Deine Mutter, wir wollten, dass Du eine religiöse Erziehung erhalten sollst. Nicht weil wir alles glauben, was von der Kirche verkündet wird, nicht weil wir einen naiven Glauben gehabt hätten – wer hat den heute schon noch. Nein, weil wir wollten, dass glauben zu Deinem Leben gehört. Glauben an einen Sinn, an das Gute und an etwas unbestimmtes anderes, Göttliches, was über unser irdisches Leben hinausragt – das war uns immer viel wichtiger als die konkrete Frage, woran genau und woran nicht.

Du warst sehr oft in Kirchen mit uns, keine Stadtbegehung irgendwo in Europa, ohne dass wir am Ende irgendwann in einem Gotteshaus gelandet wären. Wir haben Dich in diese Kirchen mitgeschleift, weil wir uns für heilige Räume interessierten. Auch Dir wollten wir einen emotionalen Zugang zu Glaubenswelten eröffnen, wenn wir diese Orte aufsuchten. Wir haben darauf verzichtet, Dir irgendwelche orthodoxen Lehrsätze von Himmel und Hölle, Adam und Eva zu predigen. Statt dummer Dogmen Lichtstimmungen, Weihrauch, gregorianische Choräle. Wir wollten, dass Du das Göttliche selber fühlen lernst, dass Du einmal offen wirst für religiöse Erfahrungen. Vor allem in den vielen romanischen Kirchen in Burgund habe ich versucht, solche Gefühle in Dir auszulösen oder zumindest Deine Wahrnehmung für sie zu wecken – soweit dies bei einem Kind überhaupt möglich ist. Und ich erinnere mich daran, dass Du schon als ganz kleiner Junge, als Dreijähriger, nur zu flüstern wagtest, wenn Du einen Kirchenraum betreten hast, nicht aus Ehrfurcht oder Ängstlichkeit, sondern aus einer Art liebenden Respekts vor diesen geheimnisvollen Räumen.

Während Gabis Krankheit haben wir oft im Mainzer Dom und anderswo Kerzen angezündet, waren manchmal im Alten Peter in München und haben uns noch jedes Mal für zehn Cent von dem kleinen Christuskind mechanisch segnen lassen. Wir haben geschwiegen in diesen Kirchen. Und laut oder leise, jeder für sich oder zusammen, für Deine Mama gebetet. Oft ohne sie, aber auch dann, wenn sie neben uns auf einer Kirchenbank oder, wie in Frankreich, auf einem Kirchenstuhl gesessen hat.

Vézelay. Deine Mama und Du, ihr habt mich am Ende meiner Zeit dort besucht. Zwei Wochen waren wir zusammen an diesem zauberhaften Ort. Oft sind wir zusammen zum Gottesdienst zu den Mönchen und Nonnen in die Basilika gegangen. Du weißt sicher noch, wie die Ordensschwestern am Ende der Messe vom Altarraum auszuschwärmen pflegten und auch auf Dich zugekommen sind und dann »La Paix du Christ« gesagt haben. Oder wie Dich die Mönche bei der heiligen Kommunion gesegnet haben, indem sie Dir mit dem Daumen ein imaginäres Kreuz auf die Stirn gemalt haben. Vielleicht wird Dir erst vor dem Hintergrund der Geschichte Deiner Mutter klar, warum sie, aber vor allem Dein Vater, warum ich damals in diesem September 2007, als ich während eines Stipendiums einen Monat lang in der »Maison Jules Roy« direkt gegenüber der Basilika Sainte-Madeleine gewohnt habe, drei-, viermal am Tag in dieses Gotteshaus gepilgert bin. Ich habe meditiert, mich versenkt, versucht, meine Zuversicht zu stärken, gebetet, dass Deine Mama am Leben bleiben möge.

Deine Mutter schlug damals einen anderen Weg ein. Sie war religiös. Wie weit ihr Glauben reichte, vermag ich nicht genau zu sagen. Wie sehr die Religion ihr half, ihre Leiden zu ertragen? Ich weiß es nicht wirklich. Ich vermute aber, nicht sehr viel. Ihre große Entdeckung, nachdem sie an Krebs erkrankt war, ist Yoga gewesen. Zur Entspannung, Beruhigung, zur Erlangung eines inneren Friedens. Yoga war für sie ein Weg, der sie an eine große, innere Kraftquelle führte, aus der sie viel Energie bezog. Um ihre Krankheit zu ertragen, aber genauso, um gegen sie anzukämpfen. Und sicher auch, weil sie nach einer spirituellen Erfahrungswelt gesucht hat. Mit großem Erfolg: Im Rückblick weiß ich genau, dass ihr Yoga ungemein geholfen hat. Die Ganesh-Figuren, die kleinen Holzelefanten mit dem einen abgebrochenen Stoßzahn, die bei uns im Wohnzimmerregal stehen, sie waren ihre Talismane. Ihre orange Gummimatte, ihr »Gebetsteppich«, wie wir ihn immer scherzhaft nannten, sie liegt jetzt zusammengerollt auf dem Kleiderschrank und verstaubt so langsam. Vielleicht sollte ich mit Yoga anfangen?

Was ist von unserem Glauben geblieben? Auch jetzt, nachdem sie gestorben ist, bin ich ein gläubiger Mensch geblieben. Und wenn nicht, so doch einer, der um einen Glauben kämpft. Einen Glauben aus Weigerung. Nicht aus der Weigerung, den Tod Deiner Mutter zu akzeptieren, nein, das habe ich getan. Nein, ich will glauben, weil ich mich weigere anzuerkennen, dass mit diesem Schicksalsschlag mir – und auch Dir – das Liebste auf der Welt genommen ist, nein: genommen bleibt. Ich glaube, dass diese Liebe einen Fortbestand hat. Wann, wie und wo auch immer.

»Dein Wille geschehe«. Das beten wir im Vaterunser. Diese Passage geht mir immer schwer über die Lippen. Ich glaube nicht, dass es der Wille Gottes war, was mit Deiner Mutter geschehen ist. Für mich ist der liebe Gott ein Wesen, das nicht eingreift in das Elend der Welt. Ich glaube, er wirkt irgendwo jenseits dieses Elends. Wenn ich aber an einen übergeordneten Sinn glaube, dann könnte dieser Imperativ »Dein Wille geschehe!« nur heißen, dass ich die übermächtige Last der Sinnlosigkeit an eine höhere Instanz abgebe, im Vertrauen darauf, dass selbst dieses unfassbar grausame Ereignis einen höheren Sinn hat. Einen Sinn, zu dessen Wesen es freilich gehört, dass er mir nicht einsichtig ist und uns verborgen bleibt, solange wir leben. Aber um so positiv zu denken, um so tief glauben zu können, muss ich wirklich einen besonders guten Augenblick erwischen. Das ist nicht sonderlich oft der Fall in diesen Tagen.

Sonntag, den 29. November 2009. Erster Advent. Die Trauer wächst bei mir mit den kürzer werdenden Tagen. Ich sortiere wieder Fotos von Deiner Mutter. Tausend Bilder liegen auf dem Teppich im Wohnzimmer verstreut: Ich will sie endlich in eine chronologische Reihenfolge bringen. Ich will unseren zehn, elf gemeinsamen Jahren – und auch den Fotos aus ihrem Leben vor unserer Zeit – eine Ordnung geben. Zum ersten Mal fällt mir dabei auf, wie sich die Bilder, die es von uns gibt, nach der Erstdiagnose im März 2005 verändert haben, wie unsere Gesichter darauf öfter sorgenvoller, ernster aussehen – vor allem nachdem der Krebs nach der zweiten Operation im November 2007 zurückgekehrt war. Wie zuvor auch haben wir viele Reisen gemacht. Wie zuvor auch waren wir viel in der Natur – in wundervollen Landschaften gelang es uns, das Leben zu genießen. Aus diesen Bildern spricht unser starker Willen, dieses immer mehr bedrohte Leben festzuhalten. Wir wollten zurück in das alte, ewige, unbeschwerte Leben, das wir vorher hatten – aber die Fotos zeigen auch, dass es gerade mir oft schwerfiel, die Last auch nur für ein paar Augenblicke abzuschütteln. Gabi gelang dies bezeichnenderweise viel besser als mir. Ich dagegen habe manchmal noch eine *Cervezita* mehr bestellt, wo ein Glas weniger besser gewesen wäre – und so blieb manchmal ein Rest Unglückseligkeit in diesem letzten Genießen. Manchmal aber, und zwar gar nicht so selten, ist es uns auch geglückt, das Gespenst vor die Tür zu schicken. Vielleicht viel öfter, als ich es heute wahrhaben will, lieber Jakob. Das lag vor allem an der Unerschütterlichkeit des Glaubens Deiner Mutter an eine gute Zukunft. Bis in ihre letzte Zeit hinein. Vielleicht ist es viel wichtiger als anderes, ihre große Zuversicht in Erinnerung zu behalten.

Montag, den 30. November 2009. »Dieses Jahr werden wir sehen, ob es den Nikolaus gibt«, hast Du gerade beim Spaghettiessen augenzwinkernd verlauten lassen. »Versteh ich nicht«, entgegne ich. Du erklärst es mir: »Wenn dein Stiefel leer bleibt, dann gibt es den Nikolaus nicht.« Du führst aus, Du hättest länger schon Deine Mama als diejenige im Verdacht gehabt, die in der Nikolausnacht etwas in den Stiefel gesteckt hätte. Du mutmaßt, dass Deine Mama auch für mich immer etwas in den Stiefel getan habe – was durchaus richtig ist. Jetzt gibt es sie nicht mehr. Also ist es für Dich ausgemacht, vor allem wenn mein Stiefel leer bliebe, dass es den Nikolaus nicht gibt. Mmh. Stimmt. Natürlich habe ich im selben Augenblick beschlossen, mir selbst etwas in den Stiefel zu packen. Allerdings habe ich meine Zweifel, ob Dich diese Aktion von der (Weiter-)Existenz des Nikolaus wirklich überzeugen wird. Wir werden sehen.

Mittwoch, den 2. Dezember 2009. Es ist so, wie es immer in den ersten Tagen des Advents ist: trüb, dunkel, grau. Gestern Morgen hast Du Dich noch über den Adventskalender gefreut, den ich für Dich gebastelt habe – eine Art Wäscheleine, an der für jeden Tag bis zum 24. Dezember ein kleines Geschenk mit Klammern befestigt ist. Aber eigentlich war gestern kein guter Tag.

Wir hatten eine DVD gesehen. Einer der wenigen, die uns beide in dieser Zeit zuverlässig erheitern, ist der göttliche Helge Schneider. Wie oft haben wir über ihn gelacht, wie oft haben wir *00 Schneider. Jagd auf Nihil Baxter* und *Texas. Doc Snyder hält die Welt in Atem* gesehen, wie oft auf YouTube die Musikvideos »Der Wurstfachverkäuferin« oder »Die Trompeten von Mexiko« beklatscht. Gestern Abend haben wir seinen Film *Praxis Dr. Hasenbein* angeguckt. Eine harmlose Episode darin löst bei Dir ein starkes Gefühl der Unsicherheit aus. In dem Film muss Dr. Hasenbein am Ende für dreißig Jahre in den Krieg ziehen. Man sieht eine kurze Sequenz, wie er in einem U-Boot zur See fährt, dann sind die dreißig Jahre vorbei, und er kehrt zurück. Eigentlich eher eine humoristische Szene. Aber später beim Gutenachtsagen im Bett fragst Du mich, was aus Dir würde, wenn ich in den Krieg ziehen müsste. Ich sage Dir, dass das unwahrscheinlich ist. Ich bin Kriegsdienstverweigerer – und außerdem gibt es keinen Krieg bei uns. Doch irgendwann willst Du dann wissen, was aus Dir wird, wenn ich sterbe. Wo Du hinkämst. Ich sage Dir, was ich Dir schon einmal gesagt habe. Ich sage auch, dass ich nicht vorhätte, demnächst zu sterben, und dass ich für Dich da sei – aber Du meinst, man könne ja nie wissen. »Bei der Mama haben wir ja auch nicht gedacht, dass sie stirbt. Wer sagt uns denn jetzt, dass es bei dir anders ist?«

Dann willst Du wissen, was Du tun müsstest, wenn ich jetzt plötzlich einen Herzinfarkt erleiden würde. Ich sage Dir: »Du gehst zum Telefon und wählst 112.« Ob Du auch nach unten gehen könntest – zu den Leuten, die unter uns wohnen, fragst Du. »Auch das kannst du machen«, sage ich. Dann erzähle ich Dir, dass ich zweimal in der Woche fünfzehn Kilometer joggen gehe und für mein Alter doch noch sehr fit bin – und dass man bei mir eigentlich nicht mit einem Herzinfarkt rechnen müsse. Dich ängstigt die Idee, dass Du alleine zurückbleiben könntest. Das ist mir klar. Du hast – seit dem Tod Deiner Mutter – die Sicherheit verloren, dass Deine Eltern eine wirklich feste Größe sind. Ich versuche Dir zwar so viel Sicherheit wie möglich zu geben – und bin doch voller Sorge, dass ich Dir dieses Gefühl der Unsicherheit so schnell nicht nehmen kann. Es war das erste Mal nach längerer Zeit, dass Du verzweifelt warst. Kein Wunder, dachte ich mir heute Morgen auf dem Rückweg von Deiner Schule, warum sollte der Tod Deiner Mutter ausgerechnet in Deiner Seele keine Spuren hinterlassen?

Deine Verunsicherung treibt mich um. Und natürlich hat sie auch in mir Verunsicherung geweckt. Plötzlich kriechen sie wieder hervor, die Sorgen, die Ängste, was wäre, wenn eintritt, was Du befürchtest. Es gibt durchaus einige Freunde, Verwandte und Bekannte um uns, aber es gibt niemanden, und das ist wahr, der ein gleichwertiger Elternersatz für Dich wäre, falls mir etwas zustößt. Das liegt wohl in der Natur der Sache. Wenn ich darüber nachdenke, wer Dich dann am besten aufnehmen könnte, komme ich zu keiner wirklich befriedigenden Lösung. Vielleicht ist das aber gar nicht so ungewöhnlich. Stiefeltern sind wohl immer ein ungenügender Ersatz für die richtigen. Aber jetzt will ich ja erst einmal noch leben. »Keine Sorge!«, habe ich Dir gestern vor dem Einschlafen gesagt. »Ich beschütze dich, lieber Jakob!«

»So ist es richtig. So ist es gut!« Du kennst das. Das habe ich früher, als Du noch ein kleines Kind warst, immer zu Dir gesagt, wenn Du geweint, wenn Du gefroren hast, wenn Du müde warst, wenn irgendetwas nicht in Ordnung war. Ich habe dabei meine dicke Cordjacke geöffnet, habe Dich an meinen Bauch und an meine Brust gedrückt, die Jacke um Dich herum geschlossen, Dich gewärmt, Du hast Deinen Kopf an meine Brust gelegt – und dann habe ich, etwa wenn wir zu Fuß unterwegs waren und weitergingen, immer wieder im Rhythmus des Auf und Abs meiner Schritte gesagt: »So ist es richtig. So ist es gut!« Das hat Dich beruhigt. Damals als Du zwei, drei Jahre warst. Heute Abend haben wir das nach langer Zeit wieder einmal gemacht. Jedenfalls so ähnlich – liegend nicht gehend –, und ich glaube, Du hast danach gut geschlafen.

Freitag, den 4. Dezember 2009. Ich telefoniere mit Elena, erzähle ihr von Deiner Verunsicherung, von Deiner Angst, was mit Dir passiert, wenn mir etwas zustößt. Elena hat selber drei Kinder, jeden Tag ein volles Programm, aber sie kümmert sich um uns, hört mir zu, wenn ich von mir, von uns erzähle. Sie ist mir eine große Hilfe in dieser schweren Zeit. Ich sage zu ihr: »Weißt du, das Schlimmste ist, Jakob hat ja gar nicht so unrecht. Es gibt kein Gesetz auf Erden, wonach beim Tod eines Elternteils ausgeschlossen wäre, dass nicht auch der andere stirbt, bevor die Kinder erwachsen sind!« Sie überlegt kurz und erwidert dann bestimmt: »Das ist richtig, Martin. Aber es gibt auch kein Gesetz, dass es so kommen muss!« Das gefällt mir. Sie beruhigt mich und bringt mich wieder auf andere Gedanken. Sie sagt mir, sie sei immer für uns da. Ein Satz wie ein Geschenk.

Mittwoch, den 9. Dezember 2009. Natürlich war der Nikolaus da. Er hat sogar etwas in meinen Stiefel gesteckt. Eigentlich der Beweis, dass eine dritte, unbekannte Figur im Spiel ist. Aber Du lässt Dir keinen Bären mehr aufbinden. Bemerkenswert finde ich eher, dass Dich die genaue Herkunft der Geschenke und des Tannenreisigs vor unserer Wohnungstür im Treppenhaus gar nicht so sehr interessiert. Wichtiger als der Nikolaus sind die Gaben in Deinem Stiefel.

Heute Abend hilfst Du mir in der Küche. Plötzlich kommen wir auf die Geschichte von Wilhelm Tell zu sprechen. Zuvor haben wir mit den Dartpfeilen auf die Zielscheibe geworfen, die Du zum Geburtstag bekommen hast und die jetzt über dem Marillenknödelfleck an der Wand in der Küche hängt. Das Werfen der Pfeile hat mich auf die Geschichte gebracht. Ich erzähle Dir vom Landvogt Gessler und wie der arme Tell auf den Apfel schießen musste, der auf dem Kopf seines Sohnes lag. Nicht mit Dartpfeilen, sondern mit einer Armbrust. »Der hat ganz schön viel Mut gebraucht, find'st du nicht?«, frage ich Dich. »Kann man wohl sagen!«, erwiderst Du. »Wann hast du eigentlich den meisten Mut gebraucht?« Du denkst nach. Deine Antwort kommt unerwartet für mich. »Als die Mama gestorben ist.« Ich sage: »Wieso meinst du, du hättest damals Mut gebraucht?« »Weiß nicht.« »Warum sagst du nicht, da hättest du am meisten Angst gehabt?« Du entgegnest: »Angst? Kann auch sein.« Wir kommen darauf, dass es den größten Mut in der größten Angst braucht. Und dann erzählst Du mir von dem Moment, der Dir so viel Mut abverlangt hätte. Es sei der Augenblick gewesen, als Du am Abend, kurz nachdem Deine Mama gestorben war, auf der Palliativstation die Türklinke zu ihrem Zimmer gedrückt hättest. Du sagst mir, Du hättest ja nicht gewusst, wie die tote Mama sei. Du sagst, Du hättest viel Mut gebraucht, »in ihr Zimmer reinzugehen, um die tote Mama anzugucken«.

Samstag, den 12. Dezember 2009. Nach dem Frühstück gehen wir auf den Friedhof. Heute steht die Winterbepflanzung an. Bei Pettersson kaufen wir Erikapflanzen, nochmals zwei Säcke schwarze Graberde. Wir leihen uns wieder Schaufel und Schubkarren. Ein Rotkehlchen sitzt auf dem Holzkreuz, als wir uns Gabis Grab nähern. Und fliegt auch nicht davon, als wir näher kommen. Wir wissen beide: Das ist Deine Mama, die uns begrüßt. Heute als Rotkehlchen, an anderen Tagen als Eichhörnchen – oder als Luftzug, als Blätterrascheln. Auch einen großen Hoppelhasen haben wir hier schon gesichtet – zwischen den Grabsteinen, keine zehn Meter von uns weg.

Wir entfernen zuerst die alten, verwelkten Pflanzen. Du fährst den Schubkarren zur Abfallstelle. Dann kippen wir die Erde aufs Grab, verteilen sie gleichmäßig, pflanzen schließlich die Erika ein. Am Schluss ziehen wir alles glatt. Dafür haben wir Deine Sandspielsachen mitgenommen. Ich habe nämlich noch immer kein geeignetes Gartenwerkzeug fürs Grab angeschafft. Mit den gleichen kleinen Rechen, Schäufelchen und Kellen, mit denen Du einst in unseren Urlauben an den Stränden der Toskana, der Kanaren, der Algarve oder Andalusiens Deine Burgen gebaut und Kanäle in den feuchten Sand gezogen hast, ziehst Du, ziehen wir jetzt die Erde auf dem Grab Deiner Mutter ab. Es macht Dir Spaß, das Grab zu bepflanzen. Mir auch. Am Ende bringen wir die Sachen zu Pettersson zurück, zahlen und kaufen noch eine Rose, die ich neben die Fotos von Gabi auf unser Buffet stellen will. Die zwei Euro, die ich Pettersson als Trinkgeld gebe, schenkt er Dir. Ich glaube, er mag Dich.

Sonntag, den 13. Dezember 2009. Dritter Advent. Über Nacht sind die Temperaturen um fast zehn Grad gefallen. Es ist eiskalt draußen, kleine Schneeflocken fallen vom Himmel. Wir gehen am Rhein entlang, die Hälse eingezogen, die Hände in den Taschen – in die St.-Ignaz-Kirche zum Adventssingen Deiner Schule. Du setzt Dich vorne zu Deinen Klassenkameraden, ich hocke mich ins Heer der Eltern. Fühle die Einsamkeit mehr, als ich dachte. Letztes Jahr ließen wir diesen Termin ausfallen, Gabi war damals schon im Krankenhaus, wir besuchten sie stattdessen.

Sobald die Orgel erklingt, werde ich sentimental. Die letzte Orgel, die ich gehört habe, war die in der Aussegnungshalle. Die Orgel, das göttliche Instrument: Ich höre sie gerne. Wenn ich nochmals auf die Welt komme, will ich Organist werden. Die auf modern getrimmten Kinderkirchengesänge, untermalt mit peppigen Gitarrenakkorden, dagegen gehen mir nicht so nahe. Ich kann wenig damit anfangen. Erst recht nicht, wenn dann noch dazu geklatscht wird.

Aber bei »Oh Heiland, reiß' die Himmel auf« spüre ich einen tiefen Stich im Herzen. »Oh Gott, ein Tau vom Himmel gieß', im Tau herab, oh Heiland fließ. Ihr Wolken, brecht und regnet aus, den König über Jakobs Haus.« Mir fällt das Gewitter nach Gabis Beerdigung ein. Ich stellte mir vor, dass es etwas von Gabi war, was da aus dem Himmel nach unten kam – und jetzt wieder. »Oh klare Sonn', du schöner Stern. Dich wollten wir anschauen gern. Oh Sonn', geh auf, ohn' Deinen Schein, in Finsternis wir alle sein.« Ach je.

Eigentlich hatten wir ausgemacht, hinterher mit Elena und ihrer Familie gemeinsam auf den Weihnachtsmarkt zu gehen, aber das ist mir zu viel. Ich will nach Hause. Du bist enttäuscht. Wir durchqueren strammen Schritts die Altstadt. Stehen irgendwann vor einer Fußballkneipe. Drinnen läuft auf der Großleinwand Mainz 05 gegen VfB Stuttgart. »Sollen wir uns das Spiel anschauen?« Das ist mir dann wieder nicht zu viel. Du bist Feuer und Flamme. Ich bin in einer eigenartigen Stimmung. Wir gehen rein und gucken das Spiel. 1:1 steht es am Ende, dazwischen ein Ausraster von Torhüter Jens Lehmann. Zwei Hefeweizen und eine Apfelschorle. Danach nach Hause. Keine weiteren Ausraster. Auch von mir nicht. Dritter Advent.

Sonntag, den 20. Dezember 2009. Vierter Advent. Die Weihnachtsferien haben begonnen. Du bist erleichtert, weil die Schule endlich vorbei ist, und Du freust Dich auf Heiligabend. Weihnachten steht vor der Tür, aber ich blende es aus, so gut es geht. Ich will dieses Fest wirklich erst kurz vorher an mich heranlassen. Eine Art Selbstschutz. Wir fahren drei Tage in den Schwarzwald. Winter, Natur, Schlitten fahren, irgendwie raus hier. Eigentlich wollten wir nach den Weihnachtsfeiertagen verreisen, aber da war schon alles ausgebucht. Deshalb fahren wir vorher.

Hinter Freiburg fängt der sibirische Winter an. Auf knapp 1200 Metern Meereshöhe sind Schneeketten angesagt, ich schaffe es natürlich wieder einmal ohne. Aber wir kommen heil in unserem Quartier in der »Halde« an. Wir gehen gleich raus und machen in Schneeschuhen eine abenteuerliche Sturmwanderung auf der Passhöhe. So ähnlich muss sich Reinhold Messner bei der Durchquerung der Antarktis gefühlt haben. Erinnerst Du Dich? Wie uns der Sturm, der plötzlich aufkam, tausende von grisseligen Schneekristallen ins Gesicht fegte, winzige Eiskörnchen, die wie Stecknadeln piekten? Wie unbarmherzig, ja, grob dieser heulende Sturm zu uns war, bei minus 22 Grad Celsius! Aber wir haben ihm getrotzt. Diesem Sauhund, diesem gemeinen. Und wir haben immer wieder in das Tosen hineingeschrien. Fast ohne unsere Stimmen zu hören. So wie am Meer in die wütende Brandung. Es hat uns irgendwie befreit.

Montag, den 21. Dezember 2009. An der Landstraße entlang, die gestern noch vereist war. Es ist wärmer geworden. Der Schnee taut. Unser Ziel: der Schlittenlift am Schauinsland. Wir trotten die Straße im Gänsemarsch entlang. Wir funken mal wieder. Das heißt, wir tun nur so als ob – wie immer, wenn wir gewandert sind: In Anlehnung an James Bond bist Du 057, ich bin 0815. »057! Wie ist die Lage bei

Ihnen, bitte kommen!« Du funkst zurück: »0815, bei mir alles roger, kommen!« Funken hat Tradition bei uns. Früher funkten wir immer endlos auf unseren Strandwanderungen auf den Kanaren oder an der Costa brava: Wer vorne ging, war Vorhut, der Letzte die Nachhut, der in der Mitte die »Mittelhut«. Meistens war Gabi die Mittelhut. Jetzt ist die Mittelhut ausgefallen. Es funken nur noch Vorhut und Nachhut. Oder – wie heute – 057 und 0815.

Abends kommst Du mit ins Badehaus, in den Spa-Bereich des Hotels, wo Kinder, wieder einmal, nicht hindürfen. Aber ich erreiche, dass man diesmal eine Ausnahme für Dich macht. Das Hotel hat ein schönes Badehaus. Mucksmäuschenstill hockst Du im Ruheraum auf einer Liege neben mir und arbeitest in Deinem Schulheft – im Bademantel. Freiwillig übrigens, ich habe Dich nicht dazu gezwungen. Ich gehe saunieren, komme immer wieder zu Dir, um mich auszuruhen. Ich kann etwas entspannen und sage plötzlich ohne jeden näheren Zusammenhang zu Dir: »Jakob, alles wird gut am Ende.« Du bist etwas erstaunt angesichts meiner unverhofften Großeinsicht über den Lauf der Welt. Ich versuche Dir zu erklären, wie ich das meine, spreche von einer Zuversicht, die über mich gekommen sei, dass wir eine gute Zukunft haben können, und davon, dass ich mir sicher bin, dass wir Deine Mama irgendwann, irgendwo wiedersehen werden. »Was ist denn in den gefahren?«, scheinst Du zu denken und schaust mich entgeistert an. »Es ist alles okay«, sage ich. Ich bin selbst überrascht, dass ich so denke, so denken kann.

Der Ruheraum ist rundum verglast, an den Abhang hinter dem Haupthaus des Hotels gebaut – man hat von hier aus tagsüber einen fantastischen Panoramablick auf die Berge des Hochschwarzwalds, auf den Hinterwaldkopf, den Toten Mann, den Feldberg. Ja, hier kenne ich mich aus. Es ist mir eine der schönsten Landschaften auf der Welt – und nichts liebe ich seit meiner Freiburger Studienzeit so sehr wie diese Höhenzüge.

Jetzt am Abend ist nichts mehr davon zu sehen, es ist stockdunkel, aber vielleicht zehn Meter von der Glasfront entfernt ist eine mächtige, von einem Flutlichtscheinwerfer angestrahlte Tanne zu sehen, die ihre schneebedeckten Äste in den kalten Nachthimmel reckt, so als seien es unzählige Arme mit dürren Fingern dran, die nach oben deuten. Abermillionen Schneeflocken wie Puderzucker umtanzen, umtosen den majestätischen Baum. Ein Sturm peitscht draußen. Hier drinnen ist es wohlig warm. Ich schließe die Augen, öffne sie, fixiere die Tanne, verfolge ihre Bewegungen. Auf einmal nehme ich Gabi wahr. Mir kommt es vor, als umflöge sie – gekleidet wie alle hier in einen hauseigenen Bademantel – in kreisenden Bewegungen die Tanne, oder besser als umschwämme sie den stolzen Baum in der Art einer Meerjungfrau, als sei jenseits des Fensters eine Unterwasserlandschaft und Gabi tauche durch die Zweige der Tanne wie durch ein Korallenriff, immer wieder mal linksherum, mal rechtsherum, immer wieder an anderer Stelle, schöbe sich durch die sanften Äste, zeige ihr lächelndes Gesicht mal hier, mal da. Sie scheint um die Tanne zu tanzen, und die nadeligen Äste des Baumes sehen wie sanfte und glatte Pinselarme aus, die sie streicheln und liebkosen, während sie hindurchschwimmt. Aber der Sturm zerbläst alles. Und er bläst auch sie bald fort und mich und Dich. Am Ende bleibt nur er. Der Sturm der Zeit. Dass er die Richtung wechselt, zurückbringt, was er mit sich nimmt, wer könnte nur darauf kommen?

Abends im Hotelzimmer sehen wir *James Bond* in der Glotze. Etwas zu viel für Dich ist eine Szene in einer Intensivstation, wo irgendein Klonkämpfer von einem bösen Forscher zu einem Monster zusammengeflickt wird. Ein Alptraum ist die Folge. Mein Fehler. Ich hätte besser aufpassen müssen, den Film eher ausschalten sollen. Zu spät. Du hast Angst, klammerst Dich an mich. Ist es nur dieser gruselige Film, der Dir zusetzt? Oder eine Verunsicherung, die aus anderen Quellen stammt? Ich halte Dich ganz fest – und Du bist erleichtert.

Heiligabend 2009. Gestern sind wir nach Mainz zurückgekehrt. Heute gehen wir nach dem Frühstück auf den Friedhof, Deiner Mama schöne Weihnachten wünschen. Wir haben eine Flasche Wein für Pettersson dabei, Blumen für Gabi. Mir fällt ein, wie sie letztes Jahr ohne Haare, völlig erschöpft in ihrem schwarzen Samtkleid auf unserer roten Coach im Wohnzimmer lag. Danach fahren wir mit der Straßenbahn zum Dom. An Weihnachten in ein Gotteshaus, das muss sein. Das hätte auch Gabi so gewollt. Nach Hause, Christbaum aufbauen, schmücken, Fondue vorbereiten. So wie es immer war. Das Weihnachtsoratorium von Bach läuft im Hintergrund. Ich versuche, die Saucen für das Fondue frei Schnauze zu machen. Den Kräuterdip und die Roquefortsauce krieg ich hin, das Mango-Sherry-Chutney misslingt trotz Internetkonsultation, die kalte Tomatensauce ebenso, eine Kreation, die am Ende eher an Ketchup erinnert. Welche Schmach. Weihnachten ohne Gabi eben.

Singen, Weihnachtsgeschichte, Geschenke. Ich versuche, unsere traditionelle Abfolge einzuhalten, alles so zu absolvieren, als sei Gabi noch unter uns. Aber es ist verdammt bitter. Zum Glück bist Du da. Es freut mich zu sehen, wie wild Du auf Deine Geschenke bist und es kaum erwarten kannst, sie auszupacken. Für Dich ist wirklich Weihnachten. Wie froh und wie dankbar bin ich, dass Du Dich so freuen kannst. Für mich ist dies das größte Geschenk an diesem Weihnachtsfest.

Später beim Aufräumen in der Küche, während Du drüben im Wohnzimmer Deine Geschenke begutachtest, komme ich auf eine absurde Idee. Ich stelle mir vor, Gabi wäre hier und forderte mich auf, mit ihr zu tanzen. Wenn wir früher getanzt haben, dann nicht im Tanzcafé, sondern meistens ausgerechnet hier in der Küche. Ich beginne, mich also mit einer unsichtbaren Frauengestalt im Arm um die eigene Achse zu drehen, tanze eine Art Walzer – und bilde mir dabei ein, Gabi zu sehen, zu fühlen, wie sie mit mir tanzt. Als ob meine Bewegungen nur ihren folgen oder nachgeben würden, drehe ich mich im Kreis. Ich schaue sie an. Glaube zu sehen, wie sie mir zulächelt. Irgendwann werde ich von diesem Tagtraum so zermürbt, dass ich aufhören muss. Ich halte inne, gucke zur Balkontür hinaus in den kalten Himmel.

Eine Märklin-Modelleisenbahn mit dem Bausatz »Bahnhof Güglingen«, das ist dieses Jahr meine Hauptgabe an Dich. Aber sie fährt nicht länger als fünf Runden. Dann prallt sie aus Versehen auf einen Rammbock, weil wir eine Weiche falsch gestellt haben. Wir kriegen die Lok nicht wieder zum Laufen, weil sich eine Einstellung verändert hat und ich erkennen muss, dass man zur Bedienung eines Trafos heutzutage wohl einen Computerkurs braucht. Ich fluche.

Heiligabend. Der Tag wird auch nicht anders als sonst, habe ich mir noch im Schwarzwald gedacht. In einem Trauerratgeber, den mir jemand geschenkt hat, steht, dies wäre ein besonders harter Tag für Hinterbliebene. Dasselbe höre ich von manchen Freunden und Bekannten, die uns Gutes wünschen oder uns sogar zu sich eingeladen haben. Woher wissen die das? Warum soll Weihnachten schlimmer sein als jeder andere Tag, der bisher vergangen ist? Ich konnte es mir nicht vorstellen. Und habe mich natürlich getäuscht. Grandios getäuscht. Was Weihnachten wirklich ist, das habe ich – ein Mann mit fünfundvierzig Jahren – erst an diesem Abend wirklich begriffen. Weihnachten ist das Fest, an dem das Wunder der Liebe zwischen denen gefeiert wird, die sich dadurch verbunden fühlen. Aber die Liebe zu Deiner Mutter, zu meiner Frau ist nur noch eine Erinnerung, sie läuft ins Leere, und so fühle ich nicht Freude an diesem Abend, sondern einen tiefen Schmerz, den ihr Verlust in mir auslöst.

Die wahre Dimension des Todes meiner Frau für mein Leben, lieber Jakob, ich ahne sie erst jetzt, ein halbes Jahr später. Was Unwiederbringlichkeit bedeutet, war mich nicht klar, solange ich innerlich noch so aufgewühlt und nicht viel Zeit seit dem Todestag Deiner Mutter verstrichen war. Allein die zeitliche Nähe zu den letzten Augenblicken, in denen sie noch atmete, am Leben war, verhinderte in mir eine auch nur annähernd realistische Vorahnung des Zustandes, wie es wirklich ohne sie ist. Die grenzenlose Dimension der Leere, die sie hinterlassen hat, fühle ich erst jetzt. Der Schmerz sticht nicht mehr so tief wie noch am Anfang, er ist jetzt dumpf und alles durchdringend – etwa so wie das Schwingen und Nachklingen eines tiefen Tones im Inneren einer tönernen Vase.

Samstag, den 26. Dezember 2009. Zweiter Weihnachtsfeiertag. Dass auch Du eine schwere Zeit durchmachst, kündigte sich schon im Schwarzwald an. Schon als Du vor dem Klonkrieger in dem James-Bond-Film so schreckliche Angst hattest, fühlte ich Deine Verunsicherung. Jetzt am Abend des zweiten Weihnachtsfeiertags kommt es zum Dammbruch bei Dir. Du weinst und willst mit mir reden. Und redest unheimlich viel. Du erzählst, was Dir durch den Kopf geht. Von schlimmen Gedanken, die Dich verfolgen. Aber es sind nicht so sehr Geschichten, in denen Deine Mama vorkommt, es bricht etwas aus Dir, was ich wie einen Wasserfall von ganz vielen unterschiedlichen Gefühlen deute. Dir ist wichtig, dass ich unter keinen Umständen vor Dir einschlafe, damit Du mit den schlimmen Gedanken nicht alleine bist und sie mir rechtzeitig mitteilen kannst. Wenn Du sie aussprichst, geht es Dir ein bisschen besser, sagst Du zu mir. Ich halte Dich lange im Arm.

Dienstag, den 29. Dezember 2009. Was den Umgang mit dem Tod Deiner Mutter, was Dein Leben so ganz ohne sie angeht, lieber Jakob, hast Du Dich nun ein halbes Jahr lang die allermeiste Zeit so verhalten, dass ich mir weitaus weniger Sorgen um Dich gemacht habe, als ich es anfangs vermutete. Jetzt merke ich, dass sich doch viel bei Dir angestaut hat. Es ist gut, dass es aus Dir herausgebrochen ist, und doch bin ich sehr besorgt um Dich. Dazu kommt, dass Du über Nacht Fieber bekommen hast, eine Mittelohrentzündung. Ich bringe Dich heute Morgen zum Kinderarzt. Er verschreibt Dir ein Antibiotikum. Wieder zu Hause lege ich Dich ins Bett, und wir unterhalten uns. Du erzählst mir davon, wie sehr Du Deine Mama gemocht hast, wie sehr Du sie vermisst, und Du bist sehr durcheinander.

Aber Dich quälen auch ganz andere Gedanken. »Ich muss dir was Schlimmes erzählen!«, fängst Du immer wieder an. Aber die Geschichten, die dann aus Dir sprudeln, sind gar nicht sonderlich schlimm. Sie haben vor allem gar nichts mit Deiner Mutter zu tun, sondern mit Scham, Schuldgefühlen, mit einem verunsicherten Jungen von acht Jahren. Ich bin ratlos, mache mir aber keinen rechten

Reim darauf. Es erscheint mir fast so, als machtest Du gerade einen psychischen Entwicklungsschub durch. Oder ist es doch das Trauma des Todes Deiner Mutter, das sich zeitverzögert und über Umwege Luft verschafft? Wir schlafen nach einem zweiten aufwühlenden Gespräch am Abend fast vierzehn Stunden lang.

Ich bin erschöpft. Mein Herz stolpert ab und zu, manchmal fühle ich eine Enge im Brustkorb. Noch eine Sorge. Du findest alle blöd seit ein paar Tagen, auch mich manchmal. »Das ist dein gutes Recht!«, sage ich zu Dir. »Mach dir nicht so viele Gedanken und wirf dir nichts vor! Außerdem, denken darf man alles!« Dir würden immer wieder schlimme Schimpfworte einfallen, klagst Du, sobald Du die freundlichsten Zeitgenossen, ja, selbst mich zu Gesicht bekommst, Schimpfworte, die Du allesamt auf dem Pausenhof Deiner Schule aufgeschnappt hast. Seit ein paar Tagen hast Du den Drang, diese Schimpfworte auch auszusprechen. Aber immer bittest Du mich erst um Erlaubnis. Du willst loswerden, was Dich bedrückt, dann geht es Dir besser. »Los, sag sie mir!«, sage ich dann, damit Du erleichtert bist.

Du erzählst von Stimmen in Deinem Kopf, die Böses von sich geben. Wenn etwas schön ist, sagen sie Dir, dass Du es kaputtmachen sollst. Du bist auf niemanden gut zu sprechen. Auch auf den lieben Gott nicht. Wenn Du an den denkst, so sagst Du mir, dann fällt Dir auch ein Schimpfwort ein. Ich sage Dir: »Das kann ich nur zu gut verstehen, lieber Jakob, an deiner Stelle hätte ich auch ein Problem mit dem lieben Gott!« Abends beim Zubettgehen weinst Du heftige Tränen. Du sagst, Du hättest eine schlimme Phase. Du glaubst, Du hättest Depressionen. Wie Robert Enke. Ich versuche, Dich zu beruhigen. »Du hast keine Depressionen«, sage ich Dir. »Glaub mir, das geht vorüber.« Ich mache mir Sorgen um Dich, und doch weiß ich, es ist gut, dass Du Deinen Kummer nicht unterdrückst. Nur Gefühle, die nicht gelebt werden, erstarren in Trotz, in lähmender Angst, in Depressionen. Ich streichle Dir über den Rücken, die Haare, summe Dir ein Schlaflied ins Ohr. Nur langsam beruhigst Du Dich und schläfst ein.

Mittwoch, den 30. Dezember 2009. Heute ist die Beerdigung von Gabis Onkel Toni. Er starb am zweiten Weihnachtsfeiertag – fast achtzigjährig. Vielleicht zweimal im Jahr haben wir ihn und seine Frau, Gabis Tante Halina, besucht. Zusammen gegessen, Karten gespielt. Es war immer sehr nett. Eigentlich wollten wir deshalb auch zu seiner Beerdigung fahren, aber ich habe anders entschieden. Es reicht mit Beerdigung, Tod. Ich will nicht, dass Du ein halbes Jahr nach der Katastrophe erneut in eine Gruft hinabblicken musst, erneut einen Sarg betrachten musst, erneut nicht fassen kannst, was nicht nur kein Kind, sondern kein Mensch fassen kann. Es war noch nicht einmal Dein Wunsch, hierzubleiben. Ich allein habe so entschieden. Und ich glaube sogar, es ist Dir nicht recht, als ich Dir verkünde, dass wir nicht fahren. Trotzdem, ich bleibe dabei.

Silvester 2009. Ich stehe morgens nach dem Frühstückskaffee in der Küche, schaue zum Fenster raus. Kalte Regentropfen hängen in den Bäumen, es ist neblig und feucht. Ich sehe, wie die Tropfen an den Zweigen perlen, wie sie fallen, und mir steigt selbst das Wasser in die Augen. Du kriegst das mit. »Papa, weinst du?« »Ja«, sage ich. Du überlegst. Dann sagst Du: »Vielleicht kann ja ich dir mal helfen.« »Ach, Jakob! Was für ein lieber Bub du bist!«, denke ich. Ich beuge mich zu Dir hinunter. Du nimmst mich in den Arm und drückst mich ganz fest.

Das Jahr hat sich dreckig verabschiedet. Ja, ein dreckiges, liederliches Saujahr war das. Es ist dunkelgrau und widerlich gewesen. Ich werde 2009 nicht nachweinen. Dieses Jahr hat uns die Hölle gebracht. Ich glaube nicht, dass 2010 der Himmel zurückgekehrt. Es reicht erst mal, wenn wir den Ausgang aus der Hölle finden.

2010

Samstag, den 2. Januar 2010. »Ich bin traurig«, sagst Du. »Weil es mal schön war und jetzt nicht mehr ist.« Wir gehen am Rhein entlang. Wollen Enten füttern. Mit altem Brot. Aber die Möwen fressen den Enten alles weg. Man muss die Brotstücke gezielt vor die Schnäbel der Enten werfen, damit sie nicht von den schnelleren Möwen weggeschnappt werden.

Ich versuche, Dir einen schönen Tag zu machen. Ich schlage Dir vor, Sushi essen zu gehen. Hurra! Du liebst Sushi. »Buddha's« heißt der Laden, der noch realtiv neu ist. Wir hocken direkt an der Bar und beobachten den Sushi-Meister, wie er die einzelnen *Nigiris* und *Makis* herstellt.

Eigentlich war das anders geplant. Eigentlich wollten wir nach dem Kino und dem unsäglichen Film *Chipmonks 2* – der Dir allerdings ganz gut gefallen hat (... und deswegen sind wir ja auch nur reingegangen) – in unserem Beerdigungs-Restaurant im »Hyatt« essen. Da gibt es normalerweise hervorragendes Sushi. Aber in diesen Wochen ist Sushi-Pause, auch weil der Sushi-Meister dort gekündigt hat und jetzt ein eigenes Lokal aufgemacht hat. Eben das »Buddha's«, wie man uns sagt. Also gehen wir zu Fuß durch die Eiskälte dorthin. Es lohnt sich. Ich sage dem Sushi-Meister, der mindestens so gut Hessisch redet wie Japanisch (was kein großes Wunder ist, weil er eigentlich Vietnamese ist, wie sich herausstellt), dass es uns hier gefällt. Gutes Essen, guter Laden. Ich frage ihn, was hier früher drin war. Denn das Haus ist mir nie aufgefallen. »Irgendeine heruntergekommene Pilsbar«, sagt er. Die Räume seien völlig verdreckt gewesen, sanierungsbedürftig. »Man muss halt was draus machen«, sagt er dann. Ich greife den Satz auf. Versuche Dir nahezubringen, dass es für uns ebenfalls darauf ankommt, etwas aus unserem Leben zu machen. Auch jetzt, in unserer traurigen Lage, obwohl Deine Mama nicht mehr da ist. Ich sage Dir, dass das Leben ein Geschenk ist – und keine Last. Und ein Geschenk bleiben muss. Du sagst mir, für Erwachsene sei das leicht. »Die können ja machen, was sie wollen!« Aber du! Du müsstest ja machen, was ich will. »Stimmt nicht«, sage ich. »Du kannst bei mir doch fast alles tun und lassen, was du willst!« Du gibst mir recht. Im Großen und Ganzen. Am Ende komme ich drauf, dass dieser unbewusste Ratschlag eher mir als Dir gilt. Denn ich bin mir sicher, Du wirst etwas aus Deinem Leben machen, ja, Du machst es schon längst, jeden Tag aufs Neue. Wer hier etwas Nachhilfe braucht, bin eher ich.

Sonntag, den 3. Januar 2010. Unsere Wohnung sieht schlimm aus. »Ich habe keine Lust, das Bad zu putzen«, sage ich. Du entgegnest: »Ich würde es machen. Dann fühlst du dich nachher besser.« Wo Du recht hast, hast Du recht. Also putze ich den Tag über.

Montag, den 4. Januar 2010. Eiskalt ist es. Ich bringe Dich heute zu einem Schulfreund. Abends hole ich Dich wieder ab. Will tagsüber arbeiten, es kommt aber nicht viel raus dabei. Wir wollen noch etwas zu essen einkaufen. Entscheiden uns aber einmütig, lieber zu unserem Stammitaliener zu gehen. Großer Antipasti-Teller für zwei und eine Pizza Tipica, auch für zwei. Das ist unser Standard. Sonja ist da. Sie kennt Dich, seit Du siebzig Zentimeter groß warst. Sie bedient hier und wünscht uns ein gutes neues Jahr. Und bringt uns die Getränke – wie immer. Das »Al Cortile« war früher unser zweites Wohnzimmer hier in Mainz. Schon wieder sind meine Gedanken bei Gabi. Während der Antipasti-Teller kommt, den wir uns früher zu dritt teilten, unterhalten wir uns über Restaurants – wo wir überall schon gegessen haben, was es gab und wie es geschmeckt hat. »Erinnerst du dich noch an den Flusskrebssalat im »Capion« in Gignac?« »Weißt du noch das letzte Mal im »La Cambuse« in Straßburg?«, frage ich Dich. Mein Gott, war das gut. Du erinnerst Dich nicht so recht.

Wir gehen nach Hause. Aber nicht ohne zuvor auf die Toilette zu gehen. Denn das »Al Cortile« hat eine ganz besondere. Eine mit sich selbst reinigender Klobrille. Eine, die sich nach Gebrauch selber säubert und sich dabei dreht. Dieses »Zauberklo« wird von Dir immer wieder begutachtet. Du machst das so, seit Du laufen kannst. Draußen rennen wir durch die Fußgängerzone in der Augustinerstraße. Wir machen das Hüpfspiel. Ein fast genauso altes Ritual. Man darf nicht auf den schwarzen Pflastersteinen laufen, sondern nur dort, wo die rötlichen Buntsandsteinplatten liegen. Das haben wir immer gemacht, wenn wir hier gegessen hatten und zu Fuß nach Hause gingen. Inmitten der schwarzen Pflastersteine hüpfen wir von Sandsteininsel zu Sandsteininsel. Du springst hin und her wie ein junger Gott, bist ausgelassen. »Das Leben kann doch federleicht sein!«, fällt mir ein, als ich Dich so fröhlich hüpfen sehe. Ich hüpfe hinterher. »Dir kann nichts in die Quere kommen, nicht einmal der Tod Deiner Mutter!«, denke ich, als ich Dich so unbeschwert von Stein zu Stein springen sehe. Auf einmal bin ich mir ganz sicher, dass Dich kein Unglück der Welt davon abhalten wird, ein glücklicher Junge zu sein.

Dienstag, den 5. Januar 2010. Seit 5.30 Uhr hocke ich hier am Computer. Ich kann wieder nicht schlafen, obwohl ich gestern sehr erschöpft ins Bett gegangen bin. Wenn andere um 20.30 Uhr in den Abend starten, bin ich in letzter Zeit fast immer schon so gut wie bettreif. Ich schlafe dann gegen 21 Uhr ein, wache aber regelmäßig gegen ein, zwei Uhr auf – und liege Ewigkeiten wach. Nächtelang geht das schon so. Und wenn ich endlich schlafe, tue ich es ohne jede Erholung.

Wir leben in einem Trauerjahr. Gerade jetzt um Weihnachten und Neujahr wird mir das besonders bewusst. »Letztes Jahr um die Zeit …« da taten wir dieses und jenes, waren da und dort, aßen, tranken, spielten, arbeiteten. »Heute vor einem Jahr …« – das sage ich oft zu Dir und ziehe den Vergleich zur Gegenwart. Du kennst diese Sätze zur Genüge. Dieses erste Jahr nach Gabis Tod ist etwas

Besonderes. Zu jedem Tag, der ohne Gabi vergeht, gibt es einen entsprechenden Tag im Jahr zuvor, an dem sie noch lebte – an dem sich etwas ereignete, was ich, was wir mit ihr teilten. Wenn sich ihr Todestag jährt, wird es damit vorbei sein. Denn von diesem Tag an wird es schon jeweils zwei Jahrestage geben, die sich zwischen ihr Todesdatum und die Gegenwart geschoben haben werden. Nur dieses erste Jahr ist exklusiv.

Mir ist klargeworden: Das erste Jahr nach dem Tod eines geliebten Menschen – es ist viel mehr als nur eine Maßeinheit, mehr als nur eine Konvention, in der man den Trauernden noch Schonung gewährt, bevor sie die Gesellschaft, bevor sie die anderen wieder voll beanspruchen. Das letzte Jahr, das Gabi erlebte, scheint sich noch einmal zu wiederholen – nur eben ohne sie. Gabis letztes Jahr. Vor allem ich durchlebe es ein zweites Mal. Gerade jetzt, im Winter, sehr intensiv. Eine Jahreszeit, in der es vor einem Jahr noch so gut für uns aussah. Dieses Jahr bleibt sie kalt und starr und hat für ein Wunder keinen Platz.

Das Trauerjahr ist wichtig für uns beide, und dennoch versuche ich mir in letzter Zeit immer häufiger klarzumachen: Meine Trauer ist nicht Deine Trauer. Das muss ich langsam begreifen. Ich fürchte, ich habe Dich in den letzten Wochen und Monaten damit immer wieder überfordert. Gestern Abend hast Du mir gesagt, ich solle nicht immer sagen: »Jetzt ist es drei, vier, fünf Monate her, dass die Mama gestorben ist.« »Heute sind es genau sechs Monate seit ihrem Tod.« Oder so etwas Ähnliches. Ich nehme mir vor, Dich nicht mehr so häufig damit zu behelligen. Anfangs dachte ich, es ist wichtig für Dich, dass Du zuerst in die Trauer hineingehst, bevor Du Dich von Deiner Mutter lösen kannst. Das halte ich auch heute noch für richtig. Aber vielleicht habe ich manchmal übersehen, dass Du auf Deine eigene kindliche Art und Weise mit dem Tod Deiner Mutter umgehst. Oder dass ich vielleicht meine Trauer auf Dich übertragen habe, Dir dadurch mehr aufgehalst habe, als nötig gewesen wäre. Parviz, mit dem ich ab und zu joggen gehe, sagte zu mir gestern: »Geh mit ihm nicht so oft auf den Friedhof!« Und ich glaube, er hat recht. Auch Elena meinte vor kurzem, ich rede zu viel mit Dir über Deine Mutter und über ihren Tod. »Er wird vieles vergessen!«, sagte sie neulich erst wieder.

Ich denke viel über meine Art nach, wie ich Dich in eine gemeinsame Trauer mit einbeziehe. Ich versuche Dich zu lehren, in Worten auszudrücken, was Du fühlst. Du sollst einen Zugang zu Deiner Gefühlswelt bekommen und Dir diesen bewahren. Dann wird es auch leichter für Dich sein, loszuwerden, was Dich bedrückt. Ich glaube, das ist wichtig. Ob ich Dich dabei unbewusst wie einen Erwachsenen behandele, den ich vor allem mit meinen Nöten konfrontiere? Ich hoffe es nicht. Es wäre aber auch nicht weiter verwunderlich, wenn es so wäre. Denn es gibt ja tatsächlich keinen anderen Menschen, zu dem ich eine solche Nähe habe wie zu Dir. Ich nehme mir vor, achtsamer zu sein, Dich noch bewusster mit meinen großen Gefühlen zu verschonen.

Mittwoch, den 6. Januar 2010. Der erste Schultag im neuen Jahr. Auf dem Schulweg sprechen wir nochmals über Deine Nöte mit den »bösen Gedanken«. Es sei schon viel besser geworden, meinst Du. Ich freue mich. Die Schule gibt Dir Halt, so mein Eindruck. Wahrscheinlich waren es auch die Leere und die Zeit mit mir in diesen Winterferien, die Dich belastet haben, werfe ich mir vor. Du freust Dich auf die Schule und Deine Freunde. Ich kapiere: Ich muss dringend etwas tun, an mir arbeiten, damit ich lerne, wenigstens einen Teil meines Unglücks zu bewältigen, und nicht mehr befürchten muss, zu viel von meiner Trübsal auf Dich zu übertragen.

Mitte Januar 2010. Eine schlimme Zeit war das seit Weihnachten. Zum ersten Mal seit Gabis Tod habe ich gefühlt, an meine Grenzen gekommen zu sein. Zum ersten Mal hatte ich den Eindruck, dass mich alles übermannt, dass der Schmerz größer ist als meine Kraft, ihn auszuhalten. Wie ein Schiffbrüchiger am Ufer hockend kam ich mir bisweilen vor. Wahrscheinlich hast Du das gespürt. Egal, ob es vor allem meine Trübsal war oder auch Du diese Zeit um Weihnachten herum, in der die Leere, die Deine Mama hinterlassen hat, ganz besonders deutlich geworden ist, als schwierig empfunden hast – wir haben harte Tage hinter uns.

»Unglücklich« seist Du, hast Du mir neulich gesagt. Ich glaube, ich habe mit acht Jahren das Wort »unglücklich« zur Beschreibung meiner Seelenlage noch gar nicht gekannt. Ich habe Dir darauf entgegnet, Du habest etwas Schlimmes erlebt und es sei ganz normal, dass man sich deswegen »unglücklich« fühle. Ich habe Dir aber auch gesagt, dass sich dieses Gefühl wieder verziehen wird. Dann habe ich Dir noch erklärt, dass es vielen Menschen schlechtginge, dass das Leid aber oft unsichtbar sei, weil die Menschen es meistens zu verbergen versuchten vor anderen, aber auch vor sich selbst. Und viele es auch gar nicht sehen wollten.

Ich weiß nicht, ob es Dich getröstet hat, als ich von denen erzählt habe, denen es noch viel schlechter geht als Dir. Natürlich haben andere Kinder, die noch beide Eltern haben, es viel besser als Du, sage ich zu Dir. Aber immerhin hast Du mich – und Du bist gesund. Und auf etwas anderes komme ich immer wieder zurück: Viele Kinder, selbst die, die zwei gesunde Eltern haben, werden von diesen nicht wirklich geliebt, wachsen auf in einer Atmosphäre eines »wohlwollenden Desinteresses«, laufen irgendwie mit, ohne dass es ein besonders starkes emotionales Fundament gibt. Das war, das ist bei Dir anders. Die Liebe Deiner Eltern, sie ist Dir immer sicher. Ganz egal, ob Deine Mama tot ist und nur ich noch lebe. Du bist geliebt worden, Jakob – dieses Glück hast Du erfahren, es kann Dir keiner nehmen. Aber wenn Du lieblose, garstige Eltern gehabt hättest, wäre der Verlust eines Teils davon nicht leichter gewesen? Eine sehr hypothetische Frage und doch mit ein wenig Erkenntnisgewinn: Denn es ist eben anders. Dir bleibt die Liebe Deiner toten Mutter. Den Kindern der Lieblosen bleibt nichts, wenn ihre Eltern sterben. Das ist noch viel schlimmer.

Montag, den 18. Januar 2010. Ich bin seit sechs Uhr wach. Im Radio höre ich den »Zuspruch in den Tag« auf HR 2 Kultur. Eine Pastorin aus Marburg erzählt von Zeiten, in denen uns der Wind des Lebens, vielleicht auch der Sturm, von vorne ins Gesicht bläst. Ihre Idee: Windmühlen bauen, um die negative Energie in positive umzuwandeln. Diese Überlegung ist mir noch gar nicht in den Sinn gekommen. Ich würde die Pastorin gerne fragen, wie man negative Energie in positive umwandelt. Ist das überhaupt möglich? Und geht es bei einer gelungenen Lebensführung nicht eher darum, die negativen Energien schlicht zu verkraften, durchzuhalten, sich gegen den Wind zu stemmen – und zu hoffen, dass er sich irgendwann legt? Später komme ich auf einen interessanten Gedanken: Mit Trauer verarbeiten wir eine Liebe, die wir verloren haben. Mit Liebe kann man aber auch Trauer überwinden. Trauer entsteht aus Liebe. Liebe entsteht aus Trauer. Vielleicht ist das der Schlüssel zu allem Weiteren, was kommt. Ich würde trotzdem die Pastorin gerne fragen, wie das in meinem Fall praktisch gehen kann. Es könnte wenigstens ein bisschen aufwärtsgehen, ahne ich heute. Bei Dir und vor allem bei mir. Beim Einkaufen bei REWE gestern habe ich unseren neuen Leitspruch vernommen. Durch den Supermarktlautsprecher plärrten die Sonderangebote, am Ende die Erkennungsmelodie mit dem Jingle: »REWE – jeden Tag ein bisschen besser.«

Mittwoch, den 27. Januar 2010. Nach der Schule ins Kino. Wir laden Sophia ein. *Vorstadtkrokodile II*. Die Jugendband, die den Soundtrack zum Film macht, singt: »Das Ende wird ein Anfang sein.« Klar, dass Dein Papa da wieder ins Grübeln kommt hinsichtlich der praktischen Lebensanwendung dieses Sinnspruches. Du hingegen bist weniger hellhörig, wenn es um solch subtile Botschaften geht. Dich fesselt die Handlung. Du bist wieder viel vergnügter in letzter Zeit. Ich sehe das mit Freude. Ich glaube, wir haben die große, lange Winterkrise überstanden. Oder täusche ich mich?

Zu Hause. Abendessen. Wir reden über Religion. Ich habe aber nicht damit angefangen! Du hast mir in letzter Zeit wiederholt gesagt, dass Du Dir bei der ganzen Geschichte mit dem lieben Gott nicht mehr so sicher wärst. Du zweifelst. Das tue ich auch – und ich würde es genauso tun, wenn ich Du wäre. Wir diskutieren. »Glaube ist, an den Satz ›Alles wird am Ende gut!‹ zu glauben.» Überzeugt Dich nicht. »Glaube ist …« Mir fällt der richtige Satzausgang nicht ein. »Glaube ist, dass das Leben einen Sinn hat. Auch und sogar, dass der Schmerz, den du fühlst, seit deine Mama gestorben ist, der Schmerz, den du fühlst, weil sie dir fehlt, dass selbst dieser Schmerz einen Sinn hat!«, predige ich, ohne zu wissen, von welchem Sinn ich wirklich rede.

»Religion ist ein Gefühl«, sage ich wieder, »die Wahrheit über Gott werden wir sowieso nie herauskriegen – dazu reicht weder unsere Lebenszeit noch unser geistiges Vermögen aus.« Darauf können wir uns einigen. »Man muss es fühlen!«, sagst Du. »Ja!«, sage ich, erstaunt über diesen Einwurf, »nur wer eine religiöse Erfahrung macht, kann überhaupt glauben – mit dem Kopf und der Vernunft kommt man nicht zum Glauben!« »Liebe zu fühlen, Liebe zu geben, das ist Gott«, sage ich Dir – und weiß gar nicht so recht, wie ich zu solchen Sätzen komme.

Ich gehe zum Fenster, deute auf die warme Wintersonne, die sich gerade zwischen zwei Wolken geschoben hat und zu uns hereinscheint. »Mmh«, sagst Du. »Alles wird am Ende gut – darauf zu vertrauen, das ist, was der Glaube macht!«, gebe ich von mir. Du zögerst. »Alles wird gut. Okay. Aber das darf durchaus auch jetzt schon gelten!«, wendest Du etwas ungeduldig ein. »Nicht erst, wenn ich, wenn wir alle gestorben sind!« »Abbä sischä!«, erwidere ich auf Meenzerisch, »… und zwar sofott!« Wir müssen beide lachen. »Jetzt hören wir aber auf mit diesem göttlichen Ratzefatze«, sagst Du. »Okay«, sage ich. »Was machen wir dann?« – »Gangfußball!« – »Einverstanden.« – »Du bist Real Madrid, ich bin Mainz 05«, sagst Du. Das Spiel endet 30:29 für Dich. Du jubelst, rennst mit geballter Faust durch die Wohnung. Ich kapiere: Du brauchst gar nicht so viel »Sinn« in Deinem Leben. Was Du willst und was Du Dir bewahrt hast, das ist einfach Lebensfreude.

Freitag, den 5. Februar 2010. Heute ist das Halbjahresgespräch mit Deiner Klassenlehrerin. Denn: Zweitklässler bekommen an Deiner Schule noch kein Halbjahreszeugnis. Du bist ein sehr guter Schüler, bekomme ich zu hören, überall, in jedem Punkt der Beurteilung, ob in Mathe oder in Lesen und Schreiben, Sport, Religion oder Kunst hast Du »Smileys«. Ich bin beeindruckt – und wir gehen mit stolz geschwellter Brust nach Hause. Zwei Packungen »Match-Attax«-Bilder sind heute selbstverständlich. Zur Belohnung gehen wir Sushi essen.

Montag, den 22. Februar 2010. Vorhin habe ich Dich in die Schule gebracht. Wenigstens ist es jetzt schon hell, wenn wir morgens aufbrechen. »Ein stressiger Tag wird das heute!«, hast Du vorhin verlauten lassen. Letzten Donnerstag wurden Dir in der Nachmittagsbetreuung etwa zwanzig »Match-Attax«-Fussballbilder aus dem Schulranzen geklaut. Der Täter wurde dabei beobachtet, heute geht es darum, ihn zur Rede zu stellen. Und auch wenn Dir die Leiterin Deiner Gruppe in der Nachmittagsbetreuung dabei helfen wird, einfach wird das nicht. Das Wochenende war ruhig. Ein bisschen langweilig auch. Freitagabend waren wir im »Al Cortile« essen, und Du hast Dir auch wieder die Klobrille angeguckt, die sich von selber dreht. Am Samstag habe ich einen Gugelhupf gebacken, der mir aber nicht so recht gelungen ist. Nachmittags habe ich Dich zu Anton V. gebracht – ich war am Rhein joggen.

Der Frühling kommt. Nie zuvor in meinem Leben habe ich mich so über den Frühling gefreut, der jetzt mit jedem Tag näher rückt. Ja, ich erzähle jedem, dass schon die Schneeglöckchen ihre Halme durch den kalten Boden schieben. Früher in meinem alten Leben war das auch nett, aber es war mir eigentlich nicht ganz so wichtig wie heute. Gestern waren wir wieder auf dem Friedhof, zuvor haben wir bei Pettersson vorbeigeschaut. Der hat auch sonntags offen. Zwei rote Rosen haben wir gekauft und aufs Grab gelegt. »Wie schön wäre es doch«, hast Du geseufzt, »wenn wir noch einmal nur einen einzigen Tag mit der Mama verbringen dürften!« Mir fällt nichts ein, was ich Dir darauf entgegnen könnte. Ich weiß nicht, ob es wirklich eine gute Idee wäre, ich wäre wahrscheinlich wieder ganz unten, am Ende des Tages. Und würde doch alles dafür geben. Als wir den Friedhof verlassen, klatschen wir in die Hände. Unser Ritual, um eine Zeitlang bewusst zu trauern, dann aber wieder in die Normalität zurückzufinden. Das hat in den letzten Wochen nicht mehr so gut geklappt. Ich nehme mir vor, mich wieder mehr daran zu halten.

Nachmittags besuchen wir eine »Match-Attax«-Fußballbilder-Tauschbörse vor dem Mainzer Hauptbahnhof. Wir tauschen gut, sodass Dir nur noch etwa dreißig Einzelbilder fehlen, bis Dein Album komplett ist. Zu Hause Gangfußball. Ich bin Werder Bremen, und Du bist der 1. FSV Mainz 05. Und Du gewinnst wieder 30:29. Wobei ich zugeben muss, dass man so langsam nicht mehr davon reden kann, dass ich Dich wie früher immer einfach gewinnen ließe. Wir spielen etwa gleich gut inzwischen, die »Fußballwachablösung« – wenigstens in unserer speziellen Indoordisziplin mit Knautschminiball – von einem fünfundvierzigjährigen Vater zu seinem achtjährigen Sohn, sie rückt unaufhaltsam näher.

Die letzten Tage über habe ich viel gelesen, Kraut und Rüben. Wieder den guten Kierkegaard, über das »Gesetzt sein« von uns Menschen in die Welt durch Gott – und das »Heraus genommen werden«, das sich laut Kierkegaard genauso unserem Einblick entzieht wie das nicht minder uneinsichtige »Hinein gesetzt werden«. Rein und raus. Ziemlich rätselhaft das alles mit unserer Existenz. Dann wieder Hugo von Hofmannsthal – seine atemberaubenden Gedichte und sein kurzes Drama *Der Tor und der Tod*, ein psychologisches Buch über Narzissmus von Hans-Peter Röhr, Heinrich von Kleists *Prinz Friedrich von Homburg*, dann den *Michael Kohlhaas*, ich nehme Cormack McCarthy aus dem Regal, *No Country for Old Men* – Joel und Ethan Coens Film war der letzte, den Deine Mutter und ich zusammen im Kino gesehen haben. Dann Sadeq Hedayat, *Die blinde Eule*, ich blättere in *Maria Stuart* von Stefan Zweig, im *Guide Michelin 2010*, studiere eine *Geschichte der Medizin* von Karl-Heinz Leven und die Aphorismen von La Rochefoucauld und Marie von Ebner-Eschenbach. Alle Bücher haben etwas mit Deiner Mutter und ihrem Tod zu tun. Was, das musst Du selber herausfinden, lieber Jakob! Bei *Michael Kohlhaas* bin ich mir nicht ganz sicher. Dieser

Stoff hat eher Bezüge zu meinem Leben. Vielleicht bin ich ja selbst eine Art Kohlhaas, weil mir das Sterben Deiner Mutter tatsächlich als ein himmelschreiendes Unrecht vorkommt, gegen das mich zur Wehr zu setzen, ich mir sehr gut vorstellen könnte. Notfalls auch, indem ich am Ende zu den unerlaubten Mitteln des Michael Kohlhaas greifen würde.

Samstag, den 27. Februar 2010. Ich habe von Gabi geträumt. Ich träume noch einmal, wie sie gestorben ist, aber im Traum war alles ganz anders. Der Traum spielte in den letzten Tagen vor ihrem Tod. Im Traum wusste ich, dass sie am 26. Juni 2009 stirbt, sie wusste es nicht. Sie hat sich in diesem Traum zum Ende hin auch verwandelt – so wie sie sich tatsächlich in der Zeit ihres Sterbens verändert hat –, nur in andere, groteske Formen. Um sechs Uhr morgens bin ich aufgewacht und habe darüber nachgedacht, was dieser Traum für mich bedeutet. Träume, der Sinn dieses Todes, mein eigenes Leben, viele Gedanken flitzen durch meinen Kopf. Und nur allmählich tropfen spärliche, viel zu wenige fertige Gedanken durch die enge Kleist'sche Ideenflasche, helfen mir, lebenspraktisch vorwärtszuschreiten. Ich wünsche mir sehr, mehr dieser Gedanken zu erjagen. Vielleicht auch nur, damit in mir mehr Ruhe einkehrt, mehr Frieden. Frieden in mir und Frieden mit dem Tod meiner geliebten Frau.

»You're so far away!«, singt Carol King im Hintergrund. Zuerst hatte ich heute Morgen Beethovens Frühlingssonate eingelegt – passend zum erwachenden Frühling draußen. Einer der kältesten Winter der vergangenen hundert Jahre in Deutschland sei das gewesen, habe ich vorhin im Radio gehört. Er ist vorbei.

Ich bin ein kleines bisschen optimistischer geworden, manchmal wenigstens. Optimistischer, dass es irgendwie doch noch weitergeht, dass das Leben nicht nur eine Last ist – und bin jetzt bei Carol King gelandet. »You're so far away.« Ich erinnere mich an ein anderes Lied, das ich mit Gabi oft gehört habe. »Memories bring Diamonds and Rust« von Joan Baez. Ein Song über ihre unglückliche Liebe zu Bob Dylan. Sie singt darin, wie sie mit ihm telefoniert.

Er in einer Telefonzelle irgendwo im mittleren Westen der USA. Sie vernimmt seine Stimme, die sie »a thousand light years ago« zuletzt gehört hat.

Wie weit bist Du weg, Gabi? Ein-, zweitausend Lichtjahre? Carol King singt: »Doesn't anybody stay in one place anymore? It would be so fine to see your face at my door.« Du bist so weit weg, dass ich nicht zu Dir kommen kann. Und wenn ich ein Leben lang laufen würde? Bist Du eigentlich nur weit weg oder verschwunden, Gabriele? Ich entscheide mich für »weit weg«. Das gibt mir die Gewissheit, dass Du wenigstens überhaupt noch irgendwo bist. Am Ende des Universums. Nichts kann mich aufhalten, dorthin aufzubrechen.

Eigentlich hatte ich mir vorgenommen, nicht mehr nach ihr zu suchen. Aber im Grunde warte ich noch immer auf sie. Trauern ist Warten auf die Rückkehr eines Menschen, von dem man weiß, dass er nie wiederkommt. Trauern ist irrational. Mir fällt plötzlich der Mann im grauen Mantel ein. Ich erinnere mich plötzlich an eines der eindrücklichsten Erlebnisse meines Lebens.

Ich war einmal Berufspendler, lieber Jakob. Zwischen Karlsruhe und Stuttgart, wo ich als Fernsehreporter arbeitete. Jeden Morgen fuhr ich mit der Bahn nach Stuttgart zum Hauptbahnhof. Dort erlebte ich etwas Sonderbares, was ich bis heute nicht vergessen kann – und was mir jetzt wieder einfällt. Ganz vorne am Bahnsteig des Stuttgarter Hauptbahnhofs, der ein Sackbahnhof ist, am Ende des Gleises, am Rammbock und direkt neben der Diesellokomotive stand tatsächlich jeden Morgen, jahraus, jahrein, ein älterer Herr in unscheinbarer Hose und grauem Mantel, meistens mit einem Regenschirm in der Hand, egal, ob es regnete oder nur hätte regnen können oder laut Wetterbericht hätte regnen sollen. Er wirkte so unscheinbar, dass er inmitten des Personals, das schon für die Weiterfahrt des Zuges bereitstand, der Gleisarbeiter, die die Lokomotive in Empfang nahmen, und der um diese Zeit wenigen anderen Wartenden nicht weiter aufgefallen wäre. Aber vielleicht war es gerade die mir sinnfällig gewordene Regelmäßigkeit seines Auftritts, die in meiner Wahrnehmung eine andere, für Bahnsteige typische Konstanz unterbrach: dass nämlich diejenigen, die warten, im Unterschied zu denen, die ankommen, fast nie die gleichen sind. Der ältere Herr jedoch stand immer da und wartete – bei jedem Wetter, tagaus, tagein, winters wie sommers.

Nachdem ich irgendwann einmal auf ihn aufmerksam geworden war, verharrte ich von nun an jeden Morgen bei meiner Ankunft auf der obersten Trittstufe des Waggons, bevor ich auf den Bahnsteig hinabstieg, um ihn von dieser erhöhten Position aus, wenn auch nur für ein paar Augenblicke, zu beobachten. Normalerweise übersah man ihn, denn er tat, wenn der Zug einrollte, nur das, was viele auf Bahnhöfen tun: Offenbar in Erwartung von jemandem blickte er mit suchenden Augen in die Menschenmenge, die aus dem Zug quoll, fixierte durch seine Brille das Geschehen ganz genau, wohl um den oder die Ankommende ja nicht zu verpassen. Kalte Morgenwinde schienen ihn dabei so wenig zu stören wie das ohrenbetäubende Zischen, das immer dann entstand, wenn die Gleisarbeiter die Ventile an den Schläuchen zwischen der Lok und dem ersten Waggon öffneten, um Druckluft abzulassen. Er war der Einzige, der nie zurückwich.

Ich sah oft, wie der Mann sich auf die Zehenspitzen stellte, um den Überblick nicht zu verlieren, wenn sich immer mehr Menschen aus den Waggons auf den Bahnsteig ergossen und für kurze Zeit alles überfüllt war. Seine Mimik war freudvoll, voller Erwartung und innerer Bewegtheit, wenn ihn die ersten Pendler erreicht hatten und zügig an ihm vorüberschritten. Wenn sie besonders zahlreich strömten, es auf dem Bahnsteig plötzlich bevölkert und unübersichtlich geworden war, streckte er seine rechte Hand mit dem Schirm aus, winkte verhalten und gab Zeichen, offenbar um seinem Besucher den eigenen Standort zu signalisieren. Das ging ein paar Minuten so. Doch offenbar ließ sein Besuch auf sich warten. Denn je länger der Mann wartete und je mehr Reisende an ihm vorübergingen, desto hektischer wurde seine Miene, sie wurde finster und finsterer, sorgenvoll und immer sorgenvoller, eine tiefe Traurigkeit verdrängte zunehmend die erwartungsvolle Freude der Ankunft und überzog seine Gesichtszüge schließlich mit völliger Resignation. Und nachdem sich der Bahnsteig vollkommen geleert hatte, stand er noch immer da und blickte starr in die Richtung, aus der der Zug gekommen war. Auch wenn der Zug nach einer guten Viertelstunde Aufenthalt wieder abfuhr, befand er sich noch an derselben Stelle. Erst irgendwann, als die letzten Lautsprecherdurchsagen längst verhallt waren, machte er kehrt und ging in leicht gebückter Haltung zum Ausgang. Der Mann, so viel konnte ich damals bezeugen, hatte seit mindestens zwei Jahren, aber wahrscheinlich noch sehr viel länger, auf die Ankunft eines Gastes gewartet, von dessen Existenz, wenn überhaupt jemand, dann nur er etwas wusste, ein Gast, der nie gekommen war. Und doch schien es, als glaubte der Mann so fest wie an all den anderen Tagen zuvor jeden Tag aufs Neue an die Möglichkeit, dass heute, ja vielleicht gerade ausgerechnet heute, sich der Besuch einstellte, den er so sehnsüchtig erwartete. Er schien sich trotz aller Enttäuschung, die täglich immer neu und mit immer gleicher Wucht die Züge seines Gesichtes in tiefe Trauer stürzte, über eines vollkommen sicher zu sein: dass sein Besuch irgendwann kommen würde. Vorhin fiel mir ein, dass ich wie der Mann im grauen Mantel bin.

Ich sollte aufhören zu warten, das sagt mir mein Verstand. Aber mein Herz regt sich nur zu oft in andere Richtungen. Wie kann man es überlisten?

Dienstag, den 2. März 2010. Sieben Uhr wecken, frühstücken. Du bist fröhlich, unbeschwert, unternehmungslustig. Auf dem Weg zur Schule reden wir über die zurückliegende »Meenzer Fassenacht«. Du singst mir ein paar der Hits vor, die ihr bei eurer Schulfastnacht gehört habt. Das Lied mit dem »roten Pferd« ist dabei. Du erzählst mir, dass Dir Stimmungsmusik gut gefallen würde. Ich erkläre Dir, dass Du eine Stimmungskanone wärst. Dann singen wir zusammen ein paar Strophen vom »roten Pferd«. Aber nicht allzu laut, denn eigentlich ist die Fastnachtszeit ja schon vorbei. Ich liefere einen bestgelaunten Jungen in der Schule ab.

Direkt danach fahre ich einer spontanen Eingebung folgend mit der Straßenbahn zum Hauptfriedhof. Ich will zu Gabi. Überall auf dem Friedhof hat »Xynthia«, der Orkan, der am Wochenende übers Land fegte, seine Spuren hinterlassen. Auch auf Gabis Grab ist ziemlich viel durcheinandergewirbelt worden. Äste, kleine Zweige liegen herum. Ich hänge wieder den »Was-war-heute-vor-einem-Jahr?«-Gedanken nach. Und fange an aufzuräumen. Fast eine Stunde arbeite ich. Hacke, reche, mache das Grab wieder schön. Die Sonne geht zaghaft auf. Die ersten Krokusse sprießen. Ich verlasse den Hauptfriedhof. Wie immer, wenn ich am Grab war, geht es mir danach etwas besser. Warum? Ich glaube, ich komme dann besser zurecht mit diesem sonderbaren Gefühlsgemisch aus Sehnsucht und dem Wunsch, den Abschied anerkennen zu können. Vielleicht weil eine Grabstätte ein Ort ist, der eine enge Verbindung zu einem Verstorbenen schafft und dennoch gleichzeitig ganz unmissverständlich die Unabänderlichkeit der Trennung zwischen Toten und Lebenden deutlich macht. Am Grab kann ich bei meiner Geliebten sein – und doch ist es gleichzeitig der Ort, an dem ich am ehesten akzeptieren kann, dass sie nie wiederkommt.

Donnerstag, den 4. März 2010. Die Zeit verrinnt noch immer auf eigenartige Weise. Der 26. Juni 2009 – das ist die größte Zäsur meines Lebens. An diesem Tag, als Gabi gestorben ist, bin ich ein anderer geworden. Einer, der ich nicht sein will und doch sein muss.

Lieber Jakob, dieselbe Zeit, die mich nicht loslässt, scheint für Dich ein viel kleineres Problem zu sein. Über acht Monate liegt die Beerdigung nun hinter uns. Ich sehe mit Freude, dass Du sehr gut zurechtkommst mit Deinem jungen Leben. Vielleicht täusche ich mich aber auch, schließlich kann ich gar nicht einschätzen, was dieser Tod auf lange Sicht aus Dir gemacht hat, ob es Belastungen gibt, die Dich später einmal einholen oder irgendwann wiederkehren werden – zu einem Zeitpunkt, an dem ich, an dem Du schon nicht mehr damit rechnest, weil wir längst denken, darüber hinweg zu sein. Ich weiß es nicht. Aber ich habe das Gefühl in diesem zarten

Vorfrühling: Du bist frei. Das ist gut so. Seit ein paar Tagen singst Du immer wieder einen Rap, den Du in Deiner Nachmittagsbetreuung gehört hast: »Hey, das geht ab! Wir feiern die ganze Nacht!« Und ich singe mit. Ich wünsche Dir ein Leben, das oft eine Feier ist.

Aber je befreiter Du mir erscheinst, umso mehr beschleicht mich ein Verdacht. Immer häufiger denke ich, dieser lange Brief, den ich hier zu Papier bringe, hat sich beim Schreiben verändert. Mir fällt auf, dass ich ihn manchmal, gerade jetzt in der Trauerzeit, viel weniger für Dich schreibe als für mich selbst. Denn ich bin noch lange nicht frei. Manchmal weiß ich auch gar nicht mehr, ob das noch Trauer ist, was ich fühle, oder schon Selbstmitleid. Anders als Du bin ich in meinen Gedanken oft in der Vergangenheit, bleibe da und dort hängen, wenn ich irgendwo stehend oder sitzend abdrifte und mich manchmal wieder fast gewaltsam in die Gegenwart holen muss. »English man, you are drifting!«, sagte Sherif Ali zu Lawrence von Arabien in dem großen Film von David Lean, als die beiden einen mörderischen Zwei-Wochen-Kamelritt durch die glutheiße Nefudwüste nach Akaba unternehmen. Mein Kamelritt dauert seit acht Monaten an, und er wird noch länger gehen. Akaba, das Wasser, das Grün und die Palmen habe ich noch nicht erreicht. Geschweige denn ein anderes gelobtes Land. Aber ich sehe Dich voller Freude und denke, Du bist viel besser darin, Oasen zu entdecken, als ich.

Lieber Jakob, diese Aufzeichnungen waren von vorneherein getragen von der Sorge um Dich. Heute erkenne ich, dass sie vielleicht etwas ganz anderes in Dir auslösen: Es könnte am Ende gut sein, dass Du Dir nachträglich Sorgen um mich machst! Das solltest Du nicht tun. Ein erwachsener Mann, wie ich es bin, trauert eben anders um seine verlorene Liebe als Du, als ein Kind, vielleicht länger, intensiver, auf jeden Fall auf eine andere Art und Weise. Aber ein Erwachsener hat auch andere Mittel als Du mit Deinen acht Jahren, mit diesem Verlust umzugehen.

Ich habe meine Frau verloren. Der Tag wird kommen, an dem Du verstehen wirst, was das bedeutet. Auch wenn ich Dir hin und wieder traurig erscheinen mag, lass Dir eins gesagt sein: Ich bin viel stärker, als es diese Zeilen manchmal vermuten lassen. Das könnte Dich wundern nach dem Lesen dieser Seiten. Und doch liegt darin kein Widerspruch. Im Erleiden tiefer Trauer entsteht mit der Zeit auch neue Stärke. »Aus tiefen Wunden wachsen große Flügel.« Ich weiß nicht mehr, wo ich diesen Satz gelesen habe. Ich bin dabei, diese Erfahrung zu machen, auch wenn meine Flügel noch nicht sehr groß sind. Ich bin verwundet und doch stärker geworden. Vielleicht, weil mir die Niederschrift all dessen, was passiert ist, dabei hilft, mich wieder aufzurichten. Mach Dir um mich keine Sorgen!

Samstag, den 6. März 2010. Ich habe immer mehr den Eindruck, Du bist unbeschadet durch diese Hölle gegangen. Und doch beschäftigt mich ausgerechnet in letzter Zeit manchmal die Frage, habe ich, haben wir alles richtig gemacht mit Dir in dieser schrecklichen Zeit? Dich, lieber Jakob, haben wir vor dem Krebs geschützt, solange es ging. Wir haben fast immer nur dann darüber gesprochen, wenn Du im Kindergarten, wenn Du in der Schule – oder außerhalb der Hörweite warst. Wir haben Dir die gesundheitlichen Verschlechterungen Deiner Mama nur sehr dosiert und abgeschwächt weitergegeben. Aber selbst, als wir am Ende von Gabis Lebenszeit nicht mehr anders konnten, als Dir zu offenbaren, dass Sie sterben könnte, warst Du fast bis zuletzt, glaube ich, nie sonderlich schockiert oder verzweifelt. Das lag daran, dass Du in Deinem Alter noch gar nicht erfassen konntest, wie schlimm es um Deine Mutter stand, und genauso wenig, was es überhaupt heißt zu sterben, für immer Abschied nehmen zu müssen. Die Tragweite des Todes, nicht einmal ein Erwachsener kann sie wirklich ermessen – wie soll ein Kind ahnen, fühlen, wissen, was er bedeutet? Ich glaube, erst ganz am Schluss, ein, zwei Tage vor ihrem Ende, hast auch Du ihren näher kommenden Tod wirklich gespürt.

Ich denke, wir haben Dich so gut durch diese Tragödie geführt, wie es möglich war. Was ich mir heute jedoch manchmal vorhalte, das betrifft meinen Umgang mit Dir, lieber Jakob, in diesen letzten Tagen vor dem Tod Deiner Mutter: Du wusstest, dass sie krank, am

Ende schwerkrank war. Ich habe Dir aber nie gesagt, auch am Ende nicht, dass sie nun bald sterben wird. Man könnte sagen, ich habe Dir gerade zuletzt die volle Wahrheit vorenthalten.

Und zwar nicht allein deswegen, weil ich selbst – und auch Deine Mutter! – lange, fast bis zuletzt, nie wahrhaben wollte, dass sie tatsächlich stirbt, und wir deshalb nie die Hoffnung ganz aufgegeben haben. Sondern auch, weil wir dachten, es wäre für Dich unerträglich gewesen, mit dem Gefühl leben zu müssen, »sie wird sterben«. Deshalb war es sicherlich besser, vor Dir die schreckliche Wahrheit erst kurz vor ihrem Ende auszusprechen.

Was ich mir dennoch manchmal vorwerfe, ist, dass ich es nicht selbst übernommen habe. Es war damals für mich – als Neuling im Umgang mit solchen Dingen – Unsicherheit, die mich bewog, das Hilfsangebot der Sozialpädagogin anzunehmen. Hinzu kam nicht so sehr Angst, sondern ein großer Respekt vor dem, was da an noch unbekannt Grauenvollem vor mir lag. Außerdem konnte ich mich nicht zerreißen, konnte nicht gleichzeitig bei Dir und bei Gabi sein. Gerade weil sich in den letzten beiden Lebenstagen Deiner Mutter die Ereignisse überschlugen und alles – auch zum Erstaunen der Ärzte – viel schneller ging als gedacht. Dennoch: Im Nachhinein denke ich, ich selbst hätte Dir in diesen letzten Tagen sagen sollen, dass Deine Mutter nun sterben wird. Vielleicht kann man aber auch gar nicht alles richtig machen in solchen Lebenssituationen. Vielleicht sollte ich versöhnlicher mit mir selbst sein. Vielleicht sollte ich mir zugute halten, dass ich für die ungeheure Dimension des Grauens, das wir durchleben mussten, alles in allem gut reagiert habe.

Lieber Jakob, Du hast in Deinen jungen Jahren etwas unsagbar Schreckliches erleben müssen. Und doch bin ich mir heute ganz sicher, Du wirst den Tod Deiner Mutter in Dein Leben integrieren, ohne dass es dauerhaft davon überschattet sein wird. Du wirst trotz dieser Katastrophe ein erfülltes, reiches Leben führen können, das nicht mehr und nicht weniger Leid kennen muss, als es ein normales Menschenleben mit sich bringt. Davon bin ich überzeugt.

Es gibt ein Bild, das diejenigen gerne wählen, die ein Schicksalsschlag getroffen hat. Das Bild eines Baumes, in den der Blitz eingeschlagen hat. Er hat Äste verloren, Teile von ihm sind verbrannt, abgestorben. Dieser Baum wird überleben, irgendwann werden neue Triebe ausschlagen, aber niemals mehr wird er einen so schönen Wuchs haben wie zuvor. Ich finde mich in diesem Bild wieder. Und Du? Bei Dir ist es anders. Auch in Dein Bäumchen hat der Blitz eingeschlagen. Aber Dein Bäumchen wird sich davon erholen. Es wird wachsen und ein starker Baum werden, es wird einmal eine prachtvolle Krone haben, der man die Folgen des Einschlages nicht mehr ansieht.

Lieber Jakob, Du hast es früh erfahren müssen: Es gibt Augenblicke im Leben, in denen Dir keiner hilft. In diesen Zeiten musst Du Dir selber helfen. In diesen Zeiten gibt es auch keinen Trost. Es gibt dann nur dieses Leben, und es geht in solchen Momenten nur darum, den Schmerz auszuhalten. Aber Du und auch ich, wir haben erlebt, dass es irgendwann weitergeht. Unsere Seele hat große Selbstheilungskräfte. Wie körperliche Wunden können auch die Wunden unserer Seele heilen, selbst wenn man dies in der Zeit, in der der Schmerz am größten ist, für ganz und gar unmöglich hält.

Der Tod Deiner Mutter, der Tod meiner Frau – er hat mich, er hat auch Dich verändert. In dieser Veränderung entdecke ich erst in diesen Tagen auch eine Art nachträglichen Sinn des Schicksalsschlages – nicht für Gabi, aber wenigstens für uns, die wir zurückgeblieben sind. Tatsächlich bin ich allmählich in der Lage zu erkennen, dass uns selbst dieses ganz und gar schreckliche Ereignis etwas gebracht hat, das man ein irgendwie Gutes nennen könnte. Für mich und, ich wage zu sagen, auch für Dich. Krisen lassen uns wachsen und reifen – und die tiefsten am stärksten. Vielleicht erst durch das Leiden werden wir Menschen. Durch den Schmerz und die Trauer, durch die wir hindurchgegangen sind, ist die Menschlichkeit in uns vermehrt worden.

Lieber Jakob, ich glaube, wir beide haben viel gelernt in dieser Zeit. Man muss die Trauer durchleben, ihren Schmerz zulassen. Das ist wichtig. Versäumt man es zu trauern, wird es sich rächen. Aber man muss diese Trauer auch irgendwann abschließen und überwinden, um weiterzuleben. Das hast Du, das haben wir getan. Zu trauern – das ist das eine. Die Veränderung unseres Lebens anzunehmen und dieses neue Leben anzupacken, es zu gestalten, das andere. Wir leben, um uns zu verändern, um zu wachsen. Und es ist die Aufgabe von uns Menschen, weiterzugehen, nicht stehenzubleiben, nicht nur was unsere geistige Entwicklung angeht, sondern auch die unserer Seele. Das Leben geht nach vorn. »If you stand me up at the gates of hell – but I won't get down«, singt Tom Petty.

»Ein froher Mut zwingt jegliches Geschick.« Dieses Zitat von Miguel de Cervantes, das er Don Quijote in den Mund gelegt hat, stand auf einem Plakat, das früher in der Wohnung Deiner Mutter in Baden-Baden an der Wand hing. Es müsste irgendwo zusammengerollt in meinem Arbeitszimmer liegen. Wir sind auf der Welt, nicht um stumpf, unbewegt, unbeteiligt zu sein, sondern damit unsere Seele Erfahrungen macht. Dazu gehören schlimme, dazu gehören beglückende. Um aber Erfahrungen machen zu können, braucht man Mut. »Sei mutig!«, das habe ich Dir schon als kleines Kind gesagt, lieber Jakob, in der Kinderkrippe, im Kindergarten. Und ich sage es jetzt wieder. »Sei mutig!« Ich weiß, wovon ich spreche. Ich, der alte Angsthase.

Immer wieder stelle ich mir vor, wie es für Dich sein wird, wenn Du diesen Brief einmal lesen wirst, lieber Jakob. Wie es mit zehn, fünfzehn, fünfundzwanzig, fünfundvierzig Jahren für Dich sein wird, in diesem langen Brief zu blättern, wie mit fünfzig und mit fünfundsiebzig. Ich wünsche mir, dass Du nicht allzu melancholisch wirst beim Lesen dieser Zeilen. Ich habe über das Leben und Sterben Deiner Mutter geschrieben. Vielleicht hätte ich Dir viel mehr noch über ihre Lebendigkeit schreiben sollen, damit Du nicht denkst, früher war alles nur traurig. Nein, Du sollst wissen, dass Deine Mutter ein ausgelassener, vergnügter, witziger Mensch war. Viel fröhlicher und lebendiger als viele Menschen, denen es vergönnt ist, vielleicht sogar doppelt so alt wie sie zu werden. Du sollst wissen, dass ich zehneinhalb Jahre mit Deiner Mutter zusammen sein durfte und an ihrer Seite ein glückliches, wundervolles Leben verbracht habe. Und auch Du hast mit ihr eine Zeit geteilt, die voller Freude war. Es gab diese fröhlichen Tage und Jahre. Das ist wichtig. Wichtiger auch als die viel zu kurze Zeit zu beklagen, die uns nur vergönnt war. Zehneinhalb Jahre mit Gabi: Ich habe in dieser Zeit das Leben als Geschenk empfunden. Das Leben mit einer Frau, die man von ganzem Herzen liebt, als ein Geschenk zu empfinden, das ist es, lieber Jakob, was Du selbst einmal erfahren wirst. Auch da bin ich mir sicher.

Ich hoffe sehr, dass Du Dich einmal freuen kannst über diesen Brief. Darüber, dass ich festgehalten habe, was ich für Dich festhalten wollte, so gut ich es konnte. Denn ich will damit in keinem Fall die Trauer in Dir ewig wachhalten. Du wirst sie eines Tages vollständig hinter Dir gelassen haben. Dieses Gefühl, das sich in Dir heute noch manchmal regt, wird dann ein Teil Deiner Vergangenheit sein. Und doch wird Dir durch diesen Brief mehr bleiben als nur eine vage Erinnerung an eine Zeit des schmerzvollen Abschieds und daran, wie es weiterging. Denn ich habe auf diesen Seiten auch versucht, Dir das Gefühl der Liebe, das zwischen uns dreien einmal war, wie in einem Gefäß für immer aufzubewahren.

Sonntag, den 7. März 2010. Es hat wieder kräftig geschneit in der vergangenen Nacht. Auf Gabis Grab liegt Schnee. Nach dem Beten sagst Du zu mir: »Papa, ich weiß jetzt, was die drei wichtigsten Geschenke des Lebens sind: Erstens die Liebe, zweitens die Eltern, drittens das Leben selbst.« Boing! Wieder so ein Satz, der mich staunen lässt. Da muss ich erst mal zwei Minuten nachdenken. Ich sage Dir: »Du hast recht. Die Liebe hast du, das Leben auch, von den Eltern nur noch die Hälfte.« Wer alles drei hat, kann glücklich sein. Du hast zweieinhalb von drei möglichen Punkten. Kannst aber trotzdem glücklich sein. Denn erstens ist das viel mehr, als viele haben, und zweitens ist die Liebe das Wichtigste. Solange du die Liebe hast, hast du das Glück.«

Freitag, den 19. März 2010. Gestern war der erste echte Frühlingstag. 16 Grad Celsius, Sonnenschein. Die Kastanie im Hinterhof löst sich aus ihrer Winterstarre, ich erkenne zarte grüne Triebe, die sich aus den Knospen zu schieben beginnen. Jetzt ist der Winter wirklich vorbei. Noch eine Woche bis zu den Osterferien. Frühlingsanfang. Die Dunkelheit, das Grau ist vorbei.

Ich hole Dich von der Schule ab. Wir sitzen in einem Café und essen Eis. Wir stöbern bei Wohlthat in den Bücherkisten. Ich kaufe einen Reiseführer für Kopenhagen. Vielleicht fahren wir in den Osterferien dorthin. Mainz ist fröhlich gestimmt, überall sitzen die Leute draußen in den Straßencafés. Zu Hause angekommen bestehst Du auf Gangfußball. Ich bin Barcelona, Du bist Mainz 05 und gewinnst sensationell mit 30:23. Abends gehen wir durch die warme Luft in die Stadt, bei »Buddha's« Sushi essen.

Wir reden über Ostern, über meine Pläne. Du bist einverstanden, in Eckernförde an der Ostsee meine Mutter, Deine Oma, zu besuchen, die Du im Grunde gar nicht kennst – und zu der auch ich viele, viele Jahre lang den Kontakt verloren hatte. Von dort aus könnten wir ein paar Tage nach Kopenhagen fahren. Ich frage Dich während des Essens, wie es Dir geht. Ob Du noch oft an Deine Mama denken musst? »Nein, nicht mehr so oft«, sagst Du mir. Eigenartig, aber ich freue mich über die Antwort – und dennoch zieht in mir ein »Aber« auf. »Du sollst sie aber nicht vergessen!«, sagt eine innere Stimme zu mir, doch ich halte mich wohlweislich zurück, diesen Gedanken laut auszusprechen. Ich habe den Eindruck, Du hast Dich von ihr gelöst. Du kannst an sie denken, Dich an sie erinnern, ohne zugleich tieftraurig zu sein. Und wenn Du traurig bist, dann hast Du gelernt, dass Dich dieses Gefühl nicht ängstigen braucht, dass es, wie alle Gefühle, kommt und wieder geht. Keine völlige Verdrängung, aber auch kein krampfhaftes Festhalten auf ewige Zeiten. Ich glaube, wenn eine Trauerzeit gut verläuft, endet sie wohl in diesem Zwischenreich. Wir gehen zurück durch die Stadt. Der Frühling liegt in der Luft.

Abends, als Du schläfst, denke ich noch lange über meinen Glauben nach. Das tiefe Glaubenserlebnis, dass ich in der Todesstunde meiner Frau hatte und welches ich Dir auch beschrieben habe, jenes Erlebnis, durch das ich erkannte, dass mit dem Ende nichts zu Ende ist, wirkt in mir bis heute nach, und doch bewegen sich meine Gedanken auch in neue Richtungen. Ich versuche heute so zu leben, dass ich innerlich leer werde, frei von den schmerzlichen Gedanken, die mir meine Erinnerung so oft heraufbeschwört – und offen für eine göttliche Erfahrung, ganz ohne unbedingt wissen zu wollen, worin diese besteht.

Es geht mir um die Veränderung meiner inneren Haltung dem Schicksal, dem Leben und dem Leiden gegenüber, das damit verbunden ist. Meditation ist der Weg dorthin, Gelassenheit, innerer Friede und Zuversicht sind die Ziele der neuen Art, wie ich mein Leben führen will. Ich muss und ich will nach allem, was geschehen ist, ein neuer, ein anderer Mensch werden als der, der ich an der Seite von Gabriele war. Ich glaube zu erkennen: Erst wenn mir diese Verwandlung gelingt, wird es eine Zukunft geben. Erst dann werde ich einmal voller Freude in jene kosmische Einheit eingehen, die man die göttliche nennt und die am Ende unseres irdischen Daseins auf uns alle wartet. »Jede Geburt bedeutet Trennung vom All, bedeutet Umgrenzung, Absonderung von Gott, leidvolle Neuwerdung«, schreibt Hermann Hesse. »Rückkehr ins All, Aufhebung der leidvollen Individuation, Gott werden bedeutet: seine Seele so erweitert zu haben, dass sie das All wieder zu umfassen vermag.« Ich habe damit begonnen, meine Seele zu erweitern.

Sonntag, den 21. März 2010. Frühlingsanfang. Die Kastanie in unserem Hinterhof öffnet ihre Knospen. Ich kann förmlich zuschauen, wie jeden Tag etwas mehr Grün wächst. Der Frühling ist die Rückkehr des Lebens. Ich habe mich entschieden. Bis zuletzt gab es zwei konkurrierende Ideen. Ursprünglich wollte ich mit Dir nach Ravensburg fahren. In die Osternacht von St. Jodok, ich hatte schon mit Bernd telefoniert und uns angekündigt. Fünf Jahre würde es dann her sein, seit ich zuletzt in St. Jodok war, mit Deiner Mutter und mit Dir, damals am Anfang ihrer Krankheit, jetzt wollte ich wieder hin, um in Gedanken bei Deiner Mutter zu sein, um diese Zeit abzuschließen.

Ich habe mich anders entschieden. Ich will eine andere Richtung einschlagen, meine Trauer durchbrechen. Wir fahren nach Norden über Ostern. Nach Eckernförde an die Ostsee. Und dann weiter nach Kopenhagen. Kopenhagen wird die erste Großstadt sein, die wir besuchen, ohne dass sie Teil unserer Abschiedstournee ist. Kopenhagen wird die erste neue Stadt in unserem Leben sein, die nur wir uns erobern – ohne Gabi. Es fällt mir schwer. Und doch glaube ich, dass es die bessere Idee ist. Die Osterkerze von St. Jodok, die an Gabis Sterbebett stand, wir werden sie mit auf unsere Reise in den Norden nehmen. Wo genau sie brennen wird, das wird sich zeigen. Vielleicht in einer Kirche, vielleicht am Meer.

Sonntag, den 28. März 2010. »Warum ich? Warum ist das mir passiert?«, hast Du mich vorhin während der langen Autobahnfahrt an die Ostsee gefragt, als Du plötzlich traurig wurdest. »Lieber Jakob«, habe ich gesagt, »wenn ich die Telefonnummer vom lieben Gott hätte, würde ich ihn anrufen und mich mit ihm ausführlich unterhalten. Aber ich habe sie nicht.« Warum musste Dir das zustoßen? Ich habe gesagt, ich weiß es nicht. Aber ich will weiter vertrauen. Versuchen, zu vertrauen. Versuch Du es auch. Bewahr Dir Dein Vertrauen in das Ganze, in die Welt, auch wenn es so erschüttert wurde.

Eckernförde, Ostersonntag, den 4. April 2010. Wir brechen nach dem gemeinsamen Frühstück mit Deiner Oma zu einem kleinen Fußmarsch auf. Nur Du und ich. Eine knappe halbe Stunde brauchen wir, bis wir St. Nicolai in der Altstadt erreichen. Am Tag vor Karfreitag habe ich Dich noch gefragt, was Du davon hältst, am Ostersonntag in einen Gottesdienst mitzukommen. »Ich bin jetzt ja nicht so der Kirchenfan«, hast Du geantwortet, »aber in dem Fall find ich's okay.« Ich musste lachen. Du auch.

Auf dem Weg dorthin sagst Du zu mir, Du hättest in der Nacht von Deiner Mama geträumt. Sie würde uns heute ein Zeichen geben. »Achte auf ein Zeichen!«, hätte sie zu Dir gesagt. Wie einst der unbekannte Pirat, fällt mir ein. Als wir die Uferpromenade an der Eckernförder Bucht erreichen, bricht die Sonne für einen kurzen Augenblick durch die Wolkendecke. Die Ostsee glänzt. Wir sind uns einig: Das war das Zeichen.

Wir erreichen frohen Mutes die Kirche, besuchen den Gottesdienst. Ein Frauenchor singt wunderschön. Ostern ist der Aufstand des Lebens gegen den Tod, sagt der Pastor. Er wünscht allen, die gekommen sind, Frieden. Frieden im Herzen. Am Ende entzünden wir unsere Kerze mit dem Alpha und dem Omega, von der nur noch ein Stummel übrig geblieben ist – und beten für Deine Mama. Wir verlassen die Kirche. Es ist windig draußen. Frisch. Und friedlich. Wir machen uns auf den Rückweg zum Haus Deiner Oma. Sie hat mittlerweile die Ostereier im Garten versteckt. Oder war es doch der Osterhase?

Nachwort an die Leser

Dieses Buch ist ein Denkmal, das ich meiner Frau, das ich meinem Sohn, das ich der kleinen Familie, die wir einmal waren, setzen will. Es ist eine Liebeserklärung an sie alle drei.

Ich habe diese Tagebuchaufzeichnungen als Brief an meinen Sohn verfasst, weil er in der Zeit, über die ich geschrieben habe, noch zu klein war, um die wenigen Jahre mit seiner Mutter selbst in voller Erinnerung zu behalten. Ich wollte, dass ihm etwas bleibt von jener wundervollen Wirklichkeit der Gefühle, die ihm seine Mutter schenkte und die er seit ihrem Tod nicht mehr erleben kann. Mit Sicherheit habe ich dabei viele Zeilen unbewusst auch an mich selbst gerichtet oder an jenes Wesen, das Psychologen »das innere Kind« nennen. Es war meine Art der Trauerbewältigung. Und eine Art Befreiung daraus. Allein, wie viel davon meinem Sohn, wie viel davon letztlich mir selbst gilt – ich kann es nicht ermessen, ich denke aber, dass das auch gar nicht entscheidend ist.

Meinem Sohn geht es heute, ein Jahr nach dem Tod seiner Mutter, sehr gut. Er ist ein fröhliches, oft vergnügtes Kind, er hat einen großen Lebenshunger und lacht sehr viel. »Ist das Leben heute für Dich schlimmer als früher?«, habe ich ihn gefragt. »Nö«, hat er ohne Zögern geantwortet, »nur manchmal ist es halt etwas trauriger – ohne die Mama.«

Seine Mama, meine Frau. Sie hat die Niederschrift dieses Tagebuchs mit gemischten Gefühlen begleitet. Wenn sie es manchmal von ihrem Bett aus im Schlafzimmer nebenan mitbekam, dass ich wieder am Computer saß und schrieb, dann wusste sie mit der Zeit genau, dass dies umso intensiver erfolgte, je mehr sich ihr gesundheitlicher Zustand verschlimmerte. Es ist ihr nicht verborgen geblieben, dass ich immer dann vermehrt Gefühle, Situationen und Stimmungen festhalten und mir von der Seele schreiben wollte, wenn wieder etwas geschehen war, was ihre, was unsere Zukunftsaussichten verdüstert hatte.

Aus genau diesem Grund habe ich dieses Tagebuch nicht immer gerne geschrieben. Als es zu Beginn des Jahres 2008 so aussah, als zöge sich der Krebs zurück, war ich sehr froh, die Niederschrift für gut sechs Monate unterbrechen zu können. Denn zu schreiben hieß eigentlich immer, eine Verschlechterung ihrer Krankheit aufzuarbeiten. Eine Verbesserung hieß Leben – und es gab ungleich weniger Gründe, dieses so genau zu dokumentieren, solange es nicht wirklich in Gefahr war. Ging es meiner Frau, meiner Familie gut, zogen wir, zog ich es vor zu leben, statt darüber zu schreiben. In diesem Punkt stand ich dem Text genauso gespalten gegenüber wie meine Frau. Und doch gab es eine innere Stimme in mir, die mich dazu antrieb. Ich wusste irgendwann, dass ich dieses Tagebuch schreiben und fortführen musste. Auch wenn uns das Schicksal ein Happyend beschert hätte, hätte es seinen Sinn darin gehabt, meinem Sohn unser Leben mit dem Krebs für eine spätere Zeit festzuhalten. Ich hatte das Bedürfnis, ihm in jedem Fall etwas aufzubewahren, was ihm nachträglich einmal, spätestens wenn er erwachsen sein sollte, unser Leben im Ausnahmezustand verständlich oder zumindest verständlicher machen sollte, als es dies für ihn in seinem jungen Lebensalter sein konnte.

Die Idee zur Veröffentlichung dieses Textes kam mir erst zu einem späten Zeitpunkt der Erkrankung meiner Frau. Ich erkannte irgendwann während der Niederschrift, dass unsere Geschichte auch vielen anderen Menschen etwas Wertvolles mitteilen kann. Und sei es nur, dass die, die sie lesen, mehr Verständnis und Mitgefühl all jenen Menschen in ihrer persönlichen Umgebung entgegenbringen, die in einer ganz ähnlichen Lage sind, wie wir es waren.

Was hielt meine Frau von der Idee, meine Aufzeichnungen zu veröffentlichen? Soweit ich mich erinnern kann, haben wir nur einmal kurz darüber gesprochen – rein hypothetisch. Sie hatte dazu keine abschließende Meinung. Sie legte keinen besonderen Wert darauf, posthum zur Protagonistin eines traurigen Sterbegesangs zu werden. Weil sie bis zum Schluss im Leben bleiben wollte.

Wie sehr sie an diesem Leben gehangen hat, zeigt nichts mehr als ihre Weigerung, sich mit solchen und anderen Dingen, die nach ihrem Tod folgten, auseinanderzusetzen. Diese Weigerung war aber nicht einfach eine Weigerung, darüber nachzudenken. Meine Frau war eine nachdenkende, auch eine sehr nachdenkliche Frau, und es hat ihr nie an den Worten gefehlt, auszudrücken, was sie bewegte, was sie empfand. Wenn sie so eigenartig stumm war bei so vielen Fragen, die ihr Sterben betrafen, und auch zu der Idee dieses Buches geschwiegen hat, dann deswegen, weil sie bei ihrem Sohn, den sie über alles liebte, weil sie bei mir, weil sie auf dieser schönen Welt bleiben wollte. Meine Frau wollte nicht gehen, bis zuletzt nicht.

Dieses Tagebuch zu veröffentlichen, war allein meine Entscheidung. Aber ich weiß genau, dass alles, was ich geschrieben habe, in ihrem Sinn war. Oft in diesem ersten Jahr, das seit ihrem Tod vergangen ist, habe ich mit ihr am Grab Zwiesprache gehalten, habe sie gefragt: »Soll ich schreiben? Soll ich veröffentlichen?« Und ihre Antwort war stets: »Natürlich machst du das!«

Genauso oft habe ich mich gefragt: Ist es für meinen Sohn gut, wenn ich einen Teil seines noch so jungen Lebens veröffentliche? Kann ich das verantworten? Ich befürchtete manchmal, dass es ihm später einmal vielleicht nicht recht sein könnte, was ich über ihn geschrieben habe. Etwa weil ich zu viel von dem »verraten« hätte, was einmal sein oder unser Geheimnis war. Ich glaube nicht, dass ich das getan habe. Ich wollte über den Tod seiner Mutter, über ihn und mich sehr offen erzählen. Und doch liegt es in der Natur des Schreibens, dass es nicht alles offenbart. Zwischen der Wirklichkeit und den Worten, die sie beschreiben, bleibt immer eine unüberwindliche Schranke und genug Raum für das Geheimnis. Auch dann noch, wenn die Worte ganz und gar wahrhaftig sind. Dieses Geheimnis ist trotz aller Offenheit selbst in diesem Buch bewahrt, gehütet, unberührt. Das Geheimnis selbst ist die Art des Gefühls, das uns drei einmal verbunden hat – und meinen Sohn und mich heute noch verbindet. Wie sich dieses Band anfühlt, das wissen nur wir beide. Und nur wir beide werden immer auch wissen, wie sich jenes angefühlt hat, das uns mit Gabi verband.

Vielleicht wird er einwenden, dass ich unmöglich wissen könne, was er aus seinem Leben in dieser Zeit lieber als Geheimnis bewahren würde und was nicht. Diese Frage habe ich stellvertretend für ihn entschieden. Von Fall zu Fall. Als sein Vater, der ich bin. Ich hoffe sehr, dass ich alles so verantwortungsvoll und hellsichtig abgewogen habe, dass auch er, selbst in späteren Lebensabschnitten, damit einverstanden sein kann und die Liebe, die ich ihm in diesen Zeilen weitergeben wollte, in jedem Fall den Weg zu ihm findet.

Ich habe gelesen, viele Hinterbliebene neigten nach dem Tod eines geliebten Menschen dazu, den Verstorbenen zu idealisieren. Mein Sohn und auch meine Leser könnten – zumal nach der Lektüre dieses Buchs – dazu neigen, dass dies auch für mich zutrifft. Bei mir verhält es sich aber dennoch anders. Ich habe meine Frau schon zu Lebzeiten idealisiert. Und doch kann ich beim besten Willen – und selbst mit der Distanz von einem Jahr, das nun seit ihrem Tod vergangen ist – nicht erkennen, dass ich sie vorteilhafter geschildert hätte, als sie wirklich gewesen ist.

Mainz, den 26. Juni 2010 Martin Hecht

Hugo von Hofmannsthal

Ein Knabe

I

Lang kannte er die Muscheln nicht für schön:
Er war zu sehr aus einer Welt mit ihnen;
Der Duft der Hyazinthen war ihm nichts
Und nichts das Spiegelbild der eignen Mienen.

Doch alle seine Tage waren so
Geöffnet wie ein leierförmig Tal,
Darin er Herr zugleich und Knecht zugleich
Des weißen Lebens war und ohne Wahl.

Wie einer, der noch tut, was ihm nicht ziemt,
Doch nicht für lange, ging er auf den Wegen:
Der Heimkehr und unendlichem Gespräch
Hob seine Seele ruhig sich entgegen.

II

Eh er gebändigt war für sein Geschick,
Trank er viel Flut, die bitter war und schwer.
Dann richtete er sonderbar sich auf
Und stand am Ufer seltsam leicht und leer.

Zu seinen Füßen rollten Muscheln hin,
Und Hyazinthen hatte er im Haar,
Und ihre Schönheit wusste er, und auch,
Dass dies der Trost des schönen Lebens war.

Doch mit unsicherm Lächeln ließ er sie
Bald wieder fallen, denn ein großer Blick
Auf diese schönen Kerker zeigte ihm
Das eigne unbegreifliche Geschick.

Manche Namen wurden aus persönlichkeits-
rechtlichen Gründen verändert.

FSC
www.fsc.org
MIX
Papier aus verantwortungsvollen Quellen
FSC® C014496

Verlagsgruppe Random House FSC-DEU-0100
Das für dieses Buch verwendete FSC-zertifizierte Papier
Munken Premium Cream liefert Arctic Paper Munkedals AB, Schweden.

1. Auflage

Illustration: © Jakob Werth, Teisendorf
Typografie und Satz: DVA / Brigitte Müller
Gesetzt aus der Garamond
Druck und Bindung: GGP Media GmbH, Pößneck
Printed in Germany
ISBN 978-3-421-04478-5

www.dva.de